2016 年度教育部人文社会科学重点研究基地重大项目
《长江三角洲全面建设小康社会中的开放发展研究》资助
（批准号：16JJD790025）

"十三五"国家重点出版物出版规划项目

长三角区域践行新发展理念丛书

长三角地区全面建设小康社会中的
开放发展问题研究

张二震 等 ◎著

Research on Development with Openness of the Yangtze River
Delta Region in Building a Moderately Prosperous
Society in All Respects

中国财经出版传媒集团

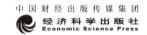

经济科学出版社
Economic Science Press

　　长三角地区一直是我国经济发展的"领头羊",尽管三省一市（江苏、浙江、安徽和上海）的面积是全国的1/26,常住人口是全国的1/6,但经济总量是全国的近1/4;长三角城市群已经跻身六大世界级城市群。无论是全面小康社会建设还是即将开启的现代化建设,都需要长三角地区发挥"领头羊"的作用。2018 年 11 月 5 日,习近平在首届中国国际进口博览会开幕式上宣布,长江三角洲区域一体化发展上升为国家战略。进入新时代,长三角地区一体化发展进入新的历史起点,面临新的现实挑战,承担新的发展任务。长三角地区在一体化进程中既要高质量全面建成小康社会,又要通过建设现代化经济体系高质量开启现代化建设的新征程,其有效路径就是践行新发展理念。

　　新发展理念是针对我国经济发展现阶段的重大问题提出的重要理论创新。我国已经告别低收入发展阶段,正在进入中等收入发展阶段,但仍处于并将长期处于社会主义初级阶段,这是现阶段我国经济发展面临的基本国情。在这一阶段,面临一系列重大问题。第一,增长速度从高速转向中高速,必须依靠新旧动能接续转换,才能保证中高速增长的可持续。第二,必须直面"中等收入陷阱"这一历史难题,避免像国际上一些国家和地区在进入中等收入阶段后,由于收入差距过大、结构矛盾加剧等原因陷入经济发展停滞甚至倒退状态。第三,我国经济发展迫切需要提升质量,从低质量发展向高质量发展转变。高质量发展意味着经济发展的效率改进、效益提升、结构优化、生态改善与区域平衡等诸多内涵。新发展理念正是针对我国发展面临的这些重大问题提出来的，是我国当前和今后一个时期经济社会发展的战略指引。

创新着重解决发展动力问题。改革开放40年是破除制度壁垒、优化生产关系、解放生产力、发挥初级生产要素对经济增长推动力的40年。但是，在经历多年的高速增长后，初级生产要素对经济增长的推动力在减弱。创新作为高级生产要素，不仅属于新动能，能直接推动经济增长，而且对其他生产要素的经济增长效应能起到增幅作用。现在，我国产业发展和科技创新在世界上的位置已从跟跑并跑提升到并跑领跑，抢占战略制高点、实现创新驱动发展的任务更为紧迫。长三角地区科技创新资源较为丰富，企业的创新主体地位突出，有必要也有能力依靠创新，着力培育以技术、品牌、质量、服务为核心竞争力的新优势。

协调着重解决发展不平衡问题。改革开放允许一部分地区先发展，效果明显，长三角地区总体上是得益者。但是，地区发展不平衡随之而来。虽然长三角地区是全国城乡居民收入差距最小的区域，但其三省一市内部的不同区域都存在地区差距、城乡差距，相比其他领域，农业现代化仍然是短板。因此，在全面小康社会建设中，长三角地区不仅要彰显优势，还要根据协调发展的理念，解决地区之间、城乡之间的发展不平衡问题，补齐发展的短板。

绿色着重解决人与自然和谐问题。绿色发展要求牢固树立"保护生态环境就是保护生产力，改善生态环境就是发展生产力"的核心理念。长三角地区是我国最早实现工业化的地区，发展开放型经济，形成了"世界工厂"。在其工业化水平进入全国前列的同时，也不可避免地带来环境和生态遭到破坏的问题。因此，绿色发展成为长三角地区全面小康建设的着力点，不仅要改变粗放式发展，走集约式低消耗低排放的发展道路，还要修复已经遭到破坏的环境和生态，让长三角地区重现绿水青山、蓝天白云。

开放着重解决发展内外联动问题。长三角地区对外开放水平一直较高，不仅外向度高，引进外资规模也大。进入新时代，长三角地区的开放发展不但要继续走在全国前列，还需要由数量型转向质量效益型，在更高层次上实现改革与开放之间的互动，发挥两者之间的正反馈机制，向发达国家和发展中国家开放。根据习近平关于构建人类命运共同体思想的重要论述，建立高质量的开放型经济体系的主要表现是：开放战略坚持"引进来"和"走出去"并重，利用自由贸易区等开放载体，形成陆海内外联动、东西双向互济的开放格局；服从于创新驱动发展战略,引进国外要素的着力点将转向创新要素;参与全球化分工将从比较优势转向竞争优势;重视我国产业在全球价值链中地位的提升,争取在价值链中的主导地位,并且依托核心技术建立以我为主的全球价值链,形成面向全球的贸易、投融资、生产、服务的价值链,培育国际经济合作和竞争新优势。

共享着重解决社会公平正义问题。中国特色社会主义经济发展的根本目标是以人民为中心,是要满足人民日益增长的美好生活需要。改革开放40年来,人民生活水平普遍提高,但也出现了收入差距扩大问题。共享发展是要在发展中共享、在共享中发展,努力实现改革发展成果全民共享、全面共享、共建共享。在共享发展中,人民群众共同分享改革发展成果,不断得到实实在在的利益,在民生改善中有更多获得感,逐步实现共同富裕,从而进一步激发广大人民群众的积极性和创造性,为经济发展提供不竭的动力源泉。

作为教育部人文社会科学重点研究基地,南京大学长江三角洲经济社会发展研究中心多年来坚持发挥研究的比较优势,始终聚焦长三角地区经济社会发展中的重大问题,取得了一系列具有影响力的研究成果。2016年初,中心结合长三角全面建设小康社会的战略任务,制定中心发展的"十三五"规划,并根据这五大新发展理念发布五个重大项目,由刘志彪教授、范从来教授、张二震教授、李晓春教授和洪银兴教授分别作为带头人,组织南京大学经济学科整体力量申报的长江三角洲全面建设小康社会中的协调发展研究、长江三角洲全面建设小康社会中的共享发展研究、长江三角洲全面建设小康社会中的开放发展研究、长江三角洲全面建设小康社会中的绿色发展研究、长江三角洲全面建设小康社会中的创新发展研究等课题,获批2018年和2019年教育部人文社会科学重点研究基地项目。展现在读者面前的这系列著作,就是这五个重大项目的研究成果,希望能为国内外学者研究长三角问题提供有益的借鉴和参考,也能为各地政府部门厘清贯彻新发展理念、实现高质量发展提供可行的政策建议。

长三角区域发展一体化上升为国家战略以后,长三角区域高质量发展研究成为研究热点,并且提出一系列的新课题。南京大学长江三角洲经济社会发展研究中心的新成果也将纳入本丛书陆续出版。这些成果可以说是长三角地区践行新发展理念的新成就的总结。

洪银兴

2018年12月

目 录 CONTENTS

第一章

开放发展与长三角地区
全面建设小康社会

在全面建设小康社会中，经济建设处于核心和关键地位。长三角地区是中国经济最发达、开放程度最高、创新能力最强的地区之一。据国家统计局公布的 2018 年统计数据，长三角地区（上海、江苏、浙江、安徽，以下简称"三省一市"）土地面积 35.90 万平方公里，2018 年地区生产总值为 21.15 万亿元，总人口 2.25 亿，分别约占全国的 3.74%、23.49%、16.15%，在全面建设小康社会中走在了全国前列。改革开放以来，长三角地区取得的巨大成就与其抓住了改革开放的机遇，以及在改革开放中实施一体化发展战略是分不开的。在开放发展进程中，长三角地区大致经历了以下四个阶段：利用外资促进制造业起步和发展的初级阶段；全面利用外资促进产业成长和调整阶段；内外资共同发展促进产业结构升级阶段；以及当前进入的高质量发展阶段。在开放发展进程中，还伴随着长三角区域一体化发展和推进，范围不断拓展，突出表现为从起初的"上海经济区"到当前将安徽纳入其中后的三省一市更大范围的一体化发展。不断扩大对外开放和加快推进一体化发展，是长三角地区推进经济快速发展和全面建设小康社会的重要经验。2018 年 11 月 5 日，习近平在中国首届国际进口博览会上正式提出："将支持长江三角洲区域一体化发展并上升为国家战略，着力落实新发展理念，构建现代化经济体系，推进更高起点的深化改革和更高层次的对外开放。"这一战略必将为长三角地区发展更高层次的开放型经济以及推动高质量一体化建设，从而为长三角地区从全面建设小康社会到率先实现基本现代化提供重要的战略机遇。

一、开放发展与长三角地区全面建设小康社会的历史进程

实际上，长三角地区无论是从空间地理范围看还是从开放发展程度看，都是一直处于持续变化和调整之中的。开放发展的阶段性特征与长三角地区一体化建设进程是相辅相成、同步推进的。截至目前，长三角地区开放发展及其所伴随的一体化发展历史进程大致可以划分为四个阶段。

（一）"上海经济区"下的开放发展初级阶段

早在 1982 年，时任国家领导人就提出"以上海为中心建立长三角经济圈"的基本设想，最初设想的规划范围主要包括上海、南京、宁波、苏州与杭州等主要城市，即所谓的"上海经济区"。1982 年 12 月，国务院正式发布了《关于成立上海经济区和山西能源基地规划办公室的通知》，确立了以上海为中心，包括苏州、无锡、常州、南通、杭州、宁波、嘉兴、绍兴、湖州 9 个城市在内的"上海经济区"范围。1983 年 1 月，姚依林在《关于建立长江三角洲经济区的初步设想》中进一步指出：长江三角洲经济区规划范围可先以上海为中心，包括长江三角洲的苏州、无锡、常州、南通和杭州、嘉兴、湖州、宁波等城市，以后再根据需要逐步扩大。1984 年初，直属国务院、由国家计划委员会代管的上海经济区规划办公室成立，区域范围包括上海市和 10 个郊县；江苏省的常州、无锡、苏州和南通 4 个市和 18 个县；浙江省的杭州、嘉兴、湖州、宁波和绍兴 5 个市和 27 个县。这是长三角经济区概念的雏形。1984 年 12 月，国务院决定将上海经济区的范围扩大为上海、江苏、浙江、安徽、江西一市四省，并拟于 1987 年纳入福建，以扩容长三角经济区，但终因五省一市间巨大的经济社会发展差距和利益冲突以及其他种种原因，1988 年 6 月 1 日国家计委撤销了上海经济区规划办公室，上海经济区以"流产"而告终。

虽然上海经济区及其扩容计划最终"流产"，但在此期间开放发展已经起步。这一阶段，包括长三角地区在内的全国经济建设均面临着资金缺乏等问题，引进和利用外资成为克服资金供给约束的重要途径和方式。从产业结构演进角度看，这一时期也正是我国第二产业起步和发展的阶段，在此背景下，长三角地区依托区位优势等开始在劳动密集型制造业领域引进外资。虽然直到 1992 年长三角地区利用外资的总体规模并不大，但就当时全国利用外资的总体情况而言，所占比重已经不

低，达到了约 23% 的水平。具体情况后面章节会有更为详尽的分析，在此不再赘述。

（二）中国加入世界贸易组织前浦东开发开放快速演进阶段

1992～2008 年形成了以江浙沪 16 个城市为主体形态的长三角城市群。1990 年 4 月，中共中央、国务院决定开发开放上海浦东，长三角地区的经济一体化发展战略被重新提上议事日程。长三角地区相关城市以城市群名义的"破冰之旅"，始于 1992 年 6 月在北京召开的"长江三角洲及长江沿江地区经济规划座谈会"，会议建立了长江三角洲协作办（委）主任联席会议，这对长三角城市群的快速发展起到了重要的推动作用。1996 年，长江三角洲城市经济协调会取代了长江三角洲协作办（委）主任联席会议，履行推动长三角地区一体化和开放发展的任务。该协调会最初包括上海、南京、苏州、无锡、常州、镇江、扬州、南通、杭州、嘉兴、宁波、舟山、湖州、绍兴等城市群，后来泰州加入，长三角城市群城市数量扩展到 15 个。

在此期间，长三角地区以浦东开发开放为标志以及以上海为龙头的城市群全面对外改革开放得以开始，并进入一个快速演进阶段。据历年《长三角年鉴》公布的统计数据显示，1995 年长三角地区利用外资将近 100 亿美元；2001 年长三角地区合同利用外资超过了 200 亿美元，实际到账外资也达到了将近 140 亿美元。以外资经济为主要表现并据此推动进出口贸易快速发展的长三角开放型经济进入快速发展阶段。2001 年长三角地区的外贸进出口总额超过了 2 000 亿美元，占当期全国外贸进出口总额的比重超过了 40%。更为重要的是，这一阶段的开放型经济发展不仅表现为增速上有了明显提升，而且在产业布局上也有了明显调整和优化。即在对传统产业进行改造的同时，积极引导外资流向汽车、家用电器、电子设备等支柱型制造业。当然，必须承认的是，这一阶段的发展虽然已经进入快速演进的通道，并且在产业结构上呈现一定程度的优化调整，但从比重上看，外资结构主要偏重于劳动密集型产业仍然是不争的事实，流向资本和技术密集型产业的外资比重较低。外资主导下的产业发展从全球产业分工格局角度看，仍然处于全球产业链的低端。

（三）2008 年全球金融危机爆发前内外资共同发展阶段

2001 年中国加入世界贸易组织（WTO）至 2008 年全球金融危机爆发这段时

期,长三角地区经济一体化进入一个内外资共同发展的阶段。尤为值得一提的是,此期间曾在浙江、上海两地担任领导的习近平力推长三角一体化。2003 年"两会"结束后,时任浙江省委书记的习近平率浙江省党政代表团赴上海、南京,与上海签署了《关于进一步推进沪浙经济合作与发展的协议书》,与江苏签署了《进一步加强经济技术交流与合作协议》。此外,2003 年浙江台州加入后,长三角城市群扩展到 16 个,在相对较长的时期内形成了较为稳定的长三角城市群建设。此期间长三角城市群的建设在扩大开放的过程中带动了内资企业的快速发展,从而形成了从经济、交通等领域逐渐拓展到旅游、文化等领域的内外资共同推动的发展新局面,这一阶段的发展为长三角城市群一直雄踞我国城市群综合排名之首奠定了坚实基础。

这一阶段长三角地区利用外资规模进一步增长。据历年《长三角年鉴》公布的统计数据显示,2007 年长三角地区实际利用外资总额超过了 400 亿美元,并且在实现规模增长的同时,利用外资的结构也出现了明显的优化,突出表现为流向资本和密集型产业的外资在不断增长,比重不断提高。其中一个亮点是,利用外资的产业流向发生了向服务业不断倾斜的趋势,包括总部经济效应开始显现,尤其是在上海地区。这一系列变化均表现出利用外资的技术结构和知识结构的优化趋势。当然,在利用外资规模出现量性增长和质性提升的同时,内在企业也得到了较为充分的发展。开放倒逼改革,不仅优化了内资企业发展的环境,与此同时,在与外资进行配套、模仿、学习等互动过程中,也加速了内资企业的发展步伐。在内外资共同推动下,长三角地区的经济实现了飞速发展。毋庸置疑,长三角地区的经济突飞猛进,实际上正是外向型经济迅速发展所带动的。

(四)企业"走出去"进入"双向开放"阶段

中国加入 WTO 以后,特别是进入 21 世纪后,长三角地区企业大踏步"走出去"投资兴业,长三角地区进入"双向开放"阶段。"一带一路"倡议的实施,使长三角地区企业的对外直接投资迎来快速发展阶段,对外投资项目数量和金额都呈现快速增长趋势,投资区域和投资领域也在迅速扩大。长三角地区从引进先进生产要素促进经济发展,转变为整合全球创新要素推进高质量发展阶段。据历年《长三角年鉴》公布的统计数据显示,2000 ~ 2016 年,除安徽省外,长三角地区其余三省(市)全年新批对外直接投资项目总数由 175 个增至 3 295 个,对外直接投资流量总额从 6 571 万美元增至 484.8 亿美元,年均复合增长率分别达到 20.1% 和51.1%,对外直接投资区域已经覆盖全球各大洲,投资领域也不断向高新技术产业以及服务业等高附加值行业延伸和发展。相较于对外直接投资，长三角地区对外经济合作在该阶段发展速度有所趋缓，但增长态势依旧。2001 年，上海、江苏、浙江和安徽对外承包工程和劳务合作的实际营业额分别为 11.4 亿美元、11.3 亿美元、6.7 亿美元和 1.3 亿美元，2016 年，上海和安徽对外承包工程的实际营业额分别为 66.6 亿美元和 30.9 亿美元，江苏和浙江对外承包工程和劳务合作的实际营业额分别达 91.1 亿美元和 68.3 亿美元，15 年间年均复合增长率均高于 10%。在此期间，长三角地区对外承包工程和劳务合作签订合同金额和外派人数总体上呈现缓慢上升趋势。截至 2016 年，上海和安徽对外承包工程的合同金额分别达 118.5 亿美元和 30.8 亿美元，外派人员分别达 2.2 万人次和 1 万人次；江苏和浙江对外承包工程和劳务合作的合同金额分别达 77.4 亿美元和 55.4 亿美元，年末在外人员数量分别达 5.5 万人和 3.4 万人。

（五）区域一体化发展新阶段

2008 年全球金融危机冲击后，全球经济进入深度调整期，中国经济也进入"新常态"。面临国际国内环境的深刻变化，为了把长三角地区建设成亚太地区重要的国际门户和全球重要的先进制造业基地，以及具有较强国际竞争力的世界级城市群，2008 年 9 月 16 日，国务院颁布《关于进一步推进长江三角洲地区改革开放和经济社会发展的指导意见》。2010 年 6 月 7 日，国家发展改革委发布《长江三角洲地区区域规划》，首次在国家战略层面上将长三角区域范围界定为苏浙沪全境内的 25 个地级市，主要是在原有 16 个城市的基础上，加进了苏北的徐州、淮阴、连云港、宿迁、盐城和浙西南的金华、温州、丽水、衢州。2016 年 6 月 3 日，《长江三角洲城市群发展规划》发布，去掉了江苏、浙江两省中的一些城市，同时将安徽省的 8 个城市纳入其中，主要包括合肥、芜湖、马鞍山、铜陵、安庆、池州、滁州、宣城。目前，中央对长三角一体化发展的关注上升到一个前所未有的高度。习近平总书记在《关于推动长三角一体化发展有关情况的报告》中作了重要批示，其核心点就是要实现更高质量的一体化，依托、发挥上海的龙头作用，苏浙皖三省要各展所长，在推进更高质量一体化发展中引领长江经济带发展，服务全国发展大局。站在新时代关键节点，谋划并推动长三角地区更高质量的一体化发展，实现改革开放再出发，必将面临着一系列新变化、新机遇、新挑战。在这一崭新的起点上，长三角地区必将在更大和更高水平的开放中推动更高质量的一体化发展，从而为实现全面小康到基本现代化进一步夯实经济基础。

二、开放发展促进长三角地区建成全面小康社会

在中国改革开放的宏观环境下，浦东开发开放战略的实施，促使上海、江苏和浙江在改革、开放、开发的过程中充分发挥各自的比较优势，充分利用国内外两种资源、两个市场，日益形成具有特色的开放型经济发展战略，这种发展战略给长三角地区乃至全国都带来了巨大的效益。

（一）经济持续增长对全国经济的贡献度日益提高

自实施开放型经济发展战略以来，长三角地区一直保持持续、稳定、高速的发展，发展速度基本高于同期全国的总体发展速度。从表1－1可以看出，1997～2017年，从总体来看，大部分年份长三角地区经济增长率（名义GDP）都在10%以上，且表现为逐年升高的趋势，2003年增长率为历年最高，为20.5%。与全国名义GDP增长率相比，表1－1所示的样本期间内，长三角地区整体以及各地区的经济增长率基本上都高于同期全国经济增长率。

表1－1　　　1997～2017年长三角地区与全国名义GDP增长率　　　单位：%

年份	上海	江苏	浙江	安徽	长三角地区	全国	差额
1997	16.27	11.26	11.88	14.14	12.82	11.00	1.82
1998	10.54	7.78	7.82	5.08	7.92	6.88	1.04
1999	10.20	6.91	7.74	6.70	6.28	6.30	-0.02
2000	13.90	11.12	12.81	11.87	10.93	10.73	0.20
2001	9.20	10.56	12.33	8.41	12.33	10.55	1.78
2002	10.19	12.16	16.02	20.83	17.56	9.79	7.77
2003	16.60	17.31	21.26	21.31	20.51	12.90	7.61
2004	20.59	20.58	20.03	12.42	18.06	17.77	0.36
2005	14.55	23.96	15.19	14.60	16.2	15.74	0.46
2006	14.32	16.90	17.15	20.11	19.32	16.12	3.20
2007	18.18	19.67	19.31	20.50	16.65	13.15	3.50
2008	12.61	19.08	14.44	13.39	9.51	16.24	-6.73

续表

年份	上海	江苏	浙江	安徽	长三角地区	全国	差额
2009	6.94	11.22	7.12	22.82	19.52	9.25	10.27
2010	14.09	20.22	20.58	23.80	17.40	18.32	-0.92
2011	11.82	18.55	16.58	12.49	8.79	16.38	-7.59
2012	5.14	10.08	7.26	11.72	8.23	9.12	-0.89
2013	8.11	10.54	8.92	8.42	8.79	9.15	-0.36
2014	8.02	8.93	6.40	5.55	6.99	7.76	-0.77
2015	6.60	7.72	6.75	9.60	10.82	7.00	3.82
2016	12.16	10.37	10.18	12.02	8.13	7.91	0.22
2017	6.9	7.2	7.8	8.5	8.1	6.9	1.2

资料来源：根据历年《中国统计年鉴》统计数据整理而得。

高速发展的结果就是长三角地区的国内生产总值日益增加。从表1-2可以看出，1996~2017年，长三角地区整体的国内生产总值（GDP）以及三省一市的GDP都在成倍增加：（1）长三角地区整体的GDP。1996年长三角地区整体的GDP为15 489.54亿元；2003年增加到32 765.22亿元；2005年首次突破40 000亿元，达到46 614.20亿元；2007年达到64 630.40亿元；2011年首次突破10万亿元大关，达到115 925.46亿元；2017年达到了191 882.75亿元。1996~2017年长三角地区整体GDP增长了大约11.39倍。（2）由于长三角地区经济的高速增长，整个地区GDP在全国GDP中的占比也是一路攀升，其中，在全球金融危机爆发前的2007年达到了26.03%的峰值。由于长三角地区是我国开放型经济较为发达的地区，因此，2008年全球金融危机的爆发对该地区带来了显著冲击，在经济增长方面表现为自2008年开始整个地区的GDP占全国GDP的比重有所下降。这一变化也进一步说明了开放发展对长三角地区经济增长的影响。

长三角地区在全国具有举足轻重的地位。表1-2的数据表明：从总量来看，继1999年突破20 000亿元后，2005年长三角地区国内生产总值再迈上新的台阶，突破40 000亿元大关，达到46 614.20亿元。（2）从占全国的份额来看，所占份额日益增加，1996年所占份额为21.57%，2002年增加到22.90%，2007年进一步增加到26.03%。此后一直稳定在25%左右。

表 1 - 2　　　　　　1996～2017 年长三角地区国内生产总值

年份	上海（亿元）	江苏（亿元）	浙江（亿元）	安徽（亿元）	长三角地区（亿元）	全国（亿元）	长三角地区占比（%）
1996	2 957.55	6 004.21	4 188.53	2 339.25	15 489.54	71 813.60	21.57
1997	3 438.79	6 680.34	4 686.11	2 669.95	17 475.19	79 715.00	21.92
1998	3 801.09	7 199.95	5 052.62	2 805.45	18 859.11	85 195.50	22.14
1999	4 188.73	7 697.82	5 443.92	2 712.34	20 042.81	90 564.40	22.13
2000	4 771.17	8 553.69	6 141.03	2 902.09	22 367.98	100 280.10	22.31
2001	5 210.12	9 456.84	6 898.34	3 246.71	24 812.01	110 863.10	22.38
2002	5 741.03	10 606.85	8 003.67	3 519.72	27 871.27	121 717.40	22.90
2003	6 694.23	12 442.87	9 705.02	3 923.1	32 765.22	137 422.00	23.84
2004	8 072.83	15 003.6	11 648.7	4 759.3	39 484.43	161 840.20	24.40
2005	9 247.66	18 598.69	13 417.68	5 350.17	46 614.20	187 318.90	24.88
2006	10 572.24	21 742.05	15 718.47	6 131.1	54 163.86	217 514.71	24.90
2007	12 494.01	26 018.48	18 753.73	7 364.18	64 630.40	248 294.66	26.03
2008	14 069.86	30 981.98	21 462.69	8 874.17	75 388.70	314 118.03	24.00
2009	15 046.45	34 457.3	22 990.35	10 062.82	82 556.92	349 081.40	23.65
2010	17 165.98	41 425.48	27 722.31	12 359.33	98 673.10	413 030.30	23.89
2011	19 195.69	49 110.27	32 318.85	15 300.65	115 925.46	480 684.66	24.12
2012	20 181.72	54 058.22	34 665.33	17 212.05	126 117.32	533 924.81	23.62
2013	21 818.15	59 753.37	37 756.58	19 229.34	138 557.44	589 811.02	23.49
2014	23 567.7	65 088.32	40 173.03	20 848.75	149 677.80	641 435.37	23.33
2015	25 123.45	70 116.38	42 886.49	22 005.63	160 131.95	689 052.10	23.24
2016	28 178.46	77 387.45	47 252.33	24 117.89	177 451.92	743 556.12	23.87
2017	30 122.78	82 959.34	50 938.02	25 718.7	191 882.75	794 861.49	24.14

资料来源：根据历年《中国统计年鉴》统计数据整理而得。

（二）利用外资的规模不断增长，质量日益提升

自实施开放型经济发展战略以来，长三角地区在不放弃自主发展的同时，大力吸引外资，特别是进入 21 世纪以来，上海和江苏加大了利用外资的力度，浙江也开始重视并加快利用外资的步伐。到目前为止，长三角地区利用外资的数量不断增

加，利用外资的质量日益提升，最终使地区的技术水平和竞争力都得到大幅提升。

从表1-3可以看出，2000~2017年，整体来看，2000年长三角地区实际利用外资116.11亿美元；2003年突破200亿美元，达到223.47亿美元；2007年突破400亿美元，达到431.77亿美元；2011年突破600亿美元，达到630.28亿美元；2017年累计利用外商直接投资额为8 593.55亿美元。其中，江苏利用外商直接投资额规模最大、增幅最快。笔者根据上海、江苏、浙江、安徽历年统计年鉴和国家统计局公布的数据计算，长三角地区利用外商直接投资占全国利用外商直接投资的比重2002年为25.65%，之后一路上升，其中2003~2007年的占比分别为39.72%、41.83%、46.01%、53.04%、53.74%，即2006年和2007年流入长三角地区的外商直接投资超过了当年全国的一半。由此可见，长三角地区参与全球要素分工确实走在了全国前列。

表1-3　　　　2000~2017年长三角地区实际利用外商直接投资额　单位：亿美元

年份	江苏	累计	浙江	累计	上海	累计	安徽	累计	长三角地区	累计
2000	64.24	—	16.13	—	31.60	—	4.15	—	116.11	—
2001	87.36	173.92	22.12	51.36	43.21	95.18	4.83	8.98	157.52	273.63
2002	103.66	277.58	31.60	82.96	50.30	145.48	7.41	16.39	142.67	416.3
2003	158.02	435.60	54.49	137.45	58.50	203.98	10.95	27.34	223.47	639.77
2004	121.38	556.98	66.81	204.27	65.41	269.39	5.47	32.81	259.07	898.84
2005	131.83	688.82	77.23	281.49	68.50	337.89	6.88	39.69	284.44	1 183.28
2006	174.31	863.13	88.89	370.39	71.07	408.96	13.94	53.63	348.22	1 531.5
2007	218.92	1 082.05	103.66	474.04	79.20	488.16	29.99	83.62	431.77	1 963.27
2008	251.20	1 333.25	100.73	574.77	100.84	589.00	34.90	118.52	487.67	2 450.94
2009	253.23	1 586.48	99.40	674.17	105.38	694.38	38.84	157.36	496.85	2 947.79
2010	284.98	1 871.46	110.02	784.19	111.21	805.59	50.14	207.5	556.35	3 504.14
2011	321.32	2 192.77	116.66	900.85	126.01	931.60	66.29	273.79	630.28	4 134.42
2012	357.60	2 550.37	130.69	1 031.54	151.85	1 083.45	86.38	360.17	726.52	4 860.94
2013	332.59	2 882.96	141.59	1 173.13	167.80	1 251.25	106.72	467.00	748.86	5 609.8
2014	281.74	3 164.70	157.97	1 331.10	181.66	1 432.91	123.40	590.45	744.77	6 354.57
2015	242.75	3 407.45	169.60	1 500.71	184.59	1 617.50	136.19	726.64	733.13	7 087.7
2016	245.42	3 652.87	176.35	1 677.06	185.14	1 802.64	147.67	874.31	754.58	7 842.28
2017	251.49	3 904.36	179.28	1 856.34	161.53	1 964.17	158.97	1 033.28	751.27	8 593.55

资料来源：历年上海、江苏、浙江、安徽统计年鉴和国家统计局。

　　在利用外资规模日益增长的同时，利用外资质量也在日益提升。长三角地区利用外资质量的提升表现在以下两个方面：（1）在长三角地区投资的跨国公司总部以及研发中心越来越多。《中国总部经济发展报告》披露，世界500强企业中已有400多家在长三角地区落户，长三角已成为中国跨国公司最集中的地区。长三角地区还初步形成了"一个中心上海——两个副中心南京、杭州"的总部经济发展模式。[①]（2）跨国公司投资的效益越来越好。这突出表现在利用外商直接投资的项目额越来越大。以上海为例，据上海统计局的统计数据显示，2011年上海利用外商直接投资额为126.01亿美元，合同项目数为4 329个，项目平均投资额约为291万美元；而2013年上海利用外商直接投资额为167.80亿美元，合同项目数为3 842个，项目平均投资额约为437万美元；2017年上海利用外商直接投资额为161.53亿美元，合同项目数为3 950个，项目平均投资额约为409万美元。规模效应日益显著。

　　毫无疑问，外资利用规模的增长极大地促进了长三角地区的经济发展，无论是对资本形成、技术进步和管理效率，还是对产业竞争力的提高，都起到了积极的作用。长三角地区利用外资质量不断提升，外资越来越多地投向了技术密集度高的高新技术产业，极大地促进了长三角地区高新产业的发展，提高了当地的技术水平。目前，外资在电子信息、光机电一体化、生物医药高新技术产业的投资力度明显加大，已使长三角地区成为先进制造业的重要生产基地之一。长三角地区在全国经济中所占的比重迅速提高，对全国经济增长的贡献迅速增大，国际制造业基地的地位日益凸显，区域竞争力日益提高，在国内和国际都日益受到关注。开放发展在长三角地区全面建设小康社会中发挥了重要作用。

（三）对外贸易高速发展的同时，进出口商品结构不断优化

　　长三角地区对外贸易一直保持高速发展态势。从表1－4可以看出，1996～2017年长三角地区的贸易额都表现为增加的态势。其中，在进出口总额方面，1996年上海、江苏和浙江的进出口总额分别为271.39亿美元、206.98亿美元和125.29亿美元；2017年上海的进出口总额为5 341.40亿美元，江苏的进出口总额达到了6 446.72亿美元，浙江的进出口总额为4 122.37亿美元，江苏增加的绝对金额最大。1996～2017年上海、江苏、浙江进出口总额分别增长了约18.68倍、30.15倍、31.90倍。在出口额方面，同样是江苏增加的绝对金额最大。江苏1996年的出口额为115.99

---

① 《400多家500强企业落户　长三角成总部经济高地》，http://www.gov.cn/jrzg/2006 - 01/03/content_145989.htm，2006年1月3日。

亿美元，2017 年达到了 3 966.68 亿美元，增加了 3 850.69 亿美元，增长了 34.20
倍；上海 1996 年的出口额为 130.29 亿美元，2017 年达到了 2 201.98 亿美元，增长
了 16.90 倍；浙江 1996 年的出口额为 80.39 亿美元，2017 年达到了 3 133.69 亿美
元，增长了 37.98 倍。

表 1-4　　　　　　1996~2017 年长三角地区进出口总额　　　　单位：亿美元

年份	进出口总额				出口额				进口额			
	上海	江苏	浙江	安徽	上海	江苏	浙江	安徽	上海	江苏	浙江	安徽
1996	271.39	206.98	125.29	18.49	130.29	115.99	80.39	17.54	141.10	90.99	44.89	0.95
1997	298.00	236.29	142.42	31.16	150.69	140.96	100.85	20.05	147.31	95.33	41.57	11.11
1998	313.76	263.42	148.51	31.20	159.47	156.20	108.63	20.15	154.29	107.22	39.88	11.05
1999	386.18	312.57	183.06	26.49	188.00	183.06	128.71	16.77	198.19	129.52	54.34	9.72
2000	547.08	456.36	278.33	33.47	253.52	257.67	194.43	21.72	293.56	198.70	83.90	11.75
2001	608.93	513.51	327.99	36.20	276.24	288.74	229.76	22.82	332.69	224.77	98.22	13.38
2002	726.27	702.89	419.56	41.81	320.37	384.65	294.11	24.53	405.90	318.23	125.45	17.28
2003	1 123.40	1 136.17	614.11	59.43	484.53	591.13	415.95	30.64	638.87	545.04	198.16	28.79
2004	1 600.10	1 708.49	852.05	72.11	735.05	874.94	581.39	39.37	865.05	833.55	270.66	32.75
2005	1 863.37	2 279.23	1 073.90	91.20	907.18	1229.67	768.02	51.90	956.19	1 049.56	305.87	39.29
2006	2 275.24	2 839.78	1 391.42	122.49	1 135.89	1 604.10	1 008.91	68.36	1 139.35	1 235.69	382.51	54.12
2007	2 828.54	3 494.72	1 768.47	159.30	1 438.46	2 036.10	1 282.64	88.21	1 390.08	1 458.62	485.83	71.09
2008	3 220.55	3 922.72	2 111.34	204.35	1 691.45	2 380.29	1 542.96	113.53	1 529.10	1 542.43	568.38	90.83
2009	2 777.14	3 387.40	1 877.31	156.35	1 417.96	1 991.99	1 330.13	88.87	1 359.18	1 395.41	547.18	67.48
2010	3 689.51	4 657.99	2 535.35	242.77	1 807.14	2 705.39	1 804.65	124.13	1 882.37	1 952.60	730.70	118.64
2011	4 375.49	5 395.81	3 093.78	313.38	2 096.74	3 125.90	2 163.49	170.84	2 278.75	2 269.91	930.28	142.54
2012	4 365.87	5 479.61	3 124.01	393.25	2 067.30	3 285.24	2 245.17	267.52	2 298.57	2 194.38	878.84	125.73
2013	4 412.68	5 508.02	3 357.89	456.34	2 041.80	3 288.01	2 487.46	282.56	2 370.88	2 220.01	870.42	173.77
2014	4 664.00	5 635.53	3 550.40	492.73	2 101.34	3 418.33	2 733.27	314.93	2 562.66	2 217.24	817.13	177.80
2015	4 492.41	5 455.60	3 467.84	488.08	1 959.13	3 386.45	2 763.32	331.14	2 533.28	2 069.16	704.52	156.94
2016	4 640.66	5 417.41	3 575.84	443.80	2 000.27	3 393.22	2 846.22	284.84	2 640.39	2 024.19	729.12	158.96
2017	5 341.40	6 446.72	4 122.37	536.36	2 201.98	3 966.68	3 133.69	304.82	3 139.42	2 480.04	988.68	231.55

资料来源：历年上海、江苏、浙江、安徽统计年鉴和国家统计局。

　　长三角地区对外贸易一直保持高速发展态势，在全国对外贸易中的地位不断提
升。从图 1-1 所显示的变化趋势来看，长三角地区进出口总额占全国进出口总额
的比重，自 1996 年到 2008 年全球金融危机爆发这期间，一直处于不断提高的发展
态势。例如，1996 年长三角地区进出口总额占全国进出口总额的比重就已经达到了

20.82%，也就是说，长三角地区在 1996 年就创造了超过全国 1/5 的对外贸易总量。之后，这一比重一路攀升，2007 年达到了 37.18%，创造了超过全国 1/3 的对外贸易总量。由此可见，长三角地区的进出口贸易在全国确实具有十分重要的地位，从对外贸易方面看，也走在了中国对外开放的前列。当然，对外贸易实质上是融入全球要素分工体系的结果，从这一点看，长三角地区对外贸易的迅猛发展是因为抓住了全球要素分工的机遇。

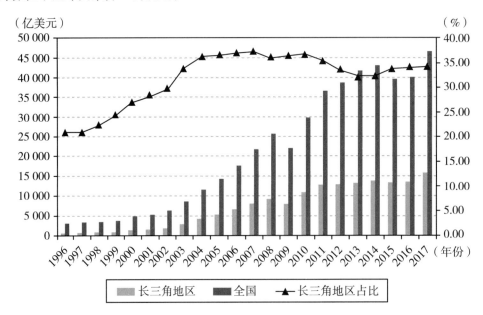

图 1-1　1996~2017 年长三角地区进出口总额与全国进出口总额及占比
资料来源：历年上海、江苏、浙江、安徽统计年鉴和国家统计局。

在对外贸易规模日益增加的同时，长三角地区的对外贸易商品结构也在不断优化。这里仅以江苏为例进行具体分析。《2016 年江苏省国民经济和社会发展统计公报》的统计数据显示，受外需和内在转型升级需求影响，2016 年江苏省前三个季度部分高新技术产品进出口增长较快：生命科学技术、计算机集成制造技术、材料技术和航空航天技术产品出口额分别为 290.1 亿元、130.5 亿元、99.4 亿元和 53.5 亿元，分别同比增长 7.5%、10.3%、2.3% 和 22.9%；生命科学技术、计算机与通信技术和航空航天技术产品进口额分别为 165.7 亿元、595.4 亿元和 39.4 亿元，分别同比增长 19%、6.4% 和 15.3%。在全国和江苏省外贸增长乏力的背景下，高新技术产品进出口增长较快的特征事实，说明了出口商品结构的优化升级。融入全球要素分工体系，不论是从对外贸易的快速发展看，还是从利用外商直接投资的规模和增速角度看，长三角地区实施的开放发展战略的确走在了全国前列，引领着全国开放型经济发展，由此也实现了长三角地区经济的快速发展，奠定了实现全面小康社会建设的经济基础。无论是对外贸易的快速增长，还是外资的大量利用，抑或是经济的快速发展，其成果均将惠及人民大众，突出表现为就业增加、工资水平提高、人民生活水平提高、政府财政收入增加等。总而言之，长三角地区由于抓住了全球要素分工演进的战略机遇，通过实施开放发展战略，带动了经济社会的快速发展并取得了巨大进步，在我国小康社会建设中做出了巨大贡献。

三、长三角地区开放发展的基本特征

从长三角地区开放发展历程来看，1990 年开始的浦东开发开放是长三角地区历史上的一个重要转折点。浦东的开发，给浦东、上海带来了新的发展机遇；浦东的开放，给浦东、上海带来了新的发展空间。上海的蓬勃发展也给其近邻江苏和浙江带来了新的发展机遇，三地的合作日益紧密，日益形成以上海为龙头，以江苏、浙江为两翼的城市群发展态势，成为中国经济最具活力的地区，被公认为全球第六大城市群。目前，长三角地区是我国人口最稠密、经济最发达、人民生活最富裕的经济区域。总之，以浦东开发开放为起点的长三角开放型经济发展战略取得了巨大的成功，在一定程度上可以说是取得了"奇迹"。而"奇迹"的取得，也正是在全球要素分工演进背景下，长三角地区实施开放发展战略、抓住机遇的结果。

改革开放后，长三角地区创造了区域经济发展的奇迹，是我国经济发展最快的地区，也是中国最具经济活力、世界上最具活力和发展前景的经济区域之一。目前，长三角地区初步形成了比较雄厚的经济基础和区域竞争优势，形成了具有时代、地缘和文化特色的经济运行模式与产业结构，对我国经济实力的提升起着十分重要的作用，是我国经济发展的主要推动力。概括起来，长三角地区经济发展的特点主要表现为以下几个方面。

（一）发展模式：内外联动

在对外开放的过程中，长三角地区早期以发展乡镇企业和民营企业为突破口，选择走内向资本积累型区域经济发展模式，最典型的代表就是江苏的"苏南模式"和浙江的"温州模式"。苏南模式，通常是指江苏省苏州、无锡和常州（有时也包括南京和镇江）等地区通过发展乡镇企业实现非农化发展的方式。其主要特征是以地方政府与社区政府为主要推动力，以集体所有制乡镇企业为基本经济活动主体，直接推动区域经济发展。"温州模式"的特点是由私人发动，以家庭私营工商业为主要经济活动主体。苏南地区通过发展乡镇企业，走的是一条先工业化再市场化的发展路径；温州模式则是一种典型的利用民营化和市场化推进工业化和城市化的区域经济发展模式（史晋川等，2002）。其后，长三角地区不断进行经济发展模式转型。进入21世纪后，苏南人民全面建设小康社会的创新性实践被概括为"新苏南模式"。"新苏南模式"在过去"苏南模式"的基础上实现了新的突破，新苏南模式的内涵主要有：以开放为基础的外资、民资和股份制经济的所有制结构；制造业与服务业并举的产业结构；规模企业为主的企业结构；城乡一体协调发展的城乡结构；市场管经济发展，政府管社会发展的调节结构（洪银兴，2006）。由苏南模式转向新苏南模式，既体现了发展模式中的路径依赖，又反映了新发展阶段的创新。

自20世纪90年代中期以来，长三角地区也开始大力吸引外资，并且在积极利用外资的基础上，面向国内国外两个市场，促使外资落地生根，并注重承接具有较高价值链地位的国外产业，从而促使区域经济的可持续发展和提高区域的国际竞争力。

（二）区域合作：一体化水平不断提高

随着中国对外开放的不断深化、开放范围的日益广化，竞争形式已经从单个地区之间的竞争转变为区域之间的竞争。近年来，上海龙头地位明确，其他地区围绕上海进行资源的整合和配置，长三角地区的经济一体化不断提高。

长三角合作进而一体化发展进程由来已久。习近平总书记在浙江工作的时候就积极倡导建立长三角党政主要领导定期会晤机制。后来，经过酝酿、筹备，2005年，首次长三角地区（上海、江苏、浙江）主要领导座谈会在杭州召开，区域合作纳入长三角最高决策层视野。2008年，安徽加入长三角地区（上海、江苏、浙江、安徽），合作机制正式形成。多年来，在沪苏浙皖和有关部门的共同努力下，长三角一体化发展不断取得新成效，各方面呈现良好态势。一是省级统筹加强，形成了决策层、协调层、执行层"三级运作"机制，以及交通、产业、科技等12个方面的专题组；二是协同创新加强，大科学仪器设施实现了共建共享，2017年底"长三角大仪网"已集聚2192家单位的2.8万台（套）大型科学仪器设施，总价值近300亿元；三是互联互通加强，沪通铁路一期、商合杭铁路工程等一大批重大基础设施建设加快推进，宽带用户规模、光纤宽带接入端口、4G网络覆盖率均位居全国领先地位；四是联防联控加强，推动区域环境质量不断改善；五是市场和公共服务融合加强，信用信息共享互动、社会保障互联互通等不断强化。

2018年6月1日，"2018年度长三角地区主要领导座谈会"在上海召开，以

"聚焦高质量，聚力一体化"为主题，全面分析了新时代长三角地区一体化发展的新内涵、新要求，围绕长三角地区实现更高质量的一体化发展要求，着重就做好规划对接、加强战略协同、深化专题合作、统一市场建设、创新合作机制等方面进行了深入讨论，审议并原则同意《长三角地区一体化发展三年行动计划（2018—2020年）》和《长三角地区合作近期工作要点》。一系列的举动均表明，上海、江苏、浙江、安徽会坚决按照党中央决策部署，以更加强烈的使命担当、更高的工作标准，对长三角地区一体化发展再谋划、再深化，不断推动长三角地区实现更高质量的一体化发展，更好引领长江经济带发展，更好服务国家发展大局。

长三角地区具有明显的带动长江流域乃至全国发展的效应。由于地理位置和交通上的优势，上海从近代以来就对全国形成扇形辐射，对整个长江流域的辐射则延伸到包括中上游的整个流域地区。沪宁高速公路的开通和扩建、京沪铁路的提速，也进一步加强了上海对全国的辐射力；从区域经济一体化的趋势看，上海主动推动与江苏、浙江以及安徽的互动和合作，形成了泛长三角体系和一定的区域整合优势。这与上海龙头城市地位的确立以及周边城市对其的认可密切相关。

从长三角地区内部来看，目前，长三角诸城市以上海为中心，围绕着上海这个区域增长极，形成几个经济实力圈层，经济以空间形态扩散。第一扩散圈层是苏州、无锡、杭州和宁波；第二扩散圈层是南京、嘉兴、绍兴、常州和镇江；第三扩散圈层是扬州、南通和舟山。三个圈层的经济发展水平和城市化程度形成一定的落差，基本上呈梯次扩散。各城市均从不同角度要求呼应上海，主动接受上海辐射的发展策略。随着各个城市产业结构的调整，区域内的产业分工趋势将得到加强，这种区内的紧密联系更有助于上海增长极的经济扩散和整个长三角城市群的形成和发展（徐康宁等，2005）。

从与周边地区的合作来看，长三角地区与周边地区的产业联系日益紧密。在一项针对杭州、宁波、嘉兴、湖州、绍兴、舟山和台州7个市450家工业企业开展的长三角地区工业企业关联度调查结果显示：半数左右企业的原材料供应和生产线配置在长三角地区内实现，其他半数左右在长三角周边地区实现；在被问及企业生产用原料或半成品的主要来源地时，有32.7%的企业回答来自本部所在地，来自其他长三角地区的占19.2%，两者合计即为来自长三角地区内的达51.9%，来自长三角以外和境外的分别占25.7%和12.3%，有28.4%的企业生产所需的生产线和生产工具来自企业本部所在地，18.5%的企业来自其他长三角地区，两者合计为46.9%。

（三）主导产业：先进制造业和现代服务业并举

长三角地区致力于重化工业和信息产业的发展。目前，长三角地区已经形成了

8 大产业集群：汽车、石化、机械、电子、钢铁、纺织、服装、食品等产业。由于历史的原因，目前国内的石化工业、汽车制造业、钢铁工业基本上是沿长江流域和渤海地区建设，大型跨国企业对中国重工业投资方面的项目基本也集中在上海、南京、天津等地。珠三角地区钢材、原煤、汽车产量占中国总产量的比重不到 3%。长江三角洲的电子信息产业主要集中在上海及周边地区和江苏、浙江两省，形成了集成电路产业、计算机产业、软件产业等三大产业基地，代表性的产品是集成电路、笔记本电脑、硬盘驱动器、显示器、打印机、扫描仪等（王芬、陈益文，2005）。

另外，无论是《上海优先发展先进制造业行动方案》《浙江省先进制造业基地建设规划纲要》，还是江苏的沿江开发战略，汽车、石化、电子信息产业等均高频率出现。在长三角地区 26 个城市中，选择汽车作为重点发展产业的有 11 个城市，选择石化产业的有 9 个城市，选择电子信息业的有 12 个城市。在食品饮料、纺织、印刷、塑料、办公机械设备等产业方面，上海、江苏、浙江的产业同构率高达 80% 以上。但是，有关调研发现：各地在产业选择和布局上虽有雷同，但产品的差异十分明显，大产业门类同构率达 90% 以上，而产品的同构率低于 30%。同是汽车制造，产业同构率大于 90%，但在产品上，上海以中高档轿车生产为主，江苏扬州以大型客车为主，浙江则以中档客车和特种行业用车为主。同是纺织产业，江苏与浙江的产业同构率在 80% 以上，但浙江的绍兴以服装面料生产为主，海宁以工业用布为主；江苏的无锡以高档面料为主，苏州以丝织品为主，产品结构呈明显的差异性。[①] 可见，长三角地区在发展时，各地区重视专业化分工，实施错位发展，各地区发展同一门类不同档次的产业，这样既可以避免地区之间的恶性竞争，又可以提高区域的整体竞争力。

虽然总体来看长三角地区实体经济发达，但前一轮开放主要侧重于制造业领域，服务业领域开放相对不足、发展相对滞后。作为中国开放型经济发展的排头兵，长三角地区服务业开放发展也走在全国前列。上海作为长三角地区的龙头，在设立上海自由贸易试验区（以下简称"上海自贸区"）以后，服务业利用外资已经超过制造业，以金融、贸易、物流、国际航运、研发等为代表的生产性现代服务业发展迅速，不仅服务于长三角地区的制造业转型升级，而且带动了长三角地区现代服务业的发展，从而形成先进制造业和现代服务业协调发展的新局面。

---

① 《长三角产业趋同导致恶性竞争》，http://www.people.com.cn/GB/24649/3331903.html，2005 年 4月 19 日。

四、新阶段长三角地区开放发展的机遇、挑战及对策

　　长三角地区是我国经济最具活力、开放程度最高、创新能力最强的区域之一，也是我国万亿 GDP 城市最集中的城市群。2018 年底召开的中央经济工作会议提出促进区域协调发展，推动京津冀、粤港澳大湾区、长三角等地区增强中心城市辐射带动力，形成高质量发展的重要助推力。2018 年 11 月，习近平在首届中国国际进口博览会开幕式上发表主旨演讲时宣布，中央将支持长江三角洲区域一体化发展并将之上升为国家战略。李克强在《2019 年国务院政府工作报告》中也明确提出：将长三角区域一体化发展上升为国家战略，编制实施发展规划纲要。长三角区域一体化上升为国家战略，意味着长三角地区进入改革开放再出发的新阶段。在这一新的发展阶段，长三角地区在迈向更好水平和更高层次的开放以及迈向更高质量的一体化发展方面，无疑面临着重要的机遇和诸多挑战。把握新机遇、迎接新挑战，长三角地区需要做出适时的战略调整，如此才能为从全面实现小康社会向基本实现现代化转变奠定更坚实的经济基础。

（一）长三角区域一体化国家战略下的新机遇

　　区域经济一体化本来是国际经济学的概念，是指国家之间打破一切贸易壁垒和生产要素壁垒，协调国家之间的经济政策，实现包括资金、技术、人才等生产要素的无障碍流动。就一国内部而言，区域经济一体化的实质是市场的一体化，在打破行政区划束缚和市场壁垒的基础上，实现商品特别是生产要素的流动，分散的各个地区根据各地的资源环境承载、区位及潜力，实行经济分工协作，有效配置资源，形成整体合力的过程。长三角区域经济一体化，实际上就是把市场打通、行政壁垒取消，让市场竞争充分发挥作用，各地根据区位特点和资源禀赋，实现市场经济上的分工。从这个意义上看，长三角区域一体化上升为国家战略以实现更高质量的一体化发展，本质上是一种制度变革和优化。而这种制度变革和优化，由于契合了当前经济全球化发展的新趋势和新特点，以及适应了长三角地区经济社会发展阶段的新需要，必将在改革开放再出发中实现更高水平和更高层次的开放、打造世界级创新高地，从而奠定实现全面小康到基本现代化的经济社会基础。概括地看，长三角区域一体化发展上升为国家战略后，长三角地区开放发展至少有以下四个方面的新战略机遇。

1. 新时代改革开放的先行先试机遇

改革开放 40 余年来，先行先试的探索精神一直是长三角地区发展开放型经济的宝贵经验，在此过程中还形成了"浙江模式"和"苏南模式"等传遍大江南北的成功经验。新时代的改革开放，长三角地区更要主动作为，在先试先行方面继续走在全国前列，为全国改革开放再出发探路。李克强在《2019 年国务院政府工作报告》中提出，赋予自贸试验区更大改革创新自主权，增设上海自贸试验区新片区。支持国家级经开区、高新区、新区开展自贸试验区相关改革试点，增强辐射带动作用，打造改革开放新高地。也就是说，各类开发区不仅仅限于学习、复制自贸区经验，还可以直接开展自贸试验区相关改革试点。2019 年 3 月 15 日，十三届全国人大二次会议表决通过了《中华人民共和国外商投资法》，这部法律重点确立了外商投资的基本制度框架和规则，将在开放性、透明度和可预测性方面进一步改善中国的营商环境，使之更加成熟。上海自贸区是全国成立最早的自由贸易试验区，浙江舟山群岛新区也设立了区域性自由贸易园区，江苏有很多国家级开发区并有着丰富的经验，理应在争取自贸区改革试点方面有所作为。因此，在这样一种高起点的基础条件上，在国家战略的大力支持下，长三角地区在制度性开放方面走在全国前列，成为全球创新要素的聚集地，成为长三角科技创新圈的重要载体，无疑面临着重要的战略机遇。

2. 构筑共建共享创新资源共同体的战略机遇

构筑共建共享创新资源共同体，是推动构建长三角区域创新共同体、全面提升区域创新能力和竞争力、实现高质量一体化发展的重要基础（张二震，2019）。要以建设具有全球影响力的创新名城为依托，着力消除创新要素自由流动的行政壁垒和体制机制障碍，在共建共享协调激励机制、科技创新资源统筹服务、科技与产业统筹布局、健全完善法规体系等方面构筑一体化优势，加快形成门类齐全、体系完备、机制灵活、服务完善的区域科技创新资源共同体。如前所述，长三角区域经济一体化，实际上就是把市场打通、取消行政壁垒，让市场竞争充分发挥作用，各地根据区位特点和资源禀赋，实现市场经济上的分工。因此，从这一意义上看，长三角区域一体化上升为国家战略，必然有助于构筑共建共享创新资源共同体。在长三角地区中，上海是国际性科教中心，安徽合肥有大装置，而江苏南京则有着丰厚的科教资源优势，浙江嘉兴等有着较为完备的工业体系，因此，长三角地区各城市应该说各有优势。高质量的区域一体化能够为长三角地区间实现优势互补，更加有助于构筑共建共享创新资源共同体。

3. 打造世界级创新高地的战略机遇

打造世界级创新高地，支撑和引领长三角地区高质量发展，探索推进长三角科技创新圈建设无疑是关键的"先手棋"。为贯彻实施长三角区域一体化的国家战略，2019年1月27日，科技部、中科院以及上海、江苏、浙江、安徽的相关领域专家学者齐聚南京，建议构建"一核三区多点"的长三角科技创新圈。"一核"即发挥上海科技创新中心和综合性科学中心的龙头核心作用；"三区"即强化南京、杭州、合肥三个区域双创中心城市的辐射联动；"多点"即推动科创圈内更多城市开展创新合作，聚力打造有世界影响力的综合性科创中心城市群、国家自主可控产业策源地、全国区域协同创新和发展示范区。而从开放发展角度看，建设长三角科技创新圈，必然有助于长三角地区深度融入全球创新链体系，吸收全球创新要素，整合全球创新资源，对接世界科技发展前沿，把扩大开放与自主创新结合起来，全面提升科技引领长三角区域一体化高质量发展的能力。可见，长三角区域一体化上升为国家战略，有助于长三角地区在建设长三角科技创新圈中打造世界级创新高地。

4. 呼应其他国家战略的新机遇

长三角地区是"一带一路"建设的桥头堡和长江经济带国家战略的重要支撑点，处于承东启西的节点位置。因此，无论是从"一带一路"倡议看，还是从长江经济带的国家战略看，长三角地区更高质量一体化都能够与其他国家战略进行较好的呼应。从长江经济带的发展战略看，李克强在《2019年国务院政府工作报告》中指出，长江经济带发展要坚持上中下游协同，加强生态保护修复和综合交通运输体系建设，打造高质量发展经济带。从参与和引领"一带一路"建设角度看，上海在资金融通、江苏在交汇点建设、浙江在枢纽功能等方面具有明显优势。因此，长三角区域一体化上升为国家战略，一方面，长三角地区要向东开放，聚集全球先进要素、激发创新潜能；另一方面，向西辐射，担当"一带一路"建设的桥头堡和长江经济带国家战略的重要支撑点，从而做到与国家其他发展战略相呼应，实现更高质量和更高水平的发展。

（二）长三角区域一体化面临的主要挑战

建设更高质量的长三角区域一体化并上升为国家战略，虽然带来了诸如上述的很多新机遇，但从担负使命角度看，能否在改革开放先试先行、构筑共建共享创新资源共同体、打造世界级创新高地，以及呼应国家其他战略方面做出应有成就和实现预期目标，同样也面临着一定的挑战和制约因素。概况而言，面临的挑战主要体现在以下三个方面。

1. 市场壁垒和制度性障碍阻碍了资源自由流动

建设更高质量的长三角区域一体化，其中一个应有的题中之义也是最重要的内容之一就是要实现商品、资源等在区域内的无障碍自由流动。但是，由于长三角地区一些重要领域行政性壁垒未能消除，从而导致市场环境建设仍显分散，商品、金融、劳动力等统一大市场尚未形成。特别地，更高质量的长三角区域一体化并非要实现一般意义上的资源和要素自由流动，更为重要的是打造长三角科技创新圈。从上述意义上说，由于长三角科技创新圈覆盖三省一市四个省级行政区，不同行政区在科技标准、科技政策和创新规范等方面尚未统一，科技企业及成果认定存在差异。行政区经济本身也存在排他性特征，各种市场准入"门槛"依然存在，市场分割未能完全根除，科技创新以及成果转化过程中产生的交易成本仍然较高。此外，区域内公共科技服务和社会科技服务共建共享水平低、互联互通程度弱，增加了科技协同合作难度。

2. 创新资源共享缺乏长效机制

构筑共建共享创新资源共同体，是推动构建长三角区域创新共同体、全面提升区域创新能力和竞争力、实现高质量一体化发展的重要基础。尤其是实现科技创新资源共享，是建设长三角科技创新圈和打造世界级创新高地的关键所在。目前来看，虽然长三角地区已经建立了上海研发平台、浙江云平台等一批共享服务载体，但不同行政区之间的科学数据库、专家数据库等创新资源仍然存在着分割管理问题，并没有形成互联互通和合作共享的格局。加之科技创新活动本身信息不对称程度高，资源使用方无法对资源提供方提供的共享资源拥有完全信息，阻碍了科技创新资源的跨地区流动。也就是说，建设更高质量的长三角区域一体化所要求的科技创新资源共享，还没有形成长效机制，从而成为制约实现上述目标的重要因素。

3. 创新体系尚未形成链式发展

长三角地区区位优势明显，大量的科学家、工程师、企业家、创业者、设计师、青年科技创新创业人才等云集，大学、科研院所、孵化器、检测平台等科技创新功能性机构遍布；聚集了大量高校和科研院所，如上海地区的复旦大学、上海交通大学、中国科学院上海光学精密机械研究所，江苏地区的南京大学、东南大学，浙江地区的浙江大学，以及安徽地区的中国科学技术大学等长三角地区知名高校院所。长三角地区的科技创新资源丰富，科技创新主体多元化发展。但与此同时不得不承认的一个问题和事实是，研发机构和企业之间融合不足，创新链和产业链未能无缝对接，研究成果不能直接转化为企业生产，企业急需技术也无法及时传递给科研院所，产学研协同创新活力不够。即知识创新主体和技术创新主体衔接不足，创新体系未形成链式发展，从而还不能为高质量一体化发展和创新驱动发展提供坚实的创新链作用机制和保障。

（三）对策思路

站在新起点的长三角地区，能否成功迈向更好水平和更高层次的开放，以及成功迈向更高质量的一体化发展，关键要看长三角地区在一体化发展进程中能否抓住机遇、应对挑战、破除制约因素。只有抓住机遇、应对挑战、破除制约因素，才能将发展的机遇期转化为发展的现实黄金期。为此，长三角地区的一体化发展亟待从以下几个方面取得突破性和实质性发展。

1. 通过制度变革优化长三角地区营商环境

更高质量的长三角地区一体化发展本质上是一种制度变革，而且是一种开放条件下先试先行的制度优化和调整的探索性行为。当前面临着经济全球化形势的巨大变化，其中一个重要的新形势和新特点就是，经济全球化正在从以往商品和要素流动型开放向规则等制度型开放转变（戴翔，2019），而所谓制度型开放实质上是一种"境内开放"，即形成与国际通行规则相一致和相协调的国内体制机制安排。作为"境内开放"的关键影响因素之一，国内营商环境在新一轮经济全球化中扮演着十分重要的角色。这是因为，在新一轮经济全球化发展中，尽管生产要素的价格差异仍然存在，但政策性开放的洼地效应已经基本消失，更为重要的是，跨国流动的生产要素中高端和创新生产要素的比重会明显提升，由此所推动的生产经营活动的区域布局，对要素价格差所带来的生产成本差异将不再像以往那样敏感，取而代之的是营商环境等制度性成本的重要性将日益凸显。何况，伴随着智能制造和工业机器人等技术进步，生产性要素的范畴将日益扩大，生产性要素的成本在全球范围内也会日益趋同。因此，此时的全球生产网络如何布局，或者说生产经营活动尤其是创新要素的生产经营活动究竟在何处集聚并发挥作用，基本取决于哪一国家和地区的营商环境更具有吸引力。因此，长三角地区作为中国最具活力的开放地区，在顺应新一轮新型经济全球化发展中，应为全国发展高水平开放探路，尤其是依托区域一体化增强自身国际竞争能力。长三角地区应对标世界银行全球营商环境评价体系等国际标准，在开办企业、办理施工许可、获得信贷、电力、纳税、贸易、执行合同等方面进一步进行规制变化和制度优化，加快实现由商品、要素流动型开放转变为规则、制度开放型开放。

2. 主动研究建立跨地区的一体化协调机制

要实现更高质量的长三角地区一体化发展，需要加强顶层设计，编制面向2035年的更高质量一体化发展总体规划，为实现长三角地区更高质量一体化发展，制定时间表、路线图和任务书。在做好顶层设计的同时，江苏、浙江、安徽、上海应做到以下几点。第一，三省一市之间要开展规划对接，进行资源整合。第二，在三省一市之间推进战略协同，发挥不同城市各自优势的同时，打破行政区划壁垒，实现区域内产品分工和更大力度及领域的金融开放。如南京地区建设国家科学中心，需要对接复制上海自贸区经验，推动南京综合保税区与苏州工业园综合保税区、连云港综合保税区及张家港综合保税区的合作。第三，进行专题合作，在交通、产业等方面进行合作的同时，推进行政审批制度改革的一体化。第四，实现市场统一，面向长三角区域开放市场，尤其是要素市场，处理好合作与竞争的关系。第五，完善机制，协调区域共同体事务政策，不搞特殊政策的竞争。

3. 以开放的思维深度融入全球创新链体系

技术创新跨国转移和合作已经成为当前经济全球化重要的发展趋势，建设长三角科技创新圈，就要深度融入全球创新链体系。以要素流动为主要特征的经济全球化，大大促进了技术、知识和科技人才的流动。与此同时，不同国家的用户、供应商、大学以及科研机构人员对创新活动的共同参与，使创新从企业内部、区域内部和国家内部的协作，扩展到国家间不同主体，使全球价值链向全球创新链层面深度拓展。出现这种变化的主要原因在于，一方面，技术创新产品越来越复杂，任何单个企业都难以承担所有创新环节和流程，只有通过国际分工合作才能完成；另一方面，通信和信息等技术突飞猛进，为越来越多的企业突破地域和国家界限，从而在全球范围内积极寻求资源"为我所用"提供了现实条件。长三角地区应该在融入全球制造业价值链基础上，逐步全面地转向融入全球创新链，实现由要素驱动和投资驱动转向创新驱动的战略转变。

4. 在呼应和互动中增强中心城市的辐射力

在建设更高质量的长三角地区一体化过程中，上海无疑发挥着龙头作用，包括在破除行政壁垒上发挥表率模范作用和"老大哥"作用。但是，高质量的一体化发展绝不是简单的带动与被带动的单向作用模式，而是优势互补的一种相互作用发展模式。长三角不同地区都有中心城市，在高质量一体化发展过程中，应着力提升不同中心城市的辐射力和影响力。例如，上海在发挥龙头作用的过程中，可主动向长三角地区开放上海的科研、医疗和教育等优质资源，开放各类重大科研平台、大数据和大型科研仪器设备的区域共享，以增强其辐射力和影响力；南京则可以在呼应上海龙头地位的过程中，通过发挥自身科技创新、产业发展、城市建设、科教中心等方面的优势，与上海形成良好的分工合作关系，并辐射带动周边城市。尤其是，各中心和节点城市应通过多提供公共产品，多提供科技、金融、人才等服务，起到对其他地区和城市的辐射作用及形成分工互动作用，在合作中实现共赢，在竞争中提高效率。例如，长三角城市群之间应该在环保共治、产业合作、设施互联、服务共享等方面进行协同发展，提高城市能级，扩大中心和节点城市都市圈的范围，将中心城市的社会治安、交通管理、城市治理、社区建设、营商环境、人力资源、创新创业等方面的经验输出到周边城市，带动区域协调发展。

参考文献

［1］陈继勇、梁柱：《贸易开放与经济增长的内生性研究新进展》，载于《经济评论》2011年第6期。

［2］陈耀：《中国长三角地区的制造业集聚与分工》，载于《学习与实践》2006年第8期。

［3］戴翔：《制度型开放：中国新一轮高水平开放的理论逻辑及实现路径》，载于《国际贸易》2019年第3期。

［4］杜晓君：《制造业的国际转移规律和趋势》，载于《经济理论与经济管理》2003年第6期。

［5］高怀民：《进口替代战略和出口导向战略之比较》，载于《科技情报开发与经济》2006年第14期。

［6］洪银兴：《新苏南模式及其对建设全面小康社会的意义》，载于《江苏社会科学》2006年第2期。

［7］马颖、余官胜：《对外开放与经济发展关系研究新进展》，载于《经济学动态》2010年第4期。

［8］史晋川等：《制度变迁与经济发展：温州模式》，浙江大学出版社2002年版。

［9］王芬、陈益文：《长江三角洲与珠江三角洲电子信息产业发展的比较分析》，载于《中国信息导报》2005年第10期。

［10］徐康宁等：《长三角城市群：形成、竞争与合作》，载于《南京社会科学》2005 年第 5 期。

［11］张二震：《构筑共建共享创新资源共同体》，载于《南京日报》2019 年 1 月 4 日，第 3 版。

［12］赵伟等：《外向 FDI 与中国技术进步：机理分析与尝试性实证》，载于《管理世界》2006 年第 7 期。

第二章

长三角地区全球价值链
嵌入与产业升级

当前，在以全球价值链为代表的新型国际分工模式下，产品的"国家制造"逐渐裂变为"世界制造"，最终产品出口的国别属性日益模糊。对此，克鲁格曼（Krugman，1995）较早提出了"全球价值链"（global value chain，GVC）概念，"垂直专业化"（vertical specialisation）、"增加值贸易"（value added trade）和"供应链贸易"（supply chain trade）都可以视为对此概念的响应，尽管各自的提法不同，但都试图将传统的统计理论植入新型国际分工模式中，以便真实、客观地反映正在变化中的全球贸易。正如王直等（2015）所指出的，单国模型只能刻画一国进口品的使用与出口品的生产情况，在研究全球贸易价值链时存在诸多不足，如不能厘清进口品价值的来源和出口品价值的最终去向，更不能反映出口增加值隐含于进口品中返回本国的现象。本章运用相关全球价值链的理论与方法，对长三角地区制造业嵌入全球价值链和产业升级的关系作深入探讨。

一、全球价值链与长三角地区产业发展的现状分析

（一）全球价值链的发展趋势

自 20 世纪 90 年代以来，全球价值链基本理论框架已经建立，随着经济一体化的逐步加深以及国际分工的不断深入，呈现两个特点：第一，发达国家推行实施再工业化战略，将发展制造业作为摆脱经济困境的重要手段；第二，随着要素成本的上升，劳动密集型产业逐渐向具有低成本比较

优势的发展中国家转移。这些现象的出现，使国际分工逐步走向专业化和精细化、由制造业价值链转向创新链、生产活动趋向本地化和区域化。

1. 国际分工逐步走向专业化和精细化

20 世纪 90 年代以来，物流运输成本和通信技术成本的下降使跨国生产成为可能，发达国家把附加值较低的制造装配环节移向兼备要素资源充足与价格低廉优势的发展中国家，国际分工体系初步形成。全球产业内和产品内生产活动在不同空间的分散快速深化，促进了全球价值链基本理论的形成。在研发、设计、生产以及营销等环节的成本越来越难以降低的前提下，企业只能进一步提高具有竞争优势的核心要素——更专业的技术、知识和全球价值链的治理能力，这与只关注资源禀赋优势的传统观念产生很大的差异。在全球价值链体系下，国际分工逐步走向专业化和精细化。程健、王奎倩（2017）提出，在这种情况下，具备整合价值链能力的企业将通过分工和外包等形式，掌握资源配置和业务分解的主动权，并在瞬息万变的行业发展中提高自身的核心竞争力。

2. 由制造业价值链转向创新链

20 世纪 80 年代以来，构建以产品价值增值环节为主要特征的全球分工和生产体系主要发生在制造业领域，制造业价值链发展逐渐完善。随着国际市场竞争日趋激烈，制造业企业之间的竞争逐渐由单个企业的竞争转变为产业价值链之间的竞争，其核心竞争要素为价值链体系中的核心环节——技术研发和创新。21 世纪全球分工演变的趋势不仅仅是经济全球化，技术创新也越来越全球化，企业与企业之间的竞争实质是创新技术能力的竞争，主要体现在两方面：一方面，包括研发在内的技术创新出现国际梯度转移；另一方面，技术创新的全球协作性越来越明显（张二震、戴翔，2016）。

3. 生产活动趋向本地化和区域化

随着国际分工的深化，全球价值链出现了结构性重组，尤其是自 2008 年全球金融危机以来，全球经济增长速度放缓，贸易增长缓慢，贸易保护主义抬头。美国制定"先进制造"发展战略、德国推进"工业 4.0"战略、英国实施"高价值制造"战略、法国制定"新兴工业法国"战略，各国都致力于推动制造业回流。这表明，跨国公司的未来布局可能会从跨国生产转向国内生产，大量中间产品和一些最终产品将由国内生产提供，从而可能会导致不同国家在全球产业链中的地位重构。根据世界投入产出表，2011～2015 年，仅国内生产活动产生的附加值就增加了近 15 万亿美元，涉及两个以上国家的全球价值链生产活动创造的附加值下降了 0.3 万亿美元，区域化以及本地化生产在全球价值链中的地位越来越突出，选择区域化或本地化生产反而能够促进生产性企业快速进入市场，价值链正在变得越来越区域性而非全球性。

（二）长三角地区全球价值链嵌入度

全球价值链嵌入度衡量的是国外生产环节在一国（地区）出口产品中所占的比重。图 2-1 显示了长三角地区 2009～2014 年的全球价值链嵌入情况。从图 2-1 可以看出，长三角地区中江苏的全球价值链嵌入度最高，上海次之，嵌入度最小的是安徽。2010 年后江苏、浙江和上海的全球价值链嵌入度呈现下降的趋势，江苏由 2010 年的 0.017 下降到 2014 年的 0.010，浙江由 2010 年的 0.009 下降到 2014 年的 0.006，上海由 2010 年的 0.013 下降到 2014 年的 0.009，这与我国正由低端嵌入逐步转为高端嵌入的发展态势是相符的。

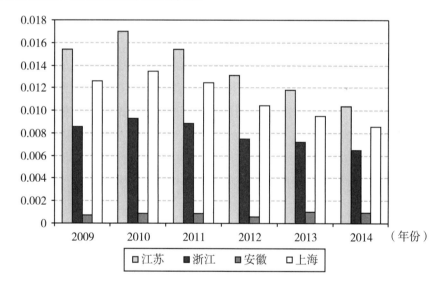

图 2-1　2009～2014 年长三角地区全球价值链嵌入度

注：由于 WIOD 数据库世界投入产出表中的数据只更新到 2014 年，因而本图中所涉及的价值链嵌入度的数据只更新到 2014 年。

资料来源：根据 WIOD 数据库，历年江苏、浙江、安徽、上海统计年鉴，以及历年《中国统计年鉴》数据测算得到。

我国最初参与全球价值链的分工大多是扮演着加工组装的角色，依托发达国家的核心技术，从国外进口先进的中间投入品加工再出口，企业在全球生产网络中长期被低端锁定，这种路径依赖的状态不利于我国产业升级。长三角地区作为我国东部最为重要的地区，积极响应国家号召，增强创新能力，培育新型创新型产业，提高国家竞争力，努力从价值链的低端向高端攀升。随着研发能力的提高与核心技术的掌握，江苏、浙江和上海出口中的国外增加值成分逐渐下降，出口产品不再完全依靠他国先进的中间投入品，所以其全球价值链嵌入度呈现下降的趋势。

（三）长三角地区产业结构发展现状

长三角地区是我国东部沿海地区经济最为发达的地区，是我国经济发展的"领头羊"和对外开放的"重要窗口"。改革开放40多年来，长三角地区凭借着丰富的资源禀赋、高科技人才以及高素质劳动力资源等，以当地传统的制造业为基础，承接国外产业转移，其产业结构在嵌入全球价值链的过程中不断优化升级。基于王辉等（2018）对产业结构升级的研究，这里主要从产值结构、就业结构和资本结构三方面来考察长三角地区的产业结构现状。

1. 长三角地区三次产业产值结构分析

自改革开放以来，长三角地区的经济增长主要依赖于第二产业，而第三产业的发展起步较晚，尤其是新加入长三角地区的安徽省仍处于工业化初级阶段，第三产业的发展依旧缓慢。产业结构升级不仅体现为经济体量的增长，还表现为产业层次上的升级。在工业化进程的第一阶段，第二产业在国民经济中的比重以较快的速度增长，同时第一产业的比重略微下降，第三产业的比重稍有增长；第二阶段，第三产业开始突飞猛进，即第三产业在我国国民经济中的比重逐渐上升，第一、第二产业的比重不断下降。

根据表2-1，对比长三角各地区2012年和2017年三次产业增加值占GDP的比重，可以发现以下几方面问题。

（1）从整体来看，上海和江苏在2012~2017年这6年间第一产业和第二产业增加值占GDP的比重都有所下降，而第三产业占比增加，产业结构得到不断优化升级。浙江除了舟山市，其他城市第一产业增加值占GDP的比重呈下降趋势，这主要是因为舟山的地理环境导致第一产业中的渔业是其最主要的支柱产业，因而第一产业的比重依旧较高。而安徽除了马鞍山市，其他城市第一产业增加值占GDP的比重呈下降趋势，这可能与安徽作为长三角地区的新成员，其第三产业发展起步较晚有关。2017年第三产业增加值占比超过50%的城市有8个，分别是上海、南京、无锡、常州、苏州、杭州、金华、舟山，其中属于江苏的城市居多，但上海第三产业增加值占比在长三角地区中稳居第一,在 2017 年达到了 69.18%,安徽作为长三角地区的新成员,尚且没有占比超过 50% 的城市,第三产业的发展与其他地区相比仍有一定差距。

表 2-1　　　长三角地区 26 个城市三次产业增加值占 GDP 比重　　　单位:%

地区	年份	第一产业增加值占 GDP 比重	第二产业增加值占 GDP 比重	第三产业增加值占 GDP 比重
上海	2012	0.63	38.92	60.45
	2017	0.36	30.46	69.18
南京	2012	2.53	44.20	53.26
	2017	2.25	38.03	59.73
无锡	2012	1.78	53.76	44.46
	2017	1.29	47.23	51.49
常州	2012	3.18	52.92	43.90
	2017	2.37	46.53	51.10
苏州	2012	1.62	54.13	44.24
	2017	1.40	47.40	51.20
南通	2012	7.00	52.96	40.04
	2017	4.95	47.06	47.99
盐城	2012	14.60	47.20	38.20
	2017	11.10	44.40	44.50
苏州	2012	6.95	53.04	40.01
	2017	5.17	48.88	45.94
镇江	2012	4.44	53.97	41.59
	2017	3.47	49.47	47.06
泰州	2012	7.66	49.40	42.94
	2017	5.57	47.17	47.26
杭州	2012	3.28	46.47	50.25
	2017	2.38	34.16	63.47
宁波	2012	4.14	53.90	41.96
	2017	3.19	51.85	44.96
嘉兴	2012	5.20	56.18	38.62
	2017	3.09	53.02	43.88

续表

地区	年份	第一产业增加值占 GDP 比重	第二产业增加值占 GDP 比重	第三产业增加值占 GDP 比重
湖州	2012	7.42	53.44	39.14
	2017	5.14	47.40	47.46
绍兴	2012	5.10	53.84	41.06
	2017	4.05	48.77	47.17
金华	2012	4.98	49.80	45.22
	2017	3.77	42.80	53.43
舟山	2012	9.75	45.24	45.01
	2017	11.71	36.48	51.81
台州	2012	6.90	48.76	44.34
	2017	6.11	44.17	49.71
合肥	2012	5.50	55.32	39.17
	2017	3.78	50.50	45.71
芜湖	2012	6.28	65.87	27.85
	2017	4.23	55.99	39.78
马鞍山	2012	5.80	66.47	27.73
	2017	4.90	56.93	38.17
铜陵	2012	1.90	73.44	24.66
	2017	4.22	63.00	32.78
安庆	2012	14.43	55.85	29.72
	2017	11.34	48.49	40.17
滁州	2012	19.86	52.29	27.85
	2017	14.11	50.96	34.94
池州	2012	14.90	48.91	36.19
	2017	11.12	45.45	43.43
宣城	2012	14.75	52.16	33.10
	2017	11.02	48.08	40.90

资料来源：根据长三角地区各省（市）国民经济和社会发展统计公报数据整理而得。

（2）从各地区的角度来看，第三产业发展状况较好的是上海，2012 年其第三产业增加值占比就以 60.45% 的水平超过了第二产业的占比 38.92%，在 2012~2017 年这 6 年内，上海第三产业的占比持续增长，在 2017 年仍是长三角地区第三产业占比最高的城市，较 2009 年增加了 8.73%。纵向来看，省会城市南京和杭州的产业层次与上海最为相似，2012 年，南京第三产业增加值占比为 53.26%，杭州第三产业增加值占比为 50.25%，而合肥第三产业增加值占比仅为 39.17%，远远落后于南京和杭州。从增长幅度来看，杭州是长三角地区中增长幅度最高的城市，2017 年第三产业增加值占比较 2012 年增长了 13.22%。

2. 长三角地区三次产业就业结构分析

劳动力作为基本的生产要素是企业构成的重要因素，也是产业升级的基础。劳动力的结构影响着该地区产业发展的方向，除了上述各产业增加值占 GDP 的比重外，地区的就业结构分布在一定程度上也反映了该地区的产业发展趋势。表 2-2 显示了长三角地区 2012 年和 2016 年三次产业就业人员占全部城镇单位就业人员的比重。首先，整体来看，除上海、无锡、扬州、杭州、滁州、池州和宣城外，其他地区第二产业就业人员仍占据主要地位。宣城超过了上海以及省会城市南京、杭州和合肥，2016 年以 85.62% 的第三产业就业占比居长三角地区第一位。其次，横向来看，浙江和安徽的第二、第三产业就业人数差距较大，发展较为不平衡。绍兴 2016 年第二产业就业人员占比为 81.34%，而第三产业就业人员占比不到其 1/4；宣城第三产业就业人员占比将近第二产业占比的 4 倍。最后，纵向来看，大部分城市第一和第二产业就业人员占比呈下降趋势，第三产业就业人员占比不断提高。2016 年长三角地区第三产业就业人员占比超过 50% 的城市有 8 个，分别是上海、无锡、镇江、金华、舟山、池州、滁州和宣城，从地域上看，属于安徽省的城市较多，属于江苏省和浙江省的城市分别有两个，说明安徽省作为后起之秀，正在奋力追赶。

表 2-2 　　　　　　　长三角地区按产业分类的就业人员占比 　　　　　单位:%

地区	年份	第一产业就业人员占全部城镇单位就业人员比重	第二产业就业人员占全部城镇单位就业人员比重	第三产业就业人员占全部城镇单位就业人员比重
上海	2012	0.19	49.04	50.77
	2016	0.39	34.79	64.82
南京	2012	0.2	53.2	46.6
	2016	0.08	55.73	44.19

地区	年份	第一产业就业人员占全部城镇单位就业人员比重	第二产业就业人员占全部城镇单位就业人员比重	第三产业就业人员占全部城镇单位就业人员比重
无锡	2012	0.07	35.49	64.44
	2016	0.03	37.63	62.34
常州	2012	0.03	53.42	46.55
	2016	0.04	61.09	38.87
苏州	2012	0.04	69.64	30.32
	2016	0.01	70.69	29.3
南通	2012	1.26	55.85	42.89
	2016	0.18	74.64	25.18
盐城	2012	2.01	41.01	56.98
	2016	1.35	60.89	37.75
扬州	2012	0.16	51.54	48.3
	2016	0.02	75.36	24.62
镇江	2012	0.15	50.2	49.65
	2016	0.12	48.88	51
泰州	2012	0.07	57.27	42.66
	2016	0.08	76.32	23.6
杭州	2012	0.02	54.28	45.7
	2016	0.02	49.54	50.44
宁波	2012	0.02	58.75	41.23
	2016	0.01	52.84	47.15
嘉兴	2012	0.12	57.36	42.52
	2016	0.04	58.44	41.52
湖州	2012	0.04	63.93	36.03
	2016	0.06	63.27	36.68
绍兴	2012	0	75.15	24.85
	2016	0	81.34	18.65
金华	2012	0.2	55.81	43.99
	2016	0.09	39.02	60.89

地区	年份	第一产业就业人员占全部城镇单位就业人员比重	第二产业就业人员占全部城镇单位就业人员比重	第三产业就业人员占全部城镇单位就业人员比重
舟山	2012	0.21	36.74	63.05
	2016	2.69	38.8	58.51
台州	2012	0.11	69.13	30.76
	2016	0.08	62.1	37.82
合肥	2012	0.01	56.91	43.28
	2016	0.01	58.48	41.51
芜湖	2012	0.04	59.89	40.07
	2016	0.02	57.37	42.62
马鞍山	2012	0	62.87	37.13
	2016	0.03	58.92	41.05
铜陵	2012	2.45	67.15	30.4
	2016	1.49	60.15	38.36
安庆	2012	8.07	46.93	45
	2016	6.6	51.74	41.66
滁州	2012	1.58	27.37	71.05
	2016	0.69	49.41	49.9
池州	2012	0.52	26.75	72.73
	2016	0.23	38.67	61.1
宣城	2012	4.42	29.46	66.12
	2016	2.38	12	85.62

资料来源：根据中经网统计数据库数据整理得到。

3. 长三角地区三次产业资本结构分析

随着经济全球化进程的加快，产业发展离不开国际贸易和国际投资，跨国公司主导的国际投资已经成为全球价值链的主要推动力，决定了全球价值链的广度和深度，吸引外商直接投资（FDI）是发展中国家参与全球价值链并提高参与度的重要途径。外商直接投资主要通过技术外溢效应对该国家或地区产业转型升级进行影响，而技术是促进产业结构进行优化升级的主要因素，因此，从价值链嵌入的角度来看，外商直接投资能够促进产业结构的优化升级。长三角地区作为中国经济发展的引擎，引进并合理有效地利用外资将有利于长三角地区经济的可持续发展和产业结构的转型升级。

图 2 - 2 显示的是 2012 ~ 2016 年长三角地区三次产业利用 FDI 的情况。其中，第一产业利用 FDI 的总额最低，截至 2016 年 12 月，长三角地区第一产业利用 FDI 总额为 9.01 亿美元，这主要是因为第一产业生产周期长、风险不明、可控性较差，外商的投资意愿也相对较低；第二产业利用 FDI 的总额总体降低，2013 年第二产业利用 FDI 总额首次低于第三产业利用 FDI 总额。虽然长三角地区第二产业利用 FDI 总额逐年下降，但其总额依旧很高，对社会经济发展仍然有着巨大的影响。2012 ~ 2016 年，长三角地区 FDI 流向第三产业的比重越来越大，截至 2016 年，FDI 流向长三角地区第三产业的总额已经达到了 424.66 亿美元，与长三角地区呈现的"三二一"产业结构形式相吻合。

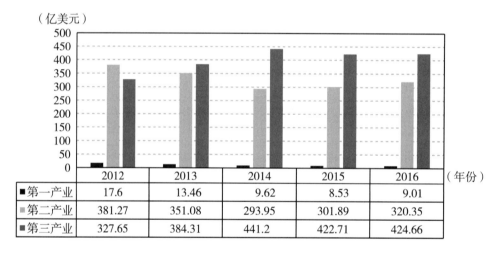

（亿美元）

	2012	2013	2014	2015	2016	（年份）
■第一产业	17.6	13.46	9.62	8.53	9.01	
▨第二产业	381.27	351.08	293.95	301.89	320.35	
■第三产业	327.65	384.31	441.2	422.71	424.66	

图 2 - 2　2012 ~ 2016 年长三角地区三次产业利用外商直接投资情况

资料来源：根据历年上海、江苏、浙江、安徽统计年鉴数据整理而得。

图 2 - 3 显示的是 2016 年长三角地区三次产业利用 FDI 的情况。整体上看，不同地区之间的 FDI 流向有所不同，第二产业利用 FDI 总额最高的是江苏，第三产业利用 FDI 总额最高的是上海。从地区角度看，上海和浙江第三产业利用 FDI 的总额远远高于其他产业，这也符合上海和浙江"三二一"产业结构形式；而江苏和安徽第二产业利用 FDI 的总额要高于其他产业。江苏虽然 FDI 流向第二产业的总额要高于第三产业，但是两个产业之间的差距较小，这主要是因为江苏近年来产业结构转型，不仅在"量"上有所保证，更追求"质"的上升；而安徽仍然处于工业化的初始阶段，属于经济欠发达地区，产业结构亟须转型升级，符合其"二三一"产业

结构形式。

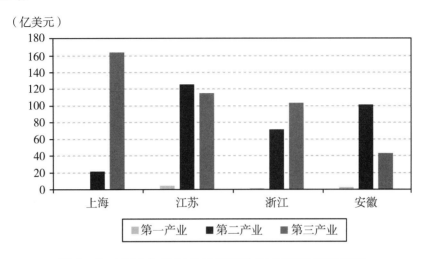

图 2 - 3　2016 年长三角地区三次产业利用 FDI 情况

资料来源：根据历年上海、江苏、浙江、安徽统计年鉴数据整理而得。

4. 长三角地区产业结构升级分析

　　长三角地区是我国改革开放的前沿阵地，是经济发展的中坚力量，该区域主要以上海为核心，有着良好的信息技术和雄厚的经济基础，凭借得天独厚的自然和后天条件，率先加入全球网络分工，积极承接发达国家产业转移。当前，在经济增速放缓的新常态下，促进长三角地区产业结构升级对我国"十二五"规划目标的实现有重要的影响，已经成为适应新发展的迫切需求。

　　表 2 - 3 展示了测算得到的 2011～2016 年长三角地区 26 个城市的产业结构水平和增长率。从增长率的角度来看，长三角地区除了浙江省的绍兴市，其他城市都呈现正向的增长率。整体而言，长三角地区的产业结构水平在不断提高，其中，增长幅度最大的是安徽省马鞍山市，其 2011 年的产业结构水平为 227.36，2016 年相对 2011 年增长了 7.24%。增长幅度相对较小的有南京、盐城、舟山和滁州，其中，南京作为经济发展水平领先的城市，其增长率较低可能与近几年其制造业大批转移出去有关，制造业转移造成了产业空心化现象，不利于其产业结构升级；安徽省滁州市的产业结构水平在这 6 年间没有太大变化，属于增长幅度较小的城市。2011～2016 年期间增长率超过 4.5% 的城市有 6 个，分别是上海、湖州、芜湖、铜陵、安庆和马鞍山，有 4 个属于安徽省，可见发展起步较晚、经济基础较弱的城市产业结构优化的速度越快，经济水平稍好的城市产业结构优化的增长速度较为平缓。

表 2-3　　2011～2016 年长三角地区 26 个城市的产业结构水平和增长率

地区	2011 年	2012 年	2013 年	2014 年	2015 年	2016 年	增长率（%）
上海	257.78	260.19	261.84	264.49	267.48	269.39	4.50
南京	252.63	253.51	251.83	254.06	254.93	255.98	1.33
无锡	246.33	247.54	248.47	252.19	253.19	257.03	4.34
常州	240.19	242.02	244.48	246.57	248.19	249.84	4.02
苏州	244.37	244.34	245.94	247.66	250.27	251.96	3.11
南通	240.09	241.39	241.05	245.8	247.27	250.13	4.18
盐城	228.53	222.88	228.5	230.38	231	232.43	1.71
扬州	235.78	237.65	239.55	241.85	243.28	244.66	3.77
镇江	241	242.94	244.54	245.39	246.88	248.1	2.95
泰州	234.42	235.64	235.69	237.56	240.44	242.64	3.51
杭州	251.55	253.33	255.39	255.94	259.12	261.9	4.11
宁波	242.4	245.04	246.23	246.39	247.85	247.54	2.12
嘉兴	239.91	242.34	243.4	245.18	248.25	248.82	3.71
湖州	233.62	234.53	235.82	241.01	243.25	245.18	4.95
绍兴	251.46	253.76	239.92	241.78	243.63	244.38	-2.82
金华	242.92	244.32	245.09	249.69	251.91	253.36	4.30
舟山	240.76	241.26	241.11	243.9	244.68	244.39	1.51
台州	244.29	245.13	245.99	247.05	249.35	250.03	2.35
合肥	244.76	245.25	245.88	245.29	251.6	251.54	2.77
芜湖	229.45	230.46	229.95	230.65	234.94	240.87	4.98
马鞍山	227.36	228.87	231.26	235.65	241.69	243.83	7.24
铜陵	223.5	225.04	226.79	228.03	232.72	234.11	4.75
安庆	238.82	241.89	245.53	246.37	249.01	250.95	5.08
滁州	223.01	223.31	216.48	216.64	223.07	224.22	0.54
池州	223.96	223.71	224.06	225.29	229.66	231.96	3.57
宣城	224.25	225.79	224.75	225.83	231.25	233.89	4.30

资料来源：根据中经网统计数据库和各城市统计年鉴数据测算得到。

整体来看，各地区的产业结构水平都处于不断提升的状态。2011 年长三角地区
26 个城市的产业结构水平均值为 238.58，经过各地区结合自身优势和资源禀赋不

断进行摸索和调整，到 2016 年长三角地区 26 个城市的产业结构水平均值达到 246.51，产业结构水平进一步升级。纵向来看，产业结构水平处于领先地位的是上海，一直居长三角地区第一位，2016 年其产业结构水平达到 269.39；其次是杭州和无锡，2016 年产业结构水平分别为 261.9 和 257.03；相较于江苏和浙江，安徽的产业结构水平较低，2016 年安徽产业结构水平均值为 238.92，显著低于江苏和浙江。横向来看，上海的产业结构一直处于较高的水平，而且每年都比上一年有所提高。

二、长三角地区全球价值链嵌入促进产业升级的路径

随着经济一体化的逐步深入，国际贸易的生产格局进行了重大调整，全球价值链理论得到了应用和发展。20 世纪 80 年代以来，中间品贸易的快速发展打破了传统的贸易模式，各个国家凭借自身比较优势嵌入全球价值链，通过多国合作完成产品的生产，使贸易格局更加专业化。琼斯和凯日科夫斯基（Jones and Kierzkowski, 1990）指出，产品内分工背景下的服务外包有利于发展中国家的产业发展，因为如果它们缺乏能力生产整件产品，它们仍然可以通过生产某个特定的部件来参与国际分工。长三角地区应充分抓住全球价值链嵌入的机遇，深度融入全球分工体系，促进自身产业结构的升级。

（一）全球价值链嵌入降低了长三角地区实现产业升级所需要的"最小临界条件"，有助于其走出一条阶梯式、渐进式、局部式的产业升级模式

传统产业结构理论根据物质生产中加工对象的差异性，将产业门类分为第一产业、第二产业和第三产业，因此，产业结构的升级简单地指由劳动密集型产业向资本密集型、技术密集型产业的升级转换，但是这种纵向产业结构理论是以整个产品作为分工界限的，它先验地排除了工序、区段或流程分工的可能性。为克服这一局限性，林民盾、杜曙光（2006）将传统三次产业糅合并横向切断，划分为研发产业、制造产业和营销产业，提出了横向产业结构理论，认为以隐性知识为主导的高级生产要素在各个环节的不均匀分布和在空间上的黏着性是导致横向产业出现的根本原因，研发产业以高级生产要素与传统生产要素中的资本要素为主体，制造产业以传统生产要素中的土地、劳动力和高级生产要素中的隐性知识为主体，营销产业则以高级生产要素为主体。在知识经济时代，高级生产要素的分布决定了不同产业

在全球价值链的地位，研发产业和营销产业所含的高级生产要素比例高于制造产业，因此在产业结构中居于高端地位，横向产业结构水平的升级应是以高级生产要素比例的提高为主要标志，从以制造产业为主导向以研发产业和营销产业为主导转变。

传统的国际分工背景下，产业结构的升级是整体性的，它对要素的数量、种类、比例和特定区域的组织能力都有较为严格的要求（我们称之为"最小临界条件"），若达不到其要求，要素只能在次优场合中使用；而全球价值链背景下的产业升级表现为一种工序到另一种工序、一个流程到另一个流程，是局部式的，因而所需要的最小临界条件较低，地区易于达到。同时，这种局部式的产业升级模式具有较强的"自我学习效应"，已有工序或流程的升级对于后继者具有示范作用。因此，通过承接服务外包，地区不仅获得了更多参与国际分工的机会，而且还在积累一定高级生产要素的基础上及时进行局部的产业升级，即从价值链的中低端向高端升级（杨继军等，2008）。

（二）全球价值链嵌入有助于加强长三角地区内外资企业之间的产业关联和结构升级

长三角地区目前一定程度上仍处于低成本竞争阶段，土地、电力、劳动力的价格严重扭曲，这种低成本基础上的竞争空间小，回旋余地有限，随着人口红利的式微、土地成本价格的上涨、能源季节性短缺的显现，低成本带来的竞争优势正逐渐弱化。积极融入全球分工体系，鼓励本土企业在研发、生产管理和营销等多个环节与外资企业开展深层次合作，使加工贸易环节从简单的组装提升到关键零部件的加工制造，从劳动密集型环节进入技术和知识密集型环节，从外部环节进入核心环节，在这种互动中，本土企业获得了成长空间和技术提升的契机，促进了地区产业结构升级。

推动外资企业与本土企业之间基于价值链的联系效应是外资企业促进本土企业技术创新的重要来源，发展外向配套是利用这种联系效应提升本土企业长期竞争力的主要形式。这种"嵌入"式的发展模式不仅使本土企业有机会参与国际分工，而且外资企业为了达到期望的产品质量标准与交货的及时性通常会向为其提供投入品的本土企业提供产品设计规格、质量保障体系、诊断反馈、示范效应等，这些都强化了本土企业和外资企业之间的关联，有助于发挥外资的"技术溢出效应"，推动长三角地区在全球生产价值链上的分工地位由原来的低附加值环节向中高附加值环节发展，由资源驱动型向结构优化型转变，由片面的规模扩张向注重地区高级生产要素培育转变。

（三）全球价值链嵌入有助于长三角地区走开放条件下的自主创新之路，带动产业结构升级

奥地利经济学家熊彼特（1912）系统地提出了创新理论，他认为创新就是建立一种"新的生产函数"，即将一种从来没有过的生产要素和生产条件的"新组合"引入生产体系。其基本形式为：引进新产品或提供一种产品的新质量、采用新技术新生产方法、开辟新市场、获得原材料的新来源、实现企业组织的新形式。熊彼特认为创新的主体是企业家，"发明"与"创新"是有区别的，前者是一个技术概念，而后者更加强调"应用性"，强调发明在实际中的运用所带来的经济价值，而"发明"更多的是一个"技术"概念。但是，熊彼特的理论在当时并没有得到足够的重视。20世纪80年代，在西方主流经济学界泛起了一股"新增长理论"的思潮，其显著特点就是强调创新、强调技术进步的内生性，创新开始广泛地进入主流经济学的视野。洪银兴（2010）认为，创新型经济是以知识和人才作为依托，以创新作为主要推动力，以发展拥有自主知识产权的新技术和新产品作为着力点，以创新产业作为标志的经济。

技术创新分为原始创新、集成创新和引进消化吸收再创新三种类型，由于原始创新需要高昂的资本投入和夯实的科技基础，大多数发展中国家目前尚不具备这种实力。但是，全球价值链嵌入背景下，长三角地区可以利用与发达国家之间的技术差距，采用引进消化吸收再创新的方式，降低创新成本，减少创新过程中的不确定性，短期内实现产业技术的跃升。

三、长三角地区全球价值链嵌入促进产业升级的实证分析

（一）长三角地区全球价值链嵌入度

全球价值链嵌入度衡量的是国外生产环节在一国出口产品中所占的比重，在增加值贸易视角下，主要通过国际专业化分工提高产品附加值来影响全球高端制造业网络地位，即表现为一国出口中国外增加值在总出口中的份额，可以体现双边国家间的垂直一体化程度。我们基于王直等（2015）对双边部门层面贸易流的分解，参考唐宜红等（2018）衡量全球价值链嵌入度的方法，先测算出中国的全球价值链嵌

入度。根据世界投入产出表测算出中国出口中的国外增加值部分。表2－4为世界投入产出表，该表清晰地反映了各国各行业之间的产品流向和消耗，是研究全球价值链嵌入最好的依据。

表2－4 世界投入产出表

投入＼产出			中间使用				最终使用				总产出
			A	B	…	ROW	A	B	…	ROW	
			$1,\cdots,n$	$1,\cdots,n$	$,\cdots,$	$1,\cdots,n$	$1,\cdots,n$	$1,\cdots,n$		$1,\cdots,n$	
中间投入	A	$1,\cdots,n$	Z^{AA}	Z^{AB}	$,\cdots,$	Z^{AR}	Y^{AA}	Y^{AB}		Y^{AR}	X^A
	B	$1,\cdots,n$	Z^{BA}	Z^{BB}	…	Z^{BR}	Y^{BA}	Y^{BB}		Y^{BR}	X^B
	…		…	…	…	…	…	…	…	…	…
	ROW	$1,\cdots,n$	Z^{RA}	Z^{RB}	…	Z^{RR}	Y^{RA}	Y^{RB}		Y^{RR}	X^R
增加值			VA^A	VA^B	…	VA^R					
总投入			X^A	X^B	…	X^R					

注：ROW 表示世界其他经济体。

在 ICIO 模型中，假设有 G 个经济体 $(S,R=1,2,\cdots,G)$，各经济体有 N 个行业 $(i,j=1,2,\cdots,N)$，Z^{SR} 为 R 经济体使用 S 经济体生产的中间品矩阵，Y^{SR} 为 R 经济体使用 S 经济体生产的最终品矩阵，X^S 为 S 经济体的总产出矩阵，VA^S 为 S 经济体的增加值矩阵，$V^S=VA^SX^S$ 为 S 经济体的增加值系数矩阵，$A^{SR}=Z^{SR}X^R$ 为 R 经济体的单位总产出对 S 经济体的直接消耗系数矩阵，则 S 经济体出口中的国外增加值为：

$$FVA = FVAF + FVAI = \sum_{r\neq s}^{G} V^r B^{rs}\#Y^{sr} + \sum_{r\neq s}^{G}\sum_{t\neq s,r}^{G} V^t B^{ts}\#Y^{sr} +$$
$$\sum_{t\neq s}^{G} V^t B^{rs}\#A^{sr}L^{rr}Y^{rr} + \sum_{r\neq s}^{G}\sum_{t\neq s,r}^{G} V^t B^{ts}\#A^{sr}L^{rr}Y^{rr} \qquad (2.1)$$

其中，$L^{rr}=(I-A^{rr})^{-1}$，表示 R 经济体的国内里昂惕夫逆矩阵；B 为经典的里昂惕夫逆矩阵；t 为第三国。若 $FVAF$ 为最终产品出口中的国外增加值部分，则有：

$$FVAF = \sum_{r\neq s}^{G} V^r B^{rs}\#Y^{sr} + \sum_{r\neq s}^{G}\sum_{t\neq s,r}^{G} V^t B^{ts}\#Y^{sr} \qquad (2.2)$$

其中，$\sum_{r\neq s}^{G} V^r B^{rs}\#Y^{sr}$ 是最终产品出口中来自进口国的国外增加值；$\sum_{r\neq s}^{G}\sum_{t\neq s,r}^{G} V^t B^{ts}\#Y^{sr}$ 为最终产品出口中来自第三国的国外增加值。相应地，若 $FVAI$ 是中间品出口中的国外增加值，则有：

$$FVAI = \sum_{t\neq s}^{G} V^t B^{rs}\#A^{sr}L^{rr}Y^{rr} + \sum_{r\neq s}^{G}\sum_{t\neq s,r}^{G} V^t B^{ts}\#A^{sr}L^{rr}Y^{rr} \qquad (2.3)$$

其中，$\sum_{t\neq s}^{G}V^rB^{rs}\#A^{sr}L^{rr}Y^{rr}$ 是中间产品出口中来自进口国的国外增加值；$\sum_{r\neq s}^{G}\sum_{t\neq s,r}^{G}V^tB^{ts}\#A^{sr}L^{rr}Y^{rr}$ 是中间产品出口中来自第三国的国外增加值。

根据上述分析，我们可以测算出中国的全球价值链嵌入度，即：

$$GVC\_EM_{it}=\frac{FVA_{it}}{X_{it}} \tag{2.4}$$

其中，GVC_EM_{it} 即为 i 国在 t 时期的全球价值链嵌入度；FVA_{it} 是 i 国在 t 期出口产品中所包含的国外增加值部分；X_{it} 为 i 国 t 时期的总出口。将长三角地区进出口总额占全国进出口总额的比重作为权重，分别测算出它们的全球价值链嵌入度。

（二）长三角地区产业结构水平

长三角地区是我国东部经济发展的中坚力量，其产业结构的优化升级对我国"十二五"规划目标的实现有重要的影响。单纯通过第三产业增加值占 GDP 的比重来构建长三角地区产业结构升级的指标不够完善，因此，我们参考周昌林等（2007）的相关研究，构建长三角地区产业结构升级的指标，具体公式为：

$$W=\sum_{i=1}^{n}s_i\times\sqrt{q_i/l_i} \tag{2.5}$$

其中，W 就是地区的产业结构水平；s_i 为 i 产业增加值占 GDP 的比重；q_i 是该地区 i 产业的增加值；l_i 是该地区 i 产业的就业人数，则 q_i/l_i 表示 i 产业的劳动生产率，对劳动生产率开根号是为了减小产业水平变化的影响。通过式（2.5）构建的指标不仅能反映地区的产业结构水平，还能体现该地区产业结构升级的路径。

（三）全球价值链嵌入与长三角地区产业升级实证分析

1. 计量模型构建

在经济全球化的今天，各种要素密集度和比较优势相结合的生产链条在不同经济水平的国家间分布，各国凭借着自身的竞争优势，以承担某个环节而不是某种产品的方式参与全球价值链的分工，并通过技术创新、扩大外资等方式促进国内的产业结构升级。为了考察长三角地区产业结构升级与全球价值链嵌入的关系，我们构建如下计量方程：

$$\ln w_{it}=\beta_0+\beta_1\ln gvc\_em_{it}+\beta X+\varepsilon_{it} \tag{2.6}$$

其中，i 为地区；t 为年份；ε_{it} 是误差项；$\ln gvc\_em$ 为核心解释变量，代表地区全球价值链嵌入度；$\ln w_{it}$ 代表 i 城市在 t 年的产业结构水平；X 代表一系列控制变量。

2. 控制变量的选取

（1）地区经济发展水平（gdp），这里我们采用各城市 GDP 来衡量该地区的经济发展水平，一般经济较为发达的城市其产业结构水平较高；（2）劳动力素质（hum），采用各地区普通高等学校师生人数代理，劳动力素质对地区的产业结构水平有重要的影响，较高的劳动力素质有利于企业研发核心技术和提高生产效率，促进产业升级；（3）劳动力规模（emp），通过城镇单位就业人员数来衡量，就业人数一定程度上也反映了地区的产业发展水平；（4）政府支出（exp），我们通过一般公共预算支出来代理地区的政府支出，在宏观经济学中，政府的公共支出一定程度上影响了该地区的产业发展前景和经济增长；（5）产出水平（$output$），我们选择规模以上工业企业的总产值作为代理变量来衡量该地区的产出水平，产业水平较高的地区，其内部生产和资源配置都是高效的。

3. 数据来源

全球价值链嵌入度来自 WIOD 数据库的投入产出表；产业结构水平来自上海、江苏、浙江和安徽统计年鉴；地区经济发展水平（gdp）来自各个城市统计年鉴；劳动力素质（hum）、政府支出（exp）、劳动力规模（emp）和产出水平（$output$）来自中经网统计数据库。

考虑到数据的可获取性，本章的时间跨度为 2009 ~ 2014 年，选取长三角地区 26 个城市（包括上海市、江苏 9 市、浙江 8 市和安徽 8 市）[①] 的面板数据进行实证检验；另外，为降低异方差，模型中所有变量均取对数形式。变量的描述性统计如表 2-5 所示。

表 2-5　　　　　　　　　　主要变量描述性统计

变量	观测值	平均值	标准误	最小值	最大值
$\ln w$	156	1.072	0.259	0.403	1.551
$\ln gvc\_em$	156	-7.977	1.687	-11.820	-4.308
$\ln gdp$	156	5.181	1.187	2.920	8.240

---

① 江苏 9 市：南京、无锡、常州、苏州、南通、盐城、扬州、镇江、泰州；浙江 8 市：杭州、宁波、嘉兴、湖州、绍兴、金华、舟山、台州；安徽 8 市：合肥、芜湖、马鞍山、铜陵、安庆、滁州、池州、宣城。

续表

变量	观测值	平均值	标准误	最小值	最大值
lnhum	156	11.054	1.171	8.317	13.602
lnemp	156	3.411	1.175	0.451	6.577
lnexp	156	3.138	1.121	0.855	6.658
lnoutput	156	5.773	1.253	2.757	8.556

4. 回归分析

（1）基准回归。表2－6展示了长三角地区产业结构升级与全球价值链嵌入的基准回归结果。第（1）列为不加入任何控制变量的基础回归，回归结果显示，全球价值链嵌入度在1%水平上通过了显著性检验，企业嵌入全球价值链、参与国际分工有助于该地区产业结构的升级；第（2）列在第（1）列的基础上加入了城市GDP作为控制变量，回归结果并不改变全球价值链嵌入度对产业结构升级影响的显著性，同时城市GDP对该地区产业结构升级的回归结果也是正向显著的，表明经济发展水平较高的地区产业结构水平也相对较高；第（3）列在第（2）列的基础上加入了劳动力素质这一控制变量，全球价值链嵌入度的回归结果仍在5%水平上正向显著；第（4）列至第（6）列依次加入了劳动力规模、政府支出和地区产出水平作为控制变量，检验全球价值链嵌入度对地区产业结构升级的影响，各列的回归结果都显示，在依次加入控制变量后，并不影响全球价值链嵌入对产业结构升级回归结果的显著性。综上所述，提升该地区全球价值链的嵌入度有助于本地的产业结构升级。

表2－6　　　长三角地区产业结构升级与全球价值链嵌入基准回归

变量	(1) lnw	(2) lnw	(3) lnw	(4) lnw	(5) lnw	(6) lnw
lngvc_em	0.106*** (0.00880)	0.0330*** (0.0111)	0.0266** (0.0117)	0.0469*** (0.0118)	0.0381*** (0.0123)	0.0336** (0.0131)
lngdp		0.125*** (0.0147)	0.149*** (0.0170)	0.228*** (0.0350)	0.344*** (0.0555)	0.163 (0.100)
lnhum			-0.0239** (0.0112)	-0.00264 (0.0107)	0.00108 (0.0112)	-0.00655 (0.0111)
lnemp				-0.125*** (0.0389)	-0.120*** (0.0400)	-0.0963** (0.0409)

变量	(1) ln*w*	(2) ln*w*	(3) ln*w*	(4) ln*w*	(5) ln*w*	(6) ln*w*
ln*exp*					-0.123 *** (0.0396)	-0.0958 ** (0.0460)
ln*output*						0.139 ** (0.0560)
Constant	1.920 *** (0.0630)	0.688 *** (0.148)	0.779 *** (0.162)	0.722 *** (0.163)	0.379 * (0.205)	0.392 * (0.213)
Observations	156	156	156	156	156	156
R^2	0.479	0.580	0.586	0.609	0.625	0.643

注：***、** 和 * 分别表示在 1%、5% 和 10% 水平下的统计显著性；括号中数据为标准误。

（2）稳健性检验。这里采用替换指标的方法检验全球价值链嵌入度对长三角地区产业升级影响的稳健性。首先，我们借鉴靖学青等（2008）通过赋值法构建产业升级优化系数的方法，测算出各地区的产业结构优化水平，具体公式为：

$$S = \sum_{i=1}^{3} i \times q_i \tag{2.7}$$

其中，i 代表第 i 产业；q_i 表示第 i 产业增加值占 GDP 的比重。其次，我们改变测算各城市全球价值链嵌入度时所赋的权重，选择各地区的外贸依存度替代进出口总额占比来衡量价值链嵌入度。回归结果如表 2-7 所示。

表 2-7 第（1）列是以外贸依存度作为权重衡量的城市全球价值链嵌入度对产业结构水平的回归结果，结果并未改变价值链嵌入度的显著性，表明价值链嵌入度对地区产业结构升级有显著的正向促进作用；第（2）列是以重新测算的产业结构优化水平作为被解释变量，基准回归模型中的价值链嵌入度作为核心解释变量进行回归的结果，结果表明，价值链嵌入度在 1% 的水平上通过了显著性检验；第（3）列是将两个替代指标同时放入模型中进行回归的结果，结果仍不改变全球价值链嵌入度对地区产业结构升级影响的显著性，价值链嵌入度的提高可以促进地区的产业结构升级。综合上述稳健性检验的结果，表明全球价值链嵌入度对地区产业结构升级的正向促进作用是稳健的。

表 2 - 7		模型的稳健性检验	
变量	(1) Lnw	(2) lns	(3) lns
lngvc_em		0.0114 *** (0.00209)	
ln$gvc2$	0.0553 *** (0.0121)		0.0116 *** (0.00219)
lngdp	0.206 ** (0.101)	0.0375 ** (0.0145)	0.0493 *** (0.0155)
lnhum	0.000890 (0.0107)	0.00680 *** (0.00156)	0.00657 *** (0.00148)
lnexp	− 0.104 ** (0.0463)	− 0.0140 ** (0.00624)	− 0.0181 *** (0.00654)
ln$output$	0.159 *** (0.0536)	− 0.0369 *** (0.00786)	− 0.0314 *** (0.00810)
lnemp	− 0.130 *** (0.0437)	0.0220 *** (0.00624)	0.0196 *** (0.00666)
Constant	− 0.246 (0.161)	5.482 *** (0.0272)	5.303 *** (0.0309)
Observations	156	156	156
R-squared	0.661	0.755	0.757

注：*** 、** 和 * 分别表示在 1% 、5% 和 10% 水平下的统计显著性；括号中数据为标准误。

四、结论和政策建议

企业嵌入全球价值链，进口高端中间投入品的技术外溢促进了生产技术的提高，进而增加了产品的高附加值成分，有利于地区产业向高端化发展。同时，参与全球价值链的分工，与处在价值链上游位置的国家合作生产，将高端环节引入国内，有效降低了产业结构升级的"门槛"，便于产业步入高端化。因此，长三角地区产业结构升级的路径要打破低端锁定，不断从价值链的低端结点向高端结点攀升。结合以上关于全球价值链与长三角地区产业结构升级的分析,本章提出以下几点建议。

(一)促进"双链对接",实现产业结构升级

现阶段,我国主要是以加工组装的方式参与全球价值链分工,并没有核心技术,产业链上的一些核心技术和零部件依然要依靠国外进口中间品,致使产业结构升级受到一系列限制。长三角地区是我国东部经济发展的"领头羊",也是区域价值链和全球价值链对接的重要桥梁,要积极嵌入全球价值链,主导开展外向配套,加深内外产业链的互动,承接高端产业转移,将全球价值链中的高端环节不断引入区域价值链中,提升长三角地区企业的生产效率和国际竞争力,实现由区域产业链到国内产业链再到全球产业链的逐步升级。

(二)消化吸收技术外溢,促进产业结构高端化

一般来说,国内生产商提供的中间品与国际生产商的产品,在技术和质量方面有很大的差距,国内产品生产商从国外进口关键核心部件和关键生产设备,再经过简单的加工、生产、包装就可以提升产成品的价值。企业在嵌入全球价值链的过程中,进口生产中所需的高端半成品将会带动产业升级。同时,要努力提高自身的研发创新能力,真正做到将国外产品的技术外溢内部化,将高端进口中间品的技术外溢转化为我国产业结构的竞争优势,提升产业结构水平。把握进口中间投入品的结构和质量,通过引入高质量、高标准的中间投入品,激励国内产品的多样性发展和研发技术的快速进步,把握国际市场的新动态,使国内企业在"干中学"过程中不断提升自身核心竞争力,提高产品的增加值,构建自身的高端中间投入体系,促进产业结构向高端化发展。

(三)以现代服务业带动先进制造业,促进整体结构升级

经验表明,在工业化中后期,企业的设计策划、技术研发、物流业务流程等不断从制造领域独立出来,出现制造业服务外包化趋势。这些贯穿制造业生产全过程的人力资本和知识密集型生产性服务,是市场资源强大的"调适器",能激活和优化配置各类产业要素,降低交易成本和非再生性资源消耗。通过引入国外先进的服务业跨国投资,加快生产性服务业的现代化和现代信息技术成果在生产过程中的应

用，为长三角地区制造业提供高水平的生产性服务中间投入，使其产品链条上的技术研发、人员培训、经营管理等关键环节能够得到相关支撑服务体系的协作与配合，从而占据价值链的中高端环节，是长三角地区产业升级的一个重要途径。

参考文献

［1］程健、王奎倩：《全球价值链发展的新趋势及我国的应对之策》，载于《现代管理科学》2017 年第 7 期。

［2］洪银兴：《江苏：发展创新型经济促转型升级》，载于《中国高新技术企业》2010 年第 4 期。

［3］靖学青：《上海产业升级测度及评析》，载于《上海经济研究》2008 年第 6 期。

［4］李清娟：《长三角都市圈产业一体化研究》，经济科学出版社 2007 年版。

［5］林民盾、杜曙光：《产业融合：横向产业研究》，载于《中国工业经济》2006 年第 2 期。

［6］唐宜红等：《全球价值链嵌入与国际经济周期联动：基于增加值贸易视角》，载于《世界经济》2018 年第 11 期。

［7］王辉、丛海彬：《产业结构升级的协同效应及驱动因素研究——基于长三角城市群》，载于《科技与经济》2018 年第 6 期。

［8］王振：《2016 长三角地区经济发展报告》，上海社会科学院出版社 2016 年版。

［9］王直等：《总贸易核算法：官方贸易统计与全球价值链的度量》，载于《中国社会科学》2015 年第 9 期。

［10］杨继军等：《承接国际服务外包与长三角产业结构升级》，载于《南京社会科学》2008 年第 5 期。

［11］张二震、戴翔：《全球价值链发展新趋势与我国转变外贸发展方式的对策》，载于《中国国情国力》2016 年第 8 期。

［12］张二震等：《金融危机下江苏开放型经济发展转型问题探析》，载于《现代经济探讨》2009 年第 5 期。

［13］周昌林、魏建良：《产业结构水平测度模型与实证分析——以上海、深圳、宁波为例》，载于《上海经济研究》2007 年第 6 期。

［14］Jones, R. W. and Kierzkowski, H., *The Role of Services in Production and International Trade: A Theoretical Framework*, Cambridge, MA: Blackwell, 1990: 31 - 48.

［15］Venables, K. A. J., "Globalization and the Inequality of Nations", *The Quarterly Journal of Economics*, 1995, 110 (4): 857 - 880.

第三章 ◀◀◀

内外联动与长三角区域一体化发展

2018 年 11 月 5 日，习近平在首届中国国际进口博览会开幕式上正式提出：将支持长江三角洲区域一体化发展并上升为国家战略，着力落实新发展理念，构建现代化经济体系，推进更高起点的深化改革和更高层次的对外开放，同"一带一路"建设、京津冀协同发展、长江经济带发展、粤港澳大湾区建设相互配合，完善中国改革开放空间布局。这标志着长三角区域一体化发展进入了一个崭新的阶段。

长三角地区既是中国区域经济一体化发展的标杆，也是中国对外开放的"领头羊"和探路者。改革开放 40 多年来，长三角地区经济、社会发展取得的突出成绩，一方面归功于其勇于打破长三角区域内不合理的体制壁垒，较为成功地整合了区域内交错复杂、层次多元的市场、要素、规则，通过把区域内各地的优势要素相融合，培育成了以上海为中心、以江苏和浙江为两翼、以安徽为后盾的长三角区域一体化发展分工网络；另一方面则归功于长三角地区在我国对外开放的过程中，积极利用上海的金融和商贸优势以及江苏、浙江和安徽的生产制造优势，把自身的区域内分工体系主动嵌入全球分工贸易体系中，积极承接外商投资，发展加工贸易，引进外国先进生产要素，通过推动内外融合，把长三角地区打造成了世界知名的制造中心。综上，在打破壁垒、整合区域内优势资源的基础上，实现国际和国内两个市场、两种要素、两类规则的高效联动，是长三角地区经济高速发展的制胜法宝。

一、长三角区域一体化发展中的国际、国内市场联动

在以往出口导向型的开放型经济发展过程中，我国一直把重点放在

"出口"上，强调打破国内、国际市场壁垒，通过实现国际国内市场联动来为扩大出口的目标服务。长三角地区对内通过修建区域内铁路、公路、水运、空运等多元立体交通网络，强化政府间合作等方式，不断降低区域内商品、人员、资金的流动成本；对外则依托上海、南京、杭州、南通、宁波、合肥等开放城市，不断强化与日韩、欧美及东南亚等主要经贸伙伴之间的合作关系，凭借长三角地区制造业的低成本优势，成功地把区域市场嵌入了全球市场。最终，长三角地区内部形成了以上海为商贸流通中心、以江苏和浙江为货物生产基地、以安徽为劳动力输出来源的出口导向型区域内分工模式，并且凭借区域内市场高度整合、分工协作紧密的优势，把自身打造成了规模最大、体系最全、最具影响力的全球核心制造基地之一。2000年，长三角三省一市的货物出口总额仅为727.34亿美元，占全国货物出口总额的29.19%，比出口总额世界排名第22位的爱尔兰略低；但是，到2017年，长三角三省一市货物出口总额高达8 740.58亿美元，占全国货物出口比重高达38.62%，这一规模已经是世界第四大货物出口国日本的1.25倍，相当于以出口导向型经济发展模式著称的韩国（世界第九位）和中国台湾（世界第十八位）出口规模的总和。① 可见，当今长三角地区在打通国际、国内市场壁垒为扩大出口服务方面已经相当成熟，未来长三角区域一体化发展中国际、国内市场联动的重点应该转向联通全球市场，为我国高速扩张的内需市场服务。

党的十九大报告指出：中国特色社会主义进入了新时代，我国社会主要矛盾已经转化为人民日益增长的美好生活需要和不平衡不充分的发展之间的矛盾。当前，我国即将超越美国成为全球第一大消费市场，我国社会消费品零售总额从2010年的15.8万亿元增长至2017年的36.6万亿元，年均增长率保持在10%左右。② 但是，我国庞大的中等收入消费人群对高品质产品的消费需求与国内企业集中于中低端市场的供给能力之间的结构性矛盾愈发突出。因此，中国在新时期急需扩大进口，以满足国内人民日益增长的美好生活需要。2018年5月，商务部发布的《主要消费品供需状况统计调查分析报告》显示，随着我国居民收入水平的提高，我国消费者对进口商品的需求旺盛：2017年我国进口商品总额高达1.84万亿美元，其中，对高新技术产品的进口额超过5 000亿美元。

长三角地区有国内最好的经济发展基础、最大的内需区域市场以及最成熟的商贸体系，在新时期应该把握住我国开放型经济发展由以出口贸易为重心向稳出口的同时兼顾进口贸易转型的历史机遇，充分发挥长三角区域内市场高度一体化带来的

---

① 国家统计局数据库和UNcomtrade数据库。
② 国家统计局。

本地市场规模效应优势，并借助上海的中国国际进口博览会及杭州的阿里巴巴、网易考拉和南京的苏宁等跨境电子商务龙头企业，把长三角地区打造成外国商品进入中国市场的开放门户，并在此基础上整合全球市场优质资源为中国内需市场服务，最终推动长三角地区嵌入全球价值链分工的位置由依托中低端制造环节嵌入向依托销售网络渠道管理嵌入转型升级。

（一）长三角地区的消费市场情况

长三角地区作为中国经济发展水平最高的地区之一，一直都是国内消费市场的中心。如图 3 - 1 所示，进入 21 世纪以来，上海、江苏和浙江的居民年人均消费水平与全国平均水平之间的差距越拉越大：从城镇居民年人均消费支出来看，2000 年上海、江苏和浙江分别为全国平均水平的 1.76 倍、0.76 和 1.15 倍；2017 年上海、江苏和浙江与全国平均水平的差距已经扩大到 1.85 倍、1.47 倍和 1.25 倍。从农村居民年人均消费支出来看，2000 年上海、江苏和浙江分别为全国平均水平的 3.01 倍、1.56 倍和 1.71 倍；2017 年上海、江苏和浙江与全国平均水平的差距分别为 2.19 倍、2.29 倍和 2.03 倍。值得注意的是，长三角地区中的安徽城镇和农村居民年人均消费支出均落后于全国平均水平，且与上海、江苏和浙江之间的差距越拉越大，这表明长三角区域内的消费市场存在明显的层级划分，安徽的消费市场规模和质量层级远落后于上海、江苏和浙江，是长三角区域市场一体化发展中的短板，但也最具开发潜力。

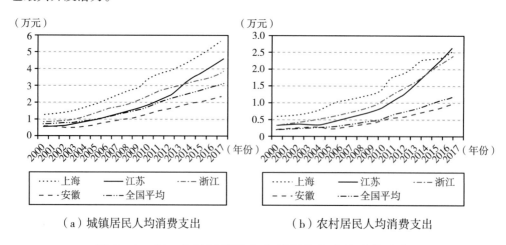

（a）城镇居民人均消费支出　　　　（b）农村居民人均消费支出

图 3 - 1　长三角地区城镇和农村居民年人均消费支出

资料来源：国家统计局。

如图 3-2 所示，长三角地区一直都是我国进口商品使用最集中的地区之一，依境内最终使用目的地统计，长三角三省一市自 2001 年起使用进口商品占全国的份额就一直维持在 30% 以上。2001 年后，中国因加入 WTO 而大幅降低商品进口壁垒，进口贸易迎来了高速增长的黄金十年。自 2012 年起，受加入 WTO 被迫开放国内市场的制度红利消耗殆尽以及主要发达经济体经济复苏乏力的拖累，中国进口贸易开启了低速徘徊阶段。在这一时期，长三角地区进口贸易的表现优于全国，进口商品占比由 2013 年的 32% 触底反弹，2017 年长三角地区三省一市的进口商品总额已高达 6.47 亿美元，创下历史新高，占全国比重也进一步提升至 35%，凸显了长三角地区在国内商品进口市场中的核心地位。

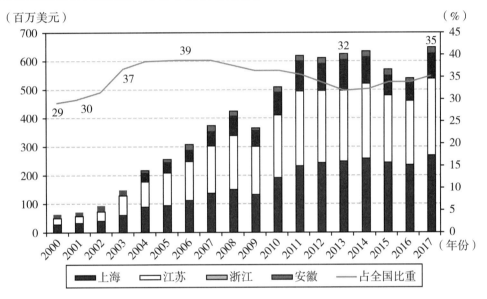

图 3-2　2000～2017 年依境内最终使用目的地统计的长三角地区进口总额
资料来源：国家统计局。

从我国最大的跨境电子商务平台天猫国际的统计数据来看，长三角地区消费者对海外商品的消费需求比北京津冀地区和珠三角地区都更加旺盛，是中国最主要的进口消费品消费市场。2017 年，中国只有上海和海南两地的天猫国际用户渗透率超过 20%，即平均每 5 个上海的阿里用户中，就至少有一个在使用天猫国际平台购买进口商品。北京和天津紧随其后，渗透率在 15%～20% 之间，江苏、浙江、安徽、广东、福建等地用户渗透率在 10%～15% 左右，山东、河北等地的渗透率则不足 10%。由此可见，长三角地区有国内最好的进口消费品的消费市场，这一优势应该被深入挖掘。当前中国消费品进口市场的开放强度仍较低，长三角地区应该把握住这一时代契机，通过依托上海自贸区等经济特区积极扩大对国外商品和外资企业的开放力度，依托杭州电子商务名城创新进口贸易方式等途径，积极整合长三角地区的内需市场，将其与全球商品供应市场紧密对接，并在此基础上进一步发挥长三角地区的引领和示范作用，最终打通中国国内内需消费市场与全球商品供应市场之间的壁垒与阻碍，实现整合全球市场优势资源为中国内需消费市场提供多元、优质商品的目标。

（二）长三角地区整合国际、国内市场的主要优势

1. 经济基础、地理位置、政府政策等优势利于建设国内进口商品集散基地

首先，长三角地区贡献了中国 23.86% 的 GDP 和 23.45% 的居民消费，是中国经济发展基础最好的地区。雄厚的经济基础培育了规模巨大、层次多样的本地消费需求市场，对于想进入中国市场的外国产品而言，长三角地区自然是其最佳的登陆地。其次，长三角地区位于中国东部海岸线的中点以及长江的入海口，具有北连环渤海、南通珠三角、西接长江中上游城市群的地理位置优势，从长三角地区向全国主要经济中心发货的时间成本和运输成本均较低，这使长三角地区最适合建设大规模进口商品保税基地。最后，在政府政策方面，长三角地区拥有上海（全国首个）和舟山两个国家级自由贸易示范区，杭州（全国首个）、上海、合肥、宁波、苏州、南京、无锡、义乌八个跨境电子商务综合试验区，中国国际进口博览会也落户上海，这都为长三角地区打造中国进口商品集散基地提供了制度红利。

2. 区域内强势跨境电子商务巨头的崛起掌控了国内零售品进口主要渠道

在阿里巴巴等互联网电商龙头企业的带领下，中国已成为世界最大的网络零售市场。2017 年中国网络零售市场的整体规模已经突破 7 万亿元，全年增长 32%。在中国网络零售市场的发展过程中，缺乏监管的个人海外代购曾经是主流的跨境电子商务模式，个人代购从业者利用社交软件、直播软件等新媒体渠道向国内消费者以跨境邮寄或随身带货等方式销售海外商品，获利颇丰，一时间海外华人华侨、留学生及出国旅游的游客等纷纷转型"微商"，代购市场鱼龙混杂。2019 年 1 月 1 日《中华人民共和国电子商务法》正式生效，该法规定如果在海外从事代购，必须要在中国的工商局进行登记并领取对应的营业执照，这给偷税漏税、假货横行的个人海外代购行业画上了句号。2014 年天猫国际的正式上线，标志着中国互联网跨境电商行业进入了品牌化、平台化、专业化运营的新阶段，跨境电商平台也逐渐成为中国消费者购买进口产品的最主要渠道。2015 年中国跨境电商交易规模为 9 000 亿

元，到 2017 年这个数字已经变为 1.9 万亿元；2015 年中国跨境电商的用户只有 2 300 万人，到 2017 年则猛增至 5 900 万人。[①]

如图 3 – 3 所示，截至 2018 年第四季度，中国跨境电商平台市场份额超过 1% 的一共有 8 家，其中，天猫国际（第 1 位）和网易考拉（第 2 位）均在杭州，小红书（第 6 位）在上海，苏宁国际（第 7 位）在南京，仅杭州一城就掌控了全国 56.2% 的跨境电子商务进口渠道，长三角三大中心城市企业的合计份额超过 60%，是名副其实的中国跨境电商平台聚集地。跨境电商行业进入平台化运营的新阶段赋予了长三角地区利用优势跨境电商龙头企业资源，打造进口消费品的国内仓储集散中心、网络营销中心、售后服务中心和品牌运营中心的先天优势，跨境电商平台可以孵化和带动一大批为进口产品品牌提供本土仓储物流、网络营销、售后服务、品牌运营管理等周边服务的新兴产业，这可以为长三角地区的经济转型和产业升级注入新的动力。

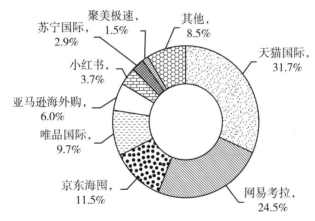

图 3 – 3　2018 年第四季度中国跨境电商平台市场份额
资料来源：易观智库。

（三）长三角地区整合国际、国内市场的主要障碍

1. 长三角区域内的一体化协同发展水平仍有待提高

如图 3 – 4 所示，自 1982 年时任国家领导人首次提出"上海经济区"概念以来，长三角区域一体化发展已经迎来了第 37 年。虽然区域内政府间协商合作层次不断提升、参与到长三角区域合作中的城市数量不断扩张、出席常规协作会议的主

[①]　电子商务研究中心，http：//www.100ec.cn/zt/introduction/。

要领导级别已提升至常务副省长级，但由于不同地区发展基础的差距过大、区域内协作发展的利益分配不均等问题，长三角区域一体化发展的实际进展比较缓慢，离真正一体化的目标仍相去甚远。目前，基础设施一体化建设中的"断头路"问题、环境保护一体化中的深化联防联治问题、市场一体化构建中的共同市场问题、产业发展布局中的错位发展问题等，都没有得到根本解决。从制度层面来看，阻碍长三角区域一体化的主要障碍在于现有区域协作模式中对经济发展相对落后地区的发展利益补偿不足，区域一体化发展带来的落后地区优质生产要素外流与官员绩效属地考核制度相冲突，落后地区政府配合区域一体化发展的动力自然不足。例如，在跨境电子商务领域，浙江在长三角地区拥有绝对优势，但江苏和安徽却都在效仿浙江经验依托本省市场培育自己的跨境电商生态体系，这显然加剧了长三角内部跨境电子商务市场的破碎化。

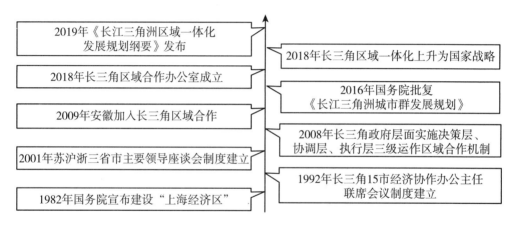

图 3－4　长三角区域一体化发展历史进程

2. 知识产权保护执法不严导致消费者对高档进口品质量缺乏信心

长期以来，由于我国的知识产权法中惩罚性赔偿制度的缺位和执法力度的不足，导致国内消费市场中假冒伪劣产品横行，严重影响消费者的消费信心。对于价格相对较高的进口消费品市场而言，假冒伪劣产品尤其集中，这也正是大批中高收入消费者宁可舍近求远地选择海外购物也不选择国内实体商场专柜或网上商城渠道的重要原因之一，这严重制约了国内进口品消费市场的成长。据《2018 年度中国电子商务用户体验与投诉监测报告》统计数据显示，2018 年中国电子商务投诉与维权公共服务平台接到的主流电商平台用户投诉中，跨境电商平台用户投诉占比高达 14.05%，其中，跨境电商疑似售假问题较为严峻。中国消费者协会发布的《2017 年"双 11"网络购物价格、质量、售后服务调查体验报告》也显示海淘商品是仿冒重灾区，在获得鉴定结论的 53 个样品中，有 16 个涉嫌仿冒，比例高达 30%。因此，长三角地区想要通过联通国内外市场打造中国进口消费品集散中心、开发进口消费品周边价值链的前提是重塑消费者对国内进口消费品品质的信心。

3. 政府对进口品下游价值链开发的重视力度不足

作为制造业大国，中国政府部门关于产业升级和价值链攀升的惯性思维是：由组装加工等低端制造工序沿着"微笑曲线"向核心零部件制造和产品研发设计等上游中高端制造工序攀升（见图 3-5），这种发展思路与中国传统出口导向型的开放型经济发展模式是相契合的，因为出口货物的中上游生产工序在国内，而下游的销售渠道环节在海外。但是，当我国新阶段开放型经济发展的重点向进口贸易转移之后，我国嵌入全球价值链的角色就由"生产者"转变成了"消费者"，进口品的中上游生产工序在海外，下游的销售渠道环节在国内，这就要求我们沿着"微笑曲线"向销售、渠道建立、品牌运营等下游环节攀升。当前，我国政府对进口品下游价值链环节开发的关注度仍非常有限，仅有的产业扶持政策基本都集中在跨境电子商务企业的扶持上。例如，长三角地区的杭州、上海、南京、无锡等地都建有国家级跨境电子商务综合试验区，但这些试验区仍只聚焦于跨境电商平台企业本身以及与其关联最紧密的仓储物流企业的培育和孵化，忽略了为进口品提供国内广告设计、新媒体营销、品牌公共形象管理服务、销售渠道拓展、售后服务等周边企业的培育和孵化，对纵向产业集群的发展没有给予足够重视，不利于跨境电商产业纵向价值链的深入开发。

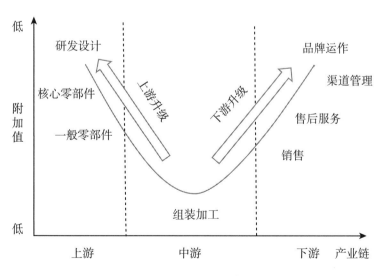

图 3-5 价值链微笑曲线

（四）长三角区域一体化发展中实现国际、国内市场联动的政策路径

新时期，长三角区域一体化发展仍应秉持过去出口导向型发展阶段的成功经验，通过打通国际、国内市场之间的壁垒，充分发挥地区特色优势，深度融入全球价值链。但是，在新时期，中国开放型经济发展的重点由出口导向型向更加重视进口对国民经济发展的作用转型，这要求长三角地区在整合国际、国内两个市场的方法上也要随之做出调整。长三角地区过去是围绕国际市场的产品需求，整合国内市场的优势资源，进而实现产品出口的高速增长；在新时期，中国不仅要以制造业中心的身份参与全球价值链分工，扮演全球最大卖主的角色，还要以世界成长最快、规模最大的消费市场的身份，扮演全球最大买主的角色，这要求长三角地区还要围绕国内消费市场实时变动的消费需求，整合国际市场优势资源，发挥中国商品进口的门户和集散地功能，并以此为依托，深入挖掘进口品下游服务环节的价值链利益。具体而言，长三角地区应该从以下三个方面做出变革，拓展其一体化发展中实现国际、国内市场联动的内涵。

1. 建立区域内一体化发展利益补偿机制

实现长三角区域内部市场的高度一体化，做大长三角本地市场规模，是长三角得以在激烈的区域发展竞赛中争夺到中国商品进口集散中心地位的基本前提。要想实现这一目标，就必须从制度上解决长三角区域一体化发展利益分配不均的根本性问题。上海、江苏南部和浙江中北部地区是长三角地区的中心地带，其经济发展水平最高，对优质要素、高端人才和高新技术企业最具吸引力，相比之下，安徽、江苏中北部和浙江南部等长三角外围地区的经济发展基础和区域竞争力就差得多。长三角区域内部经济实力的严重不均衡，事实上使市场壁垒成为落后地区阻止自己优质生产要素和企业项目被虹吸到发达地区的"救命稻草"，一旦落后地区与发达地区共同推进市场一体化，其必然遭受短期内高效率生产资源外流的利益损失。因此，长三角地区应尽快建立政府间的财政资金转移补偿机制，发达地区根据其吸引的落后地区的企业、人才、要素规模，向落后地区转移支付一定比例的地方财政收入，帮助资源流出地区改善基础设施和引资环境。此外，长三角地区还应该依托长三角区域合作办公室，制定超越省级的长三角地区产业发展规划方案，引导区域内现有产业按照各地的比较优势进行专业化分工布局，在避免区域内各城市的产业结构同构竞争和低效率重复建设等问题的同时，增强向发展相对落后地区转移适合其地方优势的产业项目，强化长三角区域一体化发展对落后地区的吸引力。

2. 强化区域内知识产权保护执法和龙头进口平台企业监管的力度

一方面，在治理线上进口品中的假冒伪劣等知识产权侵权行为、提升消费者对进口品质量信心方面，长三角地区拥有独特的优势。与京津冀地区和珠三角地区渠道高度分散的线上进口品市场相比，长三角地区拥有国内规模最大、市占率最高、最具品牌影响力的跨境电商龙头企业——天猫国际和网易考拉，两家企业占领了中国跨境电商市场55%以上的份额，这使长三角地区只要强化对龙头进口平台企业的知识产权执法和进口渠道监管，就能大幅改善区域内进口产品假货横行的乱象。具体而言，对于独立自营型跨境电商①，长三角地区应在加大商品抽检频率的同时，试行知识产权侵权零容忍政策，对查实的知假售假等知识产权侵权平台企业强制停业整改；对于从属主站型跨境电商②，长三角地区可试行知识产权担保金以及从业人员个人信用黑名单制度，一经查实存在知识产权侵权行为，在没收其知识产权担保金、依法追究法律责任的同时，将负有责任的相关从业人员拉入个人征信黑名单，终身禁止其进入电子商务行业。另一方面，在线下的知识产权侵权行为治理上，长三角地区应尽快推广"上海扩大开放100条"中提出的"严格知识产权司法保护，依法适用侵犯知识产权惩罚性赔偿法律规定"的成功经验，以三省一市联合立法的方式，加大侵权损害赔偿力度，全面实施惩罚性赔偿制度，研究商业模式等新形态创新成果的知识产权保护办法，完善知识产权行政执法与刑事司法衔接机制，加强知识产权综合行政执法，尤其是加大重点领域、重点市场的知识产权执法，把长三角地区打造成国内的知识产权保护高地，吸引优质进口品安心进入长三角地区。

3. 建立完整的进口品下游价值链开发产业体系

长三角地区应依托现有的龙头进口平台企业、国家级跨境电子商务综合试验区，出台进口品下游价值链开发产业发展扶持政策，鼓励跨境电商和传统线下渠道进口商品周边服务行业的发展。一方面，在跨境电子商务试验区或进口保税区等电商平台聚集地周围规划出专门的下游周边服务产业发展用地，提供税收减免、融资担保等优惠扶持政策。另一方面，引导和鼓励最具创造力且紧随时代潮流的青年大学生群体，围绕进口商品的新媒体营销、品牌公共形象管理服务、销售渠道拓展、

---

①　独立自营型跨境电商是指有自己独立的 App 或中国境内一级网站，以自营的方式从事跨境电商业务的企业。

②　从属主站型跨境电商是指没有独立 App 或中国境内一级网站，而是以在品牌电商平台上开设虚拟店铺的方式从事跨境电商业务的企业。

售后服务等周边行业进行创新创业，在增加社会就业、挖掘进口商品下游价值链利益的同时，也可以通过为跨境电商企业提供更加多元化和优质的周边服务的方式，将跨境电商产业的发展推向新的高度。此外，通过进口品下游价值链开发为国外成熟中高端进口品品牌提供周边服务，也可以为我国培养高质量的营销、渠道和品牌管理人才及优质企业，这也为中国本土品牌的品牌形象提升和营销渠道拓展奠定了重要基础。

二、长三角区域一体化发展中的国际、国内创新要素联动

促进优质生产要素的联动是区域一体化发展中的核心要义，在过去相对低水平的区域一体化发展过程中，长三角区域一体化发展的重点是推动区域内资本、劳动力等传统生产要素的自由流动。在新时期，传统生产要素的自由流动和数量积累已经难以支撑长三角地区经济的持续发展，科技人才、科技资本、高新企业、研发载体等创新要素的聚集已成为支撑长三角地区经济发展走向高质量阶段的关键因素。因此，如何通过实现国际、国内创新要素的高效率联动，吸引全国乃至全球优质创新要素向长三角地区聚集，是长三角地区当前区域一体化发展中所需要解决的重要问题。

（一）长三角地区国内外创新要素联动情况

作为中国经济最发达的地区之一，目前长三角地区成为我国创新驱动发展的重要策源地，区域内一体化发展程度较高，集聚了大量的创新资源，创新基础好，在研发经费支出、创新人才引进、国内专利授权量、高新技术企业数量以及高新技术产值占工业总产值比重等方面均位居全国前列，并且涌现了量子通信、高性能计算机、大飞机、人工智能等一批在国内外具有较大影响力的创新成果。

如图3-6所示，长三角地区创新资源集聚度高，研发载体数量多。长三角地区集中了全国的1/5的高等院校和科研机构，拥有全国约1/3的"两院"院士和科技人员，区域内共有国家"211工程"大学24所、各类高等学校467所、国家重点实验室88个。截至2018年2月，长三角地区共有上海张江、苏南、杭州、合芜蚌、温州以及宁波等6个国家级自主创新示范区，占全国总数的28.6%；拥有上海张江和合肥两个综合性国家科学中心。从创新载体来看，截至2018年底，长三角地区拥有各类国家级科技企业孵化器321家。从创新人才数量来看，2016年长三角

地区拥有各类科技人员 227. 36 万人, 其中, 规模以上企业中从事研发 (R&D) 人员数占全国总数的比重达到 35. 96% 。从创新成果来看, 2017 年长三角地区专利授权量为 57. 2 万件, 占全国的比重为 31. 1% 。

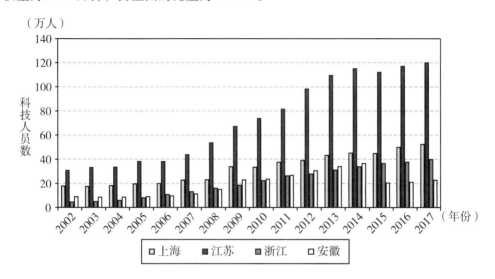

图 3 -6　长三角地区创新要素集聚趋势

资料来源: 历年上海、江苏、浙江、安徽统计年鉴。

　　除了创新载体丰富和人才聚集优势外, 长三角地区作为中国的创新高地还得益于政府的高度重视与联动协作以及紧密联系国际市场的对外开放优势。长三角三省一市已启动实施构建区域创新共同体战略合作计划, 加快推进上海、嘉兴、苏州、南通、杭州、宁波、宣城、湖州等地国际创新带、创新示范点以及沪嘉杭 G60 科创走廊等创新生态实践区建设。从吸引国外创新要素来看, 长三角地区与国际技术市场对接紧密, 跨国公司设立研发中心、国外引进技术合同和金额平均水平等位于全国前列。以上的这些数据说明, 长三角地区作为我国科技创新的排头兵, 已具备虹吸创新人才、创新企业和创新资本等全球创新要素的基本条件, 这些要素将成为支撑长三角区域一体化发展的重要动力。

　　从长三角地区内部核心城市的创新活动情况来看, 如表 3 -1 数据显示, 2011 ~ 2017 年各城市研发经费支出占 GDP 的比重均在 2% 以上, 并且自 2015 年以来, 上海、南京、杭州和合肥的研发经费支出均保持在 3% 以上, 远高于全国以及长三角地区其他城市平均水平。上海的"领头羊"优势明显, 在科技人员总量、研发经费支出、专利授权量以及高新技术企业数等方面领先于其他城市。南京依托其丰富的教育资源和良好的创新环境, 在科技人员总量和研发投入方面优势突出, 但是在创新产出方面稍显落后, 随着南京创新名城建设的战略实施, 将成为长三角地区科技创新发展的枢纽。杭州的研发投入、专利授权量以及高新技术企业数均位列第三，随着国家级自主创新示范区的建设和中小企业知识产权战略推进试点城市的推进，杭州在创新人才、技术以及资本等创新要素集聚上拥有巨大的发展潜力。合肥虽然在创新人才和创新产出等总量方面不及以上三市，但是近年来，政府高度重视科技投入，研发经费支出占 GDP 比重仅次于上海，并且合肥作为综合性国家科学中心的建设城市，具有明显的创新资源集聚优势与研发人力资本优势，后发优势明显。而苏州依托上海强大的经济和科技辐射力，吸引了大批外资企业和研发中心进驻，集聚了丰富的创新资源，随着苏南国家自主创新示范区建设的不断推进，加之具有优越的地理位置和创新环境，苏州将成为长三角区域科技创新发展的另一个引擎。

表 3 - 1 　　　　　　　　　长三角地区核心城市创新活动情况

年份	科技人员数（万人）					R&D 经费支出占 GDP 比重（%）				
	上海	南京	杭州	合肥	苏州	上海	南京	杭州	合肥	苏州
2011	37.53	15.48	7.41	10.05	7.16	3.06	2.91	2.92	2.15	2.45
2012	38.91	17.56	7.83	11.24	9.18	3.31	2.92	2.88	2.78	2.60
2013	43.16	20.68	8.16	11.47	10.02	3.49	2.95	2.96	3.10	2.60
2014	45.1	21.05	9.02	12.58	13.72	3.58	2.98	2.98	3.11	2.70
2015	44.81	20.75	9.43	12.62	13.9	3.65	2.99	3.01	3.10	2.68
2016	49.88	21.65	9.47	14.05	15.52	3.72	3.05	3.06	3.10	2.78
2017	—	—	10.32	—	15.57	3.93	3.08	3.15	3.24	2.80
年份	专利授权量（件）					高新技术企业数（家）				
2011	47 906	12 404	29 249	10 712	77 281	3 589	603	1 546	532	1 347
2012	51 508	18 612	40 651	9 639	98 276	4 312	733	1 735	615	1 864
2013	48 680	19 484	41 518	11 487	81 665	5 140	866	1 958	708	2 449
2014	50 488	22 844	33 548	12 722	54 709	5 433	1 023	2 209	828	2 950
2015	60 623	28 104	46 245	17 070	62 263	6 071	1 273	1 986	1 056	3 478
2016	64 230	28 782	41 052	18 496	53 528	6 938	1 698	3 035	1 357	4 133
2017	72 806	32 073	42 227	21 469	53 223	7 642	1 850	2 844	1 666	4 469

资料来源：历年各市统计年鉴和科技统计公报；"—"表示数据缺失。

（二）长三角地区促进创新要素集聚的主要政策与成果

在中国进入创新驱动发展的关键时期，长三角地区积极把握新一轮扩大开放机遇，联动建设上海和浙江自由贸易试验区，复制推广自由贸易试验区改革创新成果。在科技创新发展方面，以上海张江、合肥综合性国家科学中心建设为龙头，充分发挥苏南、杭州等国家自主创新示范区的带动作用，加快建设长三角科技创新圈，努力构建区域创新共同体。

1. 长三角地区推进创新要素集聚的主要政策

长三角地区作为我国科技创新发展的排头兵和先行者，不仅得益于良好的地理位置和丰富的创新资源，而且在很大程度上受政策优惠以及政府间协同创新的推动。早在2003年，长三角内部各城市群之间就科技协同创新等议题开始尝试和探索了一系列的合作机制。

一是建立政府间的协同创新机制。如2003年建立的长三角区域创新体系建设联席会议制度、2007年制定的《长三角科技合作三年行动计划（2008—2010年)》、2016年长三角地区三省一市共同签署的《沪苏浙皖关于共同推进长三角区域协同创新网络建设合作框架协议》、2018年建立的《长三角地区加快构建区域创新共同体战略合作协议》以及2018年长三角区域合作办公室编制的《长三角地区一体化发展三年行动计划（2018—2020年)》等，这些合作机制有力地促进了区域内科技创新合作的不断深化以及实现科技资源和成果共享，推动长三角区域协同创新发展。在科技人才互动方面，2003年长三角两省一市签署的《长江三角洲人才开发一体化共同宣言》，推动区域内科技人才异地流动、专业技术资格互认等。在知识产权保护方面，2009年苏浙沪两省一市签署《长三角地区知识产权发展与保护合作框架协议书》，共同推进区域内知识产权保护。通过政策引导和政府间的合作创新，逐步消除区域内创新要素流动的体制和机制障碍，推进长三角区域内人才、技术和资金等创新要素集聚，强化创新要素国内外联动，从而实现协同创新和共同发展。

二是建立科技攻关合作和创新平台共享机制。例如，2004年由苏浙沪两省一市启动实施的"长三角科技联合攻关项目"和"科技合作成果示范应用及产业化项目"，获得了良好的经济效益。在创新平台共享方面，2008年，长三角地区充分利用已有的区域创新协调机制，共同搭建了"长三角大型科学仪器协作共用网"和"科技文献资源共享服务平台"，组织实施"国家长三角纺织产业创新支撑平台""国家集成电路产业创新支撑平台"等建设，成为推进长三角科技资源共享的有效载体。截至2017年底，"长三角大型科学仪器协作共用网"平台共集聚2086家单位的4.53万台（套）大型科学仪器设施，总价值超过519亿元。

三是建立政产学研协同创新机制。长三角地区拥有丰富的高校和科研机构资源，在地方政府支持下，跨区域设立研发分支机构或者企业联合开展新技术、新产品的开发并共享技术研发成果。例如，2004 年中国科学技术大学在上海设立中国科学技术大学上海研究院；上海通用电气研发中心与浙江大学合作，共同进行高新技术研发；芜湖与浙江大学、东南大学开展产学研合作，共建产业技术研究院、技术转移分中心等。

2. 长三角地区核心城市促进创新要素集聚的经验总结

除了在长三角地区层面探索促进创新要素集聚的合作机制和政策外，长三角地区各核心城市针对自身创新驱动发展定位，相继制定了推进创新要素集聚的政策措施。概括起来，长三角地区核心城市促进创新要素集聚的经验主要有以下几点。

第一，充分发挥政策优势和政府引导作用。为了实现长三角地区率先创新转型，国家通过制定一系列的政策鼓励长三角地区进行制度改革和创新，长三角地区各核心城市也相继出台了相关创新政策、措施，通过创造良好创新环境吸引创新要素集聚和促进科技创新发展。

上海作为长三角地区创新驱动发展的领军城市，国家对其目标定位是"建设具有全球影响力的科技创新中心"。高度集聚的创新资源以及高质量的创新成果产出是上海保持创新领军地位的主要优势。为了吸引创新人才、创新企业和创新资本等创新要素进驻，国务院等中央部门和上海市政府先后制定了一系列旨在推动上海科技创新发展的政策措施。如 2015 年国务院批复通过的《上海张江国家自主创新示范区发展规划纲要（2013—2020 年）》；2015 年上海市政府发布的《关于加快建设具有全球影响力的科技创新中心的意见》和《关于加快推进中国（上海）自由贸易试验区和上海张江国家自主创新示范区联动发展的实施方案》；2016 年国务院出台的《上海系统推进全面创新改革试验加快建设具有全球影响力的科技创新中心方案》等。为了响应江苏省提出的"建设具有全球影响力的产业科技创新中心"，南京市政府先后出台了《南京市争当江苏省产业科技创新中心排头兵和建设国家创新型城市若干政策措施》和《关于建设具有全球影响力创新名城的若干政策措施》等科技创新政策。苏州市政府制定了《关于打造产业科技创新高地的若干措施》《关于建设苏州市先导产业创新集聚区的实施意见》等政策。杭州以打造"'互联网＋'世界科技创新高地"为目标，自 2015 年国务院批复杭州建设国家自主创新示范区以来，杭州先后颁布了《杭州国家自主创新示范区发展规划纲要》《杭州国家自主创新示范区规划纲要（2015～2020 年）》《关于加强众创空间建设进一步推进大众创业万众创新的实施意见》《杭州城西科创大走廊规划》等科技新政。合肥则以建设综合性国家科学中心为契机，2017 年出台了《关于建设合肥综合性国家科学中心打造创新之都人才工作的意见》等创新政策。在上述政策优势的推动下，长三角地区核心城市探索了一系列制度改革和创新，如上海借助自由贸易试验区和上海张江国家自主创新示范区（以下简称"双自"）的制度创新，推行负面清单、行政审批等制度改革；杭州利用"互联网＋"深化政府体制改革促进创新创业等，并且产生了良好的经济效益和社会效益。截至 2017 年底，上海共集聚了 665 家跨国公司地区总部和 440 家外资研发中心，其中，有 200 多家跨国公司地区总部和 200 多家跨国公司研发中心位于上海自贸区，张江自主创新示范区有国家级、市级、区级研发机构 400 多家。

第二，积极探索集聚创新资源新模式。长三角地区各核心城市在政策优势和政府引导的推动下，积极探索创新资源集聚新模式。长三角地区在集聚创新资源的实践中，逐步探索形成了以下几种模式：一是依托政策优势集聚创新资源。例如，上海利用"双自"建设释放的政策红利，不断探索制度改革和创新，优化创新环境，吸引大批外资创新机构和海外人才进入。二是依托产业发展集聚创新资源。例如，南京、苏州等利用发展集成电路等高新技术产业吸引了大量创新人才、创新资本等创新要素进入。三是依托龙头企业集聚创新资源。例如，杭州依托阿里巴巴等高新技术企业汇聚大量创新创业人才。四是依托顶尖人才集聚创新资源。通过引进国内外顶尖人才及其团队进行创新创业，实现以创新人才为纽带的创新要素集聚。例如，南京市 2018 年通过引进清华大学姚期智院士建立图灵人工智能研究院，目前已实现 12 个"人工智能＋"孵化项目进驻，短期内集聚了一支一流的人工智能研究创新人才。

第三，强化企业创新主体作用。长三角地区核心城市在创新驱动发展引领下，通过推动大众创业、万众创新，充分发挥企业创新的主体作用，激发企业创新活力。在国家创新驱动发展战略和"中国制造 2025"的背景下，为了促进企业技术创新和成果转化，长三角地区各核心城市先后制定了一系列支持企业创新发展的政策措施。例如，上海出台了《关于加快上海创业投资发展的若干意见》《上海市促进科技成果转化条例》《关于加强本市高新技术企业发展若干意见》；南京出台了《南京市创新企业培育实施办法（试行）》《南京市高新技术企业培育奖励实施细则（试行）》；杭州制定了《关于加强众创空间建设进一步推进大众创业万众创新的实施意见》《杭州市高新技术企业培育三年行动计划（2018—2020 年）》；等等。在创新政策驱动下，企业不断开展创新活动，创新技术、产品、服务乃至运营和管理模式，从而获得相对竞争优势。例如，阿里巴巴的"互联网＋金融"模式创新、宝钢集团的管理模式革新、中国商用飞机有限责任公司的技术创新等。

第四，重视创新人才的引进与培养。人才是科技创新发展的核心资源。为了加强国内外创新创业人才集聚，长三角地区核心城市高度重视创新人才引进工作，相继出台了创新创业人才引进政策，为创新驱动提供人才保障。2015 年上海出台了《关于深化人才工作体制机制改革促进人才创新创业的实施意见》，制定了包括国内人才的户籍政策、海外人才的永居政策、高层次人才引进政策等 20 条吸引创新创业人才政策。2015 年南京出台了《关于"创业南京"人才计划的实施意见》，发布了包括科技顶尖专家集聚计划、高层次创业人才引进计划、青年大学生创业引领计划等 4 大类人才引进措施，吸引创新人才进驻。杭州出台了《杭州市高层次人才、创新创业人才及团队引进培养工作的若干意见》，对顶尖人才和团队的重大项目最高给予 1 亿元的项目资助，同时制定了大学生创业基金和创业贷款等具体措施。合肥 2017 年出台了《关于建设合肥综合性国家科学中心打造创新之都人才工作的意见》，2018 年出台了《关于进一步支持人才来肥创新创业的若干政策》，大力引进国内外顶尖人才和产业紧缺人才。2017 年苏州出台了《关于进一步推进人才优先发展的若干措施》《姑苏创新创业领军人才计划实施细则》等人才政策，通过实施科技领军人才集聚工程，大力引进拥有核心自主知识产权、掌握关键技术的高科技领军人才。通过政府对创新创业人才引进的高度重视和人才政策的大力推动，长三角地区核心城市在吸引国际、国内创新人才方面取得了显著的成效。截至 2016 年底，上海科技人才总量达到 49.88 万人，拥有"两院"院士 173 人、各类海外人才达 21.5 万人。截至 2017 年底，合肥引进国家"千人计划"人才 274 名、"万人计划" 106 名，在肥"两院"院士总数达 108 名。截至 2018 年底，苏州国家"千人计划"人才达 250 人，其中创业类人才 130 人，位居全国大中城市第一；姑苏领军人才计划 1 291 人；累计支持 12 个团队项目，集聚核心团队成员 42 名，其中中科院院士 3 名。

第五，利用开放优势吸引国际创新要素集聚。长三角地区作为我国改革开放先行区，外向经济度高，开放政策红利明显。当前，长三角地区核心城市应以更开放的视野和姿态，继续深化体制机制改革，全力融入全球经济和新一轮对外开放，吸引国际创新要素集聚。一是大力吸引外资创新机构和研发中心。上海要积极利用"双自"制度改革机遇，大力支持跨国公司在上海设立研发中心，鼓励外资研发中心参与政府科技计划，融入上海市创新网络。苏州要充分利用上海的科技辐射带动作用，通过政策引导等方式吸引外资研发机构提升创新水平。南京应以创新名城建设为契机，通过实施《关于建设具有全球影响力创新名城的若干政策措施》等政策，大力吸聚全球创新企业、创新资本等创新要素。杭州和合肥应抓住国家自主创新示范区和综合性国家科学中心建设机遇，大力引进外资企业创新机构进驻。截至 2017 年底，已有 440 家外资企业在上海设立研发中心，苏州引进的外资研发机构占江苏省总数的 1/3 以上。二是集聚国际化多层次创新创业人才。2019 年上海出台的

《关于进一步深化人才发展体制机制改革加快推进具有全球影响力的科技创新中心建设的实施意见》中专门制定了海外人才引进政策的实施办法。杭州出台的《杭州市高层次人才、创新创业人才及团队引进培养工作的若干意见》、"创业南京"人才计划、姑苏创新创业领军人才计划等人才政策，也相继制定了引进海外高层次人才和团队等的具体政策，为海内外创新创业人才提供了有力保障。截至 2018 年 9 月，上海共办理科创新政永久居留申请 1 962 人，各类海外人才达 21.5 万人。截至 2017 年 10 月，杭州累计引进海外留学人才 2.5 万人。三是鼓励创新与国际接轨。长三角地区核心城市加强科研机构、企业与国际研发机构合作，支持有条件的企业在海外设立研发创新中心。例如，上海临港集团在美国硅谷建立研发机构，布局企业全球创新研发网络。

（三）长三角地区实现创新要素内外联动的障碍

虽然长三角地区区域一体化程度较高并在创新驱动发展方面取得了较好的成效，但是长三角地区在创新要素内外联动发展上仍存在较多的壁垒和障碍，主要表现在以下几个方面。

1. 政府间创新联动协作机制有待改善

虽然早在 2003 年长三角各地政府间就开始建立科技创新合作机制，但是目前三省一市政府间仍存在较多的协同创新体制、机制障碍，创新要素的跨区域整合仍有诸多困难。首先，行政区划壁垒阻碍一体化发展，缺乏有效的联动协调机制。长三角三省一市分属于不同的行政区划，长期以来，由于各个行政区各自为政、存在明显的行政壁垒和地方保护主义，导致地区之间协调难度较大；而科技创新、人才引进和培养以及产业发展等同样分属于不同行政部门，仍然存在条块分割、资源分散等问题，部门之间缺乏行之有效的联动协调机制，导致科技创新资源不能实现高效配置和开放共享。其次，政府行政管制较多，严重束缚了科技创新发展。长三角各地政府在科技创新管理方面的行政管制仍然较多。例如，使用行政管理方法管理高等学校和科研院所，对于科研经费管理、人才引进管理、科研项目管理等制度过于僵化，不利于激发科技人才的创新积极性；对服务创新创业的科技金融、专业服务等，市场机制的培育不够，对外开放程度仍然不够；等等。最后，区域创新协同的配套政策和制度不健全。当前长三角各地区在一些科技政策的对接上，大多是由政府相关部门签署合作协议，缺乏相应的法律和政策依据，导致在高新技术企业资质互认、自主创新产品和创新成果互认、创新人才的专业资格互认等方面仍存在较大困难。区域间协同创新缺少具体实施制度和配套措施，导致长三角各地区间签署的合作协议难以真正落地。

2. 核心城市未能有效发挥辐射带动作用

首先，长三角地区各城市间科技创新水平和创新要素集聚能力差距较大，上海作为长三角地区科技创新的领军城市，拥有丰富的创新资源和创新载体，科研实力雄厚，但对长三角地区其他城市科技辐射带动作用不强。例如，长三角地区已经建立长三角高校合作联盟，在本科生学分互认、研究生访学互访、联合举办博士生论坛等方面已经开展较多的合作。但是，在产学研联盟、科技资源、科技成果转化等跨区域合作方面，上海尚未实现对区域内其他城市进行充分流动和共享。其次，长三角地区虽然建立科技合作机制多年，但是核心城市较少产生具有较大影响力和知名度的科技成果，对于区域内协同创新的辐射作用有限。硅谷平均每3~5年就会产生一家如谷歌、苹果、英特尔等对全球产业格局产生重要影响的企业，北京中关村有联想、百度等在国内外有一定影响力的大企业，但长三角地区目前尚未出现在国际上具有一定知名度的高科技企业。最后，长三角地区核心城市如上海、南京往往产生较多的基础研究科技成果，这些成果短期内产业转化率较低，对周边城市的辐射带动作用有限。例如，上海市在2017年涌现了一批重大基础研究成果，在《自然》、《科学》和《细胞》三大刊发表论文数量位居全国前列，但这些科技成果很难在短期内产生经济效益。

3. 创新要素资源的流动仍有较大阻碍

一是行政区划壁垒阻碍科技创新要素流动。创新人才、创新企业和创新资本等要素分属于不同行政部门管理，由于长三角区域内行政区划层次较多，行政隶属关系复杂，条块分割严重，加之存在地方保护主义，导致创新要素在区域内流动存在较大障碍，甚至还会出现各城市间争抢资源、人才等恶性竞争，严重阻碍了人才、技术和资本等科技创新要素的自由流动和合理配置。二是缺乏科技创新协同的配套政策和实施机构。目前长三角区域内的创新合作机制仍以契约式协议为主，在具体落地实施方面存在较大困难。同时，长三角区域内缺乏一个强有力的政府机构来负责全面协调和统筹工作，这就容易出现部门之间、跨行政区域之间的相互推诿，导致创新资源在区域内配置效率较低，创新人才、资本等流动不充分，科技成果共享困难。

4. 吸聚科技创新人才环境有待优化

一是区域内创新创业环境存在较大差距。长三角核心城市如上海、南京、杭州、合肥等由于具有优良的创新环境和创新载体，加之近年来相继出台了吸引创新创业人才的特殊政策，因此对科技创新人才具有很强的吸引力。但在长三角地区其他城市，缺乏创新载体和平台，导致科技创新人才匮乏。二是区域内缺乏有效的创新人才联动协作机制。虽然早在 2003 年上海、江苏、浙江就签署了《长三角人才开发一体化共同宣言》，但是长三角地区尚未建立区域统一的人才市场，创新人才的跨区域流动仍有较大困难。

5. 商务成本过高阻碍创新要素集聚

长三角地区作为我国经济发达地区之一，同时也是全国商务成本较高的地区。根据 2018 年福布斯发布的中国经营成本城市排名数据显示，上海、杭州、南京、苏州等长三角地区核心城市位列前十。另外，随着我国人口红利优势逐渐丧失、最低工资标准不断提高，长三角地区制造业的劳动力成本呈现不断上升趋势。高企不下的商务成本成为上海、杭州、南京等核心城市创新要素集聚的主要障碍之一。

（四）促进长三角地区国内外创新要素联动发展的政策建议

为了实现国家创新驱动发展战略目标，引领长三角地区一体化更高质量发展和打造全球创新空间，长三角地区应敢于打破各类体制机制壁垒，消除国内外创新要素集聚障碍，积极构建长三角科技创新圈，促进创新资源在更大空间上的优化配置，形成国内外创新要素集聚良性联动发展。

1. 继续完善长三角区域间科技创新联动发展机制

一是建立跨区域协调组织机制。为了实现创新驱动发展，长三角地区必须要破除体制机制障碍，建立全新高效的跨省市联动协调机制，促进区域间科技创新资源、创新成果共享。具体来说，即在目前长三角地区已建立的创新合作机制基础上，建议由国家部委和三省一市分管科技部门组建跨区域科技创新联动发展协调机构，加强顶层设计，统筹整个长三角地区科技创新等重大事项及布局建设，以全球化视野对接国际科技和产业变革前沿，深度推进国际合作，吸收全球创新要素，整合全球创新资源。二是建立跨区域产学研协调机制。长三角地区拥有丰富的科教资源，集中了全国 1/3 以上的科技人才，国家重点实验室和高新技术企业数量均位居全国前列。为了更好地利用长三角地区的科技资源，实现率先创新转型，必须建立有效的协调协作机制，打破部门、行业和地域壁垒，最大限度地整合创新资源，为各类科技创新机构提供联动服务。因此，长三角地区可以组建跨区域产学研协同联盟，将区域内的高校、科研院所、企业研发机构联合起来，促进创新资源和创新成果共享。一方面，必须完善企业、高校以及科技人员之间的利益分配机制；另一方面，建立企业与科研院所的风险共担机制，充分调动科研人员的积极性。

2. 着力提高核心城市的科技辐射作用

长三角地区应以上海张江、合肥综合性国家科学中心建设为龙头，借助苏南、杭州等国家自主创新示范区的带动作用，加快建设长三角科技创新圈，通过构建"一圈一核三极多点"的创新发展新格局，充分发挥上海、南京、杭州、合肥核心城市的辐射作用，促进创新资源整合和优势互补，努力构建区域创新共同体。上海应借助打造具有全球影响力的科技创新中心的契机，利用"双自"建设的制度和政策优势，不断优化创新创业环境，同时深化与长三角其他区域的联动发展；积极与嘉兴、苏州、南通、杭州、宁波、宣城、湖州等地共同打造国际创新带，大力推进沿 G15、G42、G50、G60、杭州城西科创大走廊、杭州湾大湾区等重点发展廊道，主动服务"一带一路"建设、长江经济带发展战略，从而不断提高科技辐射带动作用。南京、杭州、合肥和苏州等核心城市应以建设国家自主创新示范区和综合性国家科学中心为契机，最大程度地利用创新集聚空间溢出效应，增强与邻近城市之间的科技创新联系与互动，充分发挥作为核心城市的科技辐射带动作用，促进国内外创新要素在区域间良性互动。

3. 逐步消除行政壁垒，促进创新资源共享

为了促进创新要素集聚的国内外联动，长三角地区应着力破解跨行政区域协同创新的制度性和政策性障碍，加强创新资源优势互补，促进区域内创新要素的自由流动与高效配置，建设更具活力的创新型区域，以创新引领一体化发展。具体而言，长三角地区应充分发挥区域创新协调机制作用，综合运用科技、产业、财税、金融、人才等政策，加强三省一市技术创新联动发展，破除创新人才引进、市场准入壁垒、融资歧视等阻碍区域创新发展的歧视性政策，推动长三角地区技术创新资源共享，实现创新要素的合理布局和优化配置。

4. 加强科技创新人才支撑政策

一是要完善人才引进政策。长三角地区要以更开放的视野，吸引包括国内外创新创业人才等更多的创新要素进入本区域。因此，长三角地区应不断完善人才引进政策，为科技创新提供人才保障。首先，建立"高端人才特区"，通过为科技创新人才提供户籍居住、事业启动基金、子女入学、生活保障以及配偶安置等优惠政

策，吸引和保留人才。其次，要为高层次人才事业发展提供良好的外部环境、搭建平台，激发其创新的灵感和积极性。二是要重视对现有人才的开发和培养。一方面，注意发掘和培育创新人才，调动人才的创新意识，激发创新潜能；另一方面，要重视对现有人才的教育投入，提升现有人才的创新能力。此外，长三角地区还应组建人才开发协调机构，努力构建区域统一的人才市场，破除户籍限制，促进创新人才的跨区域流动，实现创新创业人才的区域内联动发展。

5. 努力降低科技创新商务成本

为了降低商务成本过高对创新要素集聚的抑制作用，长三角地区，尤其是上海、杭州、南京等核心城市要采取多种措施，努力降低创新企业运作成本。具体而言，可以采取以下措施：一是完善科技创新的税收抵免优惠政策。通过对科技型企业提高研发投入、研发设备折旧等税前抵扣比例和降低或免征科技型企业所得税等政策鼓励企业加大研发投入。二是降低创业空间载体的建造和使用成本。长三角地区可以共同制定土地规划，为创业楼宇等建设提供更多的空间，并给予土地出让金减免和财政资助等政策，努力降低建筑成本。另外，进一步完善租金减免政策。对于海外高层次人才创业、大学生创业等特殊群体，给予创业用房租金减免补贴。三是努力降低科技创新企业配套成本。例如，为科技创业孵化企业提供廉价的公共服务设施；政府提供廉价集体宿舍等。

三、长三角区域一体化发展中的国际、国内规则联动

2016 年 5 月，李克强在国务院常务会议上指出，长三角地区"人力、智力资源丰富，内陆腹地广阔，理应在新一轮改革开放中走在前列""要争当新一轮改革开放的排头兵，为全国形成可复制、可推广的经验，到 2030 年全面建成具有全球影响力的世界级城市群"。该次会议通过的《长江三角洲城市群发展规划》指出，该地区应全面提高开放水平，进一步完善市场准入与贸易便利化，在确保安全环保、低能耗的基础上，简化各类投资项目申报与建设审批，降低制度性交易成本，加快对外开放制度创新，探索新经验与新模式，形成与国际通行规则接轨的投资与贸易制度。

改革开放以来长三角地区在经济发展上取得的巨大成就，与制度改革上的不断探索与创新息息相关，对外开放体制改革也是其中极为活跃的一个重要方面。长三角地区作为体制改革先行者，积累了很多经验，逐步探索出具有长三角地区特色的对外开放政策。特别是在备受外界关注的"外资市场准入"与"知识产权保护"

两大问题上，长三角各主要区域分别探索出具有地方特色的发展道路。

（一）长三角各主要区域对外开放特色与经验

1. 浙江模式

（1）外资市场准入。浙江在外资市场准入行业上，由点及面引领全国，在众多行业实现率先对外资开放。1996年，中大股份挂牌上市，是当时全国第一家外资上市公司。1998年，浙江出台鼓励外商直接投资的若干政策，减免农业、基础建设、高新技术产业等领域的外资项目税费，鼓励外资流向教育、科研、旅游等行业，开展金融、保险、批发等行业合资试点工作。2004年，美国西格集团获得宁波健身中心为期六年的管理合同，是中国首起外资企业托管大型体育设施项目。2005年，浙江省出台《外商投资优先发展产业目录》，创中国文化产业外资股权比重之先河，外资控股75%的杭州大剧院管理公司成立，第一家中外合资人寿保险公司落户宁波。2013年，浙江重新修订《外商投资重点支持产业目录》，引导外资流入现代农业、战略性新兴产业、海洋新兴产业、现代服务业等。2017年，浙江《政府核准的投资项目目录》出台，鼓励外资流入能源、信息、农业水利、城建等行业。目前，浙江省在外资能源市场准入方面领先全国。以成品油为例，截至2019年，浙江境内建有14座壳牌集团加油站，分布数量上居于国内首位。2019年，壳牌（浙江）石油贸易有限公司获得国内成品油批发资质，实现国内外商独资企业在该领域的突破。

外资市场准入管理体制从无到有逐步完善。1986年，《浙江省利用外资和引进技术工作暂行管理办法》公布，浙江省开始了在外商直接投资管理体制上的积极探索。20世纪90年代，浙江省陆续出台《关于调整外商投资项目审批权限简化审批手续的通知》《关于进一步加快农业对外开放若干规定的通知》《关于进一步改善对外商直接投资服务的通知》《关于进一步加大利用外商投资改善投资软环境的决定》《关于鼓励外商直接投资若干政策的通知》等文件，引导外资流向，为外资企业减负，并给予税收和其他优惠政策。2000年，《关于进一步扩大对外开放，加快发展开放型经济的决定》发布，浙江省决定进一步发展开放型经济。2004年，浙江省发布《关于进一步扩大开放的若干意见》，坚持"北接上海、东引港台、主攻日韩、拓展欧美"的外资引进战略，从"外贸大省"向"开放大省"跨越。"十一五"期间，为更快更好地吸引外资，浙江省提出"以民引外""以外引外""以资引智"机制。2010年，浙江省发布《关于进一步做好利用外资工作的若干意见》，

指出要优化利用外资的产业布局、产业结构，创新利用外资的途径和渠道。2016 ~
2017 年，浙江省陆续出台《利用外资和境外投资"十三五"规划》《关于扩大对外
开放积极利用外资的实施意见》，要求进一步扩大对外开放，发挥自由贸易试验区、
各级开发区、浙商大会等外资主平台作用。

（2）知识产权保护。浙江省知识产权保护制度体系初步建立。20 世纪 80 年
代，浙江省出台《处理专利纠纷暂行办法》《技术市场条例》，是国内较早的知
识产权保护层面的法律法规。21 世纪初，《科学技术奖励办法》《专利保护条例》
《技术秘密保护办法》《企业商号管理和保护规定》《"十一五"知识产权发展规
划纲要》《自主创新能力提升行动计划》《贯彻国家知识产权战略纲要实施意见》
《应掌握自主知识产权的关键技术和重要产品目录》《知识产权标准化品牌战略
实施计划》《区域知识产权创建与示范工作实施意见》《专利示范企业管理办法》
《专利权质押贷款管理办法》《发明专利引进项目经费管理办法》《世博会专利保
护专项行动实施方案》《保护专利权专项行动方案》《流通领域知识产权保护试
点单位认定管理办法》等一系列法律法规和指导性文件先后发布。2011 年，《浙
江省知识产权发展"十二五"规划》发布，全面部署"十二五"期间省内知识
产权建设及保护相关工作，随后《专利条例》《科学技术进步条例》《关于深入
实施商标品牌战略的意见》《商标品牌发展评价体系》等浙江省规范性文件通
过。2017 ~ 2019 年，浙江省陆续发布《知识产权发展"十三五"规划》《科技成
果转化条例》《促进科技成果转化条例》，为新时期浙江知识产权保护工作指明
方向。

较为完备的制度保证了效果，浙江省知识产权保护成果显著，尤其在电子商务
知识产权保护上。拥有发展最早、规模最大的电子商务市场的浙江，建有目前国内
唯一一个电商专利执法维权协作调度中心。该中心的主要工作是建立各省知识产权
保护协作机制，将中心接收到的知识产权侵权举报、投诉及线索，按管辖区域发送
给国家或各地区知识产权维权中心或知识产权局，线上线下协调运转，以解决跨区
域知识产权保护与执法问题。该中心目前运转良好，截至 2018 年底已接入 35 个地
区以及 11 家知识产权保护和维权中心。再以商标为例，2005 年，多个宁波企业知
名商标在香港被恶意抢注，经多方努力，唐狮企业第一个成功赢回"唐狮 tonlion"
商标。2007 年，浙江"中国驰名商标"数量、国际商标注册数量均居于国内首位。
到"十二五"期末，浙江省有效注册商标数量 114.5 万件，浙江省著名商标 3 635
件，"中国驰名商标"共计 562 件，境外商标注册数量 6.9 万件，均居于全国前列。
浙江省多次开展针对商标保护的专项整治性行动，仅"十二五"期间，查处商标侵
权、违法案件共计 30 843 件，居全国首位。

2. 上海模式

（1）外资市场准入产业：导向及定位精准。一是国际金融中心定位。2017 年，上海通过《关于进一步扩大开放加快构建开放型经济新体制的若干意见》，要求扩大开放金融、电信、互联网、航运服务等专业服务业领域，放宽外资会计与审计机构、外资银行、外资证券及证券投资基金管理公司、外资期货公司、外资保险及保险中介机构等金融领域外资市场准入限制。2018 年，《上海市贯彻落实国家进一步扩大开放重大举措加快建立开放型经济新体制行动方案》（简称"上海扩大开放 100 条"）出台，其中一项重要任务就是通过扩大开放合作促进上海国际金融中心能级的提升，具体措施包括放宽银行业外资市场准入、放宽证券业外资股权和业务范围限制、扩大保险业开放水平、扩展自由贸易账号功能和使用范围等。2019 年，第 25 期全球金融中心指数发布，在全球 46 个国际金融中心排名中，上海位居第五。截至 2018 年，上海各类持牌金融机构中约 1/3 为外资金融机构；2018 年新设立金融机构 47 家，其中外资金融机构为 24 家，近 40 家著名跨国资管机构在上海设立分支机构。

二是打造高端制造业中心。2016 年以来，上海先后出台《"中国制造 2025"上海行动纲要》、《关于进一步扩大开放加快构建开放型经济新体制的若干意见》、《上海制造业利用外资三年计划》、"上海扩大开放 100 条"等文件，鼓励和支持外商直接投资流入智能设备制造、高性能医疗器械、高端能源装备、新能源与智能网联汽车等战略新兴产业，放宽外资在轨道交通设备制造、燃料乙醇生产、油脂加工等制造业领域的市场准入限制，加快汽车、飞机、船舶等产业对外开放步伐，在高端制造业中心建设上卓有成效。以汽车产业为例，目前上海已经形成世界领先的汽车产业供应链，汽车产业配套齐备，全球排名第一的汽车技术供应商德国博世、全球领先的汽车零配件供应商德国采埃孚、全球最大的汽车线束系统供应商美国德尔福、全球五大汽车零配件供应商之一的德国大陆等顶尖供应商纷纷落户上海及周边区域。2018 年，中国放开新能源车整车制造领域的外资股权比例限制，随后特斯拉超级工厂签约上海，预期年产 50 万辆纯电动整车，这是该集团除本土以外的第一个超级工厂，是中国首家外商独资汽车企业，是上海在制造业领域内最大的外商投资项目，并将助力上海高端制造业的发展。

（2）外资市场准入区域：依托自贸区与总部机构。为配合中央及地方进一步扩大开放的战略布局，上海自贸区出台了一系列改革措施。例如，2018 年发布《中国（上海）自由贸易试验区关于扩大金融服务业对外开放进一步形成开发开放新优势的意见》，鼓励外资证券及基金管理公司、银行、保险公司、支付机构、评级机构、国际金融组织、资产管理企业在自贸区内设立分支机构、扩展业务、增持股权，出台外资金融机构便利化落户机制和精准招商工作例会制度，为注册、登记等落户事宜提供一对一的专业、全方位服务。依托良好的政策引导，上海自贸区已经成为上海吸引外资流入的重要区域，一批代表性项目纷纷落地，如第一家外商独资演出经纪公司信德前滩文化中心、通济隆亚洲总部入驻、德国 AI 医疗巨头 Ada 投资的 AI 医疗健康应用企业等。

为鼓励跨国公司在上海设立功能性机构（包括地区总部，以及采购、营运、结算、研发、培训等总部型机构），上海出台并修订《鼓励跨国公司设立地区总部的规定》，对部分两类机构给予资助和奖励，并给予开展跨境人民币业务、优化汇付流程、自由贸易账户开立、简化出入境手续、人才引进待遇、通关便利，以及地区政府政策支持等优惠待遇。2017 年，上海市商业服务业实际吸引外资近 50 亿美元，占当年总实际引资的近 1/3，其中以跨国公司地区总部和总部型机构为主要载体。2017 年，上海跨国公司地区总部和总部型机构共计 625 家，其中，亚太地区总部 70 家，研发中心 426 家。

（3）知识产权保护机制：开放共享。目前，上海已经形成了司法、行政协同的知识产权保护机制，探索纠纷解决多元机制、侵权快速查处机制、外资企业知识产权同等保护机制，以及知识产权维权内外联动机制等。中国国际进口博览会"幕前—幕中—幕后"的知识产权保护行动，集中体现了上海知识产权保护机制的有效性。

中国国际进口博览会开幕前，上海市高级人民法院出台了《关于加强知识产权司法保护的若干意见》《关于加强知识产权审判服务保障中国国际进口博览会的实施意见》《关于服务保障中国国际进口博览会的若干意见》等文件，建立查明侵权事实、充分体现知识产权价值、提升审批效率的司法保护机制。上海市知识产权联席会议办公室发布《首届中国国际进口博览会知识产权保护百日行动方案》，在全市范围内集中开展专项行动。中国国际进口博览局制定了《进博会参展项目涉嫌侵犯知识产权的投诉及处理办法》，详细规定了展会期间知识产权纠纷的投诉程序、提交材料、处理方法、答复期限等问题，制作知识产权宣传资料、开展宣传活动并提供咨询服务，增强与会人员的知识产权保护意识。

展览期间，场馆内设立了专门的知识产权保护与商事纠纷处理服务中心，由专业人员集中处理相关申请、咨询、投诉等问题，并邀请专家入驻现场答疑解惑、处理纠纷，同时通过多部电话热线，即时接收、记录、处理相关纠纷。上海市文化执法总队等相关行政执法部门开展集中整治和联合、协作行动，查处侵权假冒行为和商品，引导参展方审查商品的知识产权状况，净化场馆内外知识产权环境。

中国国际进口博览会落幕后，根据上海市高级人民法院《关于涉中国国际进口博览会案件集中管辖和指定管辖的规定》文件精神，相关知识产权纠纷案件由上海市普陀区人民法院集中受理。该规定同时要求，要坚持"三合一"审判机制（即民事、刑事、行政），切实保护知识产权所有人权益，打击盗版假冒、抄袭、恶意抢注等侵权行径，制止不正当竞争行为。案件审理过程中，针对不同法律体系的当事人双方，要坚持法律与知识产权公约、协定的有机统一，对中外知识产权所有人的合法权益要平等保护、公正审理，而且要加大执行力度，确保审判结果如期执行、及时实现胜诉权益。

3. 江苏模式

（1）外资市场准入：冠军的制度创新与双轮驱动。2003～2018 年，除极个别年份（2015 年、2017 年），江苏省实际利用外资规模一直居于全国首位。骄人成绩的背后，是江苏省在外资市场准入上不倦的探索。

在外资市场准入程序上，1988 年，江苏省《关于贯彻执行〈国务院关于沿海地区发展外向型经济的若干规定〉的通知》中就提到，部分外资项目审批权下放到省辖市。2004 年，《江苏省利用外国投资的审批权限和程序》中进一步规定，凡属于国家鼓励类，不需要综合平衡的，且投资额 3 000 万美元以上的外资项目，均由江苏省人民政府审批，授予部分地区 3 000 万美元以下外资项目审批权。2006 年，江苏省发布《关于贯彻进一步简化外商投资审批工作的通知》，指出为简化外资企业审批程序，已设立外资企业有关企业名称、地址、投资者等非实质性更改，向地方主管部门申报备案即可。2018～2019 年，江苏省为进一步优化营商环境、促进外资准入便利化，推出"1+10"文件，推进"互联网+政务""不见面审批""一窗一表"等措施，尽快实现在企业开办、资产登记、办理许可、纳税、贷款、通关、水电气接入等程序上达到国际水平。2019 年，江苏省《关于推动开放型经济高质量发展若干政策措施的意见》中提出，要全面推进外资重大项目"直通车"制度，将负面清单内的 10 亿美元以下的外资项目审批权下放到地方政府和国家级开发区。

在外资市场准入行业上，2017 年江苏省发布《关于扩大开放积极利用外资若干政策的意见》，提出了"双轮驱动"战略，即引导外资进入高端、智能、绿色的先进制造业（如高性能集成电路、新材料、高端装备制造、空天海洋装备、生物和医药技术、数字创意、环保及新能源等）和高端服务业，开放会计、审计、建筑设计、信用评级等领域外资准入限制，鼓励外资进入生产性服务业（金融、租赁、保险、保理、物流、电商、研发、售后、认证等）和生活性服务业（医疗、养老、教育、培训、娱乐、旅游等），鼓励外资企业设立研发中心与技术中心并给予相应的财政支出和税收优惠,引进外资总部机构和功能性机构(研发、营销、财务、供应链等),支持外资进入交通、水利、市政等基础设施和公用项目领域,将引进外资与引进技术、引进智力资源有机结合,提升江苏省在全球价值链中的分工地位。2018 年江苏省发布《关于促进外资提质增效的若干意见》,提出在省内落实外商投资准入前国民待遇加负面清单管理制度,进一步放宽金融业、新能源汽车、飞机维修、船舶设计、海运、铁路旅客运输、加油站、互联网上网服务、呼叫中心、演出经纪领域的外资准入限制,启动境外有限合伙人试点工作。

(2)知识产权保护:个人与电商企业信用系统。2017 年,为营造良好的信用环境,江苏省同时出台《加强个人诚信体系建设的实施意见》和《全面加强电子商务诚信建设的实施意见》。前者着重于建设个人诚信体系,为专利代理人、检验检测从业人员等关键岗位建立包括知识产权信息在内的个人信用记录和信用档案,建成个人信用基础数据库并实现交换共享,激励守信并惩戒失信;后者则侧重于建立覆盖电商产业全流程的信用协同监管机制、守信联合激励机制、失信联合惩戒机制,建立"红名单"和"黑名单",实现信用信息共建、共享、共用,运用大数据技术加强电商平台及经营主体知识产权信用监控,引进第三方大数据信用监测评价体系,运用大数据技术强化知识产权保护,制止制假售假、侵权假冒等失信行为。江苏省在 2016 年着手打造的重要产品追溯体系为电商信用建设奠定了基础,在《江苏省重要产品追溯体系建设工作实施方案》中,要求在五年时间内,建立覆盖主要食用农产品(禽肉、蔬菜、水产品等)、农业生产资料(农药、饲料、肥料、种子等)、食品(乳制品、酒、食品添加剂、食用油等)、特种设备(气瓶、电梯)、药品(制剂及原材料、中药等)等生产经营企业的全过程追溯体系及信息共享交换平台。

在外贸企业知识产权保护上,江苏不断推进知识产权保护企业海关联系点制度,与拥有自主知识产权的企业签订合作备忘录,开展多方面培训与合作交流,并引导企业在海关办理知识产权备案。对企业境外知识产权保护,江苏首先从企业层面加强知识产权保护意识,既鼓励企业在境外设立研发机构,通过技术外溢、招聘当地技术人员以及合作培训等方式进行知识产权研发,同时又提醒企业高度重视知识产权布局与潜在知识产权风险防范,了解东道国知识产权保护政策措施,及时进行境外知识产权申请或注册;从政府层面,江苏通过制定主要国家知识产权维权指南、设立专门资金给予财政支持以及建设服务平台等方式,尝试建立知识产权海外保护制度。2018 年,江苏设立的专门性海外知识产权公共服务平台——"寰球智金"开通服务,旨在整合区域内外知识产权保护资源,为企业特别是知识产权保护能力较弱的中小企业提供海外知识产权保护维权信息和资金帮助。

4. 安徽模式

（1）外资市场准入：产业链招商与对外合作示范园区。经过三四十年的逐步发展，安徽外资市场准入已从改革开放初期的轻纺、化工等行业，逐渐扩展到冶金、机械等工业，再到目前以高端制造业、现代服务业、现代农业、基础设施、教育等领域为主。2018 年，安徽实际利用外资 158.97 亿美元，其中，约 62.15% 流入第二产业，36.3% 流入第三产业，1.55% 流入第一产业。吸引外资最多的产业是制造业，占比 52.27%，这非常契合安徽着力发展智能制造产业的外资准入导向。2018 年发布的《安徽省"十三五"利用外资和境外投资规划》中，江淮大众新能源汽车、医疗技术、高校合作等都是"十三五"期间重要的国际投资合作行业；进一步深化中国与德国在汽车、家电行业的合作，建设中德智能创造国家创新园、智慧产业园、中小企业国际合作园、教育合作示范基地等；推进中国和俄罗斯在医疗技术、教育科研合作、文化交流等方面的合作；积极引进港澳台地区的金融、旅游、会展、精密仪器制造、现代农业等外资进入。

在吸引外资进入的过程中，安徽形成了特色产业链与合作园区招商。安徽省各个区域各具特色的产业布局形成了独特的产业链，对外商投资环境的需求、重点、吸引力各不相同，同时外资进入又能够补齐、壮大、扩展产业链，形成良性循环。依托科大讯飞移动互联网语音交互能力平台发展起来的合肥智能语音产业基地，平台上的智能语音开发者达 31 万家，日服务人次超 35 亿，合肥逐步打造出"中国声谷"品牌，已经吸引国内外人工智能企业 300 多家，覆盖人工智能产业、智能语音产业完整产业链，2018 年合肥顺势举办了世界首届声博会，吸引 7 500 家各国智能语音开发企业与会。京东方项目先后吸引了美国康宁、法国液化气公司等 60 多家上下游企业入驻合肥新型工业园区。六安杭埠经济开发区内的电子信息产业链，聚集了上下游共 40 多家企业。芜湖智能制造基地、机器人产业集聚发展基地、现代农业机械产业集聚发展基地均已初具规模，是当地经济发展的重要支柱。同时，安徽也全面推进对外合作示范园区建设，合肥高新技术产业、合肥新型工业示范园、芜湖国家高新技术产业开发区、中德（合肥）智慧产业园、中德（芜湖）中小企业国际合作园、苏滁现代产业园、郑蒲港新区开放平台、马鞍山综合保税区、怀宁农业对外开放合作试验区等项目或建成或开工，成为安徽对外开放的重要窗口，在外资企业进入安徽市场中发挥了重要的桥梁和纽带作用。

（2）知识产权保护：全创改的契机。2016 年，安徽成为全国系统推进全面创新改革试验（以下简称"全创改"）8 个试点地区之一。在安徽全创改试验中，涌现出一批新的知识产权成果。科大讯飞的智能语音技术"听见"系统，行业内首家实现单机版实时语音转文字且正确率保持在 95% 以上。量子技术领先全球，世界第一台量子计算机诞生。2018 年全年，安徽技术合同交易突破 300 亿元。截至 2018 年末，安徽拥有 5 403 家高新技术企业，高新技术产业增加值突破万亿元，安徽区域创新能力连续 5 年居于中国第一方阵。

在上述契机下，安徽越来越重视对知识产权及知识产权所有人权益的保护。2017 年，合肥知识产权法庭成立，跨区管辖安徽省内在商标、专利、商业秘密、软件、植物新品种、集成电路设计等领域的第一审知识产权纠纷案件，先后宣判燕之坊商业秘密、花花公子商标、电动平衡车专利等多起侵权案件，涉案标的最高达 600 多万元，改变了以往安徽省内知识产权案件的零散化状态，优化了相关案件审判结构。同时，安徽省知识产权局先后开展"溯源""雷霆"等专项行动，打击盗版、假冒等侵权行为，中国（合肥）知识产权保护中心筹建工作有序进行。

在保护外资企业知识产权问题上，安徽坚持平等对待外资企业与内资企业，技术转让与合作均按照合同执行，不得采用强制行政手段，外资企业与内资企业平等享有知识产权方面的资助和奖励。在互联网知识产权保护问题上，强化交易主体第一责任人意识，加强平台及互联网卖家的知识产权意识，对相关侵权行为，通过网上线索、查找源头、线上线下联动、跨区域多部门协作等制度，查处侵权行为。

上述知识产权保护政策措施取得了良好成效。2017 年，安徽省采取知识产权保护及相关措施的企业有 1.88 万家，这些企业持有发明专利 5.24 万件。2017 年，安徽发明专利申请 93 527 项，授权 12 440 项；实用新型专利申请 72 332 项，授权 38 304 项；外观设计专利申请 10 012 项，授权 7 469 项。据《2017 年全国专利实力状况报告》所述，安徽专利综合能力位居全国第九。合肥高新区在 2018 年和 2019 年先后获批国家知识产权服务业集聚发展试验区、国家知识产权局审查员实践基地。同时，安徽持续推进科技成果使用权、处置权和收益管理权管理改革，陆续出台《关于合肥综合性国家科学中心建设人才工作的意见》《安徽省工程研究中心和工程实验室管理办法》等文件，探索高等院校、企业、高层次人才所研发的知识产权成果转化激励机制，允许专利入股、现金参股、期权、分红权等市场化薪酬方式。例如，安徽大学的光电感测科技作价 5 000 万元参股企业，研发团队随即获得 80% 的股权。

（二）未来长三角区域经济一体化体制创新与协整的政策建议

在新一轮改革开放过程中，长三角地区应该进一步深化体制改革、探索制度创新、协调整合区域内制度规则，并实现与国际通行体制规则的对接与联动。特别是在"外资市场准入"和"知识产权保护"两个方面,更应该领衔新一轮改革开放,先行先试,形成长三角地区制度改革窗口。

1. 长三角区域内政策规则协整

(1)外资市场准入方面。长三角各地区的外商市场准入中既有共性优势,也在漫长的发展中形成了各自的地区特色。未来的区域一体化外资市场准入中,应进一步修订地区政策并主动清理相关屏障,可以参考以下三个主要导向。

第一,集中打造知识产权密集型区域。长三角地区拥有雄厚的知识产权资本和自主创新资源,三省一市的高新技术企业数量均在全国名列前茅,既有科大讯飞、阿里巴巴等新兴产业,又有复旦大学、上海交通大学、浙江大学、南京大学、中国科学技术大学等众多综合性高等院校及研究机构。分析、整合区域内知识产权创新资源和核心资源,将市场竞争作为引导方向,形成科学合理的资源分配目录,将长三角地区打造为知识产权密集型地区,实现知识产权和创新资源转化为产业资源和经济支撑的有效机制,坚持在人工智能、集成电路、航空航天、电子商务、新能源、现代服务业等领域放开外资市场准入,实现区位优势与国外资源的互动结合,加快长三角区域经济社会平衡发展。

第二,形成错位发展、公平竞争的良性局面。长三角各地区在长期的发展中,特别是改革开放以来,借助对外商投资产业的主动引导,逐渐形成了独特的外资市场准入优势和产业特色,如上海的国际金融中心和总部经济、浙江的国际电子商务中心和制造业集群、江苏的国际制造业和国际服务业中心、安徽的国际智能语音中心和现代旅游业等。未来的发展中仍应坚持地区优势,实现体制上互相融合、政策上互相连接、人力资源自由流通、产业优势互相补充的区域一体化错位发展局面。

第三,进一步优化营商环境。根据2019年3月通过的《中华人民共和国外商投资法》的要求,全面落实准入前国民待遇加负面清单管理制度,平等对待区域内内资企业和外资企业,维护外资企业在长三角地区的投资、收益、知识产权等方面的合法权益和其他合法优惠待遇,推进区域内大通关、单一窗口等通关一体化建设工作,推行高效率、高水平、自由化、便利化的投资措施和审批流程,完善、健全外资市场准入咨询和服务体系,为外资市场准入营造良好稳定的区域竞争环境。

(2)知识产权保护方面。长三角地区三省一市在知识产权保护问题上各有特色,如何协调区域内的知识产权保护制度与规则,形成长三角地区知识产权保护共同治理机制,是区域一体化发展过程中的重要问题。长三角地区知识产权共同治理要求打破行政区划限制,形成司法保护为主、行政执法为辅、仲裁调解为补的区域一体化"大保护"机制，具体来说应从以下四个方面着手。

第一，建设区域内知识产权司法保护与行政执法衔接机制。目前，长三角区域内建有上海知识产权法院、杭州知识产权法庭、宁波知识产权法庭、南京知识产权法庭、苏州知识产权法庭、合肥知识产权法庭一批依法专门管辖辖区内知识产权纠纷案件的司法机构，并配套相应的知识产权司法保护措施，为区域内知识产权保护奠定良好的司法基础。各地区建有的知识产权局或市场监督管理局（知识产权局），也为知识产权保护提供了直接高效、程序简单、迅速有力、灵活主动的行政保护。在今后的长三角区域内知识产权保护中，应继续健全司法保护与行政保护衔接机制，以司法保护为主、行政保护为辅，将司法手段的被动直接保护作用和行政手段的主动间接保护作用有机结合，减少两种保护手段之间的漏洞与重复之处。区域内知识产权行政执法部门与司法保护部门之间，要实现信息共享、案情通报、证据搜集、案件移送等程序上的标准化动作，规范和完善两类部门之间互相衔接的工作机制。

第二，构建区域内知识产权行政执法维权协作机制。依托浙江省电子商务领域专利执法维权协作调度中心，与长三角区域内的知识产权局和知识产权援助中心对接合作，配合各省知识产权热线、知识产权网站、第三方知识产权监测评价机构，发挥大数据和信息技术手段在知识产权保护中的作用，快速响应、及时发现、实时通报知识产权侵权线索，追查案件源头，按照属地原则移送案件，在案件侦查过程中互相协助，配合移交案件中的相关证据，互相认可检验结果与鉴定结论，在必要的时候开展联合办案行动，迅速查处侵权案件，维护知识产权所有人权益，加强区域内知识产权保护力度。

第三，形成区域内多元化纠纷解决协作机制。在知识产权保护过程中，形成融合司法诉讼、行政裁决与复议、仲裁、调解等各种方式良好衔接的多元化纠纷解决协作机制，建立诉讼与调解对接、仲裁与调解对接工作机制。加强区域内上海知识产权仲裁院、浙江知识产权仲裁调解中心、江苏知识产权仲裁调解中心、安徽知识产权仲裁中心四家机构的业务合作与交流研讨，规范培训制度，建立统一专家库，交流共享知识产权及相关案例数据库。区域内的中国（浦东）知识产权保护中心、中国（浙江）知识产权保护中心、中国（南京）知识产权保护中心、中国（常州）知识产权保护中心挂牌成立之后，在知识产权快速审查和确权、快速维权（快速受理、处理与反馈）、协作保护（与知识产权司法机构和行政机构协同合作）、国内外交流等方面发挥了重大作用，未来应充分发挥协作互助精神，帮扶中国（合肥）知识产权中心、中国（苏州）知识产权中心尽快建成、验收、投入使用，开展知识产权保护的相关研究和实践探索。

第四，建成区域内知识产权信用交换共享体系。在保护商业秘密等知识产权权益的前提下，建立和完善地区知识产权数据库、个人知识产权信用数据库、各类型企业知识产权信用数据库，并跨越地区和部门限制，交换共享知识产权信用数据，建立区域内知识产权守信名单"红名单"和失信名单"黑名单"，健全和坚持区域内守信联合激励（行政审批优先权、享受优惠待遇、减少审批环节、减少监管次数等）、失信联合惩戒机制（通过媒体向全社会公布、处罚违法行为、取消相关资格、取消优惠措施、限制政策和资金支持、加强货物和事项监管等）。

2. 对接国际通行规则

（1）世界投资规则与外商投资审查。从全球范围来看，国际性投资协定数量呈下降趋势，区域性投资协定则不断增加。2017年，新签国际投资协定18项、终止22项，新成立区域性投资协定25项，65个经济体对外商投资的政策规则进行了126项修改，其中约80%旨在减少投资限制，如放开外资市场准入行业限制、简化进入手续等。从2017年下半年开始，对外商投资的限制、监督和管制措施迅速上升，主要表现在农业、金融服务业等行业的新增外资进入限制。例如，澳大利亚对外资购买农业用地征收附加税；加拿大将外资房产转让税提高了5%；印度尼西亚规定了外资保险公司的最高股权比例等。总体来说，一些国家采取了吸引外资的措施，更多的国家对外资持审慎态度，增加了对外资的审查程序和手段，特别是在涉及国家安全和敏感领域。

国家安全审查是发达国家在外资市场准入上常用的管理手段，是平衡安全与开放的产物。2017年，意大利将高科技行业（与数据存储和处理相关的基础设施、人工智能、网络安全、机器人技术等）纳入国家安全清单。2018年2月，澳大利亚宣布，出于国家安全考量，对外资收购配电、发电资产所有权进行逐案审查；2018年4月，出台针对外资的《关键基础设施安全法案》，收集这一领域内外资运作和所有权的全面信息，并给予部长出于国家安全考虑直接指示经营者的权力。2018年，美国通过《外国投资风险评估现代化法案》，随后公布了执行该法案的临时法规，包括飞机及零部件制造、电脑存储设备、生物技术等27个行业关键技术的外资进入都要接受强制性国家安全审查。2019年3月，欧盟通过了新的外商投资审查制度，支持14个目前拥有外资审查制度的成员国继续保有该制度，同时倡导建立外资审查国际合作机制，当察觉外资进入威胁成员国国家安全或公共秩序或欧盟整体利益时，欧盟委员会将提出反对意见。

发达国家的外资审查制度发展时间较长，立法基础比较坚实，执法手段较为完善，机构设置比较合理，审查程序严格，运行机制较为顺畅，为发达国家外资进入提供了有效的、关键的安全保障，实现了开放与安全之间的良好平衡（贾英姿等，2016）。《中华人民共和国外商投资法》中提到了外资不得危害国家安全和公共秩序，在细化、深化外资国家安全审查上仍大有可为，这一领域的专门立法、实施细则和行动方案可以纳入下一步考虑。对于长三角地区而言，在推行负面清单管理制度的同时，一方面要注意对区域经济安全乃至国家安全的保护，对敏感领域、新兴战略性产业及萌芽产业保有限制措施并预留发展空间；另一方面应该以《中华人民共和国外商投资法》的发布及实施为契机，逐步清除区域内各地区现有规范与国际承诺及国际标准不一致的方面，对接国际规则；此外，对目前采用的产业分类标准进行完善，建立国内标准与国际标准的对接关系，方便各国投资者解读（戴林莉等，2018）。

（2）知识产权保护国际规则。有关知识产权方面的国际规则，既是经济全球化的产物，也是重要的制度支撑，是经贸格局、国家实力、跨国公司等多方博弈的结果，已经成为国际贸易规则和投资规则的重要组成部分（刘劭君，2019）。知识产权国际规则的产生与发展是以美国等发达国家为主导的，随着发展中国家话语权的不断增长趋向更加合理、公平。知识产权保护和侵权救济是知识产权制度和规则的重要组成部分和核心问题（邓仪友等，2019）。一个经济体对知识产权的保护水平是高是低、保护规则是否健全、侵权处罚程度和程序是否迅速有效，是一国营商和投资环境是否良好的重要判断指标和衡量依据。

对于长三角地区而言，作为中国改革开放先行区，在知识产权保护方面要先行先试，对接国际规则：第一，在中国知识产权相关法律的指导下，研究发达国家知识产权保护机制与程序，兼顾知识产权国际公约或协议，出台更加详细、操作性强的区域性知识产权保护政策实施细则，解决知识产权保护领域中"取证难、赔偿低、周期长"等问题；第二，积极探索商业模式保护等知识产权保护新领域，借鉴i-DEPOT系统等国外做法，为新想法、新概念、新设计版式、新旋律等提供法律形式证明的时间戳，为尚处于开发阶段的知识产权雏形提供保护；第三，加大侵权损害等知识产权纠纷案件赔偿力度，完善知识产权惩罚性赔偿制度，确保司法裁决和行政裁决的执行效果，提高侵权假冒违法成本；第四，研究知识产权价值评估机制、知识产权保险机制、知识产权担保机制，探索知识产权质押融资保证保险等新型业态，保障知识产权价值和转化运营；第五，在区域内引入国际知识产权仲裁与调解机构，发挥相似案例的借鉴作用，尝试建立区域统一的知识产权侵权裁决标准。

参考文献

［1］戴林莉、康婷：《论我国自贸区外商投资准入负面清单的价值与功能》，载于《经济体

制改革》2018 年第 2 期。

　　[2] 邓仪友、赵志彬：《学术研究支撑我国知识产权制度发展四十年》，载于《知识产权》2018 年第 9 期。

　　[3] 胡振虎等：《美国外资国家安全审查机制对中国影响及应对策略分析》，载于《财政研究》2017 年第 5 期。

　　[4] 贾英姿等：《美国近十年外资安全审查重点和趋势简析》，载于《财政科学》2016 年第 9 期。

　　[5] 刘劭君：《知识产权国际规则的内在逻辑、发展趋势与中国应对》，载于《河北法学》2019 年第 4 期。

　　[6] 刘志彪、郑江淮等：《长三角转型升级研究》，中国人民大学出版社 2014 年版。

　　[7] 王庆五等：《2015 年新常态下的深化一体化的长三角》，社会科学文献出版社 2015 年版。

　　[8] 王振：《长三角地区经济发展报告（2016）》，上海社会科学院出版社 2016 年版。

　　[9] 王振等：《长江经济带创新驱动发展的协同战略研究》，上海人民出版社 2018 年版。

　　[10] 曾刚等：《长江经济带协同创新研究》，经济科学出版社 2016 年版。

第四章 ◂

对外贸易与长三角地区经济发展

长三角地区是我国开放型经济最为发达的地区。对外贸易是开放型经济的重要内容，是我国长三角地区最早参与国际分工和世界经济大循环的领域。从 20 世纪 80 年代开始，长三角地区便开始实施外向型经济发展战略。对外贸易不仅为长三角地区赢得了国际分工利益和发展所需资金，其产生的竞争效应和技术外溢效应还显著提升了长三角地区配置资源的能力和水平。在当前强调高质量发展的背景下，长三角地区一方面继续积极发挥传统比较优势；另一方面通过进口国际先进生产设备和其他优质要素资源，大力营造国际竞争新优势，不断提高长三角地区经济发展的质量和效益。对外贸易正成为长三角地区实现经济高质量发展的强大引擎。

一、长三角地区对外贸易发展历程和现状

（一）长三角地区对外贸易发展历程

长三角地区地处我国东部沿海，优越的地理区位条件和较好的工业基础为长三角地区发展对外贸易创造了良好条件。改革开放以来，长三角地区对外贸易一直走在全国前列，在全国对外贸易中始终占据举足轻重的地位。根据历年上海、江苏、浙江、安徽统计年鉴的有关数据统计，2017 年长三角地区对外贸易规模达到 14 989 亿美元，其中，出口额为 8 740.6 亿美元，进口额为 6 248.5 亿美元，对外贸易顺差为 2 492.1 亿美元。1978 ~ 2017 年，长三角地区对外贸易规模增加了约 424 倍，对外贸易顺差规模增长 76 倍，2017 年长三角地区对外贸易总额占全国比重达 36.5%。

从总体上看，改革开放以来，长三角地区对外贸易发展与我国对外开放不断深化密切相关。1978 年我国开启改革开放的伟大历程，1980 年深圳、珠海、汕头、厦门建立经济特区，拉开对外开放的序幕，此后，沿海、沿江、沿边、内陆地区相继开放，我国分步骤、多层次的对外开放格局逐步形成。与之相呼应，长三角地区对外贸易发展历程可以具体划分为以下四个阶段。

1. 1978～1991 年：对外开放起步阶段

这一阶段我国尚处于对外开放初期，长三角地区一方面通过推进外贸管理体制改革和下放外贸经营权等增加对外贸易的经营活力；另一方面则抓住机遇，利用连云港、南通、上海、宁波等城市被批准为沿海开放城市、长江三角洲被设立为沿海经济开放区等契机，各地相继新办一批经济开发区。借助于"沿海开放城市—沿海经济特区—国家级经济开发区—省级开发区—重点工业卫星镇—自费开发区"多层次对外开放格局雏形，长三角地区这一阶段对外贸易获得较快增长。据历年上海、江苏、浙江、安徽统计年鉴数据统计，1978 年长三角对外贸易总额仅有 35.3 亿美元，到 1991 年对外贸易规模已达 180.7 亿美元，增加了 4 倍多。

2. 1992～2000 年：对外开放格局基本形成阶段

以 1992 年邓小平"南方谈话"为重要标志，我国开放经济进入发展新阶段，长三角地区对外贸易也步入了增长快车道。特别是，这一阶段中央做出了上海浦东开发开放战略部署，由此直接带动上海和毗邻地区对外贸易高速增长。为了更好地吸引外资和发展加工贸易，这一阶段江苏及时部署了"加快发展沿海，重点发展沿江，积极发展建设东陇海沿线"的"三沿"战略，兴建了一批开发区、保税区、工业小区，并且努力推动本地产业、投资环境、经营管理理念等与国际接轨。这一时期，借助于外资推动的加工贸易高速增长，成为长三角地区对外贸易的一大特色和亮点。以上海为例，1978 年上海市加工贸易占全市出口比重仅为 2.6%，2000 年这一比重高达 58.3%。据历年《长三角年鉴》数据显示，1992 年长三角地区对外贸易总额为 228.2 亿美元，2000 年已增加到 1 315.2 亿美元，增长了近 5 倍。

3. 2001～2011 年：全方位对外开放阶段

随着 2001 年成功加入世界贸易组织，我国开始按照世界贸易组织的互惠原则、透明度原则、市场准入原则、促进经济发展原则、非歧视原则等全面参与国际经济合作和国际分工，这为长三角地区对外贸易发展提供了新的更广阔的舞台。其中，江苏于 2003 年提出了承接国际制造业转移的对外贸易发展战略，不仅扩大了对外贸易规模，而且优化了对外贸易商品结构；浙江积极发挥一般贸易和劳动密集型商品出口优势，除受 2008 年全球经济危机影响的个别年份外，截至 2011 年，每年对外贸易增长率都在 10% 以上，至 2011 年全年浙江对外贸易规模已突破 3 000 亿美元大关。据历年上海、江苏、浙江、安徽统计年鉴数据统计，2001 ~ 2011 年，长三角地区对外贸易总额从 1 486.4 亿美元增长到 13 178.2 亿美元，增加了近 8 倍。

4. 2012 年至今：构建开放型经济新体制阶段

随着党的十八大召开，我国加快构建高水平开放型经济新体制，长三角地区对外贸易开始从重视规模的扩张向质量与效益的提升转变。2013 年 8 月国务院正式批准设立中国（上海）自由贸易试验区，标志着我国将聚焦开放型经济制度创新，重点探索开放型经济体制下的政府职能转变、金融制度改革开放、贸易服务开放、外商投资和税收政策等多项改革。中国（上海）自由贸易试验区在长三角地区乃至全国范围内先行先试、积累经验；浙江也于 2017 年批准设立自贸区；江苏则积极复制和推广上海自贸区的成功经验，推动对外贸易可持续发展。据统计，2012 年长三角地区对外贸易总额为 13 362.3 亿美元，2017 年已经增长到 14 989 亿美元，对外贸易规模增加 1 626.7 亿美元（见图 4 – 1）。

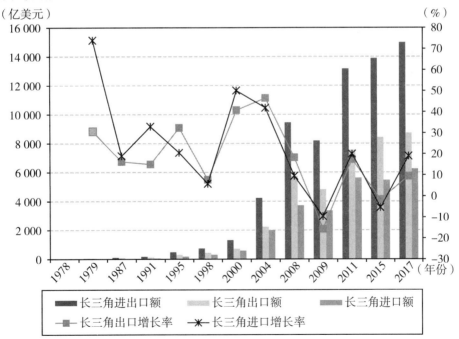

图 4 – 1　长三角地区对外贸易规模和变化

资料来源：历年上海、江苏、浙江、安徽统计年鉴。

（二）长三角地区对外贸易发展现状

1. 对外贸易规模不断扩大

长三角地区一直是我国对外贸易最活跃的区域。近年来，虽然随着我国经济发展进入新时代，对外贸易增长速度有所放缓，但总体上依旧保持较好的增长态势。从长三角地区内部不同区域来看，江苏和上海对外贸易规模相对较大，在长三角地区对外贸易中所占比重较高；浙江、安徽对外贸易规模相对较小，但近年来增长速度较快。

具体来说，如图 4 - 2 所示，2000 ~ 2017 年江苏对外贸易总额从 456.36 亿美元上升至 6 446.72 亿美元，年均增长率达 17.9%，其中，出口额由 257.67 亿美元上升至 3 966.68 亿美元，年均增长率达 18.4%；进口额由 198.70 亿美元上升至 2 480.04 亿美元，年均增长率达 17.4%。上海对外贸易总额从 547.08 亿美元上升至 5 341.40 亿美元，年均增长率达 14.8%，其中，出口额由 253.52 亿美元上升至 2 201.98 亿美元，年均增长率达 14.2%；进口额由 293.56 亿美元上升至 3 139.42 亿美元，年均增长率达 15.3%。浙江对外贸易规模从 278.33 亿美元上升至 4 122.37 亿美元，年均增长率达 17.7%，其中，出口额由 194.43 亿美元上升至

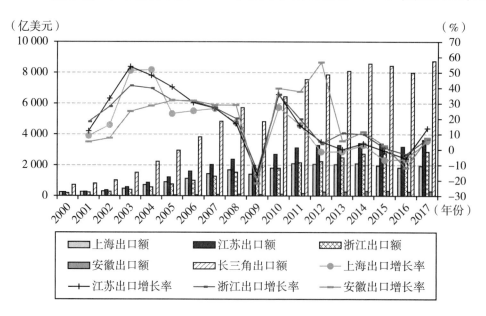

图 4 - 2　2000 ~ 2017 年长三角地区出口额及增长率

资料来源：历年上海、江苏、浙江、安徽统计年鉴。

3 133.69 亿美元，年均增长率达 18.2%；进口额由 83.90 亿美元上升至 988.68 亿美元，年均增长率达 16.6%。安徽进出口总额从 33.47 亿美元上升至 536.36 亿美元，年均增长率达 19.3%，其中，出口额由 21.72 亿美元上升至 304.82 亿美元，年均增长率达 18.5%；进口额由 11.75 亿美元上升至 231.55 亿美元，年均增长率达 22.1%。

如图 4-3 所示，在长三角地区对外贸易总额中，江苏对外贸易所占比重一直较高，并且总体呈上升趋势。江苏 2000 年对外贸易占长三角地区的比重为 34.7%；2017 年该比重增加到 39.4%，即江苏占长三角地区对外贸易的份额超过 1/3。上海 2000 年对外贸易占长三角地区的比重为 41.6%；2017 年下降为 31.8%，呈下降趋势。浙江 2000 年对外贸易占长三角地区的比重为 21.2%；2017 年增加到 25.2%，所占比重略高于 1/5。安徽对外贸易发展相对滞后，但增长速度较快，安徽 2000 年对外贸易占长三角地区的比重为 2.5%，2017 年上升到 3.6%。

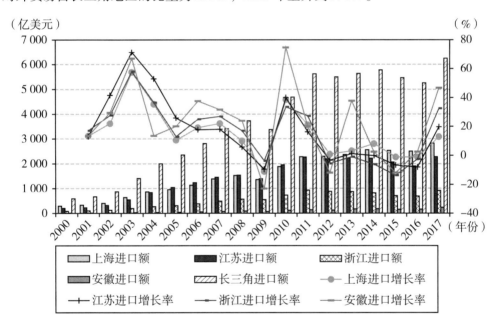

图 4-3 2000~2017 年长三角地区进口额及增长率
资料来源：历年上海、江苏、浙江、安徽统计年鉴。

2. 对外贸易产品结构不断提升

改革开放以来，长三角地区对外贸易产品结构不断优化，在出口产品中工业制成品比重明显提高、初级商品比重不断减少，工业制成品在长三角地区商品出口中占据主导地位。因数据可得性原因，表 4-1 为 2012~2017 年长三角地区的江苏、浙江和安徽出口产品结构情况。从表 4−1 可看到，2012～2017 年，江苏工业制成品占出口的平均比重达 98.3%，浙江工业制成品占出口的平均比重达 96.5%，安徽工业制成品占出口的平均比重达 93.8%。另外，作为高附加值工业品的代表，长三角地区近年来高新技术产品出口增长迅速（见图 4−4）。2017 年上海和江苏高新技术产品出口额分别达 1 505.3 亿美元和 1 380 亿美元；浙江和安徽的高新技术产品出口虽然规模不及江苏和上海，但增长速度较快，2017 年浙江和安徽的高新技术产品出口额分别达 187.1 亿美元和 75.4 亿美元。

表 4−1　　　　　　　2012～2017 年长三角地区出口产品结构　　　　　单位：%

地区	出口产品	2012 年	2013 年	2014 年	2015 年	2016 年	2017 年	平均
江苏	初级产品	1.7	1.6	1.7	1.5	1.6	1.6	1.6
	工业制成品	98.3	98.4	98.3	98.5	98.4	98.4	98.3
浙江	初级产品	4.5	4.2	3.4	3.0	2.9	3.0	3.5
	工业制成品	95.5	95.9	96.6	97.0	97.1	97.1	96.5
安徽	初级产品	6.4	6.5	6.1	5.5	6.1	6.5	6.2
	工业制成品	93.6	93.6	93.9	94.5	93.9	93.5	93.8

资料来源：历年江苏、浙江、安徽统计年鉴。

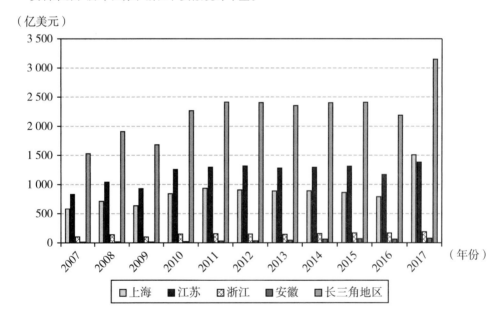

图 4−4　2007～2017 年长三角地区高新技术产品出口额

资料来源：历年上海、江苏、浙江、安徽统计年鉴；安徽省商务厅；中华人民共和国上海海关。

在进口产品结构方面，工业制成品占据长三角地区进口的多数份额，凸显了长三角地区以加工贸易和产业内贸易为主的基本特征。因数据可得性原因，表4-2列出了2012~2017年长三角地区的江苏、浙江和安徽进口产品结构情况。从表4-2可发现，2012~2017年，江苏进口产品中的工业制成品平均占比达85.7%，总体占比也比较稳定；浙江进口产品中的工业制成品平均占比为75.0%，总体占比呈下降趋势；安徽进口产品中工业制成品的平均占比相对较低，为46.9%，但总体占比呈上升趋势。

表4-2　　　　　　2012~2017年长三角地区进口产品结构　　　　　单位:%

地区	进口产品	2012年	2013年	2014年	2015年	2016年	2017年	平均
江苏	初级产品	15.4	15.9	15.2	12.7	12.8	14.0	14.3
	工业制成品	84.6	84.1	84.8	87.4	87.2	86.1	85.7
浙江	初级产品	7.1	30.7	34.1	4.9	36.3	37.2	25.0
	工业制成品	92.9	69.4	65.9	95.1	63.7	62.8	75.0
安徽	初级产品	57.3	57.4	51.1	50.8	54.3	47.5	53.1
	工业制成品	42.8	42.6	49.0	49.2	45.7	52.5	46.9

资料来源：历年江苏、浙江、安徽统计年鉴。

3. 对外贸易市场结构日趋合理

改革开放以来，长三角地区积极实施对外贸易市场多元化战略。通过实施市场多元化战略，一方面，有助于长三角地区在继续巩固和发展传统市场的同时，加快开拓新兴市场；另一方面，可以有效缓解个别国家贸易保护主义和区域集团化的消极影响，在国际市场竞争中争取有利地位。

首先，从出口市场结构看，长期以来，欧美和日本等发达国家（地区）是长三角地区传统的、主要的出口市场，在长三角出口市场中占据主导地位。然而，近年来这些国家（地区）在长三角出口市场中的比重有所下降，而韩国、东盟、拉丁美洲、中东以及中国台湾等新兴市场在长三角出口市场中的比重有所上升，长三角地区已逐步形成以传统出口市场为主、新兴市场为辅的基本格局。2016年，长三角地区对美国、欧盟、日本、中国香港四大传统出口市场的出口额分别为1 687.9亿美元、1 675.6亿美元、573.0亿美元、509.8亿美元，四大传统市场占长三角地区出口市场的比重合计为55.6%，该比重相较于2007年减少了9%（见图4-5）。

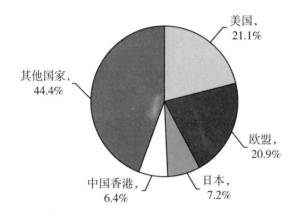

图 4 – 5　2016 年长三角地区出口贸易市场结构

资料来源：2016 年上海、江苏、浙江、安徽统计年鉴。

　　其次，从进口来源地看，改革开放以来，美国、欧盟、东盟、日本、韩国等国家（地区）是长三角地区的主要进口来源地。2016 年长三角地区进口总额为5 244.5 亿美元，上述国家（地区）占据了 61.6% 的进口份额（见图 4 – 6）。近年来，长三角地区进口来源地市场结构也有所分化，即在传统进口来源地中，美国所占比重有所减小，而同为传统市场的日本和欧盟的比重有所增加。尤其是，对新兴市场中的东盟地区的进口占比明显提高。从长三角区域内部来看，浙江 2012 年对欧盟、日本等传统市场的进口依赖性较大，但 2012 年后对东盟地区的进口规模开始超过欧盟和日本。在上海进口贸易中，来自东盟地区的进口占比也同样上升，2016 年东盟成为上海第二大进口贸易伙伴。

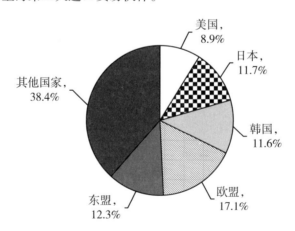

图 4 – 6　2016 年长三角地区进口来源地市场结构

资料来源：2016 年上海、江苏、浙江、安徽统计年鉴。

4. 对外贸易方式不断优化

对外贸易方式显示着一个国家（地区）参与国际分工的层次和效益。总体上看，改革开放以来，长三角地区对外贸易主要有一般贸易和加工贸易两种方式。其中，在 20 世纪 90 年代之前，一般贸易方式是长三角地区对外贸易的主要方式。但是，随着 90 年代以来利用外资的增多，加工贸易方式在长三角地区对外贸易中的地位开始上升，在江苏的对外贸易中加工贸易更是占据主导地位。由于加工贸易所获取的附加值有限，因此，随着近年来长三角地区对外贸易的转型升级，加工贸易在长三角地区对外贸易中的比重有所下降，一般贸易的比重有所上升。从表 4－3 可以看到，2010 年长三角地区一般贸易占比为 49.1%，加工贸易（包括来料加工和进料加工等）占比为 46.0%；2017 年一般贸易占比上升至 58.6%，加工贸易占比下降至 30.4%。在加工贸易中，进料加工贸易占据着绝对的份额，其规模为来料加工贸易规模的 6 倍多。从长三角区域内部来看，2010～2017 年江苏加工贸易平均占比为 47.8%，一般贸易平均占比为 44.1%；上海加工贸易平均占比为 46.3%，一般贸易平均占比为 40.2%。即江苏和上海加工贸易的平均占比都高于一般贸易的平均占比。但是，浙江和安徽对外贸易以一般贸易为主，2010～2017 年一般贸易平均占比分别为 79.5% 和 73.3%，加工贸易的平均占比分别为 13.1% 和 23.3%。

表 4－3　　　　　2010～2017 年长三角地区对外贸易方式占比　　　　单位:%

地区	贸易方式	2010 年	2011 年	2012 年	2013 年	2014 年	2015 年	2016 年	2017 年	平均
长三角	一般贸易	49.1	51.9	53.2	55.0	56.5	56.5	58.2	58.6	55.0
	加工贸易	46.0	42.5	38.2	34.8	32.9	31.9	30.7	30.4	35.9
上海	一般贸易	35.0	36.8	38.2	40.0	41.6	42.6	43.5	44.0	40.2
	加工贸易	55.5	52.0	49.1	46.2	43.5	42.8	40.0	40.9	46.3
江苏	一般贸易	36.6	40.4	42.5	44.3	46.3	45.8	48.7	48.4	44.1
	加工贸易	59.1	55.1	48.8	45.6	43.7	43.7	43.5	41.7	47.8
浙江	一般贸易	80.4	81.6	80.0	78.9	79.3	77.5	78.3	80.1	79.5
	加工贸易	18.3	16.7	15.3	13.0	11.9	10.6	9.5	9.5	13.1
安徽	一般贸易	74.9	72.6	76.5	78.5	69.7	72.3	71.6	69.8	73.3
	加工贸易	22.1	24.8	15.3	19.0	27.9	24.2	25.3	27.5	23.3

资料来源：历年上海、江苏、浙江、安徽统计年鉴。

5. 服务贸易异军突起

国际服务贸易（以下简称"服务贸易"）是我国对外贸易的新领域，具有能耗低、污染少、附加值高等基本特点。近年来，长三角地区凭借丰富的人力资源和优良的开放型经济环境，服务贸易发展迅速，主要指标位居全国前列。其中，作为全国经济中心，上海服务贸易一直走在全国最前沿。据上海、江苏、浙江商务部门提供的数据，2001 年上海服务贸易总额为 94.6 亿美元，2017 年上升到 1 955.0 亿美元，增长超过 19 倍，服务贸易规模居全国之首；2017 年服务贸易占上海全市对外贸易的比重达 29.1%，高出全国平均比重 14.6 个百分点。上海服务贸易的结构也相对较好，技术贸易和离岸服务外包的占比一般较高，2017 年上海技术贸易和离岸服务外包执行额分列全国第一位和第二位。江苏积极为服务贸易创新发展提供优越环境，通过依托江苏的产业基础和开放优势、创新优势，强化科技引领，积极探索服务贸易新模式、新业态。在计算机服务、软件和信息技术服务、知识产权服务等新兴行业，服务贸易竞争新优势不断显现。2017 年江苏服务贸易进出口额突破 600 亿美元，达 635.5 亿美元，创历史新高，同比增长 11.8%。随着人工智能等战略性技术的兴起和应用，江苏高附加值、高技术、高文化内涵的服务贸易新业态稳步发展，在服务贸易中的占比稳步上升，从而为江苏服务贸易发展提供了新的增长点。2017 年浙江服务贸易总额为 524.7 亿美元，同比增长 15.5%，其中，出口额为 359.8 亿美元，同比增长 17.1%；进口额为 164.9 亿美元，同比增长 12.3%；服务贸易占浙江全省对外贸易总额比重为 12.5%。浙江服务贸易结构不断优化，2017 年服务外包离岸执行额达 98.9 亿美元，同比增长 19.9%；文化服务进出口总额为 8.2 亿美元，同比增长 28.4%。2018 年以来，浙江服务贸易继续进入增长快车道，2018 年 1 ~ 11 月，浙江实现服务贸易进出口额 475.1 亿美元，同比增长 79.0%，其中，出口额为 93.4 亿美元，同比增长 24.8%，超过货物出口增速 14.8 个百分点；服务贸易出口中，运输服务和电信计算机信息服务增速分别为 36.0% 和 57.2%。此外，2008 年 1 ~ 11 月，浙江金融服务、个人文化娱乐服务、加工服务和知识产权使用费出口增幅也分别达 218.4%、42.2%、32.3% 和 30.5%。

二、长三角地区对外贸易发展模式和演变

（一）发展模式和演变基本特征

国际贸易理论研究表明，一个国家（地区）对外贸易的具体模式从根本上说是

由该区域要素禀赋和区位特征决定的，它取决于在开放条件下这个国家（地区）产业的国际竞争力状况，在不同的发展阶段，对外贸易模式也会相应地发生演变。进一步，考察各国家（地区）参与全球化和对外贸易模式的演变可以发现，从新兴的发展中国家到先进的发达国家的对外贸易模式大体上经历了以下三个阶段。第一个阶段主要是借助自身低端要素优势参与国际分工和国际生产能力再配置，对外贸易模式主要以产业间贸易和出口低附加值劳动密集型商品为主，即对外贸易的主要动力是自身低成本的劳动要素比较优势；第二个阶段是随着本国经济的发展，特别是借助于先进的制造业设施以及包括较高的技术、人力资源等从发达国家向发展中国家（地区）的转移，一些发展中国家开始掌握较高的生产技术，对外贸易模式开始从产业间贸易向产业间、产业内贸易并举的方向发展，对外贸易出口中工业品和加工贸易占比明显增长；第三个阶段是随着研发创新能力的增强，包括利用研发活动主体从发达国家向发展中国家（地区）的国际转移，发展中国家（地区）开始具有一定的核心技术创新能力，对外贸易不仅以产业内贸易为主，而且出口商品附加值高，在全球价值链分工中逐步占据有利地位。

长三角地区对外贸易模式的形成和演变有两个重要的背景：一是由于对外贸易是在中国的市场体制改革和对外开放的大环境下进行的，因此，长三角地区对外贸易模式无疑要受到中国改革开放历程的影响和制约；二是对外贸易离不开长三角地区经济的发展水平和发展需要，没有相应的各方面因素支撑，对外贸易模式无法实现演变和提升。

具体来说，在改革开放初期，长三角地区对外贸易模式主要是以国际市场为目标，发挥自己的传统要素资源优势，主要出口当地农副产品和一些轻工业产品，其对外贸易规模有限，对外贸易主体也限于当时拥有对外贸易经营权的少数国有外贸企业。20世纪90年代以来，长三角地区抓住国际产业转移的难得契机，通过积极利用外商直接投资和主动融入发达国家跨国公司所主导的全球价值链，尤其是通过机器设备大规模进口来推动终端消费品的出口，对外贸易实现了高速扩张。这种新型对外贸易模式的主要做法是：以吸引外商直接投资流入来带动出口增长，主要占据国际分工价值链低端环节，主要从事具有国际竞争力产品的劳动密集型环节的制造。由此形成的对外贸易模式具有以下两个特点：一是对外商直接投资的依赖较深，出口贸易的主体和国外技术引进的主体均是外资企业；二是长三角地区的出口结构特征为"三高一低"，即外资出口的比重高、工业品出口的比重高、加工贸易出口的比重高，但出口商品的附加值低。此外，这种对外贸易模式还具有以下三个特征：一是对外贸易的发展主要依靠量的扩张和规模扩大的发展路径；二是对外贸易发展主要依靠低成本和市场规模大的优势参与国际竞争；三是对外贸易发展基本上依靠各种政策优惠和招商引资模式。很显然，在上述对外贸易模式下，长三角地区尽管对外贸易规模不断扩大，但获取的国际分工利益有限，在全球价值链分工中处于低端的不利地位。

近年来，长三角地区为了扭转在对外贸易中的不利局面，推动对外贸易由规模扩张型向结构效益型转变，加快了对外贸易模式的转型升级，其核心和关键是培育和构建长三角地区对外贸易新的核心竞争力。为此，长三角地区本着优化结构、拓展深度、提高效益的原则，积极鼓励在出口方面从以货物为主向货物、服务、技术、资本输出相结合转变；在营造竞争优势方面从立足价格向以技术、品牌、质量、服务为核心的综合竞争优势转变；在产业目标方面从被动嵌入全球价值链向逐步主动引领和攀升价值链高端转变；在动力来源方面从要素驱动向创新驱动转变；在营商环境方面从政策引导为主向法治化、制度化和国际化转变，并力求实现出口与进口、货物与服务、"引进来"与"走出去"、竞争与合作之间的良性互动和平衡发展。当前长三角地区对外贸易模式的转型升级已经取得初步成效，具体表现在：长三角地区外资出口的比重逐年下降，本土企业出口比重相应增长；加工贸易出口的比重下降，一般贸易出口比重增长，加工贸易附加值偏低情况有所好转；全球优质要素加速向长三角地区聚集，高技术商品出口规模不断扩大等。

对外贸易竞争力指数是评估对外贸易竞争力的常用指标，也是可以用来考察对外贸易模式转型升级进展的定量参数。从表4-4可以看出，2000~2017年长三角地区的对外贸易竞争力指数①不仅高于同期全国平均水平，而且总体上保持上升态势。2000年，长三角地区对外贸易竞争力指数为0.11，2017年上升到0.17。其中，江苏的对外贸易竞争力指数提升最快，2000年对外贸易竞争力指数为0.13，2017年上升到0.23；浙江2000年对外贸易竞争力指数为0.40，2017年上升到0.52；此外，安徽的对外贸易竞争力指数同期有所下降，说明安徽对外贸易模式有待改进。需补充说明的是，表4-4只是考察货物贸易情况，由于上海已进入以服务业为主的服务经济发展阶段，其对外贸易优势主要体现在对外服务贸易领域，因此，在对外贸易竞争力指数上，上海的情况与长三角其他地区明显不同。

---

① 对外贸易竞争力指数（TC）是指净出口占进出口总额的比重，如果TC的数值大于零，则说明出口地在产品生产效率上具有优势，在国际市场上的竞争力强；反之，则情况相反。

表 4 - 4   2000 ~ 2017 年长三角地区的对外贸易竞争力指数

年份	中国	长三角	江苏	浙江	上海	安徽
2000	0.05	0.11	0.13	0.40	- 0.07	0.30
2001	0.04	0.10	0.12	0.40	- 0.09	0.26
2002	0.05	0.08	0.09	0.40	- 0.12	0.17
2003	0.03	0.04	0.04	0.35	- 0.14	0.03
2004	0.03	0.05	0.02	0.36	- 0.08	0.09
2005	0.07	0.11	0.08	0.43	- 0.03	0.14
2006	0.10	0.15	0.13	0.45	0.00	0.12
2007	0.12	0.17	0.17	0.45	0.02	0.11
2008	0.12	0.21	0.21	0.46	0.05	0.13
2009	0.09	0.18	0.18	0.42	0.02	0.13
2010	0.06	0.16	0.16	0.42	- 0.02	0.02
2011	0.04	0.15	0.16	0.40	- 0.04	0.09
2012	0.06	0.18	0.20	0.44	- 0.05	0.36
2013	0.06	0.18	0.19	0.48	- 0.07	0.24
2014	0.09	0.19	0.21	0.54	- 0.10	0.28
2015	0.15	0.21	0.24	0.59	- 0.13	0.35
2016	0.14	0.21	0.25	0.59	- 0.15	0.28
2017	0.10	0.17	0.23	0.52	- 0.19	0.13

资料来源：历年《中国统计年鉴》；历年上海、江苏、浙江、安徽统计年鉴。

（二）发展模式演变和提升的支撑条件

长三角地区能够实现对外贸易模式提升和演变的原因，既有来自国内外有利环境的推动，更有长三角地区抢抓机遇，积极发挥在产业基础、要素禀赋等方面的有利因素作用的奋发努力。

1. 良好的工业基础和产业集群优势

长三角地区是我国近代工业的发源地，更是当前全国制造业和战略性新兴产业的发展高地。长三角地区不仅产业门类齐全，而且产业集群优势明显，经测算，反映长三角地区制造业集聚水平的区位商指数明显高于我国其他地区。历年上海、江苏、浙江、安徽统计年鉴数据表明，沪、苏、浙三地制造业产能占全国的 2/3，而且工业互联网、人工智能等新兴领域发展也都走在全国前列。尤其是作为全国制造业大省的江苏省，不仅制造业基础较好，工业化率远高于全国平均水平，而且制造业水平较高、门类齐全、配套完整，生态链优势明显，在国际产业分工体系中难以替代，长期是我国 IT、光伏、船舶出口第一大省。20 世纪 90 年代中期以来，虽然重化工业成长的趋势没有停滞，但是产业结构升级的动力开始强化，呈现知识技术密集的先进制造业和现代服务业加速发展的趋势。2007 年以来，江苏稳居我国船舶出口第一大省，占全国船舶出口的比重保持在 20% 以上，2018 年 1～11 月达28.4%。进一步，江苏作为老牌工业基地，南京的信息技术、智能电网、高端装备制造业占据我国相关产业的发展高地；苏州利用紧挨上海的先天有利条件，深化与上海的对接，吸引了 90 家世界 500 强企业前来投资，基础雄厚、门类齐全、企业众多的外资先进制造业为苏州对外贸易发展提供了强大动力。与此同时，长三角不同区域之间的产业互补性也比较好，例如，上海的研发能力、金融市场国际化程度在全国领先；江苏、浙江、安徽三地在生物医药、新能源、电子信息等方面的竞争力在全国首屈一指。

2. 通过利用外资打造对外贸易竞争新优势

长三角地区是我国利用外资规模最大、结构层次最高的地区，外资企业对长三角地区对外贸易发展发挥着举足轻重的作用。改革开放以来，长三角地区通过利用外商投资，一方面解决了经济发展资金的不足；另一方面直接为长三角地区对外贸易搭建了发展新平台，营造了增长新动力。2000 年，长三角地区外商投资企业出口占长三角出口总额的比重为 47.4%；2006 年进一步上升到 62.8%；之后该比重虽有所下降，但依旧超过 45%（见表 4－5）。2000～2017 年，长三角地区外商投资企业出口占长三角出口总额的平均比重达 55.0%。在长三角地区，江苏和上海外商投资企业对对外贸易的贡献相对更大，2000～2017 年江苏和上海外商投资企业出口占各自出口总额的平均比重分别达 67.4% 和 66.8%；浙江和安徽外商投资企业出口占各自出口总额的平均比重分别为 29.4% 和 25.1%。进一步，由于外商投资不仅带来了资金，还带来了国外先进的技术、管理经验和营销技巧等，其产生的技术溢出效应提高了当地劳动生产率和产业的转型升级，因此，积极利用外资还促进了长三角地区对外贸易的商品结构和市场竞争力的提升。以江苏为例，江苏通过营造良好的投资环境以及推进开发区和产业园区建设，2003～2014 年，江苏实际利用外资规模连续 12 年稳居全国第一位。2017 年，江苏实际利用外资 251.4 亿美元，同比增长 2.4%；与此同时，江苏利用外资的结构效益正在稳步提升，引进外资保持第一并由"大"到"强"已转化为江苏对外贸易稳定发展的厚实基础。2017 年江苏实现外商投资企业出口额为 2 114.4 亿美元，占全国外商投资出口总额的比重为 21.9%，占江苏出口贸易总额的比重为 58.2%。

表 4 - 5　　　　2000 ~ 2017 年长三角地区外商投资企业出口占
各自出口总额的比重　　　　　　　　单位:%

年份	上海	江苏	浙江	安徽	长三角
2000	56.3	56.1	27.5	18.4	47.4
2001	57.8	57.6	30.9	18.9	49.1
2002	59.8	63.0	31.3	18.8	51.8
2003	63.6	69.6	31.4	18.9	56.2
2004	67.3	74.5	33.8	24.5	60.6
2005	67.9	76.6	35.5	29.0	62.4
2006	66.9	77.1	37.6	30.7	62.8
2007	68.0	76.4	36.8	29.5	62.6
2008	67.1	73.5	35.1	28.1	60.4
2009	68.4	73.6	33.7	25.2	60.2
2010	69.7	71.1	32.2	26.2	58.9
2011	67.9	68.8	30.2	25.5	56.5
2012	67.1	62.3	28.1	17.2	52.2
2013	67.0	59.1	25.0	18.6	49.2
2014	67.3	58.2	22.9	26.5	48.0
2015	66.9	57.3	20.5	25.2	46.2
2016	67.4	58.5	18.8	27.1	46.1
2017	66.8	58.2	17.7	30.1	45.8
均值	66.8	67.4	29.4	25.1	55.0

资料来源：历年上海、江苏、浙江、安徽统计年鉴。

3. 地理区位和科教人文优势

长三角地区地处我国东部沿海发达地区，是我国"一带一路"与长江经济带的重要交汇点。长三角地区气候宜人、地形相对平坦，港航资源丰富。其中，上海北界长江、东濒东海、南临杭州湾，是全国经济中心；江苏人口稠密，经济富庶，且交通便利、四通八达，不仅具有通往日本、美国的国际出口，而且地跨长江、淮河南北，经济辐射范围可广达华北、华南、华中甚至西部地区；浙江有 6 646 公里的海岸线，全省拥有宁波、舟山、嘉兴、台州、温州 5 个沿海港口和杭州、湖州、绍兴等 100 多个内河港口，连接着全球 100 多个国家和地区。尤其是，长三角地区自古就是人才荟萃之地，文化底蕴深厚，教育体系发达，拥有大量高素质的研发人员队伍，具有较好的人力资源和较强的科教人文优势。根据中经网和中国科技统计年鉴数据，目前长三角地区汇集有高校 456 所，占全国的比重为 17.4%，数字人才已达 11.8 万人，在全国领先。长三角地区的专利申请量和授权量、企业专利申请量和授权量、发明专利申请量等指标长年稳居全国前列。表 4 – 6 显示了长三角地区技术市场和研发经费内部支出情况。仅 2016 年，长三角地区技术合同成交额为 1 832.4 亿元，占全国的比重为 16.1%，在全国具有重要影响。2006 ~ 2016 年，长三角地区技术合同成交额年均增长率达到 15.4%。与此同时，2016 年长三角地区的研发（R&D）经费内部支出总计 4 681.9 亿元，占全国的比重为 42.8%，2006 ~ 2016 年的年均增长率为 18.1%。

表 4 – 6　　　　　　　2006 ~ 2016 年长三角地区科教基本情况　　　　单位：亿元

年份	技术合同成交额				R&D 经费内部支出			
	上海	江苏	浙江	安徽	上海	江苏	浙江	安徽
2006	309.5	68.8	40.0	18.5	258.8	346.1	224.0	59.3
2007	354.9	78.4	45.3	26.5	307.5	430.2	281.6	71.8
2008	386.2	94.0	58.9	32.5	355.4	580.9	344.6	98.3
2009	435.4	108.2	56.5	35.6	423.4	702.0	398.8	136.0
2010	431.4	249.3	60.3	46.1	481.7	857.0	494.2	163.7
2011	480.7	333.4	71.9	65.0	597.7	1 065.5	598.1	214.6
2012	518.7	400.9	81.3	86.2	679.5	1 287.9	722.6	281.8
2013	531.7	527.5	81.5	130.8	776.8	1 487.4	817.3	352.1
2014	592.4	543.2	87.3	169.8	862.0	1 652.8	907.9	393.6
2015	663.8	572.9	98.1	190.5	936.1	1 801.2	1 011.2	431.8
2016	781.0	635.6	198.4	217.4	1 049.3	2 026.9	1 130.6	475.1

资料来源：中经网统计数据库；历年《中国科技统计年鉴》。

4. 不断创新对外贸易内容和方式

为了打造对外贸易竞争新优势，长三角地区不断开辟对外贸易新领域，不断寻求对外贸易方式的新突破。改革开放以来,特别是最近几年,长三角地区除了积极推动货物贸易商品从低技术含量、低附加值向高技术含量、高附加值转变升级外,还根据地区实际情况,通过新技术、新业态和新模式的引入,积极发展具有长三角特色的服务贸易。其中,上海作为全国服务贸易的"龙头",一方面继续巩固旅游、运输等传统服务领域的规模优势,同时重点培育文化贸易、技术贸易、离岸服务外包、专业服务等资本技术密集型服务领域的发展,提升其在服务进出口中的占比,积极关注数字贸易、金融保险、健康养老、家庭服务等潜力型服务领域,不断加强中医药、体育、教育等特色服务领域的国际交流合作;另一方面逐步放宽服务贸易各领域商业存在注册资本、股权比例、经营范围等方面的准入限制,吸引具有国际营销渠道、品牌影响力和产业竞争力的服务业企业、商会协会和总部基地等入驻,进一步提升服务贸易在推进上海经济结构调整和贸易转型升级中的积极作用。江苏则在服务外包方面走在全国前沿,在 2017 年国家级服务外包示范城市综合评价中,江苏的南京、苏州、无锡分列全国第 1、第 4、第 5 名。针对数字化经济的到来,长三角地区跨境电商的成绩不菲。根据上海、浙江、安徽商务部门资料显示,上海作为我国首批七个跨境电商的综合试点城市之一,2017 年海关监管跨境电商进口订单 1 643.7 万单,相比 2016 年增长 45.2%,涉及金额 36 亿元,同比增长 66.3%;浙江 2017 年全省活跃出口网店数量达 66 759 家,跨境网络零售出口额达 438.1 亿元;2015 年安徽省跨境电商交易额为 16.9 亿元,2016 年增至 20.9 亿元,同比增长 23.7%。

5. 不断完善对外贸易体制机制

新制度经济学派强调制度对经济增长的重要性,事实上,制度对对外贸易模式的转型升级同样具有十分重要的作用。为了加快对外贸易的发展和实现贸易模式的转型升级,长三角地区按照高水平开放型经济体制机制要求,不断完善对外贸易相关政策和措施:加快完善贸易政策体系,不断提高贸易便利化程度;创新财政、税收、金融等支持政策,降低有关制度成本;强化信息服务支持,建立完备的信息咨询机构,为企业对外贸易提供法律、财会、税收和风险评估等方面的信息服务。支持具有一定规模、品牌和核心竞争力的企业走向国际市场,鼓励和支持广大中小企业利用自身比较优势,走"精、专、特、新"的路子,以互利共赢为基础,以加强自主品牌、自主知识产权和自主营销为原则,引导国内企业同世界跨国公司开展多种形式的合作。其中,上海自贸区的设立,对对外贸易体制机制改革与创新进行了有力探索,取得很多标志性的新进展,促进了长三角地区对外贸易的发展。例如,在上海自贸区内,按照"境内关外"模式,对出入自由贸易区的货物实行"一线放开、二线管好、区内自由"的自由贸易区特殊政策;允许航运、物流、空港和金融服务业开放的先行先试;实行一体化运作管理,加快人民币国际化等。为提升通关速度和优化监管服务,上海海关推出了"先进区、后报关""分送集报""十检十放""仓储货物按状态分类监管""原产地签证便利化"等创新制度,其中 33 项海关及检验检疫创新制度在全国得到复制推广。江苏加大对外贸易电子口岸和长三角通关一体化的推进力度,完善进口促进政策,增强对市场的适应性和灵活性,重点支持先进技术设备和急需资源原材料的进口。浙江联合省财政、国税、地税等部门,制定跨境电子商务扶持政策,重点支持优秀电子商务企业的培育、跨境电子商务专业人才培训、跨境电子商务园区的建设,并对跨境电子商务企业为出口货物投保出口信用保险支付的保费给予一定补助等。

(三) 长三角地区出口贸易影响因素计量分析

1. 模型设定

为了进一步分析长三角地区对外贸易发展特征和规律,本章运用贸易引力模型对长三角地区出口贸易影响因素进行定量实证分析。这里将影响长三角地区出口贸易增长的因素划分为两部分:一是自然影响因素,包括贸易伙伴双方的实际地理距离,以及是否有共同的边界、是否有共同语言等;二是人为影响因素,包括海关的关税、政府工作效率、贸易伙伴间有无贸易协定等。由此构建以 2010 年为基年、以长三角地区出口贸易额(EX)为被解释变量的模型:

$$\ln EX_{it} = \beta_0 + \beta_1 \ln GPDd_{it} + \beta_2 \ln GDPc_{it} + \beta_3 \ln popd_{it} + \beta_4 \ln popc_{it} + \beta_5 \ln D_{it} + \beta_6 \ln comp_{it} + v_{it} - u_{it} \tag{4.1}$$

其中,v 表示随机误差项。假定 u 符合半正态分布,其表达式如下:

$$u_{it} = \alpha_0 + \alpha_1 tariff_{it} + \alpha_2 FTA_{it} + \alpha_3 custom_{it} + \alpha_4 infrast_{it} + ge + \varepsilon_{it} \tag{4.2}$$

在式(4.1)和式(4.2)中,EX 表示长三角地区第 t 年对贸易伙伴 i 的出口额;GDPd 表示长三角地区的国内生产总值;GDPc 表示贸易伙伴国的国内生产总值;popd 表示三省一市人口数,popc 表示贸易伙伴人口数;comp 表示贸易双方要素禀赋上的互补性,用贸易双方之间人均 GDP 的差值作为代理变量;d 表示贸易双方之间的地理距离。另外,tariff 表示海关关税水平;FTA 表示贸易双方之间有无自由贸易协定,它是考察中国 – 东盟自由贸易协定、上海合作组织和亚洲太平洋经济合作组织的合成变量,采用文献分析方法,以生效的年份为标准,生效为 1,反之为 0；*custom* 表示贸易环节的成本，本章用海关手续负担作为代理变量；*ge* 表示政府工作效率，得分越高，越有利于该地区提升贸易出口竞争力。

贸易伙伴选自长三角地区出口贸易规模排名前十名的国家（地区）。由于数据的可得性，在前十名的贸易伙伴中剔除了中国台湾，并顺次补上后面的国家（地区）。样本国家（地区）分别是：美国、日本、韩国、德国、中国香港、澳大利亚、马来西亚、新加坡、英国、荷兰等。其中，因浙江缺少马来西亚和新加坡的数据，所以本章采用非平衡面板分析方法。

在数据来源上，上海、江苏、浙江、安徽的 GDP 值、出口额及人口数，来源于历年统计年鉴，并且以 2010 年为基年，把三省一市对应 GDP 通过汇率和 CPI 换算为以美元为单位的实际数值；贸易伙伴 GDP 数据、*tariff* 数据、*infrast* 数据、*custom* 数据，来源于世界银行的世界发展指标数据库；*ge* 数据来源于世界银行全球治理指标数据库；*d* 数据依据经纬度参照百度地图测算得到。样本数据时间为 2000 ~ 2016 年。

2. 实证回归分析

表 4 - 7 显示了各统计变量最大值和最小值的分离情况。从表 4 - 7 中可以看出各变量的分离情况都比较明显，这说明了长三角地区对外贸易的不平衡性，即长三角各地区在贸易伙伴的关税水平、要素禀赋条件互补性、政府工作效率、经济规模与发展水平上的差异性较大。本章采取两步法中的随机前沿引力模型估算法，主要分析出口贸易增长影响因素中的人为因素，计量分析回归结果见表 4 - 8。

表 4 - 7　　　　　　　　主要统计变量描述

变量	Obs	Mean	Std. Dev	Min	Max
ln*export*	370	13.04	1.49	9.23	15.8
ln*GDPd*	370	15.59	1.46	13.83	20.23
ln*GDPc*	370	18.80	1.34	16.83	21.25
ln*popc*	370	17.50	1.21	15.34	19.59
ln*popd*	370	8.50	0.48	7.63	8.99
ln*comp*	370	10.50	1.26	3.34	13.92
ln*D*	370	8.32	0.87	6.88	9.39
tariff	370	4.13	2.81	0.04	11.12
FTA	370	0.27	0.45	0.00	1.00
ge	370	91.71	5.66	75.96	100.00
custom	370	5.15	0.61	4.30	6.47
infrast	370	5.81	0.62	4.65	6.83

表4-8　　　　　　　　　　　随机前沿引力方程回归结果

变量	模型（1）	模型（2）	模型（3）
onee	0. 266 ***	0. 265 ***	0. 265 ***
	-0. 028	-0. 028	-0. 029
custom	-1. 247 ***	-1. 173 ***	-0. 991 ***
	-0. 425	0. 423	-0. 381
FTA	1. 118 ***	1. 144 ***	1. 159 ***
	-0. 424	-0. 428	-0. 429
tariff	0. 044		
	-0. 048		
infrast	0. 290	0. 262	
	-0. 236	-0. 235	
ge	0. 072 ***	0. 057 *	0. 059 ***
	-0. 034	-0. 030	-0. 029
cons	-5. 711 ***	-4. 383 ***	-3. 985 ***
	-2. 404	-1. 907	-1. 853
N	370. 000	370. 000	370. 000
似然值	-65. 878	-66. 295	-66. 925

注：括号内为标准误；*、** 和 *** 分别表示在10%、5%和1%水平上显著。

从表4-8可以看出，自然影响因素（onee）的回归结果均通过显著性检验，与预期相符。本章重点考察人为因素的影响，其回归结果如表4-8中第2行至第6行所示。从表4-8不难发现，海关手续负担（custom）对长三角地区出口贸易增长产生阻力作用，说明降低海关成本、提高贸易便利化程度有利于促进长三角地区出口贸易发展；FTA对长三角地区出口贸易存在促进作用，表明签订自由贸易协定或加入自由贸易区将有利于长三角地区出口贸易增长；政府工作效率（ge）与出口贸易之间存在显著正相关关系，说明提高政府工作效率有助于长三角地区对外贸易发展和出口竞争力的提升。关税水平（tariff）和基础设施水平（infrast）暂没通过显著性检验，可能与本章选取的样本数据时间段有限有关。

因此，通过实证计量分析，本章一方面进一步探讨了影响长三角地区对外贸易发展的因素，另一方面利用计量分析结果总体上佐证了本章有关定性分析结论。

三、长三角地区对外贸易的经济发展效应

（一）对外贸易在长三角地区经济发展中的地位

改革开放以来，长三角地区经济发展取得了令世人瞩目的辉煌成就。从图4－7可以看出，2000年长三角地区GDP总值为22 208.5亿元，2017年增长到195 289亿元，比2000年增长了7.8倍。2000～2017年，长三角地区GDP年均增长率为13.6%。与此同时，长三角地区对外贸易发展迅猛，2000年长三角地区进出口总额为10 888.1亿元，2017年为101 203亿元，比2000年增长了8.3倍。2000～2017年，长三角地区进出口平均增长率为16.7%，高于同期经济增长速度。其中，2000年长三角地区实现出口贸易总额6 021.2亿元，占GDP的比重为27.1%；2017年出口贸易总额为59 014.7亿元，占GDP的比重为30.2%。2000～2017年长三角地区出口总额占GDP总额的平均占比达39.9%。

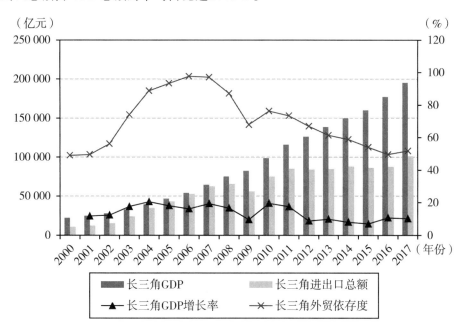

图4－7　2000～2017年长三角地区国内生产总值与增长率

资料来源：中经网统计数据库。

对外贸易依存度（以下简称"外贸依存度"）可以在一定程度上反映对外贸易

与经济增长的关系。所谓外贸依存度，是指一国经济对其对外贸易的依赖程度，一般用对外贸易总额与当地国内生产总值之比来表示。从图 4 - 8 可以看出，长三角地区的外贸依存度一直处于较高水平，虽然受国内外经济环境影响 2007 年之后外贸依存度有所回落，但依然保持较高水平。其中，上海的外贸依存度是长三角地区三省一市中最高的，2007 年达到峰值 172.2%；江苏与浙江作为沿海省份，对外贸易依存度在 2008 年前也一直处于攀升势态，分别于 2006 年和 2007 年达到峰值102.2% 和 71.7%，2008 年受金融危机的冲击出现下降，但于 2010 年又有所攀升，2017 年江苏和浙江的外贸依存度分别为 46.5% 和 49.3%；安徽作为长三角经济带中的内陆省份，对外贸易发展相对缓慢，对外贸易依存度由 2000 年的 9.1% 上升至2007 年的峰值 16.5%，其后有所回落，2017 年安徽外贸依存度为 13.5%。

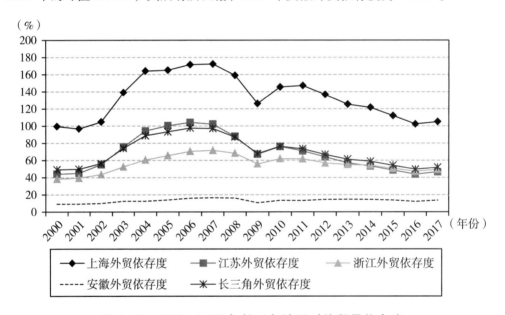

图 4 - 8　2000 ~ 2017 年长三角地区对外贸易依存度

资料来源：中经网统计数据库。

（二）对外贸易对长三角地区经济增长的贡献

关于对外贸易发展对经济增长的贡献，学术理论界主要有以下三类主要观点：第一类，对外贸易发展是经济增长的主要动力之一；第二类，对外贸易发展对经济增长有制约阻碍作用；第三类，对外贸易发展对经济增长只有额外的刺激作用。

主张第一类观点的学者包括：纳克斯（Nurkse）和罗伯特逊（Robertson）早在

1937 年就提出了"对外贸易是经济增长的发动机"的著名论断；萨克斯（Sachs，1995）等在前人成果基础上，探讨了对外贸易对发展中国家技术进步的影响，认为通过对外贸易发展中国家可以获得技术溢出效应，从而降低本国生产与交易成本，提高生产率，促进本国经济增长；梅里兹（Melitz，2003）则认为，对外贸易会导致资源重新分配，使资源流向生产率较高的企业，并且形成以下竞争格局：生产率较高的企业进入出口市场，生产率相对较低的企业只能继续为国内市场生产甚至退出市场，产业的总体生产率由于资源的重新配置得到提高；林毅夫、李永军（2001）等在改进经济增长贡献率计算的基础上，重新测算了对外贸易对 GDP 的贡献率，提出传统的对外贸易经济增长贡献率的测试方法低估了对外贸易对经济增长的实际贡献；戴翔和张二震（2013）以及裴长洪（2012）等学者在肯定对外贸易对中国经济增长贡献的基础上，认为中国对外贸易转型升级对我国经济增长的影响非常显著。

主张第二类观点的学者包括：辛格（Singh）和劳尔·普雷维么（Raul Prebisch）等认为对外贸易会阻碍初级产品出口国家的经济增长，甚至加剧初级产品出口国家的贫困化；还有学者研究认为，美国出口贸易对美国经济增长不具有明显促进效应；也有成果指出，出口贸易对经济增长的具体作用与研究所选择的时期有关。

主张第三类观点的学者包括：克拉维斯（Kravis）等认为对外贸易发展之于一国经济增长的作用是额外的、不固定的，具体作用不能一概而论；与此同时，克拉维斯还认为，影响一国经济增长的根本原因是该国的国内因素，外部需求的增长对经济发展的促进作用是额外的、辅助的。

关于对外贸易对经济增长贡献程度的计算，国内外学术界的主流传统方法是通过对支出法核算的国内生产总值进行分解来获得。具体公式为：

$$\Delta Y_t / Y_{t-1} = \Delta C_t / C_{t-1} \times C_{t-1} / Y_{t-1} + \Delta I_t / I_{t-1} \times I_{t-1} / Y_{t-1} +$$
$$\Delta NE_t / NE_{t-1} \times NE_{t-1} / Y_{t-1} \qquad (4.3)$$

其中，C 为总消费；I 为总投资；NE 为净出口。由式（4.3）可得：

$$外贸经济增长贡献度 = \Delta NE_t / NE_{t-1} \times NE_{t-1} / Y_{t-1} \qquad (4.4)$$

应用式（4.4）和有关数据，可得到 1995 年以来长三角地区对外贸易对经济增长的贡献度（见表 4-9 中第 4 列）。从表 4-9 可以看出，1995 ~ 2017 年除个别年份外，大多数年份长三角地区对外贸易对经济增长的贡献度都为正值，并且平均贡献率也为正值，这说明长三角地区对外贸易对经济增长总体上一直发挥着促进和推动作用。尤其是 2015 ~ 2017 年长三角地区的外贸贡献度呈现明显上升态势，更显示了对外贸易对长三角经济增长的重要性。

表4-9   1995~2017年长三角地区对外贸易对经济增长的贡献度   单位:%

年份	GDP 增长率	净出口增长率	外贸贡献度	外贸贡献率
1995	9.77	-39.07	-1.7	-1.36
1996	8.81	-20.19	-0.49	-0.36
1997	10.13	164.91	2.92	3.46
1998	8.75	20.53	0.88	1.17
1999	8.14	83.3	3.94	4.58
2000	9.93	17.47	1.4	2.97
2001	9.97	0.73	0.06	0.71
2002	12.66	6.99	0.55	1.88
2003	16.12	-17.93	-1.33	1.47
2004	17.33	23.12	1.22	4.41
2005	16.69	18.99	1.05	3.76
2006	14.99	31.85	1.79	4.24
2007	14.13	31.02	2	3.86
2008	14.26	32.77	2.43	2.69
2009	7.85	-27.64	-2.38	-4.03
2010	15.4	10.39	0.6	2.78
2011	11.55	14.69	0.81	1.37
2012	6.2	13.98	0.79	0.73
2013	5.02	-4.62	-0.28	-0.37
2014	8.1	3.88	0.22	0.4
2015	5.24	-1.03	-0.05	-0.2
2016	8.23	2.17	0.11	0.01
2017	8.29	14.15	0.67	1.2
平均值	10.76	16.54	0.01	0.12

资料来源:中经网统计数据库;OECD 数据库。

值得强调的是,传统的衡量对外贸易对经济增长贡献度的计算方法,由于没有考虑出口与进口在经济运行中的不同作用以及经济变量之间的相互影响关系,即仅通过净出口来评估对外贸易对经济增长的贡献度,我们认为实际上是低估了对外贸易对经济增长的贡献度。进一步,有人因净出口为负,就提出了对外贸易对经济增长的贡献是负的、是拖了经济增长后腿的观点，更是存在明显误导。

事实上，评价对外贸易对经济增长的作用，既要看到对外贸易对发达国家和发展中国家产生的相同影响，也要看到对外贸易对发展中国家的特殊作用。以出口贸易为例，发展中国家通过出口可以带动本国生产规模和就业规模扩大，获取比较优势或规模经济优势，而国际市场上的竞争机制将迫使出口企业不断改进生产技术和设备、降低生产成本、提高劳动生产率。再以进口贸易为例，发展中国家通过进口不仅可以弥补国内生产与供应的不足，而且能够引进国外先进技术设备和经营管理经验，缩短同发达国家的技术差距等。

本章进一步借鉴林毅夫、李永军（2001）所提出的评估对外贸易对经济增长贡献度的新的改进计算方法，对长三角地区对外贸易对经济增长的贡献进行新的测算。为与前面方法区别，这里对外贸易对经济增长的贡献度用贡献率表示：

$$外贸经济增长贡献率 = \left[\left(\frac{\mathrm{d}C}{\mathrm{d}X} + \frac{\mathrm{d}I}{\mathrm{d}X} \right) \Delta X_t + \Delta NE_t \right] \div Y_{t-1} \qquad (4.5)$$

其中，$\frac{\mathrm{d}C}{\mathrm{d}X}$ 表示出口引致消费；$\frac{\mathrm{d}I}{\mathrm{d}X}$ 表示出口引致投资；ΔX_t 表示第 t 年的出口增量；ΔNE_t 代表第 t 年的净出口增量；Y_{t-1} 代表第 $t-1$ 年的 GDP。

运用式（4.5）和有关数据，可以得到在新的计算方法下长三角地区对外贸易对经济增长的贡献率（见表 4－9 中第 5 列）。在数据来源和处理上，本章计算中所用的 GDP、消费、投资、进口、出口数据，是由上海、江苏、浙江、安徽历年统计年鉴整理所得，并且以 1994 年为基年，通过 CPI 换算为实际值；实际利率来源于 OECD 数据库；汇率来源于 OECD，并利用两国 CPI 换算成实际有效汇率。从表 4－9 中第 5 列可以看到，改用新的计算方法后，长三角地区对外贸易对经济增长贡献度明显增加，这在一定程度上纠正了传统计算方式下对长三角地区对外贸易对经济增长贡献度的低估。

进一步，使用式（4.4）、式（4.5）两种计算方法，分别测算上海、江苏、浙江和安徽对外贸易对各地经济增长的贡献度，结果如表 4－10 所示。从表 4－10 可以发现，无论使用传统方法还是改进方法，上海、江苏和浙江的对外贸易对各地经济增长总体上都发挥着正向促进作用，并且运用改进后计算方法测算出来的数值均高于传统方法。不仅如此，关于两种不同计算方法得到的具体结果，长三角不同区域的排序也不同。在传统计算方式下，1995～2017 年江苏对外贸易对经济增长的贡献度平均值最高，其次是浙江，再次是上海。但是，在使用改进的计算方法后，上海对外贸易对经济增长的贡献率平均值最高，其次是江苏，再次是浙江。就安徽而言，根据式（4.5）计算，安徽的对外贸易对经济增长的贡献率为正值，这说明安徽对外贸易对经济增长产生积极影响。但是，如果与上海、江苏、浙江相比，安徽对外贸易对经济增长的贡献率显然还存在较大差距。

表 4 - 10　　1995~2017 年长三角地区对外贸易对经济增长的贡献度　　单位:%

年份	外贸贡献度				外贸贡献率			
	上海	江苏	浙江	安徽	上海	江苏	浙江	安徽
1995	- 4.71	0.94	- 4.22	- 0.17	- 4.39	1.47	- 4.02	- 0.1
1996	- 4	0.62	0.39	- 0.52	- 3.68	0.99	0.26	- 0.51
1997	4.83	3.97	1.61	- 0.05	5.6	4.58	2.3	- 0.23
1998	7.07	- 0.2	- 1.65	0.17	7.49	0.2	- 1.36	0.14
1999	9.16	0.25	7.42	0.01	10.28	0.93	8.13	0.14
2000	2.19	1.33	1.7	0.04	4.62	2.94	3.66	0.31
2001	0.47	0.4	- 0.64	- 0.06	1.29	0.96	0.34	- 0.01
2002	0.68	0.65	0.6	- 0.02	2.1	2.39	2.24	0.08
2003	- 0.37	- 1.29	- 2.65	0.05	4.64	1.86	- 0.22	0.31
2004	0.73	- 0.06	3.78	- 0.03	6.95	3.25	6.31	0.26
2005	- 0.52	3.91	- 1.45	- 0.13	2.91	7.29	1.04	0.25
2006	- 0.34	2.62	2.85	- 0.22	2.97	5.36	5.33	0.2
2007	0.6	2.23	3.44	- 0.2	3.59	4.12	5.12	0.1
2008	0.89	2.25	4.58	0	1.16	2.41	5.06	0.2
2009	- 1.37	- 2.46	- 3.87	0.1	- 4.28	- 4.26	- 5.2	- 0.29
2010	- 1.58	1.14	1.38	0.06	1.32	3.48	3.71	0.47
2011	1.63	0.54	1.09	- 0.01	2.38	0.96	1.85	0.32
2012	1.59	1.16	0.32	- 0.34	0.71	1.17	0.26	0.37
2013	- 1.33	- 0.14	- 0.11	0.09	- 2.01	- 0.45	0.4	0.11
2014	0.88	0.04	0.54	- 0.7	0.82	0.1	1.09	- 0.53
2015	- 1.02	0.28	0.12	- 0.38	- 1.86	0.2	0.21	- 0.33
2016	- 0.23	0.26	- 0.05	0.31	- 0.56	0.16	0.06	0.17
2017	0.69	0.82	0.73	0.05	1.17	1.57	1.23	0.17
平均值	0.69	0.84	0.69	- 0.09	1.88	1.81	1.64	0.07

资料来源：中经网统计数据库；OECD 数据库。

（三）对外贸易对长三角地区全要素生产率的影响

根据现代经济发展理论，一个国家（地区）经济发展的内涵不仅包括经济总量和规模的增加，还包括经济增长质量和效益的提升。全要素生产率（total factor productivity，TFP）又称为技术进步率，是考察一个国家（地区）经济发展质量和效益的常用指标。因此，通过对长三角地区全要素生产率及其变化的评估，可以测算对外贸易对长三角地区经济发展质量和效益的影响。本章认为，对外贸易对长三角地区全要素生产率影响的作用机制主要体现在以下三个效应上。

1. 对外贸易的资本积累效应

大卫·李嘉图（David Ricardo）指出，通过对外贸易从外国获得较为便宜的生活必需品以及原料，能够延缓在本国发生的土地收益递减、工资上涨和利润下降的趋势，从而保障资本积累和经济发展。对外开放初期，大量廉价劳动力被释放出来，加之土地作为国有资产几乎被无偿征用，辅以出口为导向的对外贸易政策，使长三角地区能够大量出口劳动密集型商品，不仅提高了企业盈利水平，而且扩大了经济发展可投入资本总量；而长三角地区通过进口国外先进技术和资本品，破除了经济发展的资源"瓶颈"，提高了资本的产出效率。

2. 对外贸易的技术进步效应

对外贸易的技术进步效应主要表现在"干中学"效应、产业关联效应和演示与培训效应上。与西方发达国家相比，长三角地区的技术水平还较低，尤其在高技术产品的核心技术水平上。因此，通过对外贸易和参与国际分工，使长三角地区市场资源流向更加有效率的部门，促进生产过程的创新与改进，提高劳动生产率；同时，出口也为长三角地区吸引国外先进要素资源提供了现实可能性。不仅如此，对外贸易为长三角地区创造了更加广阔的市场、更为频繁的信息交流和更加激烈的市场竞争，这些都积极推动了长三角地区从事新技术、新产品的研发活动。对外贸易与技术进步的相互促进，使长三角地区的经济发展呈现螺旋式良性发展趋势。

3. 对外贸易的制度变迁效应

理论研究表明，一个国家的制度安排在很大程度上影响这个国家经济活动的交易费用，而交易费用的降低将会提高劳动生产率。长三角地区对外贸易主要通过以下三种方式推动制度变迁，进而提升全要素生产率：一是由于进口产品将促进本土企业创新，从而提高了长三角地区企业组织运行效率和技术创新效率；二是由于进口相对低价的产品给国内企业带来竞争压力，从而推动本地区企业向节约成本、提升竞争力的方向演进；三是通过国际贸易，长三角地区可以模仿、借鉴国外制度，通过降低制度成本来提升生产效率。

借鉴张军、施少华（2003）对全要素生产率的测算方法，这里假设长三角地区的生产函数为柯布－道格拉斯生产函数：

$$Y_{it} = A \, e^{\alpha it} K_{it}^{\alpha_k} L_{it}^{\alpha_l} \tag{4.6}$$

其中，Y 表示长三角地区各省（市）的国内生产总值，并以 1994 年为基年，按照各省（市）对应的消费者物价指数折算成实际国内生产总值；K 表示资本存量，是以固定资产投资额为基础，参考单豪杰（2008）使用的永续盘存法，计算出以 1994 年为基年的资本存量实际值；L 表示劳动投入，由于数据的统计口径，这里选取长三角各省（市）的人口数作为代理变量；i 和 t 分别表示长三角内部不同区域和不同时间。根据式（4.6）可得：

$$\ln Y_{it} = \ln A_0 + \alpha_{it} + \alpha_k \ln K_{it} + \alpha_l \ln L_{it} + \varepsilon_{it} \tag{4.7}$$

运用相关数据对式（4.7）分别进行固定效应回归和随机效应回归分析，回归结果如表 4-11 所示。由豪斯曼（Hausman）检验可知，固定效应回归更加稳健。因此，这里选取固定效应回归结果的 α_k 和 α_l 分别表示资本产出弹性和劳动产出弹性，并对其标准化得到 α_k^* 和 α_l^*。

表 4-11　　　　　　　　全要素生产率回归结果

变量	固定效应模型	随机效应模型
$\ln K$	0.622 *** −0.035	0.680 *** −0.056
$\ln L$	1.881 *** −0.148	0.813 *** −0.088
_cons	−12.061 *** −1.073	3.543 *** −0.569
N	96.000	96.000
R^2	0.988	

注：括号内为标准误；* 、** 和 *** 分别表示在 10%、5% 和 1% 水平上显著。

在此基础上，利用 $TFP = Y_{it}/(K_{it}^{\alpha_k^*} L_{it}^{\alpha_l^*})$ 计算所得的数据，进一步探讨对外贸易对长三角地区全要素生产率的影响。借鉴上面理论分析和有关成果，构建如下对外贸易对长三角地区全要素生产率的影响模型：

$$\ln TFP_{it} = \alpha_0 + \alpha_2 \ln IM_{it} + \alpha_3 \ln FDI_{it} + \alpha_1 \ln R\&D_{it} + \alpha_4 \ln EX_{it} + \varepsilon_{it} \qquad (4.8)$$

其中，i 和 t 分别表示长三角内部不同区域和不同时间；TFP 表示全要素生产率；EX 和 IM 分别表示长三角地区各省（市）的出口贸易额和进口贸易额；FDI 表示长三角地区各省（市）实际吸收的外商投资额，数据均来源于各省（市）统计年鉴；$R\&D$ 表示长三角各省（市）技术研发情况，这里选取省（市）企业内部研发支出经费作为代理变量，数据来源于《中国科技统计年鉴》；ε_{it} 为随机误差项。样本时间为 1995 ~ 2016 年；原始数据均来源于长三角有关省（市）统计年鉴；出口贸易额和进口贸易额是根据汇率折算成人民币的，并且以 1994 年为基期，用各自对应省（市）消费者物价指数（CPI）进行折算处理。

根据豪斯曼检验结果，选用随机效应模型进行回归，回归结果如表 4 - 12 所示。表 4 - 12 中模型（1）的回归结果表明，长三角地区进口贸易每增加 1 单位，将引起长三角地区全要素生产率增加 0.33 个单位；长三角地区研发经费内部支出每增加 1 单位，将带动全要素生产率增加 0.04 个单位。模型（2）的回归结果显示，进口贸易和 $R\&D$ 对长三角地区全要素生产率的影响显著，且表现正向效应。从模型（3）的回归结果可发现，长三角地区的进口贸易、出口贸易均通过显著性

表 4 - 12   对外贸易对长三角地区全要素生产率影响的回归结果

变量	模型（1）	模型（2）	模型（3）
$\ln R\&D$	0.042 * - 0.024	0.048 ** - 0.024	0.038 - 0.024
$\ln IM$	0.332 *** - 0.024	0.374 *** - 0.033	0.268 *** - 0.065
$\ln FDI$		- 0.071 * - 0.038	- 0.078 * - 0.037
$\ln EX$			0.130 * - 0.069
_cons	- 2.048 *** - 0.120	- 1.973 *** - 0.125	- 2.098 *** - 0.140
N	88.000	88.000	88.000
R^2	0.809	0.835	0.830

注：括号内为标准误；*、** 和 *** 分别表示在 10%、5% 和 1% 水平上显著。

检验，即它们对长三角地区的全要素生产率都产生正向的显著影响，其中，进口贸易每增加1单位，会带动全要素生产率提高0.27个单位；出口贸易每增加1单位，会引起全要素生产率提高0.13个单位。但是，模型（2）和模型（3）的回归结果都表明，FDI对长三角地区全要素生产率的影响为微弱的阻碍作用，这验证了长三角地区利用外资亟待转型升级的紧迫性；另外，在模型（3）中R&D没有通过显著性检验，也说明了长三角地区技术研发体制机制有待进一步完善。

四、长三角地区推进对外贸易高质量发展途径

当前，我国经济已由高速增长阶段转向高质量发展阶段。推动高质量发展既是我国保持经济持续健康发展的需要，也是适应我国社会主要矛盾变化和全面建成小康社会、全面建设社会主义现代化国家的必然要求，更是遵循经济规律发展的必然要求。促进高质量发展的根本在于提高经济发展的效率、竞争力和可持续性。一方面，传统对外贸易模式无法适应长三角地区高质量发展的要求；另一方面，随着国内外环境的变化，长三角地区对外贸易自身也开始面临越来越多的新挑战和新机遇。因此，推进长三角地区对外贸易高质量发展具有十分重要的现实意义。

从国际环境看，首先，全球经济增速放缓下需求减弱，据世界银行等国际机构的预测，未来几年包括发达经济体和新兴经济体在内的全球经济增长似乎都动力不足，全球经济增速将持续放缓。全球经济增速的下降，必然导致市场需求不振，在此背景下，长三角地区对外贸易传统的借助强劲外部需求的"以量取胜"增长模式显然难以持续。其次，近几年世界经济发展中的"逆全球化"因素增多，贸易保护主义、单边主义明显抬头，贸易摩擦已经超越传统经济范畴。最后，随着越来越多的发展中国家参与到全球竞争中来，特别是东南亚、南亚等不少发展中国家利用其低劳动成本优势积极承接国际产业转移，长三角地区对外贸易面临着新兴经济体更具低成本优势的激烈的国际市场竞争。

从国内环境和自身条件看，首先，我国正处于经济新旧动能转换、结构转型升级的过渡期。长三角地区一方面对外贸易传统优势不断减弱，另一方面亟待培育依靠技术、品牌和质量营造的竞争新优势。其次，长三角地区对外贸易商品结构和贸易方式虽然正在不断改善，但还不同程度存在出口商品附加值和竞争力较低、加工贸易方式占比过高等不足，与发达国家相比仍然存在明显差距。长三角地区众多企业以代工贴牌方式参与主要由国际大买家或跨国公司主导与控制的全球价值链分工体系的格局，还没有根本改观。最后，长三角地区对外贸易运行体制机制和国际营

商环境有待进一步优化。例如，长三角地区现有的有关政策措施比较重视政府的强势推动，企业的微观活力没有完全释放；不同部门间"条块分割"、政策不配套等现象还不同程度存在；长三角不同区域之间的协调合作和市场一体化水平还有待提升等。

但也要看到，当前长三角地区对外贸易正迎来众多新的发展机遇，而长三角地区经过多年开放发展所奠定的现实基础，也决定了长三角地区有能力抓住发展新空间。概括而言，目前长三角地区对外贸易发展新机遇主要体现在以下三个方面。

第一，新一轮科技革命和产业变革正处于重要的交汇期，以数字化、网络化、智能化为标志的信息技术革命正深刻改变着当今世界的战略格局，云计算、大数据、互联网和人工智能等现代信息技术的应用，使对外贸易的内涵和方式都发生了重大变化。

第二，国际经济格局发生重大变化，国际产业加速转移，全球经济治理面临较大调整。随着美国提出再工业化战略，并且强调通过技术创新与制度创新的有效互动来重振制造业体系，从而催生了新一轮的产业国际转移，促进了全球投资和人才流动。

第三，我国进一步提高对外开放水平，并且加快构建对外开放型新体制。包括进一步加快自由贸易区建设；进一步放宽外商投资市场准入，探索和采用"准入前国民待遇"和"负面清单"外商投资管理方式等。特别是，长三角地区处于我国实施"一带一路"倡议和"长江经济带"发展战略的叠加区域，发展对外贸易的政策红利明显。

因此，长三角地区推进对外贸易高质量发展的目标，应是抢抓难得的发展机遇，进一步优化长三角地区对外贸易结构，不断提升对外贸易的效率和竞争力，在实现对外贸易规模增长的同时，不断提高对外贸易的效益；要在深度加入全球分工体系的过程中，实现全球价值链分工地位向高端攀升。长三角地区推进对外贸易高质量发展的内涵，不仅包括对外贸易规模的增长，而且包括对外贸易质量和效益的提升；不仅包括优化对外贸易出口，而且包括积极主动扩大进口；不仅包括提高出口产品的质量和竞争力，而且包括促进出口市场的多元化，尤其是要逐步扩大对"一带一路"相关国家的贸易增长。具体而言，在推进对外贸易高质量发展的途径方面，本章认为当前长三角地区应该主要做好以下六方面工作。

第一，积极推进对外贸易创新驱动。实施对外贸易发展创新驱动战略，是长三角地区积极培育对外贸易发展新动能的需要，也是破解外部不利环境的根本保障。长三角地区要积极发挥本地区大专院校密集的条件，加大科技创新支持力度，改革和完善科技创新体制，推进产业结构深层次调整，提升产业集聚效应；要进一步积极培育以技术、品牌、质量、服务为核心的出口竞争新优势，着力发展高技术和高附加值产品出口，创新发展"长三角"品牌效应；要着力打造良好的创新驱动体系，加快科技创新成果的转化、孵化速度，注重优化对外贸易主体结构，把各种对外贸易发展载体打造成创新企业集聚区和对外开放的新高地，通过鼓励科技型和高附加值企业对外贸易发展，带动高技术、高品质、高附加值产品和装备制造产品的生产和出口；要进一步发挥进口贸易的作用，适时调整进口政策，要大幅度增加进口规模，尤其是技术溢出效应显著的关键设备和中间品进口，不断推动长三角地区国际分工向全球价值链高端攀升；要鼓励新技术、新业态、新模式在对外贸易中的应用，抓住数字经济机遇，创新思路，挖掘和培育数字经济新增长点，大力发展以数字技术为支撑、高端服务为先导的数字贸易出口；要以上海和杭州在数字经济领域的实力为基础，建设具有全球竞争力的数字贸易中心，积极营造长三角地区对外贸易竞争新优势。

第二，努力优化对外贸易增长方式。长三角地区要摒弃传统的粗放式的对外贸易增长方式，通过市场对资源的优化配置机制提高要素边际生产率；要建立健全投融资体系，进一步提高资本对全要素质量的提升作用。人力资本是知识和技术最主要的能动载体，也是知识和技术进步的源泉，因此，长三角地区要将对外贸易增长更多地转移到依靠人力资本质量的提升上来。要强化长三角地区人才的培养和引进，增加人才总量，盘活人才存量，提升人才质量；要推动跨国经营管理、国际投资管理、国际商务营销、国际经济法律等高端人才来长三角地区发展；要完善人才培训体系，发挥行业协会和中介组织在建立市场化、社会化的国际商务人才培养体系建设中的作用，不断提升国际贸易人才的国际经营和开拓创新能力；要积极发展跨境电子商务等新业务，通过促进跨境电子商务、市场采购贸易出口、服务外包、名优特产品的出口，加快形成对外贸易出口竞争新优势。

第三，进一步提升利用外资的结构和水平。目前，国际分工已经进入要素分工阶段，贸易投资一体化程度不断提高。进一步提高利用外资的结构和效益，不仅可以更好地吸纳全球优质要素资源，为营造长三角地区对外贸易核心竞争力创造条件，而且可以借助国际投资与国际贸易的互动效应和技术外溢效应，为长三角地区对外贸易的发展开拓更广阔的空间。为此，长三角地区要进一步优化外商投资环境，包括完善外商投资监管体系、推进"准入前国民待遇"加"负面清单"的管理模式等方面，更好地集聚国内外高层次人才；要不断创新利用外资的方式、拓宽利用外资的渠道，在更大范围内利用和整合全球优质资源，积极承接先进制造业和现代服务业的国际转移与升级；要加强知识产权保护，鼓励更多外资企业总部和研发机构向长三角地区转移，并提供相应的财税优惠支持；要重视特别是金融服务业的对外开放风险，尽早建立和健全有关风险防范的管理机制与措施。

第四，扩大服务业对外开放和加快服务贸易发展。服务业是长三角地区的主导产业，也是决定长三角地区全球价值链分工地位的关键因素。长三角地区应进一步提高对服务业发展重要性的认识，通过扩大服务业对外开放的领域和范围，推动长三角地区服务业和服务贸易的大发展；要继续推进长三角地区国家服务贸易创新发展试点和南京、无锡、苏州、杭州等中国服务外包示范城市建设；要推动服务贸易数字化新模式的发展，探索高效透明的便利化体系，依托服务贸易大数据综合服务平台，逐步完善商务、金融、税务、海关、质监以及行业主管部门等共同组成的服务贸易信息共享和数据交换机制，加强对服务贸易总体情况和重点领域的动态跟踪；要巩固旅游、建筑、国际运输等传统服务贸易的发展优势，加快推动软件、文化、教育、中医药等服务出口，不断提高新兴领域中服务贸易所占比例；加快服务贸易平台载体建设，建设国际服务贸易创新发展功能区，培育一批国际服务贸易总部示范基地，构建适应服务贸易发展特点的海外市场拓展、技术共享、宣传交流等促进机制。

第五，进一步完善对外贸易政策体制机制。公平开放、合作共赢已经成为新一轮国际竞争的重要特征与趋势。长三角地区发展高质量的对外贸易，需要构建有利于推动贸易投资便利化、自由化的体制机制环境。为此，长三角地区政府有关部门要进一步提高服务水平，包括推进海关通关不重复关检、实施"关检互认、执法互助、信息共享"等，加快推广和复制上海自贸区试验中有利于对外贸易发展的管理措施；要加强外贸企业诚信体系建设，扩大进出口企业信用评价体系应用范围；要完善外贸预警机制，加强贸易救济工作，提高外贸企业抵御风险能力；推动外贸综合服务企业的规范化、本土化、品牌化发展，在通关、退税、政策性金融等方面给予外贸综合服务企业更大的支持。此外，长三角地区还要深入研究全球多边、双边已经形成的贸易规则，密切跟踪这些规则的变革趋势和谈判重点，积极推进与WTO、FTA等全球多边与双边国际经贸规则相融的制度安排，扩大对外贸易"朋友圈"。

第六，统筹不同区域间的协调发展。要根据世界经济新特点、科技发展新趋势和长三角地区经济发展新阶段的要求，统筹考虑国内国际环境，制定长三角地区对外贸易高质量发展的总体规划；要进一步统筹和优化长三角地区对外贸易发展的区域布局，加大力度优化长三角地区的基础建设，尤其是推进与物流网相关的基础建设，打造快速、高效的物联网平台；要根据长三角不同区域特点分类指导，在充分发挥各地区比较优势的基础上，推动不同区域对外贸易有序、协调、高质量发展，努力打造陆海内外联动、东西双向互济的对外贸易发展新格局；要推动长三角区域内的合作和交流，既要推动长三角地区对外贸易高质量发展，又要为沿海、内陆其他地区的开放提供有价值、可复制、可推广的方案和经验。当前这方面工作的重点主要包括四个方面：其一，进一步加强对长三角地区对外贸易高质量发展进程的政府间统筹协调。建议成立一个权威的、统揽全局的长三角地区对外贸易高质量发展领导小组，负责研究、协调长三角跨地区对外贸易高质量发展的重大问题。要构建跨区域贸易投资网络，推动符合产业导向的企业在长三角地区的合理布局，实现长三角地区特色优势产业集群发展；要深化产业转移，建设服务长三角地区的贸易投资和产业合作平台，并且与长江经济带沿线国家级经济技术开发区共建跨区合作园区和合作联盟。其二，积极整合交通、港口、旅游、信息等资源，实施优势互补、联合发展。要加强长三角地区不同区域间的合作，打破行政壁垒，整合各种资源，做好整体规划，实施联合开发，打造快速、高效的运输网络；要整合不同区域的交通资源，加快建设网络化的铁路、高速公路和快捷的城际轻轨交通；要建立有分工、有协作的内河、近海和远洋运输体系和港口体系，推进上海港区、宁波北仑港、舟山港以及长江内河港口的一体化建设，形成以上海为中心的组合港系统；要建设以浦东国际机场为枢纽的区域机场群落，加快推进长三角地区 5G 网络建设的布局。其三，大力提升政府行政效能。要推进长三角地区有关监管单位审批制度改革，进一步完善企业信用管理，加强事中、事后监管，降低进出口货物抽检率；要加强电子政务建设，探索建设"互联网＋"自助海关，扩大检验检疫全程无纸化试点，深化出口退税无纸化管理。其四，积极探讨在长三角地区进行自由贸易港试验。要谋划在长三角地区建设自由贸易港方案，以上海港、宁波—舟山港和南京—南通港为依托，由上海、浙江、江苏共建自由贸易港；要围绕全球一流的航空航运能力，以离岸贸易、服务贸易、数字贸易和跨境电商等为重点，进一步打造具有国际影响力的长三角地区国际贸易发展高地。

参考文献

［1］黄繁华、高静：《出口地缘偏向性、质量评价与技术效率评价》，载于《世界经济研究》2013 年第 7 期。

［2］林毅夫、李永军：《必要的修正——对外贸易与经济增长关系的再考察》，载于《国际贸易》2001 年第 9 期。

［3］鲁晓东、赵奇伟：《中国的出口潜力及其影响因素——基于随机前沿引力模型的估计》，载于《数量经济技术经济研究》2010 年第 10 期。

［4］单豪杰：《中国资本存量 K 的再估算：1952～2006 年》，载于《数量经济技术经济研究》2008 年第 10 期。

［5］张二震、戴翔：《要素分工、开放发展与长三角全面小康建设的基本经验》，载于《江

苏社会科学》2017 年第 5 期。

［6］张军、施少华：《中国经济全要素生产率变动：1952 ~ 1998》，载于《世界经济文汇》2003 年第 2 期。

［7］戴翔、张二震：《我国开放经济传统优势弱化之怎么办?》，载于《福建论坛》（人文社会科学版）2013 年第 3 期。

［8］裴长洪、彭磊、郑文：《转变外贸发展方式的经验与理论分析——中国应对国际金融危机冲击的一种总结》，载于《中国社会科学》2012 年第 1 期。

［9］Sachs J. D. , Warner A. , "Economic Reform and the Process of Global Integration", Broking Papers on Economic Activity, 1995（1）：1 – 118.

［10］Baumann, J. and Kritikos, A. S. , "The Link between R&D, Innovation and Productivity：Are Micro Firms Different?", *Research Policy*, 2016, 45（6）：1263 – 1274.

［11］Melitz, M. J. , "The Impact of Trade on Intra – Industry Reallocations and Aggregate Industry Productivity", *Econometrica*, 2003, 71（6）：1695 – 1725.

第五章

对外开放与长三角地区服务业发展

改革开放以来，长三角地区作为我国改革开放的先行地区之一，通过发挥比较优势、完善的基础设施和廉价优质的劳动力优势，抓住了全球要素分工带来的战略机遇，大力发展开放型经济，引进国外先进生产要素，不仅建成了国际性的先进制造业基地，服务贸易在全国也率先得到了发展，经济发展取得了巨大成就，在全面建成小康社会中走在了全国前列。对服务贸易发展如何提升长三角国际分工地位进行研究，对于理解长三角地区开放发展中服务贸易对全面小康建设的重要作用具有重要意义。本章就长三角地区对外开放下的服务业发展现状及其国际竞争进行分析；并就全球服务贸易发展大趋势和大背景下，如何进一步依托服务贸易发展促进长三角国际分工地位的提升，更好地发挥开放发展对全面小康建设的作用，提出具体的对策措施。

一、长三角地区对外开放与服务贸易发展现状

总体而言，长三角地区前一轮开放主要侧重于制造业领域，具有"单兵突进"的特点，因而相对于开放条件下的制造业而言，服务业领域开放相对不足、发展相对滞后。但就作为中国开放型经济发展的"排头兵"而言，长三角地区服务贸易发展相对而言也是走在全国前列的。对长三角地区这一典型区域的服务贸易发展状况进行考察，能够为我们提供一些基本认识。本节将在长三角地区整体层面，以及上海、江苏、浙江和安徽分地区层面，对服务贸易发展现状进行简要的分析。

（一）长三角地区服务贸易发展总体状况

作为中国服务贸易发展重要"缩影"的长三角地区，其服务贸易发展与全国整体情形极为相似，即起步较晚但发展速度较快。对长三角地区服务贸易发展基本状况的认识，可以从贸易规模、贸易增速和行业结构等角度进行简要分析。

1. 长三角地区服务贸易规模

长三角地区服务贸易发展虽然起步较晚，但近年来呈现较快的发展势头。表5–1给出了长三角地区2006～2016年服务贸易进出口规模情况。

表5–1　　2006～2016年长三角地区服务贸易进出口及差额状况　单位：亿美元

年份	进出口总额	出口总额	进口总额	差额
2006	568.52	274.07	294.45	−20.38
2007	776.69	312.96	463.73	−150.77
2008	1 082.08	443.57	638.43	−194.86
2009	1 062.89	434.18	628.74	−194.56
2010	1 520.49	647.71	872.81	−225.1
2011	1 894.17	798.42	1 095.75	−297.33
2012	2 341.69	931.33	1 410.27	−478.94
2013	2 809.58	1 157.98	1 652.4	−494.42
2014	3 271.91	1 373.97	1 897.93	−523.96
2015	3 015.9	1 001.06	2 014.5	−1 013.44
2016	3 209.26	1 015.67	2 193.58	−1 177.91

资料来源：根据历年《江苏服务贸易发展研究报告》《浙江省国际服务贸易发展报告》《上海服务贸易发展报告》《安徽服务贸易发展报告》的统计数据整理而得。

由表5–1可以看出，在安徽被纳入长三角地区的2006年，长三角地区的服务贸易进出口总额仅为568.52亿美元，其中，服务贸易出口总额为274.07亿美元，服务贸易进口总额为294.45亿美元。之后，长三角地区服务贸易规模得到了迅猛扩张。2008年长三角地区服务贸易进出口总额突破1 000亿美元，达到了1 082.08亿美元，其中，服务贸易出口总额为443.57亿美元，服务贸易进口总额为638.43亿美元。2012年长三角地区服务贸易进出口总额突破2 000亿美元，达到了2 341.69亿美元，其中，服务贸易出口总额为931.33亿美元，服务贸易进口总额为1 410.27亿美元。2014年长三角地区服务贸易进出口总额更是突破了3 000亿美元，达到了 3 271.91 亿美元，其中，服务贸易出口总额为 1 373.97 亿美元，服务贸易进口总额为 1 897.93 亿美元。服务贸易进出口总额从 2006 年的 568.52 亿美元迅速攀升到 2016 年的 3 209.26 亿美元，增长了 4.64 倍，年均增长率高达 18.89%，可见其规模扩张速度之快。其中，出口总额从 2006 年的 274.07 亿美元迅速攀升到 2016 年的 1 015.67 亿美元，增长了 2.71 倍，年均增长率高达 14.00%；进口总额从 2006 年的 294.45 亿美元迅速攀升到 2016 年的 2 913.58 亿美元，增长了 8.89 倍，年均增长率高达 25.55%。

在服务贸易进出口总额规模迅猛扩大的同时，值得我们注意的一个现象是，服务贸易逆差额规模也呈不断扩大之势。例如，2006 年长三角地区服务贸易逆差额仅为 20.38 亿美元，但是到了 2016 年，贸易逆差额已经攀升至 1 177.91 亿美元，增长了 56.80 倍，逆差额年均增长率高达约 50.03%，表明在服务贸易进出口总额规模扩张的同时，服务贸易逆差额也在不断扩大，且服务贸易逆差额扩张之势要显著大于服务贸易进出口总额扩张之势。这在一定程度上说明，长三角地区服务贸易国际竞争力仍然较弱，有待进一步提高。

2. 长三角地区服务贸易增长速度

为了进一步明晰长三角地区服务贸易规模扩张的速度，我们还可以从服务贸易进出口总额及其出口额和进口额等方面考察其增速。根据表 5 - 1 进一步计算出长三角地区服务贸易进出口总额增长率、出口总额增长率、进口总额增长率和逆差额增长率（见图 5 - 1）。

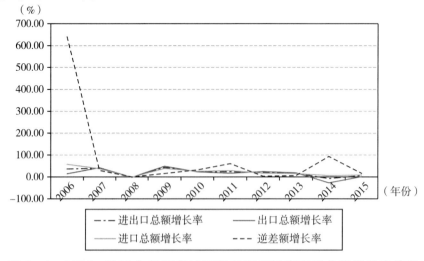

图 5 - 1　2006～2016 年长三角地区服务贸易进出口及差额增长率情况
资料来源：同表 5 - 1。

从图 5 - 1 可以看出，在样本期间内除个别年份外，长三角地区服务贸易进出口总额、出口总额和进口总额均保持较高的增长率。样本期间内唯一特殊的年份就是 2009 年，该年长三角地区服务贸易进出口总额增长率不增反降，降幅约为 1.77%；出口总额和进口总额同样表现出下降的趋势，其中，出口总额增长率下降约 2.12%，进口总额增长率下降约 1.52%。出现这一例外的主要原因是 2008 年的全球金融危机，在此大背景下，长三角地区服务贸易发展显然难以"独善其身"，服务贸易进出口总额及出口总额、进口总额均表现为下降趋势。与总规模收缩相伴随的是，2009 年长三角地区服务贸易逆差额增长率显然也大幅下降。总之，从上述变化趋势来看，长三角地区服务贸易总体发展虽然起步较晚，但发展速度还是比较快的。

（二）上海服务贸易发展现状

衡量服务贸易发展水平的主要标志有三个：一是服务贸易发展的总体状况；二是服务业利用外资情况；三是近年来兴起并呈现迅猛发展势头的服务外包发展状况。对上海服务贸易发展现状的分析，可以从这三个方面进行简要阐述。

1. 服务贸易起步较晚但增长较快

上海服务贸易的发展是在中国服务贸易对外开放的大背景下进行的，而中国服务业对外开放的实质性发展阶段是在 2001 年中国加入世界贸易组织之后，或者说履行加入世界贸易组织时对各类服务业开放的承诺，推动了服务贸易的发展。由表 5 - 2 可以看出，2000 年上海服务贸易进出口总额仅为 79.11 亿美元，其中，出口额为 36.07 亿美元，进口额为 43.05 亿美元，服务贸易逆差为 6.98 亿美元；到 2016 年，上海服务贸易进出口总额已经攀升至 2 018.80 亿美元，较 2000 年增长了 24.52 倍，其中，服务贸易出口额为 499.10 亿美元，较 2000 年增长了 12.84 倍；服务贸易进口额为 1 519.70 亿美元，较 2000 年增长了 34.30 倍。

从表 5 - 2 可以看出，上海服务贸易进出口总额、出口额和进口额三项指标均处于稳定上升阶段。即便是在本轮全球金融危机冲击较为严重的 2009 年，上海服务贸易发展仍然表现出"逆势飞扬"的良好态势，尤其是服务贸易出口额和进出口总额不仅没有出现滑落，而且仍然保持了较高的增速。从发展趋势来看，上海服务贸易额呈快速增长趋势，显然，这与近年来上海日益重视服务贸易发展，并开始深化服务领域对外开放以及大力发展服务贸易的举措息息相关，同时也说明了当前全球服务贸易快速发展背景下，上海服务贸易所呈现的良好发展势头。

表 5 - 2　　　　　　　　2000～2017 年上海服务贸易额及其变动情况

年份	进出口总额 （亿美元）	增长率 （%）	出口额 （亿美元）	增长率 （%）	进口额 （亿美元）	增长率 （%）	差额 （亿美元）
2000	79.11	—	36.07	—	43.05	—	-6.98
2001	94.95	20.02	46.05	27.69	48.90	13.59	-2.85
2002	115.72	21.87	56.97	23.70	58.75	20.15	-1.78
2003	160.48	38.68	77.40	35.86	83.08	41.41	-5.68
2004	244.78	52.53	121.26	56.67	123.52	48.67	-2.26
2005	324.85	32.71	161.30	33.02	163.55	32.41	-2.25
2006	403.37	24.17	192.68	19.46	210.69	28.82	-18.00
2007	559.12	38.61	210.33	9.16	348.79	65.55	-138.46
2008	735.71	31.58	265.19	26.08	470.52	34.90	-205.33
2009	747.32	1.58	278.64	5.07	468.68	-0.39	-190.04
2010	1 046.74	40.06	399.58	43.40	647.16	38.08	-247.58
2011	1 292.78	23.51	486.55	21.77	806.23	24.58	-319.68
2012	1 515.60	17.24	515.30	5.91	1 000.30	24.07	-485.00
2013	1 725.40	13.84	595.40	15.54	1 130.00	12.97	-534.60
2014	1 935.20	12.16	675.50	13.45	1 259.70	11.48	-584.20
2015	1 967.00	1.64	525.31	-22.23	1 441.43	14.43	-916.12
2016	2 018.80	2.59	499.10	-4.99	1 519.70	5.43	-1 020.60
2017	1 955.00	-3.16	517.28	3.64	1 682.35	10.70	-1 165.07

　　注：此处服务贸易额的数据主要是采用国际收支平衡表（BOP）统计方式（其中剔除了政府服务）得来的。由于 BOP 对服务进出口的统计存在一定的缺陷（不包含"商业存在"提供的服务），所以将导致服务贸易值在一定程度上被低估。

　　资料来源：根据历年《上海服务贸易发展报告》的统计数据以及中国服务贸易指南网统计数据整理而得。

　　此外，上海服务贸易占全国比重近年来也有逐步提高之势。总体来看，由于近年来上海服务贸易发展迅猛，从而提升了上海服务贸易在全国的占比，以及由此决定的上海在全国服务贸易发展中的地位。从表 5 - 3 可以看出，2001 年全国服务贸易进出口总额为 719 亿美元，其中，服务贸易出口总额为 329 亿美元，服务贸易进口总额为 390 亿美元，同期上海服务贸易进出口总额、出口额和进口额占全国比重分别为 13.21%、14.00% 和 12.54%；而到 2017 年，全国服务贸易进出口总额已攀

升至 6 957 亿美元，其中，服务贸易出口总额上升至 2 281 亿美元，服务贸易进口
总额上升至 4 676 亿美元，同期上海服务贸易进出口总额、出口额和进口额占全国
比重分别上升至 28.10%、22.68% 和 35.98%。由此可见，上海服务贸易在全国服
务贸易发展中的地位不断上升。

表 5 - 3　　　　　　　2001 ~ 2017 年上海服务贸易占全国比重

年份	全国进出口总额（亿美元）	上海进出口总额占比（%）	全国出口总额（亿美元）	上海出口额占比（%）	全国进口总额（亿美元）	上海进口额占比（%）
2001	719	13.21	329	14.00	390	12.54
2002	855	13.53	394	14.46	461	12.74
2003	1 013	15.84	464	16.68	549	15.13
2004	1 337	18.31	621	19.53	716	17.25
2005	1 571	20.68	739	21.83	832	19.66
2006	1 917	21.04	914	21.08	1 003	21.01
2007	2 509	22.28	1 217	17.28	1 293	26.98
2008	3 045	24.16	1 464	18.11	1 580	29.78
2009	2 867	26.07	1 286	21.67	1 581	29.64
2010	3 624	28.88	1 702	23.48	1 922	33.67
2011	4 191	30.85	1 821	26.72	2 370	34.02
2012	4 706	32.21	1 904	27.06	2 801	35.71
2013	5 396.4	31.97	2 105.9	28.27	3 290.5	34.34
2014	6 043.4	32.02	2 222.1	30.40	3 821.3	32.97
2015	6 452	30.49	2 186	24.03	4 355	33.10
2016	6 616	30.51	2 095	23.82	4 521	33.61
2017	6 957	28.10	2 281	22.68	4 676	35.98

　　资料来源：根据历年《上海服务贸易发展报告》的统计数据以及中国服务贸易指南网统计
数据整理计算而得。

　　从表 5 - 3 可以看出，自中国加入 WTO 以来，上海服务贸易进出口总额、出口
额和进口额在全国服务贸易中所占比重均呈现稳步提高的态势，说明在全国服务贸
易迅速发展的同时，上海服务贸易以更快的速度在发展。尤其是在本轮全球金融危
机冲击较为严重的 2009 年，从表 5 - 3 可以清晰看出，全国服务贸易发展"受挫"
而出现下滑，尤其是服务贸易出口总额下滑明显，但从表 5 - 2 可知，上海同期却仍

然出现正增长，从而使上海服务贸易占全国的比重进一步提高。近几年，上海服务贸易占全国的比重仍然以较快速度上升，体现出上海服务贸易发展的良好趋势。

2. 服务业利用外资呈现新趋势

实际上，从《服务贸易总协定》给出的服务贸易的定义看，服务业利用外资也是服务贸易发展的重要标志之一。近年来，伴随着上海利用外资政策的调整，利用外资结构也呈现了新变化，这突出表现为流向服务业的外资总额不断增加。从表5-4可以看出，2003 年上海服务业实际利用外资总额为 33.37 亿美元，占当期上海利用外资总额 58.5 亿美元的比重约为 57.04%；而 2017 年上海服务业实际利用外资总额已上升至 161.53 亿美元，较 2003 年增长了 3.84 倍，年均增长率为 11.56%，占当期上海利用外资总额 170.08 亿美元的比重上升为 94.97%。

表 5-4　　　　　　　2003～2017 年上海服务业利用外资情况

年份	上海利用外资总额（亿美元）	增长率（%）	服务业利用外资总额（亿美元）	增长率（%）	服务业利用外资占利用外资总额的比重（%）	环比变化（%）
2003	58.5	—	33.37	—	57.04	—
2004	65.41	11.81	29.18	-12.56	44.61	-12.43
2005	68.5	4.72	34.98	19.88	51.07	6.45
2006	71.07	3.75	44.16	26.24	62.14	11.07
2007	79.2	11.44	53.15	20.36	67.11	4.97
2008	100.84	27.32	68.35	28.60	67.78	0.67
2009	105.38	4.50	76.16	11.43	72.27	4.49
2010	111.21	5.53	88.31	15.95	79.41	7.14
2011	126.01	13.31	104.3	18.11	82.77	3.36
2012	151.85	20.51	126.79	21.56	83.50	0.73
2013	167.8	10.50	135.67	7.00	80.85	-2.64
2014	181.65	8.25	163.85	20.77	90.20	9.35
2015	184.59	1.62	159.38	-2.73	86.34	-3.86
2016	185.14	0.30	163.35	2.50	88.23	1.89
2017	170.08	-8.13	161.53	-1.11	94.97	6.89

资料来源：根据历年《上海统计年鉴》统计数据整理而得。

从表5-4可以看出，在上海服务业利用外资总额不断上升的同时，其在上海利用外资总额中所占比重也不断提升。而从利用外资总额的增长率来看，2004～2017 年除个别年份外，上海服务业利用外资总额基本保持较快增长，并且大部分年份上海服务业利用外资总额的增长率高于上海利用外资总额的增长率。除 2004 年、2015 年、2017 年出现了负增长外，在样本期其他年份，上海服务业利用外资总额均保持着较高的增长率。上海服务业利用外资总额的增长率显著高于上海利用外资总额的增长率，一方面表明上海利用外资结构不断优化；另一方面也说明上海服务业对外资的开放度不断扩大，对外资的吸引力不断增强。

此外，从上海服务业利用外资占全国的比重来看，近年来也呈逐步提高的态势（见表 5－5）。总体来看，由于近年来上海服务业利用外资规模不断提高，提升了上海服务业利用外资额在全国的占比，以及由此决定的上海在全国服务业利用外资方面的地位。从表 5－5 可以看出，2004 年上海服务业利用外资流量额为 29.18 亿美元，占同期全国服务业利用外资流量额 166.48 亿美元的比重为 17.53%；2017 年上海服务业利用外资流量额为 161.53 亿美元，占同期全国服务业利用外资流量额 950.94 亿美元的比重上升至 16.99%。

表 5－5　　　　2004～2017 年上海服务业利用外资占全国比重

年份	全国服务业利用外资流量额（亿美元）	增长率（%）	上海服务业利用外资流量额（亿美元）	增长率（%）	上海占比全国比重（%）
2004	166.48	3.56	29.18	－12.56	17.53
2005	167.94	0.88	34.98	19.88	20.83
2006	218.76	30.26	44.16	26.24	20.19
2007	324.89	48.51	53.15	20.36	16.36
2008	407.36	25.39	68.35	28.60	16.78
2009	413.31	1.46	76.16	11.43	18.43
2010	535.48	29.56	88.31	15.95	16.49
2011	612.88	14.45	104.3	18.11	17.02
2012	600.16	－2.07	126.79	21.56	21.13
2013	614.51	2.39	135.67	7.00	22.08
2014	662.36	7.79	163.85	20.77	24.74
2015	811.38	22.50	159.38	－2.73	19.64
2016	839.91	3.52	163.35	2.5	19.45
2017	950.94	13.22	161.53	－1.11	16.99

资料来源：根据历年《上海统计年鉴》和《中国统计年鉴》统计数据整理而得。

从表 5 - 5 可以看出，上海服务业利用外资流量额占全国服务业利用外资流量额的比重，在样本区间基本上呈现一个上升的发展态势。从增长率的角度来看，大体而言，近年来上海服务业利用外资流量额的平均增长率要高于全国服务业利用外资流量额的平均增长率。也正是由于这一增长率的差异，导致了上海服务业利用外资流量额占全国比重呈现不断提高之势。总之，就服务业利用外资这一方面而言，无论从占全国比重还是从增速角度来看，上海都呈现较好的发展趋势。

3. 服务外包蓬勃发展

《2017 年上海市国民经济和社会发展统计公报》的统计数据显示，2007 年上海市服务外包发展所依托的信息服务业完成增加值 583.95 亿元，折合美元约为 79.34 亿美元，同比增长约 17.9%，其中，软件出口额为 11.85 亿美元，同比增长约 20%。另外，据商务部软件出口统计平台提供的数据显示，2007 年上海市软件出口额为 4.24 亿美元。依托信息技术外包（ITO）与软件服务的快速发展，计算机和信息服务、咨询服务已经成为上海服务出口贸易增长最快的领域之一。上海市统计局的数据显示，截至 2007 年底，上海市拥有超过 10 万名服务外包从业人员，超过 300 家国内外企业从事离岸服务外包业务，尤其是来自日本和欧美的业务。主要服务内容依然以软件和 IT 外包为主，辅以部分业务流程外包（BPO）业务，其中，上百人到 500 人规模的企业占据主导地位，规模在千人以上的软件企业达到 15 家。一大批国际知名服务外包企业已经入驻上海，在上海设立亚太或全球数据处理中心等。据商务部发布的统计数据显示，2014 年 1 ~ 6 月上海市承接服务外包合同完成情况分别为：新增企业 96 家，同比增长 146.15%；新增从业人员 54 527 人，同比增长 888.88%；协议金额 446 426.35 万美元，同比增长 258.23%；执行金额 261 750.68 万美元，同比增长 172.78%；新增认证 47 个，同比增长 176.47%。可见，上海服务外包业务正呈蓬勃发展之势。

（三）江苏服务贸易发展现状

1. 服务贸易起步较晚但增长较快

如同上海服务贸易发展一样，江苏服务贸易的发展同样是与中国服务贸易对外开放的大背景分不开的。中国服务业对外开放的实质性发展阶段是在 2001 年中国加入世界贸易组织之后，或者说履行加入世界贸易组织时对各类服务业开放的承诺，推动了服务贸易的发展。从表 5 - 6 可以看出，在加入世界贸易组织之初的

2001 年, 江苏服务贸易进出口总额仅为 14.84 亿美元, 其中, 出口总额仅为 2.7 亿美元, 进口总额为 12.14 亿美元, 服务贸易逆差为 9.44 亿美元; 而到 2017 年, 江苏服务贸易总额已经攀升至 739.58 亿美元, 较 2001 年增长了约 48.84 倍, 其中, 出口总额为 198.52 亿美元, 较 2001 年增长了 72.53 倍; 进口总额为 541.06 亿美元, 较 2001 年增长了 43.57 倍。

表 5 - 6　　　　　2001～2017 年江苏服务贸易额及其变动情况

年份	进出口总额（亿美元）	增长率（%）	出口总额（亿美元）	增长率（%）	进口总额（亿美元）	增长率（%）
2001	14.84	—	2.7	—	12.14	—
2002	20.27	36.59	3.37	24.81	16.9	39.21
2003	22.47	10.85	4.73	40.36	17.74	4.97
2004	31.33	39.43	7.03	48.63	24.3	36.98
2005	45.98	46.76	12.78	81.79	33.2	36.63
2006	59.2	28.75	18.4	43.97	40.8	22.89
2007	75.6	27.70	23.5	27.72	52.1	27.70
2008	105.02	38.92	34.12	45.19	70.9	36.08
2009	142.5	35.69	50.7	48.59	91.8	29.48
2010	229.08	60.76	99.67	96.59	129.4	40.96
2011	331.19	44.57	149.72	50.22	181.47	40.24
2012	516.40	55.92	230.50	53.95	285.80	57.49
2013	710.10	37.51	335.30	45.47	374.70	31.11
2014	903.71	27.27	440.1	31.26	463.6	23.73
2015	541.2	-40.11	163.1	-62.94	378.1	-18.44
2016	640.39	18.37	171.79	5.33	468.6	23.94
2017	739.58	15.49	198.52	15.56	541.06	15.46

注: 此处服务贸易额的数据主要是采用国际收支平衡表（BOP）统计方式（其中剔除了政府服务）得来的。由于 BOP 对服务进出口的统计存在一定的缺陷（不包含"商业存在"提供的服务）, 所以将导致服务贸易值在一定程度上被低估。

资料来源: 江苏省商务厅。

从表 5 - 6 可以看出, 江苏服务贸易进出口总额、出口总额和进口总额三项指标均呈稳定上升态势。即便是在本轮全球金融危机冲击较为严重的 2009 年, 江苏服务贸易发展仍然表现出"逆势飞扬"的良好态势, 不仅没有出现滑落, 而且仍然保持了较高的增速。从发展趋势来看，江苏省服务贸易额呈快速增长的趋势，这与近年来江苏日渐重视服务贸易发展，不断深化服务领域对外开放和着力发展服务贸易的举措息息相关，也说明了在当前全球服务贸易快速发展背景下江苏省服务贸易呈现良好的发展势头。

总体来看，近年来江苏服务贸易发展速度不断提高，江苏服务贸易占全国的比重也不断提升。从表 5 - 7 可以看出，2001 年全国服务贸易进出口总额为 719 亿美元，其中，出口总额为 329 亿美元，进口总额为 390 亿美元，同期江苏服务贸易进出口总额、出口总额和进口总额占全国的比重分别为 2.06%、0.82% 和 3.11%；到 2014 年，全国服务贸易进出口总额已攀升至 6 043.4 亿美元，其中，出口总额上升至 2 222.1 亿美元，进口总额上升为 3 821.3 亿美元，同期江苏服务贸易进出口总额、出口总额和进口总额占全国的比重分别上升至 14.95%、19.81% 和 12.13%。由此可见，江苏服务贸易在全国服务贸易发展中的地位不断上升。

表 5 - 7　　　　　2001 ~ 2017 年江苏服务贸易占全国比重

年份	全国进出口总额（亿美元）	江苏占比（%）	全国出口总额（亿美元）	江苏占比（%）	全国进口总额（亿美元）	江苏占比（%）
2001	719	2.06	329	0.82	390	3.11
2002	855	2.37	394	0.86	461	3.67
2003	1 013	2.22	464	1.02	549	3.23
2004	1 337	2.34	621	1.13	716	3.39
2005	1 571	2.93	739	1.73	832	3.99
2006	1 917	3.09	914	2.01	1003	4.07
2007	2 509	3.01	1 217	1.93	1 293	4.03
2008	3 045	3.45	1 464	2.33	1 580	4.49
2009	2 867	4.97	1 286	3.94	1 581	5.81
2010	3 624	6.32	1 702	5.85	1 922	6.73
2011	4 191	7.90	1 821	8.22	2 370	7.66
2012	4 706	10.97	1 904	12.10	2 801	10.20
2013	5 396.4	11.02	2 105.9	11.92	3 290.5	12.39
2014	6 043.4	14.95	2 222.1	19.81	3 821.3	12.13
2015	6 505	8.32	2 176	7.40	4 330	8.73
2016	6 575	9.74	2 083	8.25	4 492	10.44
2017	6 957	10.63	2 281	8.70	4 676	11.57

资料来源：根据商务部和江苏省商务厅提供的数据计算整理而得。

从表5－7可以看出，自中国加入世界贸易组织以来，江苏服务贸易进出口总额、出口额和进口额在全国服务贸易发展中所占比重均呈现稳步提高的态势，这一点与上海服务贸易的发展状况极为相似。说明在全国服务贸易迅速发展的同时，江苏服务贸易以更快的速度在发展。尤其是在本轮全球金融危机冲击较为严重的2009年，全国服务贸易发展"受挫"而出现下滑，尤其是服务贸易出口总额下滑严重，而江苏同期却仍然出现正增长，从而使江苏服务贸易占全国的比重进一步提高。

2. 服务业利用外资呈现的新趋势

如前所述，服务业利用外资也是服务业对外开放的重要标志之一。近年来，伴随江苏利用外资政策的调整，利用外资结构也呈现了新变化，这突出表现为流向服务业的外资总额不断增加。从表5－8可以看出，2004年江苏服务业实际利用外资总额为19.79亿美元，占当期江苏实际利用外资总额121.38亿美元的比重为16.31%；2015年江苏服务业实际利用外资总额已上升至140.21亿美元，较2004年增长了6.08倍，年均增长率为25.11%，占当期江苏省实际利用外资总额242.75亿美元的比重上升为57.76%。

表5－8　　　　　　　2004～2017年江苏服务业利用外资情况

年份	江苏实际利用外资总额（亿美元）	增长率（%）	服务业实际利用外资总额（亿美元）	增长率（%）	占比（%）
2004	121.38	7.92	19.79	8.13	16.31
2005	131.83	8.61	21.48	8.53	16.30
2006	174.31	32.22	35.78	66.53	20.52
2007	218.92	25.59	57.91	61.87	26.45
2008	251.20	14.74	69.65	20.28	27.73
2009	253.23	0.81	73.79	5.94	29.14
2010	284.98	12.54	89.80	21.71	31.51
2011	321.32	12.75	124.58	38.73	38.77
2012	357.60	11.29	118.84	-4.61	33.23
2013	332.59	-6.99	147.85	24.42	44.45
2014	281.80	-15.27	149.70	1.25	53.12
2015	242.75	-13.86	140.21	-6.34	57.76
2016	245.43	1.10	141.68	1.05	57.73
2017	260.14	5.99	111.63	-21.21	42.91

资料来源：根据历年《江苏统计年鉴》统计数据整理而得。

　　从表5-8可以看出，在江苏服务业实际利用外资总额不断上升的同时，其在江苏实际利用外资总额中所占比重也不断提升。2004～2017年除了个别年份外，江苏服务业实际利用外资总额基本保持较快增长，并且除2012年、2016年、2017年外，其增长率都高于同期江苏实际利用外资总额的增长率。这与上海服务业利用外资发展趋势较为一致。江苏服务业实际利用外资总额增长率显著高于江苏实际利用外资总额增长率，一方面表明江苏利用外资结构不断优化；另一方面也说明江苏服务业对外资的开放程度不断增大，对外资的吸引力不断增强。尤为值得一提的是，在表5-8所示的样本期间内，2013～2015年江苏实际利用外资总额均呈下降之势，其中2013年同比下降6.99%，2014年同比下降15.27%，2015年同比下降13.86%。而与此形成鲜明对比的是，在江苏实际利用外资总额呈现下滑的趋势下，江苏服务业实际利用外资总额却呈现增长之势，其中，2013年服务业实际利用外资总额同比增长24.42%，2014年服务业实际利用外资总额同比增长1.25%，并且，2014年江苏服务业实际利用外资总额占江苏实际利用外资总额的比重首次超过50%，达到53.12%。

　　如表5-9所示，2004～2014年，江苏服务业利用外资占全国的比重呈现逐步提高的趋势。2004年江苏服务业利用外资流量额为19.79亿美元，占同期全国服务业利用外资流量额166.48亿美元的比重为11.89%；2014年江苏服务业利用外资流量额为149.7亿美元，占同期全国服务业利用外资流量额622.36亿美元的比重上升至22.60%。

表5-9　　　　　2004～2017年江苏服务业利用外资占全国比重

年份	全国服务业利用外资流量额（万美元）	增长率（%）	江苏服务业利用外资流量额（万美元）	增长率（%）	江苏占比（%）
2004	166.48	3.56	19.79	7.93	11.89
2005	167.94	0.88	21.48	8.54	12.79
2006	218.76	30.26	35.78	66.57	16.36
2007	324.89	48.51	57.91	61.85	17.82
2008	407.36	25.39	69.65	20.27	17.10
2009	413.31	1.46	73.79	5.94	17.85
2010	535.48	29.56	89.8	21.70	16.77
2011	612.88	14.45	124.58	38.73	20.33
2012	600.16	-2.07	118.84	-4.61	19.80
2013	614.51	2.39	147.85	24.41	24.06

年份	全国服务业利用外资流量额（万美元）	增长率（%）	江苏服务业利用外资流量额（万美元）	增长率（%）	江苏占比（%）
2014	662.36	7.79	149.7	1.25	22.60
2015	811.38	22.50	140.21	-6.34	17.28
2016	839.91	3.52	141.68	1.05	16.87
2017	950.94	13.22	111.63	-21.21	11.74

资料来源：根据历年《江苏统计年鉴》和《中国统计年鉴》统计数据整理而得。

从表 5-9 可以看出，江苏服务业利用外资流量额占全国服务业利用外资流量额的比重，在样本期间内大体呈现上升的发展态势。这一点也与上海服务业利用外资发展趋势一致。只不过与上海相比，江苏服务业利用外资的发展要稍微滞后。从增长率的角度来看，大体而言，近年来江苏服务业利用外资流量额的平均增长率要高于全国服务业利用外资流量额的平均增长率，从而江苏服务业利用外资流量额占全国比重也呈现不断提高之势。从近年的发展趋势，如 2014~2017 年的状况看，则又呈现略微下降的趋势。但总体而言，无论是从占比还是从增速角度来看，江苏服务业利用外资都呈现较好的发展态势，说明江苏服务业对外开放程度正不断增大。

3. 服务外包蓬勃发展

江苏省服务外包产业从 2007 年起步，一直保持了迅猛发展态势。2010 年全省服务外包合同总额达 87.36 亿美元，同比增长 57.09%，服务外包从业人员达 48.5 万人，外包企业数量已增至 3 778 家，各项指标在全国保持领先地位。2010 年，江苏国际服务外包协议金额约 6.3 亿美元，同比增长 380%，其中，离岸服务外包协议金额约 4.4 亿美元，同比增长 160%；服务外包执行金额也增势明显，累计执行金额 4.2 亿美元，同比增长 150%，其中，离岸国际服务外包执行金额约 2.3 亿美元，同比增长 70%。"十二五"时期，江苏大力发展服务外包产业作为推动江苏开放型经济转型升级的重要抓手，充分发挥自身优势，统筹规划、科学发展，服务外包产业实现了由规模扩张向量质并举转型，取得了如下几个方面的成就。

一是产业实力明显增强。据历年《江苏省国民经济和社会发展统计公报》数据显示，2011~2015 年，江苏服务外包合同执行额从 114.8 亿美元增长到 376.8 亿美元，其中，离岸合同执行额从 69.6 亿美元增长到 214.1 亿美元；外包业务总量占全国 30% 以上。江苏初步形成了软件开发、动漫创意、工业设计、医药研发、供应链管理、金融后台服务六大服务外包产业领域，中高端业务占比逐步扩大。二是离岸、在岸协同发展。2011～2015 年，江苏服务外包离岸合同执行额年均增长32.5%，增至 214.1 亿美元；在岸合同执行额年均增长 38.2%，增至 162.7 亿美元。离岸业务与在岸业务比由 61：39 变为 57：43，两者发展更加均衡，形成了离岸、在岸协同发展的态势。三是载体示范效应突出。2011～2015 年，江苏大力推进国家级和省级两个层次的服务外包载体建设，形成了"3＋6＋42"的层次布局。2015 年底，3 个国家级服务外包示范城市的服务外包总合同执行额占全省比重超过92%；6 个省级示范城市的服务外包总合同执行额占全省比重超过 13%；42 个省服务外包示范区的服务外包总合同执行额占全省比重为 36.5%，载体引领作用强劲，示范效应突出。四是市场主体快速壮大。2011～2015 年，江苏服务外包企业从 5 277 家增加到 8 841 家，年均增长 13.8%。合同执行额 1 000 万美元以上的企业 875 家，1 亿美元以上的企业 50 家。40 家世界 500 强企业落户江苏，30 家外包企业被评为"全球IAOP 百强企业"，8 家服务外包企业被连续评为"中国服务外包领军企业"，39 家服务外包企业被评为"服务外包成长型百强企业"，27 家服务外包企业实现主板上市，16 家服务外包企业登陆新三板。江苏服务外包品牌影响力和规模化程度不断提高。五是吸纳就业作用明显。2011～2015 年，江苏服务外包人才体系不断完善，形成企业、高校、培训机构多层次人才资源供应链，累计培训超过 116 万人，培训期 3 个月以上的超过 3 万人次。从业人员从 66.2 万人增长到112.4 万人，年均增长 14.2%，年均新增就业人员 9.3 万人，其中大学毕业生 6 万人，很好发挥了吸纳就业作用。

作为新兴产业，江苏的服务外包正经历着一个在培育中成长、在发展中提升的过程。江苏各类园区和载体定位日渐清晰，建设日渐成熟。目前，在全国 21 个"中国服务外包示范城市"中，南京、苏州、无锡三市位列其中，服务外包企业数量全国最多。在全国率先开展省级国际服务外包示范城市和示范区认定中，先后两批认定常州、昆山等 6 个省级示范城市和无锡新区、苏州新区等 34 个省级示范区，遍及 12 个省辖市。江苏省建成各类服务外包载体，各地软件园、物流园、创业园、创意园、生物医药园、研发设计中心、商务中心等各类外包产业集聚园区大多投入运营。其中，苏州工业园、昆山花桥商务城、太仓灵狮 LOFT 创意产业园、南京雨花软件园、无锡 Park 园区等成为国内知名的品牌载体。依托这些载体，江苏初步形成以软件外包、动漫创意、工业设计、医药研发、供应链管理、金融后台服务等为特色的服务外包产业集群。

（四）浙江服务贸易发展现状

我们同样从服务贸易进出口总额、服务业利用外资和服务外包三个方面，对浙江服务贸易发展的基本情况进行简要分析。

1. 服务贸易起步较晚但增长较快

作为长三角地区经济较为发达的地区之一，浙江服务贸易的发展同样与中国服务贸易对外开放的大背景是分不开的。如表5－10所示，中国加入世界贸易组织之前的2000年，浙江服务贸易进出口总额仅为7.89亿美元，其中，服务贸易出口额为4.86亿美元，服务贸易进口额为3.03亿美元，服务贸易顺差1.83亿美元；2017年，浙江服务贸易进出口总额已经攀升至542.29亿美元，较2000年增长了67.73倍，其中，服务贸易出口额为359.54亿美元，较2000年增长了72.98倍，服务贸易进口额为182.74亿美元，较2000年增长了59.31倍。

表5－10　　　　　2000～2017年浙江服务贸易额及其变动情况

年份	进出口总额（亿美元）	增长率（%）	出口额（亿美元）	增长率（%）	进口额（亿美元）	增长率（%）	差额（亿美元）
2000	7.89	—	4.86	—	3.03	—	1.83
2001	9.13	15.73	5.82	19.84	3.31	9.13	2.51
2002	14.36	57.27	8.64	48.43	5.72	72.81	2.92
2003	23.91	66.45	14.92	72.61	8.99	57.13	5.93
2004	43.76	83.05	27.34	83.28	16.42	82.67	10.91
2005	73.70	68.42	45.07	64.86	28.63	74.35	16.43
2006	99.75	35.35	61.20	35.81	38.55	34.63	22.66
2007	126.42	26.73	73.62	20.29	52.80	36.97	20.82
2008	220.96	74.79	135.52	84.08	85.45	61.83	50.07
2009	156.08	−29.36	96.38	−28.88	59.70	−30.13	36.68
2010	220.67	41.38	136.84	41.98	83.83	40.42	53.00
2011	238.85	8.24	147.53	7.81	91.32	8.93	56.21
2012	270.38	13.20	166.44	12.82	103.95	13.82	62.49
2013	325.64	20.44	203.45	22.24	122.19	17.55	75.27
2014	380.90	16.97	238.47	17.21	142.43	16.57	88.04
2015	442.20	16.09	284.55	19.32	157.57	10.63	126.98
2016	477.67	15.21	312.18	17.02	165.48	12.09	146.70
2017	542.29	15.45	359.54	17.12	182.74	12.30	176.80

资料来源：浙江省商务厅。

从表 5-10 可以看出，在样本期间内除个别年份（2009 年）外，浙江省服务贸易进出口总额、出口额和进口额三项指标均呈稳定上升趋势。与上海服务贸易及江苏服务贸易的发展不同，在本轮全球金融危机冲击较为严重的 2009 年，浙江服务贸易发展出现较大的回落。但是总体而言，从发展趋势来看，浙江服务贸易额有快速增长的趋势，显然，这与近年来在全国日益重视服务贸易发展的大趋势下，浙江亦重视服务贸易发展，并开始深化服务领域对外开放和着力发展服务贸易的举措息息相关，同时也说明了在当前全球服务贸易快速发展的背景下，浙江服务贸易呈现良好的发展势头。另外一个与上海服务贸易发展及江苏服务贸易发展更为显著的不同是，在表 5-10 所示的样本期间内，浙江服务贸易额呈现连年顺差的现象。

此外，浙江服务贸易占全国的比重近年来也有逐步提高之势，尤其是浙江服务出口贸易占全国服务出口贸易的比重提升较为显著。总体来看，浙江服务贸易的发展与前述上海和江苏服务贸易发展的趋势较为一致。如表 5-11 所示，2001 年全国服务贸易进出口总额为 719 亿美元，其中，服务贸易出口总额为 329 亿美元，服务贸易进口总额为 390 亿美元，同期浙江服务贸易进出口总额、出口额和进口额占全国的比重分别为 1.27%、1.77% 和 0.85%；2014 年，全国服务贸易进出口总额已攀升至 6 043.4 亿美元，其中，服务出口贸易总额上升至 2 222.1 亿美元，服务贸易进口总额上升到 3 821.3 亿美元，同期浙江服务贸易进出口总额、出口额和进口额占全国的比重则分别上升至 6.30%、10.73% 和 3.73%。由此可见，浙江服务贸易在全国服务贸易发展中的地位不断上升。

表 5-11　　　　　　2001~2017 年浙江服务贸易占全国比重

年份	全国进出口总额（亿美元）	浙江占比（%）	全国出口总额（亿美元）	浙江占比（%）	全国进口总额（亿美元）	浙江占比（%）
2001	719	1.27	329	1.77	390	0.85
2002	855	1.68	394	2.19	461	1.24
2003	1 013	2.36	464	3.22	549	1.64
2004	1 337	3.27	621	4.40	716	2.29
2005	1 571	4.69	739	6.10	832	3.44
2006	1 917	5.20	914	6.70	1 003	3.84
2007	2 509	5.04	1 217	6.05	1 293	4.08

年份	全国进出口总额（亿美元）	浙江占比（％）	全国出口总额（亿美元）	浙江占比（％）	全国进口总额（亿美元）	浙江占比（％）
2008	3 045	7.26	1 464	9.26	1 580	5.41
2009	2 867	5.44	1 286	7.49	1 581	3.78
2010	3 624	6.09	1 702	8.04	1 922	4.36
2011	4 191	5.70	1 821	8.10	2 370	3.85
2012	4 706	5.75	1 904	8.74	2 801	3.71
2013	5 396.4	6.03	2 105.9	9.66	3 290.5	3.71
2014	6 043.4	6.30	2 222.1	10.73	3 821.3	3.73
2015	6 452	6.85	2 186	13.02	4 355	3.62
2016	6 616	7.22	2 095	14.90	4 521	3.66
2017	6 957	7.79	2 281	15.76	4 676	3.91

资料来源：根据商务部和浙江省商务厅提供的数据计算整理而得。

从表 5 - 11 可以看出，自中国加入世界贸易组织以来，浙江服务贸易无论是进出口总额，还是出口额，抑或是进口额，在全国服务贸易发展中所占比重都呈现稳步提高的态势，这一点与上海和江苏服务贸易的发展状况极为相似。说明在长三角地区的上海和江苏服务贸易迅速发展的同时，浙江服务贸易也在快速发展，而且增速比全国平均增速更高，占全国的比重也不断提高。虽然在本轮全球金融危机冲击较为严重的 2009 年，浙江服务贸易发展"受挫"出现下滑，尤其是服务出口贸易，但危机后的近几年，浙江服务贸易在全国的占比仍然以较快速度上升，从而体现出浙江服务贸易发展的良好趋势。

2. 服务业利用外资呈现的新趋势

服务业利用外资比重不断提高，是浙江近年来利用外资出现的新趋势。如表 5 - 12 所示，2004 年浙江服务业实际利用外资总额为 8.97 亿美元，占当期浙江省实际利用外资总额 97.46 亿美元的比重约为 9.20％；2017 年浙江服务业实际利用外资总额已上升至 116.8 亿美元，较 2004 年增长了 12.02 倍，年均增长率为 27.05％，占当期浙江省实际利用外资总额 179.08 亿美元的比重上升为 65.22％。

表5-12   2004~2017年浙江服务业利用外资情况

年份	浙江实际利用外资总额（亿美元）	增长率（%）	服务业实际利用外资总额（亿美元）	增长率（%）	占比（%）
2004	97.46	—	8.97	—	9.20
2005	139.38	43.01	21.36	138.01	15.32
2006	88.89	-36.22	19.61	-8.20	22.06
2007	103.66	16.61	29.84	52.20	28.79
2008	100.73	-2.82	30.55	2.37	30.33
2009	99.40	-1.32	34.03	11.40	34.24
2010	110.02	10.68	41.45	21.78	37.67
2011	110.02	0.00	54.00	30.28	49.08
2012	130.69	18.79	64.64	19.72	49.46
2013	141.59	8.34	78.77	21.86	55.63
2014	158.12	11.68	98.35	24.86	62.20
2015	169.60	7.26	96.77	-1.61	57.06
2016	175.77	3.64	102.93	6.37	58.56
2017	179.08	1.84	116.8	13.48	65.22

资料来源：根据历年《浙江统计年鉴》统计数据整理而得。

从表5-12可以看出，浙江服务业实际利用外资总额不断上升的同时，其在浙江实际利用外资总额中所占比重也不断提升。而从利用外资的增长率角度来看，与前述上海和江苏利用外资情况不同，2004~2017年浙江利用外资的增长率并不像上海和江苏那么高，且在部分年份还出现明显的负增长。但总体而言，在样本期间内，无论是从浙江省实际利用外资总额来看，还是从服务业实际利用外资总额来看，基本上还是呈增长趋势的。并且服务业实际利用外资总额的增长率基本上高于浙江实际利用外资总额的增长率，这与前述上海服务业利用外资的发展趋势是较为一致的。这一方面表明浙江省利用外资结构在不断优化；另一方面也说明浙江省服务业对外资开放程度不断增大，对外资的吸引力不断增强。尤为值得一提的是，2013年浙江服务业实际利用外资同比增长21.86%，并且占全省实际利用外资总额的比重首次超过了50%，达到55.63%；2017年浙江服务业实际利用外资总额同比增长13.48%，占全省实际利用外资总额的比重超过了60%，达到65.25%的"优良成就"。

此外，从浙江服务业利用外资占全国的比重来看，与上海和江苏利用外资的情况也不尽相同。相对而言，浙江实际利用外资总额和浙江服务业实际利用外资总额规模较小，在全国所占比重相对较低；浙江实际利用外资总额和浙江服务业实际利用外资总额的增长不明显，浙江服务业利用外资占全国的比重或者说地位变化也不是很显著。当然，如表 5 – 12 所示，2010 ~ 2014 年浙江服务业利用外资的增长率较高，其在全国的占比也略有提升。如表 5 – 13 所示，2004 年浙江服务业利用外资流量额为 8.97 亿美元，占同期全国服务业利用外资流量额 166.48 亿美元的比重仅为 5.39%；2017 年浙江服务业利用外资流量额为 116.8 亿美元，占同期全国服务业利用外资流量额 950.94 亿美元的比重上升至 12.28%。

表 5 – 13 　　　　　2004 ~ 2017 年浙江服务业利用外资占全国比重

年份	全国服务业利用外资流量额（亿美元）	增长率（%）	浙江服务业利用外资流量额（亿美元）	增长率（%）	浙江占比（%）
2004	166.48	3.56	8.97	—	5.39
2005	167.94	0.88	21.36	138.01	12.72
2006	218.76	30.26	19.61	– 8.20	8.96
2007	324.89	48.51	29.84	52.20	9.18
2008	407.36	25.39	30.55	2.37	7.50
2009	413.31	1.46	34.03	11.40	8.23
2010	535.48	29.56	41.45	21.78	7.74
2011	612.88	14.45	54.00	30.28	8.81
2012	600.16	– 2.07	64.64	19.72	10.77
2013	614.51	2.39	78.77	21.86	12.82
2014	662.36	7.79	98.35	24.42	14.85
2015	811.38	22.50	96.77	– 1.61	11.93
2016	838.91	3.39	102.93	6.37	12.27
2017	950.94	13.22	116.8	13.48	12.28

资料来源：根据历年《浙江统计年鉴》和《中国统计年鉴》统计数据整理而得。

从表 5 – 13 可以看出，浙江服务业利用外资流量额占全国服务业利用外资流量额的比重，在样本期间的前半部分并没有显著的变化趋势，但在后半部分尤其是 2012 ~ 2017 年大体呈现明显上升的发展态势。这与上海和江苏服务业利用外资的变化趋势既有一致的地方，也有不一致的地方。与上海和江苏相比，浙江服务业利用外资发展要稍微滞后。从增长率的角度来看，大体而言，近年来浙江服务业利用外资流量额的平均增长率要略高于全国服务业利用外资流量额的平均增长率，尤其是 2016~2017 年，因而浙江服务业利用外资流量额占全国的比重在前期的小幅上升之后，在 2016~2017 年呈现明显的提高之势。总之，就服务业利用外资方面而言，无论是从占全国的比重还是从增速角度来看，虽然浙江与上海和江苏相比略显滞后，但确实呈现较好的发展趋势，从而表明浙江服务贸易发展态势良好。

3. 服务外包蓬勃发展

据《2017 年浙江省国民经济和社会发展统计公报数据》显示，2017 年浙江省服务外包出口取得显著成绩，全年服务外包离岸执行额达 98.91 亿美元，折算成人民币为 668.09 亿元（按中国人民银行公布的 2017 年人民币汇率计算，下同），同比增长 19.96%，连续 7 年保持高速增长，全省有 9 个市实现年度增长 10% 以上。浙江服务外包发展呈现如下几个方面的特征。

一是服务外包三大门类结构略有变化，知识流程外包（KPO）占比上升。2017 年全省离岸服务外包业务的三大门类结构变化趋势明显。信息技术外包（ITO）合同接包执行额为 337.13 亿元，占总执行额的 50.47%，较上年的 58.97% 下降了 8.50 个百分点。虽然占比有所缩小，信息技术外包仍保持一半以上的份额。业务流程外包（BPO）合同接包执行额占总执行额的 11.11%，知识流程外包合同接包执行额占总执行额的 38.42%，分别上升 2.01% 和 6.65%，市场占比均有明显上升，反映出这两类新型服务外包门类具有发展潜力。特别是知识流程外包，包括工业设计外包、医药和生物技术研发外包、工程技术外包等，需要大量专业型、知识型复合人才提供支撑，已经出现了艾博生物医药（杭州）有限公司、浙江正泰太阳能科技有限公司等一批专业细分领域的"领头羊"。

从具体业务分类看，按照离岸服务外包合同执行额从高到低排序：软件研发及开发服务出口额为 203.62 亿元，占比 30.48%；工业设计外包出口额为 163.71 亿元，占比 24.50%；软件技术服务出口额为 56.36 亿元，占比 8.44%；供应链管理服务出口额为 42.63 亿元，占比 6.38%。以上四类是 2017 年全省离岸服务外包业务的主要接包类型，占全省离岸业务执行额的 69.80%。第五位到第八位外包业务类型依次是医药和生物技术研发外包、工程技术外包、信息系统运营和维护、集成电路和电子电路设计。

二是发包市场格局总体保持稳定，"一带一路"市场增长迅速。2017 年全省服务外包出口市场已覆盖全世界 196 个国家（地区），比 2016 年增加 13 个。主要发包市场格局相对稳定，美国、中国香港、日本是浙江服务外包业务的主要发包地，三者市场份额相加达到 45%。其中，承接美国执行额为 153.34 亿元，同比增长 6.55%，占全省离岸执行额的 22.95%，合同业务类型主要以杭州巨星科技股份有限公司的工业设计外包、浙江大华技术股份有限公司的软件研发及开发服务、新华三技术有限公司的 IT 解决方案等为代表。承接日本执行额有了恢复性增长，同比上年增长 31.18%，合同业务类型主要以东芝信息机器（杭州）有限公司的软件研发及开发服务、杭州科明电子有限公司的工业设计外包、泰尔茂医疗产品（杭州）有限公司的医药和生物技术研发外包等为代表。

2017 年浙江省服务外包出口面向"一带一路"沿线市场增长迅猛，增速达 87.43%。有 63 个"一带一路"沿线国家（地区）与浙江企业发生服务外包业务往来，累计离岸合同执行额为 154.33 亿元，占比增长 8.32%。其中，执行额排名第一、第二的分别为印度和新加坡，同比增速分别为 97.13% 和 103.01%。"一带一路"沿线国家（地区）的服务外包业务目前占比还不高，尚有很大提升空间。

三是杭州、宁波继续领跑，地区差距逐渐缩小。杭州、宁波作为中国服务外包示范城市，在 2017 年继续带头领跑外包产业，是浙江服务外包发展的主力军。杭州在离岸外包执行额基数较大的情况下继续保持较快增长，稳居全省龙头地位。宁波紧随其后，同比增幅达 43.62%，外包产业发展势头喜人。浙江省内地区间差距逐渐缩小，外包执行额在 10 亿元以上的市达到 8 个。外包传统大市杭州在全省的占比逐年降低，排名第二位的宁波占比为 20.65%，比 2016 年提高 3.4 个百分点，鉴于宁波的经济实力，借助其获评示范城市后的政策东风，预计今后宁波服务外包占全省的比重将进一步提高。金华、嘉兴、舟山、温州、湖州、绍兴 6 市的离岸执行额均超过 10 亿元，以上 6 市占比之和为 13.37%，构成浙江服务外包的第二梯队，发展潜力较大。台州、衢州、丽水外包业务总量较小。

四是外包主体不断扩大，领军企业带动明显。从企业主体看，浙江从事服务外包企业数量持续增加，截至 2017 年底，在商务部服务外包信息管理应用系统注册登记的浙江企业共有 4 709 家，比去年同期增加 289 家，增幅为 6.54%。2017 年浙江共有 1 063 家企业与国外企业发生服务外包业务往来，同比增长 5.04%。离岸执行额在 9 000 万元以上的服务外包企业 141 家，比 2016 年同期增加 28 家，离岸合同执行额达 495.02 亿元，占浙江离岸合同执行额的 74.09%。重点龙头企业以浙江大华技术股份有限公司、杭州海康威视数字技术股份有限公司、新华三技术有限公司、宁波世贸通国际贸易有限公司等为代表，合同业务接包类型以软件研发及开发服务、软件技术服务、IT 解决方案、供应链管理服务为主。

（五）安徽服务贸易发展现状

1992 年，长三角地区主要范围包括上海、江苏、浙江。经过近 20 年的发展演变，合肥市以及马鞍山市在 2010 年被纳入长三角地区，截至目前，安徽大部分城市也已经属于长三角范围。这里仍旧从服务贸易进出口总额、服务业利用外资和服务外包三个方面，对安徽服务贸易发展的基本情况进行简要分析。

1. 服务贸易起步较晚但增长较快

尽管安徽被纳入长三角地区的时间较晚，但作为中国省级行政区之一，与上海、江苏和浙江服务贸易发展一样，安徽服务贸易的发展同样与中国服务贸易对外开放的大背景是分不开的。如表 5 - 14 所示，在安徽省被纳入长三角地区之前的 2006 年，安徽服务贸易进出口总额仅为 6.2 亿美元，其中，服务贸易出口额仅为 1.79 亿美元，服务贸易进口额为 4.41 亿美元，服务贸易逆差 2.62 亿美元；到 2016 年，安徽省服务贸易进出口总额已经攀升至 72.4 亿美元，较 2006 年增长了 10.68 倍，其中，服务贸易出口额为 32.6 亿美元，较 2006 年增长了 17.21 倍；服务贸易进口额为 39.8 亿美元，较 2006 年增长了 8.02 倍。

表 5 - 14　　　　　　2006 ~ 2016 年安徽服务贸易额及其变动情况

年份	进出口总额（亿美元）	增长率（%）	出口额（亿美元）	增长率（%）	进口额（亿美元）	增长率（%）	进出口差额（亿美元）
2006	6.2	16.98	1.79	—	4.41	—	-2.62
2007	15.55	150.81	5.51	207.82	10.04	127.66	-4.53
2008	20.39	31.13	8.74	58.62	11.56	15.14	-2.82
2009	17.02	-16.53	8.46	-3.20	8.56	-25.95	-0.1
2010	24	30.63	11.62	37.35	12.42	45.09	-0.8
2011	31.35	30.63	14.62	25.82	16.73	34.70	-2.11
2012	39.31	25.39	19.09	30.57	20.22	20.86	-1.13
2013	48.44	23.23	23.83	24.83	25.51	26.16	-1.68
2014	52.1	7.56	19.9	-16.49	32.2	26.23	-12.3
2015	65.5	25.72	28.1	41.21	37.4	16.15	-9.3
2016	72.4	10.53	32.6	16.01	39.8	6.42	-7.2

注：囿于数据的可获得性，本表只列出了 2006 ~ 2016 年安徽服务贸易额及其变动情况。
资料来源：安徽省商务厅。

从表 5 - 14 可以看出，在样本期间内除个别年份（2009 年）外，安徽服务贸易进出口总额、出口额和进口额三项指标均处于上升态势，但有两点需要说明：其一，与上海和江苏服务贸易的发展不同，在本轮全球金融危机冲击较为严重的 2009 年，安徽服务贸易发展并未如江苏服务贸易一般表现出"逆势飞扬"的良好态势，而是与浙江服务贸易变化趋势一致，呈现较大的回落。其二，与上海、江苏和浙江服务贸易较稳定上升的总体趋势不同，安徽服务贸易在个别年份（2007 年）上升幅度较大。但总体来看，安徽服务贸易额呈现快速增长的趋势，这与近年来安徽日益重视服务贸易发展、不断提高服务领域对外开放水平和加快推出促进服务贸易发展的举措息息相关，同时也说明了在当前全球服务贸易快速发展的背景下，安徽服务贸易呈现良好的发展势头。2016 年安徽服务贸易进出口总额为 72.4 亿美元，同比增长 10.53%。另外，与上海和江苏服务贸易发展相同，但与浙江服务贸易发展显著不同的是，在表 5 - 14 所示的样本期间内，安徽服务贸易呈现连年逆差的现象。

此外，安徽服务贸易占全国比重近年来也有逐步提高之势，尤其是安徽服务贸易出口占全国服务贸易出口的比重提升较为显著。如表 5 - 15 所示，2006 年全国服务贸易进出口总额为 1 917 亿美元，其中，服务贸易出口总额为 914 亿美元，服务贸易进口总额为 1 003 亿美元，同期安徽服务贸易进出口总额、出口额和进口额占全国比重分别为 0.32%、0.20% 和 0.44%；到 2016 年，全国服务贸易进出口总额已攀升至 6 616 亿美元，其中，服务贸易出口总额上升至 2 095 亿美元，服务贸易进口总额上升到 4 521 亿美元，而同期安徽服务贸易进出口总额、出口额和进口额占全国比重则分别上升至 1.09%、1.56% 和 0.88%。由此可见，安徽服务贸易在全国服务贸易发展中的地位不断上升。

表 5 - 15　　　　　　　　　2006 ~ 2016 年安徽服务贸易占全国比重

年份	全国进出口总额（亿美元）	安徽占比（%）	全国出口总额（亿美元）	安徽占比（%）	全国进口总额（亿美元）	安徽占比（%）
2006	1917	0.32	914	0.20	1003	0.44
2007	2 509	0.62	1 217	0.45	1 293	0.78
2008	3 045	0.67	1 464	0.60	1 580	0.73
2009	2 867	0.59	1 286	0.66	1 581	0.54
2010	3 624	0.66	1 702	0.68	1 922	0.65
2011	4 191	0.75	1 821	0.80	2 370	0.71
2012	4 706	0.84	1 904	1.00	2 801	0.72

续表

年份	全国进出口总额（亿美元）	安徽占比（%）	全国出口总额（亿美元）	安徽占比（%）	全国进口总额（亿美元）	安徽占比（%）
2013	5 396.4	0.90	2 105.9	1.13	3 290.5	0.78
2014	6 043.4	0.86	2 222.1	0.90	3 821.3	0.84
2015	6 452	1.02	2 186	1.29	4 355	0.86
2016	6 616	1.09	2 095	1.56	4 521	0.88

注：囿于数据的可获得性，本表只列出了 2006～2016 年安徽服务贸易占全国比重。

资料来源：根据商务部和安徽省商务厅提供的数据计算整理而得。

从表 5-15 可以看出，自中国加入世界贸易组织以来，安徽服务贸易无论是进出口总额、出口额还是进口额，在全国服务贸易发展中所占比重都呈现稳步提升的态势，这一点与上海、江苏和浙江服务贸易的发展状况极为相似。说明在上海、江苏和浙江服务贸易迅速发展的同时，安徽的服务贸易也在快速发展，且增速比全国平均增速更高，占全国服务贸易的比重不断提升。虽然 2009 年安徽服务贸易尤其是服务出口贸易出现下滑，但危机后的 2011～2016 年，安徽服务贸易占全国服务贸易的比重迅速提升，体现了安徽服务贸易发展的良好趋势。

2. 服务业利用外资呈现的新趋势

近年来，安徽利用外资结构也呈现新变化，突出表现为流向服务业的外资总额不断增加。如表 5-16 所示，2000 年安徽服务业实际利用外资总额为 0.91 亿美元，占当期安徽实际利用外资总额 4.15 亿美元的比重为 21.93%；2015 年安徽服务业实际利用外资总额已上升至 53.4 亿美元，较 2000 年增长了 57.68 倍，年均增长率为 18.59%，占当期安徽实际利用外资总额 136.19 亿美元的比重上升为 39.21%。

从表 5-16 可以看出，安徽服务业实际利用外资总量不断上升的同时，在安徽利用外资总额中所占比重也不断提升。而从利用外资的增长率角度来看，安徽利用外资情况与上海和江苏不同，而与浙江相同。2004～2015 年安徽利用外资的增长率并不如上海和江苏高，而且在表 5-16 所示的样本期内部分年份还呈现明显的负增长。但总体而言，安徽在样本期间内无论是从利用外资总额来看，还是从利用外资的服务业领域流入情况来看，基本上还是呈现增长趋势的。并且，安徽服务业实际利用外资增长率的增速基本上是高于安徽利用外资总额增长率的增速的，这与上海、江苏和浙江服务业利用外资的发展趋势是较为一致的。一方面，安徽利用外资结构不断优化；另一方面，安徽服务业对外资的开放度不断扩大，对外资的吸引力不断增强。尤为值得一提的是，在表 5-16 所示的样本期间内，2011～2015 年，安

徽实际利用外资总额上升幅度逐渐减小，其中，2011 年利用外资总额增长率为
32.21%，2015 年利用外资总额增长率下降为 10.36%；与此形成鲜明对比的是，
安徽服务业利用外资占安徽利用外资总额的比重却基本呈现增长之势，从 2011 年
的 24.69% 上升至 2015 年的 39.21%。

表 5 - 16　　　　　　2000 ~ 2015 年安徽服务业利用外资情况

年份	安徽实际利用外资 总额（亿美元）	增长率 （%）	服务业实际利用外资 总额（亿美元）	增长率 （%）	占比 （%）
2000	4.15	—	0.91	—	21.93
2001	4.83	16.39	0.69	-24.18	14.29
2002	7.41	53.42	0.99	43.48	13.36
2003	3.91	-47.23	1.02	3.03	26.09
2004	5.47	39.90	2.37	13.24	43.33
2005	6.88	25.78	1.97	-16.88	28.63
2006	13.94	102.62	2.76	40.10	19.80
2007	29.99	115.14	8.05	191.67	26.84
2008	34.90	16.37	10.91	35.53	31.26
2009	38.84	11.29	9.28	-14.94	23.89
2010	50.14	29.09	12.69	39.66	25.31
2011	66.29	32.21	16.37	29.00	24.69
2012	86.38	30.31	24.45	49.4	28.31
2013	106.88	23.73	50.65	107.16	47.39
2014	123.40	15.46	56.8	12.14	46.03
2015	136.19	10.36	53.4	-5.99	39.21

资料来源：根据历年《安徽统计年鉴》统计数据整理而得。

此外，2000 ~ 2015 年安徽服务业利用外资占全国的比重也呈逐步提高的发展趋
势。如表 5 - 17 所示，2000 年安徽服务业利用外资流量额为 0.91 亿美元，占同期
全国服务业利用外资流量额 104.64 亿美元的比重为 0.87%；2015 年安徽服务业利
用外资流量额为 53.4 亿美元，占同期全国服务业利用外资流量额 811.38 亿美元的
比重上升至 6.58%。

从表 5 - 17 可以看出，安徽服务业利用外资流量额占全国服务业利用外资流量
额的比重，在样本期间内大体呈现上升的发展态势，这与上海、江苏和浙江服务业
利用外资的变化趋势是一致的，只不过与上海、江苏和浙江相比，安徽服务业利用
外资发展要稍微滞后。从增长率的角度来看，大体而言，2001 ~ 2015 年除个别年份

外，安徽服务业利用外资流量额的增长率要高于全国服务业利用外资流量的增长率。总体而言，无论是从占比还是从增长率来看，安徽服务业利用外资都呈现较好的发展趋势。

表 5 – 17 　　　　　 2000～2015 年安徽服务业利用外资占全国比重

年份	全国服务业利用外资流量额（亿美元）	增长率（%）	安徽服务业利用外资流量额（亿美元）	增长率（%）	安徽占比（%）
2000	104.64	—	0.91	—	0.87
2001	111.81	6.85	0.69	-24.18	0.62
2002	122.50	9.56	0.99	43.48	0.81
2003	133.25	8.78	1.02	3.03	0.77
2004	166.48	3.56	2.37	13.24	1.42
2005	167.94	0.88	1.97	-16.88	1.17
2006	218.76	30.26	2.76	40.10	1.26
2007	324.89	48.51	8.05	191.67	2.48
2008	407.36	25.39	10.91	35.53	2.68
2009	413.31	1.46	9.28	-14.94	2.25
2010	535.48	29.56	12.69	39.66	2.37
2011	612.88	14.45	16.37	29.00	2.67
2012	600.16	-2.07	24.45	49.4	4.07
2013	614.51	2.39	50.65	107.16	8.24
2014	662.36	7.79	56.8	12.14	1.83
2015	811.38	22.50	53.4	-5.99	6.58

资料来源：根据历年《安徽统计年鉴》和《中国统计年鉴》统计数据整理而得。

3. 服务外包蓬勃发展

自被纳入长三角地区以来，安徽经济发展迅速，第三产业发展迅猛，进而给服务外包的发展注入活力，服务外包规模不断扩大。根据历年《安徽省国民经济和社会发展统计公报》数据显示，2010 年从事服务外包的企业数量为 187 家，接包合同签约金额共 5.4 亿美元；2012 年，从事服务外包的企业数量增至 400 余家，从业人数增至 6 万多人；2014 年，从事服务外包企业的数量已经超过 500 余家，其中，有 40 家企业的外包额已经超过 1 000 万美元，服务外包总执行金额为 12.7 亿美元，同比增长 17 个百分点。安徽的服务外包产业以服务外包人才培训为产业发展切入点，信息技术外包和业务外包并重，兼顾知识流程外包。安徽已建成了以 1 个中国服务外包示范城市（合肥市）为龙头、3个国家级服务外包示范园区（合肥经济技术开发区、高新技术产业开发区和安徽服务外包产业园）为支撑、3个省级服务外包示范区（芜湖经济技术开发区、马鞍山花山经济技术开发区和铜陵经济开发区）为增长点的发展格局，并呈现以下两个方面特征。

一是服务外包业务主要集中在IT技术、动漫网游、软件研发、人力资源管理、数据处理、呼叫中心、金融后台服务等领域，初步形成了以信息技术外包（ITO）和业务流程外包（BPO）为主，兼顾知识流程外包（KPO）的服务外包产业带。安徽现在已经拥有多家优秀外包企业，如科大恒星、易商数码和科大讯飞为代表的以软件研发等信息技术外包为核心的企业；易得人力资源管理有限公司和安徽省对外服务有限公司为代表的以金融后台服务中心和呼叫中心等业务流程外包为核心的企业；华文国际和时代漫游为代表的以产品技术研发和工业设计等知识流程外包为核心的企业。作为安徽唯一一个外包示范城市的合肥，2014年底共有359家服务外包企业，11.3万从业人员；全市服务外包接包合同签约金额为17.62亿美元，同比增长16.5个百分点，其中，ITO、BPO和KPO的执行金额分别占总执行金额的33.7%、37.1%和29.2%，服务外包业务结构呈均衡协调发展的良好态势。另外，合肥向价值链高端领域延伸的KPO的执行金额占总执行金额比重从2010年的0.2%提高到2014年的29.2%，增长了29个百分点，成为了推动服务外包产业发展的新的增长引擎。

二是从各市承接服务外包的情况来看，安徽服务外包业务主要集中在拥有省级服务外包示范园区的合肥、芜湖、马鞍山和铜陵四个城市。这些地区地理位置优越、交通发达、产业分布集中、经济基础良好，为其服务外包的发展奠定了坚实的基础。合肥作为安徽唯一一个服务外包示范城市，在安徽服务外包的发展上占据主导地位。芜湖市2013年拥有服务外包企业199家，吸纳就业人数1.5万多人，服务外包执行金额为3.5亿美元。截至2014年底，马鞍山市软件园入驻企业达150家，获批"国家科技企业孵化器"，通过省级认定的软件企业有22家，位居全省前列，连续多年获封"中国服务外包十强"和"全球服务外包100强"的华拓数码已经落户马鞍山市。铜陵经济开发区服务外包基地涉及多个领域的服务外包产业，如软件外包、金融服务后台外包、物流业务外包和手机游戏等，百舟软件网络科技公司等代表性服务外包企业已经入驻该园区。

二、长三角地区服务业国际竞争力分析

综上分析可见，长三角地区服务贸易发展虽然起步较晚，但发展速度较快。上

述各种基本发展成就显然是在服务业"全球化"和"碎片化"的大背景、大趋势下实现的。因此，要进一步认识长三角地区服务贸易发展问题，还需要从全球角度进行简要分析。开放条件下，长三角地区服务业出口在国际分工中究竟处于怎样的地位？在服务贸易日益成为全球贸易发展的重要一极，以及日益成为衡量各国（地区）参与国际竞争能力的重要指标的背景下，对这一问题的认知显然具有极为重要的意义。因此，有必要对长三角地区服务出口的国际竞争力进行定量考察，以初步明晰其在国际分工中的现实地位。

（一）基于国际市场占有率的观察

国际市场占有率（international market share，EMS）是测度一个国家（地区）某一产业国际竞争力的常用指标，通常也称为出口市场占有率（export market share），主要是指一国（地区）的出口总额占世界出口总额的比重，可反映一国（地区）某产业或产品的国际竞争力或竞争地位的变化，比重提高则说明该国（地区）该产业或产品的出口竞争力增强。国际市场占有率之所以能够成为测度一个国家（地区）某个产业国际竞争能力的指标之一，原因在于，通常而言，一个产业国际竞争力的大小最终将表现在该产业的产品在国际市场上的占有率上，这是因为在自由、良好的市场条件下，本国市场和国际市场一样都是对各国开放的。一种产品在国际市场上的占有率，反映该产品所处产业国际竞争力的大小。国际市场占有率的计算公式为：国际市场占有率 = 一国（地区）出口总额/世界出口总额。显然，国际市场占有率的测度值越高，就表示该产品（或服务）所处的产业所具有的国际竞争力越强；反之则越弱。表 5-18 计算了 2006~2016 年长三角地区服务贸易发展的国际市场占有率。

从表 5-18 可以看出，在样本期间内，长三角地区服务出口的国际市场占有率呈现不断上升的趋势。2006 年长三角地区服务出口额仅为 274.07 亿美元，占同期全球服务出口总额 29 087.1 亿美元的比重仅为 0.942%；到 2016 年，长三角地区服务出口额上升至 1 015.06 亿美元，占同期全球服务出口总额 49 629.70 亿美元的比重随之上升为 2.045%。2006~2016 年长三角地区国际市场占有率指数增长了 2.70 倍，年均增长率为 13.99%。因此，从出口规模变化的角度看，长三角地区服务贸易的国际竞争力呈现不断上升的发展趋势。然而，服务出口规模的扩张尤其是国际市场占有率的提高，虽然能够在一定程度上说明服务出口竞争力的提升，但这种只考虑"单向"贸易流量的测度方法显然存在很大的不足，尤其是在没有考虑服务进口变化的情况下，无法真实反映服务贸易国际竞争力的变化情况。因此，除了采用国际市场占有率指数这一测度方法外，还有必要采用其他测度方法对长三角地区服务贸易国际竞争力情况进行进一步分析，以更为准确和客观地反映长三角地区服务贸易真实的国际分工地位。

表5-18　　2006~2016年长三角地区服务贸易发展的国际市场占有率

年份	全球服务出口总额 （亿美元）	长三角地区服务出口额 （亿美元）	长三角地区国际市场占有率 （%）
2006	29 087.1	274.07	0.942
2007	34 902.4	312.96	0.897
2008	39 162.3	443.57	1.133
2009	35 555.8	434.18	1.221
2010	38 962.6	647.71	1.662
2011	43 728.9	798.42	1.826
2012	44 738.1	931.33	2.082
2013	47 201.8	1 157.98	2.453
2014	49 665.5	1 373.97	2.766
2015	49 370.20	1 001.06	2.028
2016	49 629.70	1 015.06	2.045

资料来源：根据联合国贸易会议统计数据（UNCTAD STATISTICS），以及历年《江苏服务贸易发展研究报告》《浙江省国际服务贸易发展报告》《上海服务贸易发展报告》《安徽服务贸易发展研究报告》的统计数据整理计算而得。

（二）基于贸易竞争力指数的观察

除了国际市场占有率指数外，贸易竞争力（trade competitiveness，TC）指数也是分析服务贸易国际竞争力时比较常用的测度指标之一，主要是指一国进出口贸易的差额占进出口贸易总额的比重，具体的测度公式为：TC指数=（出口额-进口额)/（出口额+进口额）。由于TC指数采用的是一个与贸易总额的相对值，因而具有剔除经济膨胀、通货膨胀等宏观因素波动影响的优良特性，换言之，无论进出口的绝对量是多少，根据上述测度公式计算出来的TC指数值均在-1到1之间，其值越小表明贸易竞争力越低，其值越大表明贸易竞争力越强。TC指数值越接近于0，表示贸易竞争力越接近于平均水平；TC指数值为-1，表示一国（地区）的该产业只进口不出口，从而意味着该产业的竞争力十分薄弱；TC指数值为1，则表示该产业只出口不进口，从而意味着该产业的竞争力十分强大。表5-19计算了2006~

2016 年长三角地区服务贸易发展的 TC 指数。

表 5 - 19　　　 2006～2016 年长三角地区服务贸易发展的 TC 指数

年份	进出口总额 （亿美元）	出口总额 （亿美元）	进口总额 （亿美元）	顺差额 （亿美元）	TC 指数
2006	568.52	274.07	294.45	-20.38	-0.0358
2007	776.69	312.96	463.73	-150.77	-0.1941
2008	1 082.08	443.57	638.48	-194.86	-0.18091
2009	1 062.89	434.18	628.74	-194.56	-0.1830
2010	1 520.49	647.71	872.81	-225.1	-0.1480
2011	1 894.17	798.42	1 095.75	-297.33	-0.1570
2012	2 341.69	931.33	1 410.27	-478.94	-0.2045
2013	2 809.58	1 157.98	1 652.4	-494.42	-0.1760
2014	3 271.91	1 373.97	1 897.93	-523.96	-0.1601
2015	3 015.9	1 001.06	2 014.5	-1 013.44	-0.3360
2016	3 209.26	1 015.67	2 193.58	-1 177.91	-0.3670

资料来源：根据历年《江苏服务贸易发展研究报告》《浙江省国际服务贸易发展报告》《上海服务贸易发展报告》《安徽服务贸易发展报告》的统计数据整理而得。

从表 5 - 19 可以看出，长三角地区服务贸易发展的 TC 指数在样本期间内一直小于 0，表明长三角地区服务贸易虽然呈现规模不断扩张之势，但规模的扩张并未逻辑地带动服务贸易国际竞争力的相应提升。从变化趋势来看，在样本期间内，长三角地区服务贸易国际竞争力的变化也没有呈现较为显著的变化趋势，其中，部分年份的 TC 指数有不断变小的发展趋势，而部分年份的 TC 指数则有不断增大的变化趋势，总体上处于一种波动的状态。这种波动状态也在一定程度上表明长三角地区服务贸易国际竞争力并没呈现显著变化，或者说还不具备显著改善的基本条件。但是，从 2012 年、2013 年和 2014 年的变化趋势来看，TC 指数虽然小于 0，但正在不断变大并趋于零，这在一定程度上或许意味着长三角地区服务贸易的国际竞争力有所变化，国际分工地位呈不断改善和提高的发展趋势。然而，从 2015～2016 年的变化趋势看，则又表现出进一步弱化的迹象。

（三）基于显示性比较优势指数的观察

美国经济学家巴拉萨（Balassa）于 1965 年提出了显示性比较优势指数（revealed

comparative advantage index，RCA），用于定量描述一个国家（地区）内各个产业（产品组）相对出口的表现。所谓显示性比较优势指数，是指一个国家（地区）某种商品出口额占其出口总额的份额与该商品出口额占世界出口总额的份额的比率，

用公式表示为：$RCA_{i,t} = \dfrac{X_I}{Y_I} \Big/ \dfrac{\sum\limits_{i=1}^{n} X_i}{\sum\limits_{i=1}^{n} Y_i}$ 。其中，X_i 表示一国（地区）某产业的出口额，

Y_i 表示世界某产业的出口总额；$\sum\limits_{i=1}^{n} X_i$ 表示一国（地区）所有产业的出口总额，

$\sum\limits_{i=1}^{n} Y_i$ 表示世界所有产业的出口总额。显然，RCA 指数是衡量一国（地区）产品或产业国际市场竞争力最具说服力的指标，可以反映一个国家服务贸易在世界服务贸易中的竞争地位。显然，RCA 值接近 1 表示中性的相对比较利益，无所谓相对优势或劣势，即该国（地区）该产业出口的显示性比较优势处于中等水平；$RCA > 1$，表示该国（地区）该产业出口的显示性比较优势处于上游水平，或者说该国（地区）在该产业上相较于世界平均水平更具有出口竞争优势，也就是说，相较于世界其他国家（地区），该产业在国际市场上具有比较优势，具有一定的国际竞争力；$RCA < 1$，则表示该国（地区）该产业出口的显示性比较优势低于世界平均水平，也就是说，相较于世界其他国家（地区），该国（地区）该产业在国际市场上不具有比较优势。$RCA > 2.5$，则表明该国（地区）该产业服务具有极强的竞争力；$1.25 \leqslant RCA \leqslant 2.5$，则表明该国（地区）该产业具有较强的国际竞争力；$0.8 \leqslant RCA \leqslant 1.25$，则表明该国（地区）该产业具有中度的国际竞争力；$RCA < 0.8$，则表明该国（地区）该产业竞争力弱。根据测算，2006～2016 年长三角地区服务贸易发展的显示性比较优势指数如表 5-20 所示。

从表 5-20 测算的结果来看，基本上可以得出如下两个重要结论。第一，在样本期间内，长三角地区服务出口的 RCA 指数一直小于 1，表明长三角地区服务出口的显示性比较优势水平低于世界平均水平，换言之，相较于世界其他国家（地区），长三角地区的服务出口在国际市场上不具有比较优势。实际上，样本期间内长三角地区服务出口的 RCA 指数不仅小于 1，而且小于 0.6，说明长三角地区服务贸易的国际竞争力还处于较弱的层次。第二，从时间演变的趋势看，虽然长三角地区服务出口的 RCA 指数一直小于 1，但是有稳步增大的发展趋势，2006 年其 RCA 指数仅为 0.2523，但 2014 年已上升至 0.5072，正在接近中度国际竞争力的 0.8 临界值，表明长三角地区服务出口的发展趋势良好，即长三角地区服务贸易正在朝着具有中度国际竞争力的方向发展；2015 年长三角地区的 RCA 指数虽有下降，但 2016 又呈

现反弹趋势。总而言之，长三角地区服务出口的 *RCA* 指数较低，但总体呈现较为乐观的发展趋势，或者说，长三角地区服务贸易发展正从较弱竞争力向中度国际竞争力方向演进。

表 5 – 20　　2006 ~ 2016 年长三角地区服务贸易发展的 *RCA* 指数

年份	长三角地区货物出口总额（亿美元）	长三角地区服务出口总额（亿美元）	长三角地区服务出口占比（%）	世界货物出口总额（亿美元）	世界服务出口总额（亿美元）	世界服务出口占比（%）	长三角地区服务出口 *RCA*
2006	5 347. 14	274. 07	4. 88	121 277. 71	29 087. 36	19. 34	0. 2523
2007	6 693. 07	312. 96	4. 47	140 207. 75	34 902. 41	19. 93	0. 2243
2008	7 973. 06	443. 57	5. 27	161 488. 64	39 162. 36	19. 52	0. 2700
2009	6 662. 68	434. 18	6. 12	125 557. 78	35 555. 81	22. 07	0. 2773
2010	8 867. 68	647. 71	6. 81	153 021. 38	38 962. 63	20. 29	0. 3356
2011	10 459. 86	798. 42	7. 09	183 389. 67	43 728. 92	19. 25	0. 3683
2012	10 709. 65	931. 33	8. 00	184 967. 27	44 738. 13	19. 48	0. 4107
2013	11 049. 88	1 157. 98	9. 49	189 548. 44	47 201. 85	19. 94	0. 4759
2014	11 699. 03	1 373. 97	10. 51	190 037. 32	49 665. 52	20. 72	0. 5072
2015	11 480. 38	1 001. 06	8. 02	165 246. 82	49 370. 2	23. 00	0. 3487
2016	10 936. 71	1 015. 67	8. 50	160 323. 38	49 629. 7	23. 64	0. 3596

资料来源：根据联合国贸易会议统计数据（UNCTAD STATISTICS），以及历年《江苏服务贸易发展研究报告》《浙江省国际服务贸易发展报告》《上海服务贸易发展报告》《安徽服务贸易发展研究报告》的统计数据整理计算而得。

（四）基于出口技术复杂度的观察

如果说，前面还主要是从"量"的角度来考察长三角地区服务出口的国际竞争力，或者说国际分工地位情况的话，那么我们还可以从"质"的角度来进一步分析长三角地区服务出口的国际分工地位。如何测度服务出口技术复杂度？针对服务出口技术复杂度的测度问题，基于数据的可得性及其可操作性考虑，目前国内外学术界主要还是借鉴豪斯曼等（Hausmann et al.，2005）提出的有关制成品出口技术复杂度测度方法（戴翔，2011；张雨，2012；程大中，2013）。具体而言，服务出口技术复杂度的测度可分两步进行。第一步首先测度服务出口中某一分项的技术复杂度指数（TSI），具体的测算公式如下：

$$TSI_K = \sum_j \left[\frac{x_{jk}/X_j}{\sum_j (X_{jk}/X_j)} Y_j \right] \tag{5.1}$$

其中，下标 k 表示分项服务，下标 j 表示国家。则 TSI_k 即为某一分项服务 k 的技术复杂度指数；x_{jk} 表示国家 j 在分项服务 k 上的出口额；X_j 表示国家 j 服务出口总额；Y_j 表示国家 j 经济发展发展水平（以人均收入水平表示）。显然，式（5.1）测度的某一分项服务 k 的技术复杂度指数，实质上是以各国在服务分项 k 上的显性比较优势指数为权重，进而计算的各服务出口国的人均收入水平的加权平均。使用式（5.1）来测度服务分项 k 的技术复杂度指数，其内在逻辑就是比较优势的分工原理。国际经济理论中的经典比较优势认为，开放经济条件下，一国生产和提供何种产品或服务取决于该产品或服务生产和提供的比较成本，通常而言，低工资的国家在低技术复杂度的产品和服务方面具有比较成本优势，高工资的国家则在高技术复杂度的产品和服务上具有比较成本优势，因此，按照比较优势的分工法则，低工资的国家将专业化生产和提供低技术复杂度的商品和服务，高工资国家则将专业化生产高技术复杂度的商品和服务。工作水平一般与一国经济发展程度或者说人均 GDP 水平密切相关，因此不难理解，对于技术复杂度越高的分项服务，工资水平越高的国家的显性比较优势指数越高，以此为权重计算出来的分项服务的技术复杂度指数也就相对较高；与此相对应，对于技术复杂度越低的分项服务，工资水平越低的国家的显性比较优势指数越高，那么以此为权重计算出来的分项服务的技术复杂度指数也就相对较低，这就是式（5.1）依据比较优势原理内在逻辑的合理之处。

依据式（5.1）计算出分项服务 k 的技术复杂度指数后，接下来再通过式（5.2）计算一国总体层面或产业层面上的服务出口技术复杂度（export sophistication）指数：

$$ES_j = \sum_k \frac{x_{jk}}{X_j} TSI_k \tag{5.2}$$

其中，ES_j 表示国家 j 的服务出口技术复杂度指数；x_{jk} 表示国家 j 分项服务 k 的出口贸易额；X_j 表示国家 j 的服务出口总额；TSI_k 表示分项服务 k 的技术复杂度指数。依据式（5.2），在数据可得的情况下，可以测算任何国家在任何年度的总体或产业层面上的服务出口技术复杂度指数。在此需要特别指出的是，在以往有关制成品出口技术复杂度的测算中，通常采用静态法来度量某一商品的技术复杂度指数。而所谓的静态方法，是指在计算最终出口技术复杂度指数 ES 值时，采用的是一个不变的 TSI 值，即使用某一固定年份的 TSI 值或者采用样本区间内的 TSI 平均值（采用这一常数值的做法即为静态法），而使用这一方法的学者给出的理由是，由于 TSI 值反映的是某一分类产品的技术复杂度，因此在不同的年份同一产品的 TSI 值应该是不变的，即同一产品的技术内涵应该是一致的。显然，静态法测算的出口技术复杂度指数 ES 的值主要取决于各种具有不同 TSI 值的分类产品出口额在一国总出口额中的比重，换言之，一国出口技术复杂度的变化主要取决于出口产品类别的转变。静态法虽有一定的合理之处，但也存在两个方面的重要问题：一是即便是同一产品，只要发生了技术进步，那么在不同年份具有不同的技术内涵是完全正常的，此时采用静态法显然不合时宜；二是在全球价值链的不断分解和拓展之下，基于商品类别统计数据的细化程度远远达不到实际分工的细化程度，或者说，某一分类商品的统计数据实际上包含着这一类别下的很多"亚类别"产品。从这一意义上来说，由于"亚类别"产品间具有不同的技术内涵，其结构变化同样会对相对宏观层面的某一产品技术复杂度产生影响。尤其是，当前服务贸易统计数据统计层面上的宏观分类显然还远远滞后于服务价值链的细化程度，相对宏观的统计数据显然难以真实反映一国（地区）在某一服务部门下的"亚结构"演进。如前所述，在服务"碎片化"的趋势下，传统部门也有高端环节、新型部门也有低端环节，而不同服务部门下的"亚结构"演进及其转变，显然会改变统计意义上的技术复杂度指数。基于上述两个方面的考虑，我们采用动态法而非静态法来测度服务出口技术复杂度指数。所谓动态法，是指在计算服务出口技术复杂度指数时采用的 ESI 值，是根据各年度测算出来的实际值进行计算，而不是采用某一固定年份的值或样本区间的均值作为替代。显然，动态测度法下 TSI 值的变化既涵盖了可能来自技术进步的影响，也涵盖了某一类别服务贸易项下的"亚结构"演进所带来的影响。与静态测度法相比，采用动态测度法时，一国服务出口技术复杂度指数的变化可能源自两个方面的原因：一是在相对宏观层面上服务出口结构在不同类别的分项服务间的转变；二是每一分项服务自身技术复杂度指数 TSI 值的变化（体现的是技术进步以及"宏观"分类层面下所内涵的"亚结构"转变）。

需要特别说明的是，测算服务出口技术复杂度需要利用到各服务分项细分层面的统计数据，而大部分年份长三角地区层面的细分统计数据并不可得，只有全国层面的细分统计数据。考虑到长三角地区服务贸易在全国的比重及地位，我们以测算出的全国结果作为长三角地区服务出口技术复杂度的替代变量。利用相关统计数据，我们测算了 2000~2017 年长三角地区及部分发达国家的服务出口技术复杂度指数（见表 5-21）。

表 5 - 21　　　　2000～2017 年长三角地区及部分发达国家
服务出口技术复杂度指数

年份	长三角地区	美国	英国	日本	德国	荷兰	西班牙
2000	25 717	28 102	26 050	25 841	25 719	25 857	25 960
2001	25 344	27 794	25 836	25 657	25 744	25 607	25 908
2002	23 702	25 905	24 364	23 946	24 126	24 592	24 209
2003	24 176	26 590	24 811	24 398	24 628	24 910	24 845
2004	25 275	27 862	25 953	25 684	25 785	26 133	26 107
2005	29 037	32 104	29 606	29 638	29 816	29 814	30 331
2006	33 018	36 972	34 060	34 266	33 911	34 379	34 252
2007	36 458	40 857	37 755	38 162	37 476	38 367	37 756
2008	36 938	41 468	38 336	38 587	37 993	38 734	38 653
2009	40 757	45 923	42 310	42 472	41 954	42 588	47 484
2010	45 279	51 082	47 228	47 551	48 099	47 820	47 650
2011	49 380	59 389	54 841	54 726	52 525	52 338	51 889
2012	53 481	64 624	59 640	59 371	58 145	57 094	62 532
2013	57 585	70 047	64 542	64 416	62 770	61 255	67 413
2014	61 629	75 410	69 344	69 161	67 295	65 316	72 194
2015	65 673	80 773	74 146	73 906	71 820	69 377	76 975
2016	69 717	86 136	78 948	78 651	76 345	73 438	81 756
2017	73 761	91 499	83 750	83 396	80 870	77 499	86 537

资料来源：作者根据相关数据计算。

从表 5 - 21 可以看出，长三角地区服务出口技术复杂度呈现不断上升的趋势。这在某种程度上可以说明，在服务业"全球化"和"碎片化"深入演进的大趋势下，长三角地区服务贸易发展不仅实现了规模扩张，同时也实现了服务出口技术复杂度上的绝对上升。然而，将长三角地区与表 5 - 21 中所列发达国家的服务出口技术复杂度相比较，可以得出两点基本结论：一是从时间演进趋势来看，其他发达国家的服务出口技术复杂度与长三角地区一样，也呈现稳步上升的一致性变化趋势，当然，这种变化趋势可能不仅来自服务出口结构的优化，同时可能还内涵着技术进步以及"亚结构"变化所带来的影响。二是与发达国家相比，长三角地区服务出口技术复杂度在任一年份均要低于同期发达国家。这种差异性说明，从"质"的角度或者说技术内涵的角度来看，长三角地区服务贸易发展在全球分工中所处的地位还比较低，或者说，长三角地区在全球服务业中的分工还处于低端。①

当然，从全球产业结构演进的现实阶段及其他各国比较优势的现实格局来看，发达国家在服务经济领域中仍然占据高端，而多数发展中经济体则处于中低端，这是一个不争的事实。在长三角地区及发达国家服务出口技术复杂度均呈不断提升的一致性发展趋势下，长三角地区与发达国家的距离是缩小了还是拉大了？为此，我们采用服务出口相对复杂度指数来考察长三角地区服务出口技术复杂度相对于发达国家的真实变化情况。所谓相对复杂度指数，为长三角地区服务出口技术复杂度指数与同期发达国家服务出口技术复杂度指数之比。如果该比值随着时间的演进而不断变大，说明长三角地区服务出口技术复杂度正在不断"接近"发达国家；反之，则说明与发达国家的距离越来越大。所得测算结果见表5-22。

表5-22　　2000~2017年长三角地区服务出口相对复杂度指数

年份	长三角/美国	长三角/英国	长三角/日本	长三角/德国	长三角/荷兰	长三角/西班牙
2000	0.915131	0.987217	0.995201	0.999922	0.994586	0.990639
2001	0.911851	0.980957	0.987801	0.984462	0.989729	0.978231
2002	0.914959	0.972829	0.989810	0.982426	0.963809	0.979057
2003	0.909214	0.974407	0.990901	0.981647	0.970534	0.973073
2004	0.907150	0.973876	0.984076	0.980221	0.967168	0.968131
2005	0.904467	0.980781	0.979722	0.973873	0.973938	0.957337
2006	0.893054	0.969407	0.963579	0.973666	0.960412	0.963973
2007	0.892332	0.965647	0.955348	0.972836	0.950244	0.965621
2008	0.890759	0.963533	0.957265	0.972232	0.953632	0.955631
2009	0.887507	0.963295	0.959620	0.971469	0.957007	0.858331
2010	0.886398	0.958732	0.952220	0.941371	0.946863	0.950241
2011	0.831467	0.900421	0.902313	0.940124	0.943483	0.951647
2012	0.827572	0.896730	0.900793	0.919787	0.936718	0.855258
2013	0.822091	0.892210	0.893955	0.917397	0.940087	0.854212
2014	0.817398	0.888327	0.888110	0.915335	0.943026	0.853307
2015	0.813056	0.885725	0.888602	0.914411	0.946611	0.853173
2016	0.809383	0.883075	0.886410	0.913184	0.949331	0.852745
2017	0.806140	0.880728	0.884467	0.912093	0.951767	0.852364

资料来源：根据相关数据计算。

---

① 实际上，我们的测算结果表明，我国服务出口技术复杂度在所有样本国家中的排名在20名之外，这显然与我国作为全球第三大服务贸易国的地位是极其不对称的，这也在一定程度上说明，我国服务出口贸易的快速发展更多地依赖于"量"的扩张，而非"质"的提升。

从表5-22的计算结果来看，与从绝对角度所发现的长三角地区服务出口技术复杂度指数呈上升趋势截然不同，当采用服务出口相对复杂度指数时，长三角地区服务出口技术复杂度相对于表5-22中的发达国家呈现明显的下降趋势。这一结果结合表5-21中显示的发展趋势，或许说明了尽管服务"全球化"和"碎片化"对各国服务出口技术复杂度产生了重要影响，甚至从绝对的角度来看都是积极影响，但这种影响的程度在不同的国家表现不一，进而从相对角度来看出现了"分化"趋势。具体而言，服务"全球化"和"碎片化"对诸如长三角地区等发展中经济体的服务出口技术复杂度提升具有正向的积极作用，但其对发达经济体服务出口技术复杂度提升的"正向促进"效应则更为明显，如此，从相对角度来看，才出现了表5-22中所示的长三角地区服务出口技术复杂度呈现相对下滑趋势。结合长三角地区服务出口快速扩张的事实，上述结果或许意味着，在全球价值链的分工模式下，长三角地区服务出口规模的扩张可能更多的是一种"低端嵌入"式扩张，从而导致其在服务价值链中的国际分工地位呈相对弱化之势。当前长三角地区服务出口增长，如同前一轮开放中备受争议的制造业发展路径一般，面临着可能的"扩张陷阱"。

三、扩大开放提升长三角地区服务业发展水平的对策思路

大力促进服务贸易发展，或者说通过扩大服务业开放推动服务贸易发展，对于长三角地区国际分工地位的提升具有重要意义。未来一段时期内，长三角地区应着重在如下几个方面作出努力。

（一）加快构建开放型经济新体制

加快服务贸易发展，其实就是要扩大服务业的开放，从本质上看，更多的是境内开放，简而言之，就是管辖国内经济活动的法律法规必须要与国际接轨。因此，与以往主要以货物贸易开放为主的边境开放不同，以服务业为主要内容的开放型经济发展必须要求与之相适应的新体制、新规则。从这个意义上看，从边境开放扩展到境内开放，是扩大服务业对外开放的一个最主要特点，也是相比货物贸易开放的一种新要求。这就要求加快构建长三角地区开放型经济新体制，需要在进一步简政放权、探索负面清单管理模式，提高贸易便利化水平，改革外商直接投资的管理体制，扩大开放金融、教育、文化、医疗、旅游等服务业领域，有序开放养老、商贸

流通、电子商务等服务业领域狠下功夫。

（二）加快服务业对外开放的载体建设

加快服务贸易发展，扩大服务业对外开放，需要建设相应的载体。其一，加快建设港口物流园区，大力发展第三方物流。以建设国家级龙潭保税物流中心和申报禄口空港保税物流中心为重点，整合全市物流企业，建设龙潭物流、江北化工物流、禄口空港物流等水港与陆空口岸物流为支点的现代物流基地，大力引进国际知名第三方物流企业投资的大型物流项目，积极发展现代物流业。其二，加快建设中央商务区（CBD），发展资金、智力密集型服务业。在继续建设好长三角地区各种商贸中心的同时，应重点加快上海自贸区的建设。建议把上海自贸区进一步定位为长三角地区服务业对外开放的"开发区"、城市基础设施利用外资的主阵地、现代服务业管理体制的创新区，使之成为以金融保险、投资贸易、信息中介、会展、文体等专业服务等为主的资金、智力型国际服务贸易的集聚高地。其三，加快建设楼宇经济，发展都市型经济新模式。例如，南京要结合金城集团、晨光机器厂等一批地处市区的大型国有企业的"退二进三"、外迁发展，充分利用其具有历史风貌的老厂房，建设创意产业园、软件产业园、文化产业园、科研商务楼宇群等都市经济发展平台；利用长三角地区大专院校、科研院所多的优势，建设好大学科技园、软件城，吸引跨国公司和国内著名企业的总部、研发中心、销售中心等入驻发展；利用长三角地区人文历史丰富和明文化、民国文化独特的资源，建设江宁织造府、红楼文化纪念馆等重现历史的场所，打造一批特色旅游景点；在运作好现有的展览场所的同时，抓紧规划建设河西国际博览中心，进一步完善长三角地区会展业发展的硬件设施，大力开展与国内外会展业机构的合作，引进国际知名品牌展会，打造长三角地区的会展经济。

（三）创造推进服务业对外开放的良好环境

基于大力发展服务贸易的现实需求，服务业对外开放是一个跨行业、跨部门、跨地区的综合系统工程，涉及面广、政策性强，需要建立和完善覆盖全社会的服务业对外开放的管理体制。建议成立长三角地区服务业对外开放联席会议制度，推进部门间的沟通协调，调动一切积极因素，努力形成共同促进服务业开放的工作合力。加速服务业改革，积极培育发展行业组织，激发服务业发展活力，推进服务业的市场化、产业化和服务的社会化，夯实服务业扩大开放基础。加强政策研究制定和落实，在市场准入、税费、就业、融资、用地、价格、产权变更等方面采取更加积极的支持政策。加快"中国服务外包基地城市"的申报和建设进程，努力把长三角地区打造成国内领先、全球有影响的服务外包基地。提高政府服务效率，切实树立服务企业、服务基层、服务发展的理念，推进政务公开，简化项目审批程序，提高政策透明度和行政效能，营造良好的服务业开放政务环境。其六，继续推进社会诚信体系建设、人才"高地"、商务"盆地"、"大通关"工程等的建设，切实把长三角地区打造成称心、安全、有回报的兴业热土。

（四）加强涉外知识产权保护

切实做好吸收外资、对外投资、对外贸易和国际展会等对外领域的知识产权保护工作。鼓励长三角地区企业积极到境外注册产品商标、申请专利，积极开展知识产权国际合作。探索在长三角地区的各种产业园等园区建立特色行业知识产权、知识产权综合服务机构、快速维权中心，加快推进国家级和省级知识产权服务业集聚区建设试点工程，建立国际知识产权交易平台。建立企业知识产权方面的经营异常名录制度，推进知识产权诚信体系建设。

（五）加快服务业领域的国际化人才培育

依托长三角地区的一些知名大学，如南京大学、复旦大学、上海交通大学、浙江大学、东南大学、上海财经大学等，大力培养与开放型经济发展相适应的具有国际视野、熟悉国际规则、能够深度参与国际商务和竞争的服务业领域国际化人才；加快形成一支精干、务实、创新的开放型党政干部队伍；加快造就一支具备国际眼光、精通服务跨国经营的高素质企业家队伍；加快培养一支以金融财务、文化创意、知识产权、服务外包、商务咨询、海外兼并领域为重点的高端专业人才队伍；大规模培训能够适应国际需求的境外劳务人才。

（六）充分发挥财税政策在扩大服务业对外开放中的作用

在现代市场经济条件下，发展服务业必须发挥市场和政府"两只手"的作用。首先，要加快服务业市场化步伐，充分发挥市场在服务业资源配置中的基础性作用。加快服务业市场化步伐，既是加快发展服务业的主要任务，也是推进服务业发展的根本动力。其次，要发挥政府的作用。财税政策是政府调控经济的最主要手段之一，充分发挥财税政策对服务业的促进作用，其意义不言而喻。对此，我们应该采取的具体对策措施包括：其一，根据"宽税基、低税负、严征管"的基本思路，调整长三角地区服务业的相关税收政策。当前世界范围内的新一轮税制改革正在进行，许多国家提出了"降低税率、简化税制、拓宽税基、提高效率"的税制改革举措。在通盘考虑政府收入的条件下，积极探索适合长三角地区具体情况的"宽税基、低税负、严征管"的基本改革思路。就服务业的相关税收政策而言，可以考虑的改革举措包括：扩大增值税的课税范围，逐步覆盖绝大多数服务性行业，减轻因营业税就全部营业额计税所可能造成的弊端；在企业所得税与个人所得税的衔接配合上，尽可能地免除服务性行业存在的经济性重复征税问题；减轻纳税人负担，促进长三角地区服务业的长远发展。其二，顺应全球经济新规则尤其是服务贸易规则的新形势、新变化，运用财税政策促进高端服务业发展，实现长三角地区服务业的结构转换。现代服务业早已超越了传统的餐饮、修理、零售行业，囊括了商业、通信、运输、教育、环保、金融、健康保健服务、旅游、文化娱乐及体育活动等，可以说是当今世界范围内最为广阔的产业。长三角地区服务业基本属于传统服务业，包括商品流通、餐饮和交通运输等。在制定促进长三角地区服务业发展的财税政策的过程中，应在发挥传统劳动密集型服务产业比较优势的同时，通过财税政策的倾斜与引导，大力鼓励现代服务业（信息、科技、会议、咨询、法律服务等）和新兴服务业（房地产、物业管理、旅游、社区服务、教育培训、文化体系等）的可持续发展。利用政府财税政策的宏观导向作用，提升高端服务产业在整个服务业中的地位，优化服务业内部结构。最后，适当改革政府采购制度，随着公共财政体制逐步建立和预算制度的完善，财政部门的政府采购制度必须进一步扩大采购范围，把广大服务业领域纳入其中，通过引进竞争机制，面向全社会服务行业公开招标、投标，对刺激这些行业改善服务态度、优化服务方式、丰富服务内容、创新服务项目都有一定的推动作用。还要不断通过革新采购服务项目，利用政府采购的需求诱导，引导服务业的发展方向。

（七）创新监管模式，提高风险防范能力

服务业开放的监管与货物贸易的监管差异较大。作为有形商品，货物贸易通过设立海关基本可以达到监管目的，而服务贸易的监管则较为复杂，其中又包括对四种开放模式的监管。在服务业开放的法制保障方面，长三角地区需要注重法律的严密性，减少执行过程中的随意性和可能产生的套利行为，保证地方法规与部门规章制度的一致性，国内法律与国际规则接轨。例如，关于自贸区的法律规范问题，需

要在试验的基础上尽快出台适应国际贸易投资规则的法律体系，并做好自贸区内外政策的协调。当前服务业扩大开放不仅是对外开放的主要内容，同时也是长三角地区经济增长的新动力。但服务业开放的确涉及众多敏感领域，所以在推动扩大开放的同时，关键是加强服务业开放的法律法规建设，构建服务业开放的法律保障体系。同时，需要进一步完善非现场监管，加强信息平台的建设，提高对经济运行的监测水平，及时发现风险和异常，并保留宏观调控的应急手段，确保国民经济的平稳运行。

（八）提高创新能力，在对外开放中提升新型服务业竞争能力

一是要创新商业模式。具有创新能力的服务企业最终将发展成为具有国际竞争力的一流企业。近年来国际上多个产业领域的赢家，通常不是技术上最领先的企业，而是在创新服务模式上最成功的企业。那些具有创新模式的服务企业，不但已经成为产业和科技创新的领导者，而且其创新能力仍在快速提升。因此，全面了解并关注商业模式创新在服务业创新中的作用，对促进服务业创新发展非常重要。二是要重视技术创新服务。技术创新在长三角地区服务业创新中的作用日益增强。一批以信息化、网络化大数据服务为特征的国内服务企业迅速崛起，创新能力快速提升，成为推动国内服务业创新的重要力量。特别是计算机互联网数据平台、综合金融、电子商务、网上博览会等，凸显了长三角地区服务业创新能力的快速提高和整体创新能力的增强。因此，技术创新能够促进服务业创新发展，重视知识密集型商业服务业的发展对服务业创新具有重要意义。三是要把握全球价值链竞争模式。企业要关心全球价值链竞争的新动向，积极参与并适应核心价值链节点的竞争。政府则需要关注本国在全球价值链竞争中的地位，转型升级本身意味着结合本国的竞争优势，寻求参与价值回报最高的产业链部分的竞争。

（九）保持对内开放和对外开放的一致性

《中共中央关于全面深化改革若干重大问题的决定》指出，要把对内开放和对外开放有机结合起来，加快构建统一公平、竞争有序的大市场。在服务业对外开放方面，我国正在进行积极的探索，上海自贸区实行的负面清单的管理模式，在2013年版本的基础上，需要进一步大幅度简化负面清单，使之能够真正意义上发挥开放试验区的作用和优势。在对内开放方面，虽然我国早在2004年就出台了《国务院关于投资体制改革的决定》，之后又有《国务院鼓励支持非公有制经济发展的若干

意见》（"非公36条"）和《国务院关于鼓励和引导民间投资健康发展的若干意见》（"新非公36条"）等规定措施，但是民营企业的市场准入问题仍没有得到根本解决，影响了中国私营部门参与服务业开放的积极性。尤其是一些垄断性服务业，如金融保险和电信业等，由于体制机制等方面的原因，对于许多民营企业仍存在较高的政策性壁垒，主要表现为市场集中度高、市场准入严格及政府规制严重，对内开放的进程逊色于对外开放的进程。这种全国层面的"问题"在长三角地区通常也存在，在新一轮的扩大服务业开放中，必须重视解决好对内对外开放的一致性问题。因为对内对外开放是相互影响的，如果目前省（市）内行业垄断和各种显性、隐性壁垒不消除，建立在行业保护基础上的竞争力是不扎实的，对外开放加大后外资企业将会对长三角地区服务业造成更大冲击，反而不利于长三角地区服务业国际竞争力的最终提升。

（十）强化服务贸易政策与服务产业政策的协调

扩大长三角地区服务业对外开放，应当遵循党的十八大报告"全面提高开放型经济水平"部分中"强化贸易政策和产业政策协调"的明确要求，从充分利用好国际国内两个市场、两种资源，统筹国内服务业发展和对外开放出发，在开放中强化服务贸易政策与服务产业政策的协调，更好地以开放促改革、以竞争促发展。服务贸易政策是调节服务贸易发展的政策，主要解决开放还是保护，即自由贸易还是贸易保护、促进还是限制的问题。一国服务贸易政策是实行自由贸易还是实行部分自由贸易、部分贸易保护，是由其经济发展阶段、产业发展水平所决定的。服务产业政策是一国经济政策的重要组成部分，服务产业政策包括产业发展政策，如发展目标、实现目标的战略、规制、实施路径等；产业组织政策，如产业布局、集聚，大、中、小企业的协同发展，龙头企业与中小企业的关系等；产业技术政策，如技术创新、技术原理突破、技术重点、技术标准、延展的知识产权政策等；产业促进政策，如通过财税、金融、人才等促使所需支持的产业由先导产业逐渐成长为支柱产业，最终成为主导产业。只有在正确把握服务贸易政策与服务产业政策之间关系的基础上，才能更好地促进二者的协调。服务产业是服务贸易的基础，服务贸易是服务产业发展与提升的外源动力，二者互动发展、相互促进，才能提升产业发展水平和产业国际竞争力。

参考文献

[1] 程大中等：《中国服务出口复杂度的动态变化及国际比较——基于贸易增加值的视角》，

载于《国际贸易问题》2017 年第 5 期。

〔2〕戴翔：《中国服务出口贸易技术复杂度变迁及国际比较》，载于《中国软科学》2011 年第 2 期。

〔3〕张雨：《我国服务出口贸易技术含量升级的影响因素研究》，载于《国际贸易问题》2012 年第 11 期。

〔4〕Hausmann，R.，Huang，Y. and Rodrik，D.，"What You Export Matters"，NBER Working Paper，2005，No. 11905.

第六章 ◁◁

网络贸易发展与长三角地区
新兴贸易城市的培育

　　随着经济全球化的不断深入和科技创新的不断发展，互联网经济时代已经来临。互联网经济是基于互联网所产生的经济活动的总和，相对于其他经济形式而言，互联网经济经历的时间比较短暂，是信息网络化时代产生的一种崭新的经济现象。互联网的迅猛发展，改变了各国之间的经济贸易方式，为传统贸易方式实现跨越式发展提供了新的机遇和挑战，加快了网络贸易的发展。工业经济时代的贸易模式是"迂回"的，企业与消费者之间的贸易有着大量的中间环节，而互联网经济时代网络贸易的兴起大大减少了传统贸易活动的中间环节，缩短了贸易企业与消费者需求之间的距离，提高了贸易效率。随着长三角区域经济一体化发展上升为国家战略，该地区三省一市着力落实新发展理念，构建现代化经济体系，推进更高起点的深化改革和更高层次的对外开放，进一步完善中国改革开放空间布局，促进了长三角地区新兴贸易中心城市的形成。

一、互联网经济时代网络贸易的发展

（一）网络贸易的概念

　　网络贸易是电子商务的重要组成部分之一，是指通过计算机互联网直接进行的在线贸易，利用数字技术将消费者、贸易企业、政府机构、中介机构和商业机构等有机连接起来，使贸易双方从发布贸易信息、进行贸易洽谈、签订贸易合同到支付货款等都不需要当面进行，仅通过计算机网络直接在线上完成贸易。广义的网络贸易主要包括互联网贸易和无纸化贸易

（EDI）两种形式；狭义的网络贸易仅仅是指互联网贸易。网络贸易的出现，有力地冲击了传统贸易经济和贸易企业，使贸易经济的电子化、网络化趋势开始日趋明显。

网络贸易是一种区别于传统贸易的新型贸易模式。传统贸易主要是针对实物商品而进行的贸易活动，在贸易过程中交易成本高、效率低、无法突破时空限制；网络贸易则将实物商品虚拟化，并通过数字化技术使其成为虚拟化产品，从而进行整理、储存、加工和传输，在贸易的过程中交易成本低、效率高、能够突破时空限制。随着互联网经济的不断发展，网络贸易所覆盖的产品范围也越来越广泛，不再仅限于前期的金融产品、数字化产品的交易，而是渗透人类生活的方方面面。

网络贸易依据不同划分标准可以划分出不同种类的商务模式，最常见的是按应用服务的领域范围划分，可以分为贸易企业对消费者的网络贸易（B2C）、贸易企业对贸易企业的网络贸易（B2B）、消费者对消费者的网络贸易（C2C）、消费者对贸易企业的网络贸易（C2B）、贸易企业对政府机构的网络贸易（B2G）、消费者与政府机构之间的网络贸易（C2G 或 G2C）。

（二）网络贸易的发展历程

1991 年，美国向社会公众开放了因特网，同时允许大众在网上开发商务系统，从此互联网在全世界得到极其迅速的发展和广泛的应用，世界在逐步进入互联网经济时代。1996 年 12 月，美国总统克林顿签署了全球电子商务政策框架报告，标志着电子商务的出现。此后，网络贸易迅速发展起来，以全新的贸易模式给传统贸易注入新的活力。从网络贸易交易规模来看，1996 年全球网络贸易交易额为 23 亿美元，而在世界贸易组织最新公布的《2018 年世界贸易统计报告》中显示，截至 2016 年，全球电子商务总额为 27.7 万亿美元，比 2012 年（19.3 万亿美元）增加了 8.4 亿美元。随着互联网经济的深入发展，全世界网络贸易交易额只会逐步增加而不会减少。

1997 年 11 月，中国互联网络信息中心（CNNIC）发布了第一次《中国互联网络发展状况统计报告》，报告显示中国共有 29.9 万台能够联网的计算机，上网用户达 62 万人；2018 年 8 月，CNNIC 发布第四十二次《中国互联网络发展状况统计报告》，显示我国网民规模达 8.02 亿人，互联网普及率为 57.7%。我国网络贸易经历了萌芽阶段、初步发展阶段、快速发展阶段和稳定发展阶段四个阶段。

1. 萌芽阶段（1993～1999 年）

1993 年开始，党和国家领导人提出信息化建设的任务，启动了"金桥""金卡""金关"这"三金"重大信息化工程，拉开了互联网经济时代网络贸易的序幕。"金桥"工程是指国家公用经济信息通信网工程；"金关"工程是指实现通关自动化和无纸贸易；"金卡"工程是指电子货币工程。1994 年中国正式接入因特网，电子商务的概念开始提出。1995 年中国第一家互联网公司"瀛海威"上线，中国互联网商业化运营正式开始。1995 年 1 月，中国海关完成了无纸化贸易海关系统的全部开发工作，制定了无纸化贸易海关系统所需要的标准子集。1997 年 12 月，中国化工网（英文版）上线，成为国内第一家垂直 B2B 电子商务商业网站。1998 年 12 月，阿里巴巴正式在开曼群岛注册成立，1999 年 3 月，其子公司阿里巴巴中国在中国杭州创建。1998 年 7 月，我国第一个由政府组建的网上交易市场——"网上中国商品交易市场"正式运行，标志着我国在网络贸易上迈出了重要一步。1999 年，中国网库推出"中国网络黄页"，在全国各地开通了地方 114 网，并以各地 114 网为基础向企业提供网络信息化应用等全套服务。这些网站的运营标志着网络贸易的基础运营网络平台已经基本成型。

2. 初步发展阶段（2000~2007 年）

2000 年 6 月，中国电子商务协会正式成立，初步建立了网上购物、网上交易有关标准和地方性法规，标志着我国网络贸易进入初步发展阶段。2001 年 7 月，中国人民银行颁布了《网上银行业务管理暂行办法》，完善了网络贸易交易过程中网银支付所面临的一系列问题。2002 年 7 月，国家信息化领导小组第二次会议召开，审议通过了《国民经济和社会发展第十个五年计划信息化重点专项规划》《关于我国电子政务建设的指导意见》《振兴软件产业行动纲要》，在政策上对网络贸易进行调整。2003 年 10 月，阿里巴巴推出"支付宝"应用，致力于为网络交易用户提供基于第三方担保的在线支付服务，为网络贸易提供更方便快捷的电子支付方式。2005 年 4 月，《中华人民共和国电子签名法》正式施行，奠定了网络贸易市场良好发展态势的基础，同时，这也是中国信息化领域的第一部法律。2007 年 6 月，国家发展改革委员会、国务院信息化工作办公室联合发布我国首部电子商务发展规划——《电子商务发展"十一五"规划》，首次在国家政策层面确立了发展电子商务的战略和任务，这是我国第一个国家级的电子商务发展规划。在这个阶段，我国网络市场环境有所改善，初步确立了法律法规、政策、标准、信用等电子商务市场运行的规范。

3. 快速发展阶段（2008~2012 年）

2008 年，一场在美国华尔街发生的金融动荡出现了"蝴蝶效应"，随之演化成一场金融风暴席卷全球经济。加入世界贸易组织后的中国逐渐融入全球金融体系，不可避免地卷入这场风暴。为了应对 2008 年全球金融危机对经济发展的影响，中国各地方政府纷纷出台政策，通过切实的财政扶持等手段，普及中小企业电子商务的应用，扶持网络贸易的发展；各中小型企业为了缓解金融危机带来的金融压力，转向网络贸易以减少成本。我国电子商务网站呈"井喷式"增加，网络贸易得到快速发展。此后，网络贸易已经深入我国社会生活的各个层面，应用效果越来越明显。据《2016 年中国网络购物行业监测报告》显示，2012 年，我国网络购物交易规模达到 1.2 万亿元，年增长率达到 51.3%，网络购物使用率持续上升，首次突破年增长率 50%，可见其发展速度之快。在这个阶段，网络贸易已经进入一个快速发展的阶段，面对市场机遇与政府的政策扶持，各大电子商务企业竞相展示自己的优势与特点，吸引网络消费者的目光，为网络贸易的发展提供了更广阔的发展空间。

4. 稳定发展阶段（2013~2018 年）

根据艾瑞咨询统计，2013 年网络购物交易规模为 1.9 万亿元，年增长率达到最高，为 59.4%，在以后的几年里，年增长率一直呈下降的趋势，2017 年中国网络购物交易规模年增长率已经下降到 23.10%。在这个阶段，我国的宏观经济一直保持稳定增长，互联网基础设施建设不断完善，网络贸易处于稳定发展阶段，年增长率也没有一直居高不下。据中国互联网络信息中心统计，截至 2018 年 6 月，我国网民规模达 8.02 亿，网络购物用户和使用网上支付的用户占总体网民的比例均为 71.0%，网络购物与互联网支付已成为网民使用比例较高的应用。在互联网经济时代，我国的互联网基础设施已不断优化，网民通过手机接入互联网的比例高达 98.3%，网络贸易模式已成为不可忽视的重要贸易方式。同时，在这个阶段，中国经济已经进入高质量增长阶段，供给侧结构性改革主线为贸易企业互联网的发展带来政策红利，也为中国网络贸易提供了更多的机遇。

总体而言，网络贸易是国际贸易领域一次深刻的商业革命。自中国接入互联网以来，随着我国对互联网基础设施的不断建设，以及在电子商务方面法律法规的不断完善，我国网络贸易步入了正确发展的轨道。

（三）网络贸易的发展现状

自 1994 年中国接入互联网以来，我国使用互联网已经 20 多个年头，逐步迈进了互联网经济时代。近年来，随着我国互联网基础设施的逐渐完善、互联网用户的爆发式增长，以及互联网商务模式在大中小企业之间的大量运用与普及，21 世纪成为互联网的天下，网络贸易也得到飞速发展。在这个时代，网络贸易是电子商务的重要组成部分之一，它的发展主要依赖于电子商务的发展。对于电子商务行业而言，自1997年电子商务正式被提出时的为数不多的电子商务企业，到2018年出现"百花齐放"的局面，更是见证了互联网经济时代网络贸易的蓬勃发展。

1. 交易规模

迈入互联网经济时代，我国网络贸易得到了迅猛发展。据中国互联网络信息中心统计，截至2018年6月，我国网民规模为8.02亿人，上半年新增网民2 968万人，较2017年末增加3.8%，互联网普及率达57.7%，超过我国总人口的一半，互联网普及率达到新高。其中，我国网络购物用户规模达到5.69亿，相较2017年末增长6.7%，占网民总体比例达到71.0%；手机网络购物用户达到5.57亿人，相较2017年末增长10.2%，使用比例达到70.7%。由此可见，互联网的快速发展为网络购物提供了更大的发展空间。

随着网民规模的不断增长，我国电子商务的交易规模也在不断增大。2012年我国电子商务交易规模为7.85万亿元；到2017年底我国电子商务交易规模已经达到了28.66万亿元，是2012年电子商务交易规模的3倍（见图6－1）。近年来，中国政府围绕"互联网＋"、供给侧改革、"一带一路"推出相关政策，积极推动电子商务市场的发展。随着"互联网＋"行动的持续深入，电子商务市场向细分领域发力，农业和跨境电子商务成为重点领域，此外，"互联网＋流通"和金融服务领域政策法规的出台，提升了电子商务市场的配套设施。网络贸易是电子商务的重要组成部分，网络贸易的规模随着电子商务交易规模的增长而增长。

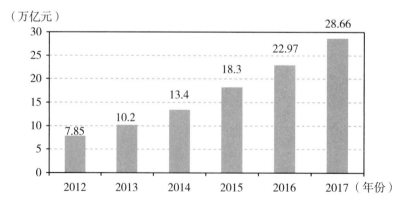

图6－1　2012～2017年中国电子商务市场交易规模

资料来源：电子商务研究中心，《2017年度中国电子商务市场数据监测报告》，http：//www.100ec.cn/zt/17market_data_report/。

在电子商务的行业划分中，B2B 电子商务合计占比七成以上，是电子商务的主体；而网络贸易的商务模式中，B2B 是最主要的模式。图 6 - 2 主要分析了 2013～2020 年（预测值）中国 B2B 中小企业电子商务的营收规模。从图 6 - 2 可以看出，2013～2020 年我国 B2B 中小企业的营收规模处于稳定增长阶段，增长率一直稳定在 15% 左右，这表明我国电子商务发展已经从快速发展阶段逐渐走向成熟期。传统行业企业大规模进入电子商务行业以来，中国网络购物的潜力得以开发，再加上互联网经济的助力，我国网络贸易已经进入成熟稳定发展阶段。

图 6 - 2　2013～2020 年中国 B2B 中小企业电子商务的营收规模

注：艾瑞咨询从 2015 年第一季度开始只核算中国中小企业 B2B 电子商务市场平台营收规模，涵盖平台的会员费、交易佣金、广告费等收入，不包括运营商自营营收；艾瑞咨询从 2015 年第一季度开始将金泉网计入 B2B 运营商平台营收核算范围。

资料来源：艾瑞咨询，《2018 年中国网络经济年度洞察报告——简版》，http：//report. ire-search. cn/report/201811/3284. shtml。根据企业公开财报、行业访谈及艾瑞统计预测模型估算。

根据艾瑞咨询预测的数据（见图 6 - 3），2013～2016 年我国网络贸易市场交易规模的年增长率一直呈现下降趋势，表明网络购物交易规模增长速度逐渐放缓，网络贸易正处于成熟稳定的发展阶段。艾瑞咨询分析认为，在互联网经济时代背景下，我国的网络购物行业发展日益成熟，各家电子商务企业除了继续不断扩充品类、优化物流及售后服务外，也在积极发展跨境网购、下沉渠道发展农村电子商务。在综合电子商务格局已定的情况下，为了给买家更多的选择和更好的用户体验，电子商务行业开始重视精细化和区域化发展，不断拓宽全产业服务内容，纷纷向物流、供应链金融、物流等领域加大布局力度，这些将成为网络购物市场发展新的促进点。

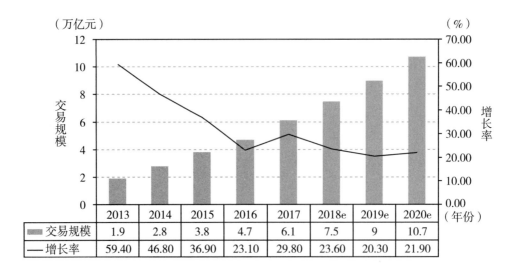

	2013	2014	2015	2016	2017	2018e	2019e	2020e
交易规模	1.9	2.8	3.8	4.7	6.1	7.5	9	10.7
—增长率	59.40	46.80	36.90	23.10	29.80	23.60	20.30	21.90

图 6 - 3　2013 ~ 2020 年中国网络购物市场交易规模

注：（1）网络购物市场规模为 C2C 交易额和 B2C 交易额之和；（2）艾瑞咨询统计的网络购物市场规模指国内用户在国内购物网站的所有零售订单的总金额。零售指企业（单位、个体户）通过交易直接售给个人、社会集团作为最终消费，而非生产、非经营用的商品的活动，包括售给居民个人和企事业单位的生活和公共消费（如办公用品），但不包括售给生产经营企业用于生产或经营的商品、售给商业单位用于转卖的商品。中国网络购物市场包含跨境进口、不包含跨境出口业务。

资料来源：艾瑞咨询，《2018 年中国网络经济年度洞察报告——简版》，http：//report. ire-search. cn/report/201811/3284. shtm。综合企业财报及专家访谈，根据艾瑞统计模型核算。

2. 区域规模

2009 年以来，国家发展改革委、商务部等部委联合分批确定了深圳、北京、上海、杭州、广州等 53 个城市为"国家电子商务示范城市"。在互联网经济时代，这些城市随着网络的发展取得了很多成绩，并进一步创新和探索。基于阿里巴巴平台的数据分析发现：截至 2014 年，53 个"国家电子商务示范城市"的 B2B 网商数量在全国占比超过 70%，零售网商数量占比超过 65%，网购消费者数量占比超过 55%。[①] 根据中国 B2B 研究中心调查统计数据显示，目前我国电子商务服务企业主要分布在长三角地区、珠三角地区一带以及北京等经济较为发达的省份。国内学者根据相关分析方法对我国电子商务省域发展水平进行研究，研究结果表明，我国电子商务的区域发展不平衡，东部地区电子商务的发展远远高于西部地区电子商务的

---

① 阿里研究院：《2014 年中国电子商务示范城市发展指数报告》，http：//i. aliresearch. com/，2015 年 5 月 8 日。

发展，呈现了东部沿海城市电子商务发展水平高、西部内地城市电子商务发展水平低的总体格局。可见，目前我国的电子商务服务企业多分布在经济较为发达且电子商务配套产业环境良好的省份，这些省份环境承载能力较强，政府扶持力度较大，经济和人口聚集条件较好。

2018 年 5 月，中国电子商务创新发展峰会隆重举行并发布《2017 年中国电子商务发展指数报告》，其中，测评结果如表 6 - 1 所示。从表 6 - 1 可以看出，2017年广东电子商务发展指数为 66.36，位居榜首，浙江和北京分别以 53.74 和 47.12的发展指数位居全国第二和第三。其中，前十名中浙江、上海、江苏属于长三角区域，排名第一的广东属于珠三角区域，这也验证了目前我国电子商务较为发达的区域为长三角、珠三角以及北京等经济发达的地区。从表 6 - 1 可以看出，中国各区域差距极大，排第三十一位的黑龙江的电子商务发展指数仅为 8.60，不足排名第一的广东的 1/8。大部分地区电子商务水平低于全国平均水平，与沿海地区电子商务的发展形成鲜明的对比。随着互联网基础设施的完善以及互联网商务模式的应用与发展，后进地区将会成为电子商务的后发区域，这表明我国电子商务的发展空间非常广阔。

表 6 - 1　　　2017 年中国各省级行政区域电子商务发展指数报告排行榜

排名	省（市）	电子商务发展指数
1	广东	66.36
2	浙江	53.74
3	北京	47.12
4	上海	38.03
5	江苏	34.81
6	四川	30.71
7	福建	30.11
8	山东	26.83
9	安徽	26.82
10	山西	23.64
11	重庆	23.60
12	贵州	23.49
13	青海	22.94
14	湖南	22.18
15	河南	20.76
16	内蒙古	20.12

续表

排名	省（市）	电子商务发展指数
17	湖北	19.89
18	陕西	19.10
19	天津	18.09
20	云南	17.73
21	河北	17.56
22	江西	17.55
23	海南	17.26
24	宁夏	16.19
25	西藏	15.91
26	新疆	14.32
27	辽宁	12.12
28	甘肃	12.03
29	吉林	11.34
30	广西	10.44
31	黑龙江	8.60

资料来源：《2017 年中国电子商务发展指数报告》。

（四）网络贸易的发展环境

在互联网经济时代，网络贸易已经成为国内外主流贸易方式。网络贸易的发展离不开合适的发展环境，环境的变化也会影响网络贸易的发展。在网络贸易发展的环境因素里，政策环境是最基础的环境，经济环境和技术环境也深刻影响着网络贸易的发展。

1. 政策环境

随着网络贸易的应用与普及，国际组织和中国都相继出台了一系列法律法规。世界上第一部电子商务法律——《电子商务示范法》由联合国国际贸易法委员会草拟并通过。这部法律向世界各国提供了一套国际公认的法律规则，可为各国法律部门制定本国电子商务法律法规提供参考。国际组织所出台的关于电子商务的法律如表6 - 2 所示。

表 6 - 2　　　　　　　　　国际组织电子商务立法现状

国际组织	电子商务法律
联合国大会	《电子商务示范法》《电子签名示范法》
国际商会	《电传交换贸易数据统一行动守则》 《国际数字化安全商务应用指南》
国际海事委员会	《电子提单规则》
经济合作与 发展组织	《国境数据流宣言》《关于在电子商务条件下保护消费者的宣言》《关于电子商务身份认证的宣言》《电子商务：税务政策框架条件》《电子商务中消费者保护的指南》
世界贸易组织	《全球基础电信协议》《信息技术协议》《开放全球金融服务市场协议》
欧盟	《关于电子商务的欧洲建议》《欧洲电子签字法律框架指南》《欧盟关于处理个人数据及其自由流动中保护个人的指令》《数字签名统一规则草案》

资料来源：孙占利，《国际电子商务立法：现状、体系及评价》，载于《学术界》2008 年第 4 期。

中国网络贸易的起步要比发达国家晚一些。1997 年，全国信息化工作会议确立了我国信息化建设的 24 字方针："统筹规划，国家主导，统一标准，联合建设，互联互通，资源共享。"2000 年 6 月，中国电子商务协会正式成立。2004 年 8 月，第十届全国人大常委会第十一次会议表决通过了《中华人民共和国电子签名法》，标志着我国首部真正意义上的信息化法律正式诞生。2007 年 6 月 1 日，国家发展改革委、国务院信息化工作办公室联合发布我国首部电子商务发展规划——《电子商务发展"十一五"规划》，首次在国家政策层面确立了发展电子商务的战略和任务，这是我国第一个国家级的电子商务发展规划。2009 年 5 月 1 日起，由中国国际经济贸易仲裁委员会颁布的《中国国际经济贸易仲裁委员会网上仲裁规则》正式施行，该规则特别适用于解决电子商务争议。

2. 经济环境

网络贸易的快速发展离不开经济环境的支撑。据国家统计局公布的数据，2017 年我国 GDP 总值达到 82.71 万亿元，其中，第一产业的增加值为 6.55 万亿元，对 GDP 的贡献率为 4.9%；第二产业的增加值为 33.46 万亿元，对 GDP 的贡献率为 36.3%；第三产业的增加值为 42.70 万亿元，对 GDP 的贡献率为 58.8%。2017 年我国 GDP 同比增长 11.2%，GDP 的持续增长为我国网络贸易的发展提供了坚实有力的经济基础。对于网络贸易来说，拥有一定规模的网民和完善的网络基础设施是至关重要的。

3. 技术环境

网络贸易绕不过三个环节，即信息流、物流和资金流。在互联网经济时代，技术环境对于网络贸易的发展很重要，其中，互联网技术是网络贸易的基础，而物流技术和支付技术能够使网络贸易顺利发展。互联网的出现使网络贸易能够超越时间和空间的限制，从有纸化贸易转变为无纸化贸易。与此同时，互联网技术的广泛应用使交易更加虚拟化、贸易更加智能化、范围更加全球化。从物流技术角度来看，随着电子商务和信息技术的发展，电子商务供应链已经得到了优化和完善，其中，物流成为电子商务产业发展的主流趋势。随着物流技术的逐步发展，电子商务企业通过降低物流的运输成本来降低运营成本，提高自身的市场竞争力，从而占据主动地位。我国物流技术发展较为完善的企业有：顺丰速运有限公司、中通快递股份有限公司、圆通速递有限公司和上海韵达货运有限公司等。从支付角度来看，根据中国互联网络信息中心整理的数据，截至 2018 年 6 月，我国网络支付用户规模达到 5.69 亿人，较 2017 年末增加了 3 783 万人，半年增长率为 7.1%，使用比例由 68.8% 提升至 71.0%，网络支付已经成为我国网民使用比例较高的应用之一。支付技术的发展有利于网络贸易过程中资金流的运转畅通，能够保障网络贸易支付的安全。例如，阿里巴巴在淘宝中选择使用支付宝，消费者选择网上购物，下单时一键操作，更方便付款。

二、长三角地区网络贸易发展的现状和特点

自 20 世纪 90 年代我国接入互联网以来，网络贸易在全国范围内兴起并逐步发展，改变了原有的传统贸易方式，为国内经济增长创造了有利条件。根据 B2B 研究中心调查统计显示，我国网络贸易的区域发展水平较不平衡，其中，网络贸易较为发达的区域为长三角、珠三角以及北京等经济发达的地区，而西部内陆城市的网络贸易水平较低。在 2017 年中国各省级行政区域电子商务发展指数报告排行榜中（见表 6-1），排名前五位中的浙江、上海、江苏属于长三角地区。长三角地区有着良好的互联网基础、较大规模的电子商务平台和巨大的市场。进入 21 世纪，长三角地区凭借有利的互联网基础、电子商务基础和市场潜力，成为中国经济发展速度最快、活力最强的区域之一。

(一) 长三角地区网络贸易发展的现状

长三角地区以上海为核心，有着良好的信息技术基础和雄厚的经济基础，产业

基础雄厚，拥有更高的企业网站覆盖率和更先进的企业生产力，网络贸易的发展一直处于全国领先地位。长三角地区作为我国电子信息技术发达地区之一，拥有巨大的电子商务应用市场，成为我国电子商务产业发展的龙头。

1. 长三角地区互联网规模

从近几年的发展态势来看，长三角地区作为中国电子商务重要发展区域之一，无论是互联网的网民规模、互联网的普及率，还是电子商务网站的数量，都处于全国领先地位。笔者根据互联网数据整理，获得了 2014～2017 年长三角地区网民规模（见图 6 - 4）以及长三角互联网普及率情况（见图 6 - 5）（2016 年和 2017 年安徽数据缺失）。截至 2017 年 12 月，长三角地区网民规模约为 10 716 万人（安徽数据缺失）。从图 6 - 4 可以看出，江苏和浙江的网民规模在长三角地区网民规模中占据了主要地位，其中，江苏网民规模达到 4 903 万人，年增长率为 8.6%，网民规模的稳定增长为网络贸易的发展提供了更大的发展空间。

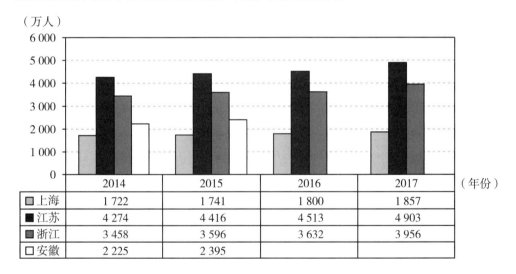

（万人）

	2014	2015	2016	2017	（年份）
上海	1 722	1 741	1 800	1 857	
江苏	4 274	4 416	4 513	4 903	
浙江	3 458	3 596	3 632	3 956	
安徽	2 225	2 395			

图 6 - 4　2014～2017 年长三角地区网民规模

资料来源：根据互联网数据整理。《2018 上半年上海市互联网发展报告》，http：//www. sohu. com/a/277919592_533924；《江苏省互联网发展状况报告（2018 年度）》，http：//www. ycnews. cn/xwzx/p/417292. html；《浙江省互联网发展报告 2018》，http：//m. gmw. cn/2019 - 05/27/content_1300403485. htm；《中国互联网络发展状况统计报告》，http：//www. ahyouth. com/news/20160123/1232027. shtml。

根据中国互联网络信息中心的数据，截至 2017 年 12 月，长三角地区互联网普及率平均达到 69.57%，高于同期全国平均水平 57.7%，互联网普及率稳定增长，网络贸易发展空间较大。长三角地区互联网基础设施的建设不断优化升级，提高互

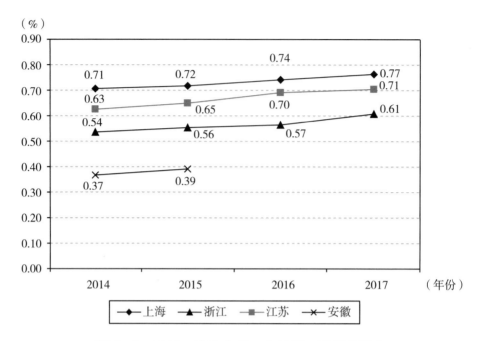

图 6 - 5   2014 ～ 2017 年长三角地区互联网普及率

注：互联网普及率为网民规模与人口数量之比。

资料来源：根据互联网数据整理。长三角地区人口数量来源于历年《中国统计年鉴》。其他数据来源于《2018 上半年上海市互联网发展报告》，http：//www. sohu. com/a/277919592_533924；《江苏省互联网发展状况报告（2018 年度）》，http：//www. ycnews. cn/xwzx/p/417292. html；《浙江省互联网发展报告 2018》，http：//m. gmw. cn/2019 - 05/27/content_1300403485. htm；《中国互联网络发展状况统计报告》，http：//www. ahyouth. com/news/20160123/1232027. shtml。

联网网络速度和降低互联网网费政策的稳步实施推动移动互联网接入流量显著增长，网络信息服务朝着扩大网络覆盖范围、提升速度、降低费用的方向发展，互联网普惠化成果显著。从图 6 - 5 可以看出，长三角地区互联网普及率高于全国水平，但区域内部差异比较大。2014 ～ 2017 年，上海地区的互联网普及率均达到 70% 以上，而安徽地区的互联网普及率不足 40%（2016 年和 2017 年数据缺失）。安徽作为后期并入长三角地区的省份，网络普及率相对落后，网络贸易的发展也相对落后。

除了网民规模、互联网普及率，我们还可以通过电子商务企业网站数量来分析长三角地区网络贸易的发展现状。一个企业拥有自己的网站意味着企业可以通过网络展示自己的公司及产品，也可以通过公司网站形成品牌效应，吸引更多消费者。因为互联网的无障碍性，世界各地的隐形消费者都可以通过浏览企业网站了解相关产品的详细信息。网站在买卖双方之间建立联系，便于两者沟通交流，因而区域内企业是否拥有自己的网站，可以成为衡量该区域网络贸易发展程度的指标。因数据缺失，仅能找到2013～2016年长三角地区电子商务企业网站数量占比（见表6-4）。从表6-4可以看出，2013～2016年长三角地区的企业网站覆盖率高于全国平均水平，其中，除2013年外，上海的电子商务企业网站数量占比是最高的。这在一定程度上可以说明长三角地区的网络贸易发展程度略高于全国平均水平。

表6-3　　2013～2016年长三角地区电子商务企业网站数量占比　　　　单位:%

年份	全国	上海	江苏	浙江	安徽
2013	57	71	73	65	64
2014	58	72	63	62	64
2015	57	73	64	59	65
2016	56	74	64	58	67

资料来源：根据历年《中国统计年鉴》统计数据整理而得。

2. 长三角地区网络贸易企业市场占有率

2013年以来，我国经济一直保持稳定增长，互联网基础设施不断完善，网络贸易的发展开始进入稳定增长阶段，综合性电子商务平台的格局基本定型。在电子商务的行业划分中，B2B电子商务合计占比70%以上，是电子商务的主体；而在网络贸易的商务模式中，B2B是主要模式。

据电子商务研究中心监测数据显示，2017年中国B2B电子商务平台市场份额占比中（见图6-6），阿里巴巴排名首位，市场份额为36.7%；慧聪集团市场份额

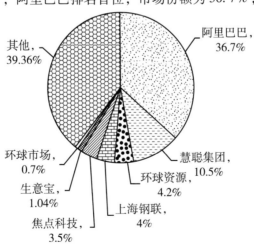

图6-6　2017年中国B2B电子商务平台市场份额占比

资料来源：电子商务研究中心，《2017年度中国电子商务市场数据监测报告》，http://www.100ec.cn/zt/17market_data_report/。

为 10.5%；环球资源市场份额为 4.2%；上海钢联市场份额为 4%；焦点科技市场份额为 3.5%；生意宝市场份额为 1.04%；环球市场市场份额为 0.7%；其他电子商务平台占据 39.36% 的市场份额。阿里巴巴集团总部位于浙江杭州，上海钢联则是上海电子商务平台的杰出代表，焦点科技是江苏南京领先的综合型第三方 B2B 电子商务平台运营商，这三个电子商务平台占据了全国市场份额的 44.2%，长三角地区网络贸易的优势地位在短时间内不会改变。

3. 长三角地区电子商务交易规模

据电子商务研究中心《2017 年度中国电子商务市场数据监测报告》数据显示，截至 2017 年 12 月，我国电子商务的市场交易规模达 28.66 万亿元，年均增长率为 24.77%，呈稳定上升发展趋势。长三角地区是我国网络贸易发展的引擎。

据中国电子商务中心统计，2017 年，上海全年完成电子商务交易额为 24 263.6 亿元，同比增长 21.0%。其中，B2B 交易额为 16 923.4 亿元，同比增长 17.2%，占电子商务交易额的 69.7%；网络购物（B2C/C2C）交易额为 7 340.2 亿元，同比增长 31.0%，占电子商务交易额的 30.2%（其中，商品类网络购物交易额为 3 674.3 亿元，同比增长 22.8%；服务类网络购物交易额为 3 665.9 亿元，同比增长 40.4%）。上海地区跨境电子商务发展迅速。2015 年 6 月，上海首个跨境电子商务示范园区在松江出口加工区揭牌；7 月，上海市政府发布了《关于促进本市跨境电子商务发展的若干意见》，该意见涵盖了五条发展产业链的指导意见、五条提升政府监管服务的指导意见，以及人才体系和诚信体系两个支撑体系，为上海跨境电子商务提供了明确的发展路径。2017 年，上海海关共监管跨境电子商务进口订单 1 643.7 万单，涉及金额 36 亿元，同比增长 45.2% 和 66.3%，其中，直购进口模式 535.4 万单，涉及金额 16.2 亿元，同比增长 144.8% 和 89.6%；网购保税进口模式订单 1 108.3 万单，涉及金额 19.8 亿元，同比分别增长 21.4% 和 51.1%。截至 2017 年 6 月底，上海跨境电子商务企业已达 1 034 家，相关支付企业及银行 36 家，相关仓储及物流服务企业 96 家。[①]"十三五"期间，上海将着力建设国际网络贸易城市，继续大力发展电子商务，提高跨境电子商务交易规模的比重。

据电子商务研究中心《2017 年度中国城市跨境电子商务发展报告》数据，浙江省 2017 年实现网络零售额超过 1.33 万亿元，同比增长 29.4%，成为万亿级产业。其中，著名的"阿里巴巴"已经成为我国最大、全球第二的电子商务公司，为

---

① 电子商务研究中心：《2017 年度中国城市跨境电子商务发展报告》，www.100ec.cn/zt/17zguc – b，2018 年 7 月 19 日。

浙江网络贸易的发展提供了坚实有力的基础。浙江省制定了《跨境电子商务发展三年行动计划（2015—2017）》，积极支持电子商务的发展。浙江还在全国率先组织开展电子商务标准体系研究，初步形成了以技术标准、交易标准、监管标准和支撑体系标准为核心的电子商务标准体系。浙江将继续推进工业、跨境和农村电子商务工作，重点做好融合发展、品牌发展和"走出去"发展，着力营造良好的发展环境，促进电子商务行业健康发展。

江苏 2017 年实现电子商务交易额 2.65 万亿元，同比增长 22.7%，网络零售交易额 6 893 亿元，同比增长 27.3%，全省大中型企业电子商务应用普及率已超过70%，位居全国前列。2016 年，江苏提出了深入推进电子商务的具体举措。一是进一步深化企业电子商务普及应用；二是培育 100 家重点行业 B2B 平台企业；三是推进企业多模式互联网融合创新；四是深化企业电子商务环省行活动，以此促进企业电子商务应用和业务创新互动，并继续扩大全省电子商务交易市场规模。2017 年11 月，江苏省电子商务大会主论坛活动在南京成功召开，会议提出了持续推进电子商务产业发展、促进政企交流合作、增强企业发展动力、打造江苏电子商务品牌是未来江苏省网络贸易发展的总体目标。

安徽作为后期加入长三角地区的省份，积极推动电子商务公共服务平台建设，其电子商务的发展仍有很大的空间。根据《安徽省电子商务报告（2016）》统计，2016 年安徽省电子商务交易额为 8 000 亿元，其中，网络零售额达 1 094 亿元，同比增速 66%，首次超过千亿元，实物商品网络零售额占全省社会消费品零售额的9%。电子商务市场规模不断扩大，电子商务新模式不断涌现，全品类、精细化运营成为趋势，电子商务跨行业、跨品类竞争进入常态化的阶段。

总体而言，长三角地区电子商务交易总体规模处于全国前列，但是从内部发展来看，上海、江苏和浙江作为前期加入长三角地区的城市，其电子商务交易规模一直处于稳定增长阶段，已经迈入了成熟期；而安徽作为后期加入的城市，其电子商务的发展还存在巨大空间。

（二）长三角地区网络贸易发展的特点

自 1997 年电子商务被正式提出以来，长三角地区在 20 多年的电子商务发展过程中逐步探索，积极发展，已经取得了很大的成效。进入 21 世纪互联网经济时代，随着网络建设的完善，长三角地区网络贸易的发展呈现以下几个特点。

1. 贸易环境优化，网络贸易更加便利化

长三角地区网络贸易仍会保持在全国前列。首先，长三角地区经济的稳定发展

为该地区网络贸易的发展提供了雄厚的经济基础。据国家统计局公布数据，2017 年长三角地区 GDP 总值为 19.53 万亿元，较上年增长 10.2%，其中，第一产业增加值为 0.88 万亿元，对 GDP 的贡献率为 4.5%；第二产业增加值为 8.38 万亿元，对 GDP 的贡献率为 42.9%；第三产业增加值为 10.27 万亿元，对 GDP 的贡献率为 52.6%。网络贸易的发展离不开地区的经济支撑，长三角地区 GDP 增长的同时促进了网络贸易交易规模的持续增长。

其次，从长三角地区政策环境来看，地方政府起着重要作用。《上海市电子商务发展"十三五"规划》中提出，以推进供给侧结构性改革为主线，以构筑电子商务平台经济优势为中心，围绕电子商务创新创业和国际化发展两大方向，构建创新开放、规范诚信、安全高效的电子商务新生态环境，推动科技创新、管理创新和鼓励基于电子商务新业态、新模式发展的制度创新，顺应产业和消费升级趋势，努力打造国际化水平较高的电子商务中心城市。江苏在《关于大力发展电子商务加快培育经济新动力的实施意见》中提出，江苏将不断优化网络贸易发展的环境，放宽市场准入，全面清理电子商务领域现有的前置审批事项，无法律法规依据的一律取消。放宽电子商务市场主体住所（经营场所）登记条件，推进以电子营业执照为支撑的全程电子化登记管理，试点开展个人网店全程电子化登记。浙江在《浙江省电子商务产业发展"十三五"规划》中提出，浙江省电子商务发展战略重点是"围绕一个核心任务、做强三大重点领域、完善三大保障要素、实施八大行动计划"，全面部署电子商务产业发展，简称"1338 战略"。《安徽省电子商务"十三五"发展规划》中指出，以"协调和共享"引领发展，加强公共投入和环境建设，重点推动农村电子商务、社区电子商务、中小城市电子商务、跨境电子商务发展。

最后，从长三角地区信息技术方面来看，长三角地区信息技术将延续快速发展的势头。《长三角地区经济发展报告》认为，长三角地区信息技术产业规模继续扩大，产业结构持续优化，网络贸易在经济和社会发展中的地位将会更加突出。

2. 网络贸易发展不平衡，发展潜力较大

从整体上看，长三角地区网络贸易发展水平处于全国前沿，但是从内部来看，长三角区域间网络贸易的发展尚不平衡，包括网络贸易发展的区域水平不平衡以及大型和中小型电子商务企业发展的不平衡。

从图 6 - 5 可以看出，长三角地区整体上的互联网普及度较高，平均达到 60%以上，但具体到每个省（市）区域内发展水平存在一定差距。截至 2017 年 12 月，上海、江苏的互联网普及率达 70%左右；浙江的互联网普及率达 60%左右；而安徽数据缺失，预测的互联网普及率仅达 40%左右，低于长三角地区互联网普及率的

平均水平。特别是，安徽作为后期进入长三角地区的省份，网络普及率还处于相对落后的位置，网络基础设施不够完善，不利于网络贸易的发展。在对长三角地区电子商务交易规模进行数据分析时，我们可以发现，上海、江苏、浙江电子商务均达到万亿元的交易规模，安徽 2016 年只有 8 000 亿元的交易规模，可见长三角地区网络贸易的区域发展水平并不平衡。但是，长三角地区只有安徽的网络贸易增长速度最快，表明长三角地区在发展网络贸易方面仍有一定的潜力。

在外贸企业发展方面，长三角地区大型和中小型电子商务企业发展不平衡，其中，中小型企业的电子商务普及率不及大型企业。从表 6 - 4 可以看出，大型电子商务企业拥有自己网站的数量是小型企业的两倍，其中大型电子商务企业的网络支付所占比例远远超过中型企业和小型企业。以阿里巴巴为例，作为我国第一大电子商务企业，阿里巴巴涉及范围广泛，购物网站有淘宝网，消费者在淘宝上购物用支付宝支付，而支付宝也是阿里巴巴旗下的业务。小型电子商务企业却不能建立被消费者广泛使用的网络支付方式。除此以外，杨华（2014）认为，长三角地区的中小型外贸企业在快速发展和为国民经济作出贡献的同时，又存在资金短缺、人才缺乏、管理水平不高、企业信息化基础薄弱、对电子商务认识不足、难以吸引高级电子商务人才、电子交易的安全难以保证等发展桎梏。大力支持中小型外贸企业发展网络贸易，有利于简化贸易流程，促使中小型企业贸易转型，增强网络贸易竞争力。

表 6 - 4 企业规模与电子商务应用情况对比 单位：%

电子商务应用	大型企业	中型企业	小型企业
建立自己的网站	80.4	57.1	46.2
网上查询	76.5	74.6	73.1
网上发布	82.4	65.1	65.4
网上采购	33.3	36.5	23.1
网上销售	60.8	49.2	38.5
网上支付	31.4	12.7	7.7
企业人事管理	41.2	15.9	34.6
企业财务管理	41.2	27.0	34.6
供应链集成	9.8	7.9	11.5
分销渠道	15.7	20.6	19.2

资料来源：杨华，《电商长三角中小外贸企业带来的商机与挑战》，载于《中国商贸》2014年第 23 期。

3. 长三角地区电子商务产业呈现集群化发展态势

随着互联网经济以及电子商务的发展，越来越多的学者开始关注区域电子商务产业集群研究。吴凌娇等（2014）提出，区域电子商务产业集群的本质目的在于：电子商务企业和相关机构之间的业务互补，提高区域电子商务的交易规模，加快区域电子商务产业的结构优化、转型升级。从国内角度来看，长三角地区有着雄厚的经济基础，在市场政策的指导下，与信息化领域不断融合，使得电子商务产业集群化程度较高，发展态势良好。长三角地区已经涌现出一批电子商务产业园，如上海普陀区电子商务产业园、上海虹口区电子商务创业园、江苏软件园、南京（建邺）国家电子商务示范基地、杭州电子商务产业园、常熟新动力电子商务产业园、常州西太湖电子商务产业园等。

首先，长三角地区逐步形成了以服务集为核心的电子商务产业集群区，集聚了第三方电子商务交易平台、计算机信息技术服务、物流服务、第三方网络支付服务等服务资源，出现了一批电子商务中不可或缺的资金流、技术流和物流等一系列齐全的服务型企业。例如，有"中国电子商务之都"之称的杭州电子商务产业园，以阿里巴巴电子商务为中心，云集了电子商务平台运营与服务、网络软件信息技术研发、人才支持与培训、法律咨询等各门类的电子商务服务商。其次，长三角地区逐步形成了基于电子商务产业链的企业产业集群，以龙头电子商务企业为核心，实行垂直化分工，实现电子商务产业链上下游企业的联动发展。最后，长三角地区逐步形成了基于专业市场的集群发展模式，大大推进了专业化批发市场的电子商务发展，促进了市场交易规模的进一步扩大，如常州的江苏长江塑化城、湖塘针纺织品市场、长江贸易中心等专业化市场，促进了国内外市场的有机结合。

（三）长三角地区网络贸易发展的挑战

1. 区域产业链结构单一，对外部市场依赖性过强

长三角地区的电子商务产业主要分布在传统的商贸业和制造业，即进入门槛低、科技含量低、附加值低的传统产业，从本质上来讲，属于劳动密集型的行业，位于经济全球产业链的低端，在国际竞争中很容易被高附加值、高技术含量的产品所取代。长三角地区对外贸易的流向也相对集中于亚洲、欧洲和北美地区，单一的产业链、集中的出口分布地区，使长三角地区企业对外部市场的依赖性过强。上海虽然一直是长三角地区高新技术产业的先导，但受地域界限以及行政壁垒的限制，

上海对苏南、杭州、合芜蚌等周边地区的技术外溢还很不足。长三角地区三省一市对各自比较优势的认识以及分工的划分还不够明确，产业间的同质竞争也较为常见，这无疑对电子商务产业的优化升级带来了挑战。

2. 中小电子商务企业在网络贸易中处境困难

近年来，长三角地区中小电子商务企业已经具备一定的竞争优势。但是，这些企业在发展过程中，特别是在管理、销售与生产方面暴露出很多问题，面临各种各样的生存困境。例如，受择业观和社会认同度的影响，中小企业对人才的吸引力明显不及大企业，专业人才缺失严重，对知识产权的尊重和保护存在很多问题，这些都在一定程度上制约了企业内部的创新。另外，中小企业融资难的问题在长三角地区也很突出：长三角地区商界一直呼吁政府出台"中小企业信贷扶持政策"，但政策很难落地，中小企业融资举步维艰。在一个完整、规范、有序的市场结构中，中小企业是不能缺失的一部分。如何改善中小企业在网络贸易中的生存环境，是长三角地区未来发展过程中亟须认真对待的课题。

3. 人才培养亟须专业化

长三角地区网络贸易之所以如此蓬勃发展，与其拥有的电子商务人才密切相关。根据职场社交平台领英发布的数据报告可以看出，从事电子商务行业的工作人员中，来自长三角地区的人才最多，居全国第二位。长三角地区凭借其得天独厚的地域优势吸引了大量的电子商务生产企业、电子商务服务企业入驻，成为电子商务从业者的摇篮。

但是，根据电子商务企业对电子商务从业者的评估可以发现，高校对电子商务专业学生的培养与实际工作之间存在着一定的脱节，高校教授的电子商务专业化知识仅仅局限于理论，与实践结合不密切。因此，电子商务从业者在进入电子商务企业后要进行"二次培训"，给电子商务企业带来一定的成本。电子商务专业化人才尤其是高端人才的缺乏，对长三角地区网络贸易的发展来说，无疑是重要的制约。

4. 区域协同创新网络的构建任重道远

2018 年 11 月 5 日，习近平在首届中国国际进口博览会开幕式上宣布将长江三角洲区域一体化上升为国家战略。区域协同发展是进一步推进长三角区域一体化的重要途径。长三角区域的创新主体分布较为集中，主要分布在上海、南京、杭州一带。这一区域科教发达，实体经济发展基础好，市场活力强，安徽在高新技术方面有后发优势，其他地域在很大程度上受到这些核心城市的辐射。创新主体的协同也主要体现在高校之间、校企之间、产学研之间的合作等方面。上海张江高科技园区、合肥大科学中心、苏南自主创新示范区等多重创新集群或高端要素在长三角地区集聚，有利于企业家根据市场规律整合创新资源进行创新活动。

但是，长三角地区企业的协同创新总体上尚未走出初级阶段，存在缺乏区域整体规划和资源统筹，信息共享、技术转移等市场化行为仍部分受限，创新链、产业链、服务链的对接和延伸程度不高，少数城市对科技人才虹吸效应严重，各省（市）地域比较优势未能有效发挥，错位发展格局尚未最终形成，创新资源的配置效率有待进一步提升等问题，长三角地区协同创新网络尚未形成，制约了网络贸易的发展。

三、开放条件下长三角地区新兴贸易城市的培育

长三角地区网络贸易之所以能取得长足的发展，一方面是由于改革开放以来，长三角地区积极发展外向型经济，充分利用自身的区位优势，紧紧抓住新一轮国际产业转移的机遇，不断扩大对外开放，经济发展取得了巨大的成就，为网络贸易的发展打下了经济基础；另一方面则源自政府对于长三角区域一体化的高度重视和对信息产业发展的大力推动。2016 年国家发展改革委下发《长江三角洲城市群发展规划》，长江三角洲城市群的范围从原来的上海、江苏、浙江部分地区扩展至包括安徽省部分城市在内的 26 座城市。2018 年 6 月《长三角地区一体化发展三年行动计划（2018～2020 年)》正式印发，该行动计划覆盖了交通能源、科创、产业、信息化、信用、环保、公共服务、商务金融等 12 个合作专题。在中国首届进口博览会主旨演讲中，习近平明确宣布，支持长三角区域一体化发展上升为国家战略，要求三省一市着力落实新发展理念，构建现代化经济体系，推进更高起点的深化改革和更高层次的对外开放，同"一带一路"、京津冀、长江经济带、粤港澳大湾区相互配合，进一步完善中国改革开放空间布局。长三角地区在推进一体化的进程中，新兴贸易中心城市的培育，对于解决长三角地区发展不平衡不充分、缺少跨地区行政主体来具体操作等问题具有十分重要的现实意义。长三角区域规划提出：提升上海全球城市功能；促进南京都市圈、杭州都市圈、合肥都市圈、苏锡常都市圈、宁波都市圈五个都市圈同城化发展；促进沪宁合杭甬发展带、沿江发展带、沿海发展带、沪杭金发展带四条发展带聚合发展。长三角地区"新兴贸易中心城市"的兴起，必将成为长三角地区网络贸易繁荣的重要动力。

（一） 新兴贸易城市的界定

要落实《长三角地区一体化发展三年行动计划（2018—2020 年）》，新兴贸易城市的培育和核心区域的定位显得尤为重要。关于这一问题，学术界并没有统一的定论或者参考指标。2018 年 11 月 1 日，华东师范大学曾刚教授在《社会科学报》发表了《长三角城市群协同发展能力评估》一文。笔者借鉴曾刚教授文章中提出的协同发展能力混合指标，作为衡量新兴贸易城市的标准的参考。

曾刚等学者根据国家统计局以及长三角城市群三省一市统计局近年来公布的官方统计资料，采用由经济发展、科技创新、交流服务、生态保护四个领域 23 个指标构成的评价指标体系以及加权平均并求和的计算方法，对长三角地区 41 个地级及以上城市协同发展能力进行了综合计算，对 2018 年度各城市的空间分布特征以及内在驱动因子等进行了详尽的比较分析。根据长三角地区 41 个地级市以上城市的相关统计数据，使用自然断裂点分析方法，发现长三角城市群协同发展能力的自然断裂点分别为 58、27、14 和 9。据此，可以将长三角城市群 41 个地级及以上城市分为五个等级（见表 6 - 5）。

表 6 - 5 　　　　　长三角城市群 41 个地级及以上城市等级分类

类型	城市
第一类：龙头城市（得分 100 分）	上海
第二类：枢纽城市（得分 27 ~ 58 分）	南京、苏州、杭州、宁波、无锡、合肥
第三类：重要节点城市（得分 14 ~ 27 分）	温州、镇江、南通、金华、台州、常州、徐州、舟山、扬州、宣城、盐城、黄山
第四类：一般节点城市（得分 9 ~ 14 分）	嘉兴、芜湖、绍兴、滁州、蚌埠、丽水、湖州、六安、连云港、泰州、阜阳
第五类：地方城市（得分 <9 分）	宿州、池州、亳州、淮北、安庆、宿迁、铜陵、衢州、马鞍山、淮南

资料来源：《长三角城市协同发展能力指数（2018）》，载于《社会科学报》2018 年 11 月 1 日。

其中，第三类城市包括排名第 8 ~ 19 位的温州、镇江、南通、金华、台州、常州、徐州、舟山、扬州、宣城、盐城、黄山 12 座城市。这些城市虽然在综合能力上逊色于前一类城市，但往往在个别领域表现突出，是长三角城市群的重要节点城市。例如，徐州在交通领域表现优异，是辐射长三角城市群的重要交通枢纽；宣城和黄山在节能减排方面表现突出,在生态领域分别排前两位,是长三角城市群重要的生态集约型城市和环境保护模范城市。

第四类城市包括排名第 20 ~ 30 位的嘉兴、芜湖、绍兴、滁州、蚌埠、丽水、湖州、六安、连云港、泰州、阜阳 11 座城市。这类城市总体协同能力并不突出,当前辐射带动能力相对较弱,是长三角城市群中的一般节点城市。不过,这些城市大多是地方性经济中心,在当地对邻近区域具有一定的辐射带动能力;个别专业化的城市依赖当地某类自然享赋(如部分旅游城市、矿业城市),在个别领域有较强的对外服务功能,其未来的协同发展能力提升空间较大。

(二)长三角地区新兴贸易城市的发展路径

1. 新兴贸易城市要加强与中心城市的联系,通过融入"都市圈"寻求发展的机会

贸易的往来必然是从核心区域逐渐扩展到二三线城市甚至更小的城市。上海作为国际科技创新中心、国际金融中心、国际贸易中心和国际航运中心,无疑吸引了世界各国的目光,而一些极具潜力的二三线城市潜力远远没有得到发挥。长三角地区发展的潜力对二三线城市的带动作用不可忽视。二三线城市要利用靠近中心城市的区位优势,主动接受中心城市的辐射,通过交通等基础设施对接、信息联通、人才流动等主动融入贸易中心城市。

新兴贸易城市要加强与中心城市或核心城市的联系。与核心城市经济联系较为紧密的城市,开发合作的项目较多,核心城市的技术溢出效应更容易得到发挥,对当地经济发展带动作用较大。新兴贸易城市大多和核心城市经济联系紧密,会自然形成都市圈。长三角地区要积极推进南京都市圈、杭州都市圈、合肥都市圈、苏锡常都市圈、宁波都市圈建设,充分发挥中心商贸城市的带动作用。

2. 新兴贸易城市要立足于发挥自身优势,向特色化发展转变

长三角地区新兴贸易城市要充分发挥自身产业和区位优势,选择适合自身的发展路径与发展模式。

苏州是一个开放度很高的城市,其对外开放的不断扩大吸引了大量外资,经济发展充满活力。另外,苏州市政府也非常关注本地特色产业的发展,苏绣产业的发展就是一个例证。苏州市建立了多所高等研究院所,研究并改进苏绣刺绣技术,通过培训增加刺绣熟练工人,购买高端机器设备,大大提高了生产效率,使苏州制造的纺织品出口量显著上升,提高了苏绣在国际上的知名度,成为苏州又一个经济增

长点。苏州经验为新兴贸易城市实现特色化发展提供了很好的借鉴。

另一个成功的案例是宁波。作为中国第四大港口城市的宁波，在经济发展过程中极好地利用了自身区位优势，通过整合港口资源、加强港口基础设施建设，努力提高港口管理效率和港口贸易水平，将宁波打造成了以港口为主要贸易运输方式的特色贸易城市。自宁波港装运或经过的货物吞吐量在过去的 20 多年中取得了惊人的发展，1985 年港口处于发展的起步阶段，货物吞吐量只有 1 040 万吨；2016 年宁波港货物吞吐量达到了 92 209 万吨，货物吞吐量的巨大成就，带动了宁波各类产业的发展，提高了当地的经济发展水平。[①]

3. 把网络贸易打造成新兴贸易城市的主要贸易方式

在网络发达的今天，实体经济与互联网的结合已经成为新的趋势，网络经济发展迅速。我国即将开启 5G 新时代，依托高速网络，电子商务将得以迅猛发展。长三角地区应鼓励实体经济与电子商务融合发展，区域新兴贸易城市的培育必须与网络贸易的发展相结合。

例如，坐落于长江三角洲繁华的沪杭甬经济带上的重镇柯桥的绍兴轻纺城，已经成为亚洲规模最大、成交额最高、经营品种最多的纺织品专业批发市场。绍兴轻纺城逐渐摸索出了一个朝着信息化、网络化贸易方向发展的新路径。在做好网络环境建设、基础网络工程建设的基础上，致力于打造全球纺织企业贸易网络体系，收购纺织网，推出全球纺织网英文版。如今，绍兴纺织产业集群优势明显，网络贸易额全国第一，竞争优势明显。因此，网络贸易作为一种新型的贸易方式，应该是对外贸易发展的主要方向。一个城市要深度参与国际分工和国际贸易，就必须大力发展网络贸易。

4. 大力推进开放式自主创新，切实提高企业自主研发能力

技术的获取主要有技术转移机制、技术外溢机制和技术获取机制这三种机制。以前我国企业的技术获取主要依靠外商直接投资所引起的前两种机制，在今后的发展过程中，企业应加强自主研发能力和创新能力的培养，不断提高自身研发能力。培育新兴贸易城市的关键在企业。要努力创建企业技术自主创新体系，促进企业与高科技水平的国外企业、科研院所及研发机构的合作。

---

① 宁波市统计局：《2016 年宁波市国民经济和社会发展统计公报》，宁波市统计局官方网站，2017 年 2 月 22 日。

5. 培育新型贸易方式，进一步优化产业布局

新型贸易业态和新型贸易方式是我国自由贸易试验区的重要目标，通过积极培育、拓展新型贸易业态和功能，形成以技术、品牌、服务为核心的外贸竞争新优势。新兴贸易城市应该牢牢把握发展机遇，加快推进电子商务及其配套平台和支撑系统建设，培育网络贸易新优势。

参考文献

［1］浩飞龙、关皓明、王士君：《中国城市电子商务发展水平空间分布特征及影响因素》，载于《经济地理》2016 年第 2 期。

［2］黄茂兴：《中国自由贸易港：探索与启航》，经济科学出版社 2017 年版。

［3］李清娟：《长三角都市圈产业一体化研究》，经济科学出版社 2007 年版。

［4］柳思维：《贸易经济学》，高等教育出版社 2010 年版。

［5］王振：《2016 长三角地区经济发展报告》，上海社会科学院出版社 2016 年版。

［6］吴凌娇、薛恒新：《区域电子商务产业集群发展模式研究》，载于《常州大学学报（社会科学版）》2014 年第 3 期。

［7］鄢慧丽、王强、熊浩等：《华东地区电子商务发展水平空间差异及影响因素分析》，载于《西北师范大学学报（自然科学版）》2018 年第 3 期。

［8］杨卓、罗震东、耿磊：《传统抑或创新的空间？基于 B2B 电子商务的长三角产业空间特征研究》，载于《上海城市规划》2018 年第 3 期。

［9］曾刚：《长三角城市群协同发展能力评估》，载于《社会科学报》2018 年 11 月 1 日第 2 版。

［10］张仙锋：《网络贸易》，中国铁道出版社 2010 年版。

［11］Fillis, I., Johansson, U. and Wagner, B., "A Conceptualisation of the Opportunities and Barriers to E - business Development in the Smaller Firm", *Journal of Small Business and Enterprise Development*, 2003, 10 (3): 336 - 344.

［12］Irani, Z., Rasha, A. E. A. and Fady, R., "Business Improvement Using Organisational Goals, Riva Technique and E - business Development Stages", *Journal of Enterprise Information Management*, 2013, 26 (5): 577 - 595.

第七章

利用外资与长三角地区经济发展

长三角地区利用外资一直在全国名列前茅。外资的持续流入，不但带来了资本，更重要的是技术、品牌、营销渠道、管理、企业家精神等一揽子先进生产要素的流入。利用外资极大地促进了长三角地区的经济发展，无论是资本形成、技术进步和管理效率，还是产业竞争力的提高，外资都起到了不可或缺的作用。特别是外商在长三角地区的投资越来越多地投向了技术密集度高的高新技术产业，极大地促进了长三角地区高新技术产业的发展，提高了当地的技术水平。目前，外资在电子信息、光机电一体化、生物医药高新技术产业的投资力度明显加大，使长三角地区成为先进制造业的重要基地之一。长三角地区占全国经济的比重迅速提高，对全国经济增长的贡献迅速增大，国际制造业基地的地位日益凸现，区域竞争力日益提高，在长三角地区高水平小康社会建设中发挥了重要作用。

一、长三角地区利用外资的历程及现状

（一）长三角地区利用外资的历程

长三角地区利用外资的发展过程与中国对外开放的历史过程紧密相连。随着 1978 年我国改革开放基本国策的确立，中国打开了开放的大门。由于中国的对外开放是从南往北、从沿海到内陆逐步层层推进的，先从广东和福建两省设立经济特区开始，随后才逐渐开放沿海和沿江城市，因此，总体上来说，长三角地区利用外资的步伐晚于珠三角地区。从发展速

度来看，长三角地区利用外资具有鲜明的阶段性特征和对外开放的时代烙印，大体上可以分为以下几个阶段。

1. 起步阶段（1980～1985 年）

长三角地区利用外资的历史最早可以追溯到 1980 年。1980 年 3 月 19 日，由中国建筑机械总公司（包括上海电梯厂和北京电梯厂）、瑞士迅达和香港怡和迅达三方在北京签署了中国机械行业第一家中外合资企业协议。随后，中国迅达电梯股份有限公司正式成立，中方占 75% 的股份，外方占 25% 的股份，之后长三角地区缓缓拉开利用外资的大幕。1984 年 5 月，党中央、国务院批准了《沿海部分城市座谈会纪要》，决定全部开放中国沿海港口城市，长三角地区的连云港、南通、上海、宁波、温州等 5 个港口城市对外开放；1985 年 2 月，党中央、国务院批准了《长江、珠江三角洲和闽南厦漳泉三角地区座谈会纪要》，将长江三角洲、珠江三角洲和闽南三角区划为沿海经济开放区，至此我国的开放政策由南方的经济特区逐渐延伸到东南沿海和沿江城市，初步形成了由点到线再到面的沿海沿江开放格局。通过在开放城市和区域实施优惠的外商投资政策、减免税收、下放外资项目审批权和完善利用外资的法律法规，创造有利的外商投资环境，逐渐吸引了一批外商来中国进行试探性投资。如表 7 - 1 所示，截至 1985 年，长三角地区实际利用外资总额为 4.45 亿美元，占全国实际利用外资的比重为 2.04%；其中，利用外商直接投资总额为 1.40 亿美元，占全国实际利用外商直接投资的比重为 2.97%。总体来说，这一阶段利用外资还处于试探阶段，由于整体投资环境较差，加之吸引外资的手段单一、市场购买力有限，整个长三角地区对外资的吸引力有限，利用外资不仅数量少、金额低、大项目较少，且主要资金来源于港澳台地区，利用外资的层次较低，以对外借款和其他形式投资为主，1979～1985 年长三角地区累计利用的外商直接投资总额仅占其利用外资总额的 31.45%，利用外资处于起步阶段。

表 7 - 1 　　　1979～1985 年长三角地区及全国累计利用外资情况

项目	上海（亿美元）	江苏（亿美元）	浙江（亿美元）	安徽（亿美元）	长三角（亿美元）	全国（亿美元）	长三角地区占比（%）
实际利用 FDI	1.08	0.12	0.19	0.02	1.40	47.21	2.97
实际利用外资	2.20	0.93	1.13	0.19	4.45	217.90	2.04
FDI 占比	48.93	12.77	16.63	8.72	31.45	21.67	—

资料来源：历年上海、江苏、浙江、安徽统计年鉴和历年《中国统计年鉴》。

2. 逐步发展阶段（1986～1991 年）

1986 年 10 月，国务院颁布了《鼓励外商投资的规定》，我国利用外资进入全面发展阶段。一方面进一步放松了对外资进入的严格管制和审批；另一方面对外资的各种优惠措施力度更大，并进一步完善了外商投资环境。1990 年 4 月，党中央、国务院作出了开发开放浦东的重大决策，这一时期长三角地区的对外开放步伐逐步迈开。如图 7－1 所示，1986～1991 年长三角地区实际利用外资总额累计 83.29 亿美元，占全国实际利用外资的比重为 14.4%；其中，利用外商直接投资总额累计 23.84 亿美元，占全国实际利用外商直接投资的比重为 12.8%。虽然这一时期利用外资数额比第一阶段有了大幅增长，但这一时期利用外资还尚未走上法制化和规范化轨道，因此利用外资整体还处于缓慢发展阶段，且以直接投资方式吸引的外资额仍较低，仅占该期实际利用外资总额的 28.62%。

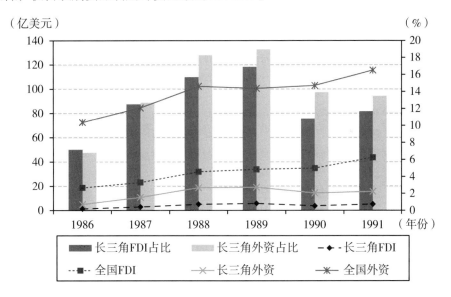

图 7－1　1986～1991 年长三角地区及全国利用外资情况

资料来源：历年上海、江苏、浙江、安徽统计年鉴和历年《中国统计年鉴》。

3. 高速发展阶段（1992～2001 年）

邓小平发表"南方谈话"和浦东开放开发战略的实施，推动长三角地区利用外资进入快速发展阶段，利用外资呈现井喷式增长。如图 7－2 所示，仅 1992 年长三角地区实际利用外资总额就达 45.12 亿美元，同比增长 189.7%；其中，实际利用外商直接投资总额为 30.06 亿美元，同比增长 489.77%。不仅利用外资的金额相比

前一阶段有大幅提升，而且利用外资的层次也发生了根本性变化：1992 年实际利用
FDI 占当年实际利用外资的 66.62%，自此之后，长三角地区开始了以利用 FDI 为
主的利用外资新阶段。这一阶段，尽管受亚洲金融危机影响，长三角地区利用外资
由 1997 年的 170.39 亿美元下降至 1998 年的 148.82 亿美元，但利用外资下降的趋
势很快得到扭转，2001 年长三角地区实际利用外资重新上升至 197.64 亿美元，其
中实际利用 FDI 总额为 140.62 亿美元，这一时期累计利用 FDI 总额为 1 014.65 亿
美元，是过去 12 年利用 FDI 总和的 40 多倍；年均利用 FDI 总额达百亿美元以上，
年均增速为 18.7%。

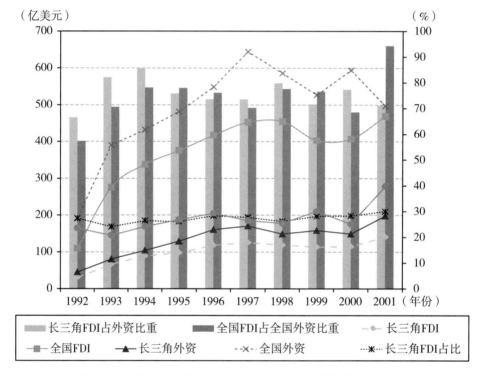

图 7 – 2　1992 ~ 2001 年长三角地区及全国利用外资情况

资料来源：历年上海、江苏、浙江、安徽统计年鉴和历年《中国统计年鉴》。

4. 平稳发展与质量提升阶段（2002 年至今）

加入世界贸易组织后，中国的各项外资法规和政策进一步完善。2003 年我国颁
布了《外国投资者并购境内企业暂行规定》和《外商投资创业投资企业管理规
定》，2004 年又发布了《关于外商投资举办投资性公司规定》等规范性文件，一方
面兑现了加入世界贸易组织时承诺，另一方面顺应了跨国并购蓬勃发展的国际投资
新趋势，长三角地区利用外资进入了一个从量变到质变的过程，不仅利用外资的数

额不断增加，而且层次也不断提高，大量的跨国公司在长三角地区设立地区总部和研发中心。这一时期，长三角地区累计实际利用 FDI 总额为 7636.37 亿美元，占全国同期实际利用 FDI 总额的 55.73%，从图 7-3 可以看出，长三角地区已占据全国利用 FDI 的半壁江山，2012 年实际利用 FDI 比重一度达到 65% 以上，虽然此后有所回落，但比重始终在 55% 以上。从增速来看，随着利用 FDI 存量的不断提高，这一时期利用 FDI 速度相比前一阶段明显回落，年均增长速度为 10.38%。

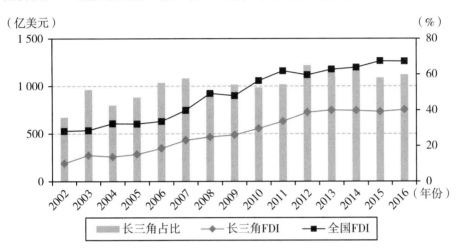

图 7-3　2002~2016 年长三角地区及全国实际利用外资情况

资料来源：历年上海、江苏、浙江、安徽统计年鉴和历年《中国统计年鉴》。

尽管利用 FDI 增速变慢，但随着加入世界贸易组织后长三角地区的开放层次和经济活力的提高，境外投资逐渐调整在中国的投资战略，大量世界级跨国公司在前期投资经验积累的基础上，投资动机由前期的资源寻求型转向市场和战略导向型，纷纷在长三角地区布局，长三角地区利用外资质量不断提升。以上海市为例（见表 7-2），2005 年上海市累计引进跨国公司地区总部 125 家，外商投资性公司 130 家，外资研发中心 173 家；截至 2017 年，累计引进跨国公司地区总部、外商投资性公司和外资研发中心分别增加至 625 家、345 家和 426 家。随着上海自贸区建设的不断推进，上海营商环境日益改善，截至 2018 年 3 月，上海已累计引进跨国公司地区总部 634 家，其中，亚太区总部 72 家、投资性公司 350 家、研发中心 430 家，包括全球最大的展览展示服务提供商亿百媒、全球最大的通信运营商之一恩梯梯、全球最大的非轮胎橡胶业公司康迪泰克、全球第三大汽车零部件供应商麦格纳等行业知名跨国公司等。[①] 江苏的苏州市在各项政策的带动下，截至 2016 年 5 月，全市外

————————————

① 《上海已有跨国公司地区总部 634 家》，载于《解放日报》2018 年 4 月 29 日第 2 版。

资功能总部企业已超过 240 家。无锡市早从 2009 年开始，每隔几年就会出台鼓励总部经济发展的意见，总部化、功能化的跨国公司不断涌现。到 2017 年底，无锡市共有 29 家企业被认定为省跨国公司地区总部及功能性机构。[①] 这些事实说明，跨国公司已经将长三角地区作为其全球布局的战略重点，长三角地区利用外资进入质量提升阶段。

表 7 - 2　　　　　　　　　上海主要年份总部经济情况　　　　　　　单位：家

指标	2005 年	2010 年	2015 年	2016 年	2017 年
跨国公司地区总部	125	305	535	580	625
外商投资性公司	130	213	312	330	345
外资研发中心	173	316	396	411	426

资料来源：《上海统计年鉴（2017）》《2017 年上海国民经济和社会发展统计公报》。

（二）长三角地区利用外资的现状分析[②]

1. 利用外商直接投资增速放缓

统计数据显示，2013～2017 年长三角地区实际利用 FDI 总额维持在 750 亿美元左右（见表 7 - 3）。从利用 FDI 合同项目数来看，2013 年上海、江苏、浙江、安徽和长三角地区 FDI 合同数分别为 3 842 个、3 453 个、1 572 个、246 个和 9 113 个，长三角地区利用 FDI 合同数占全国比重为 40.02%。到 2017 年，上海、江苏、浙江、安徽和长三角地区 FDI 合同数为 3 950 个、3 254 个、3 030 个、338 个和 10 572 个，长三角地区利用 FDI 合同数占全国比重下降至 29.65%，比 2013 年下降了约 10 个百分点。但从长三角地区实际利用 FDI 金额来看，长三角地区占全国的比重从 2013 年的 63.69% 下降至 2017 年的 57.98%，下降了约 6 个百分点，这可以从侧面印证长三角地区利用 FDI 的大项目数增多，利用 FDI 进入质量提升阶段。从绝对数额上来看，长三角地区实际利用 FDI 从 2013 年的 748.86 亿美元下降至 2015 年的 733.14 亿美元，2017 年又重新上升至 759.48 亿美元，因此绝对数额上仍呈现增长态势，但受美国再工业化和德国"工业 4.0"等产业政策的影响，加之受长三角地区近年来工资成本和土地价格的不断上升等内部因素的影响，长三角地区利用 FDI 增

---

① 《总部经济成为无锡利用外资重点领域》，载于《无锡日报》2018 年 1 月 28 日第 1 版。
② 由于近年来我国利用外资的主要形式是外商直接投资，因而统计年鉴近年来的统计数据只统计 FDI 的数额，所以从本部分到第二节的分析主要针对 FDI 展开。

速放缓的趋势明显，2013～2017 年实际利用 FDI 金额年均增长率仅为 0.35% ，远低于 2002～2012 年年均 14.4% 的增长率。但从占全国的比重来看，长三角地区仍是中国利用 FDI 的最大区域。2013～2017 年，长三角地区实际利用 FDI 占全国的比重维持在 60% 左右；从动态演变来看，长三角地区利用 FDI 占比则呈下降趋势。

表 7-3　　　　　2013～2017 年长三角地区利用 FDI 基本情况

	年份	上海（个）	江苏（个）	浙江（个）	安徽（个）	长三角地区（个）	全国（个）	比重（%）
利用 FDI 合同项目数	2013	3 842	3 453	1 572	246	9 113	22 773	40.02
	2014	4 697	3 031	1 550	256	9 534	23 778	40.1
	2015	6 007	2 580	1 778	289	10 654	26 575	40.09
	2016	5 153	2 859	2 145	267	10 424	27 900	37.36
	2017	3 950	3 254	3 030	338	10 572	35 652	29.65
	年份	上海（亿美元）	江苏（亿美元）	浙江（亿美元）	安徽（亿美元）	长三角地区（亿美元）	—	—
利用 FDI 合同金额	2013	246.3	472.68	243.84	26.89	989.71	—	—
	2014	316.09	431.87	244.12	31.1	1 023.18	—	—
	2015	589.43	393.61	278.22	39.38	1 300.64	—	—
	2016	509.78	431.39	280.81	41.14	1 263.12	—	—
	2017	401.94	554.3	346.9	90.6	1 393.74	—	—
	年份	上海（亿美元）	江苏（亿美元）	浙江（亿美元）	安徽（亿美元）	长三角地区（亿美元）	全国（亿美元）	比重（%）
实际利用 FDI 金额	2013	167.8	332.59	141.59	106.88	748.86	1 175.86	63.69
	2014	181.66	281.74	157.97	123.4	744.77	1 195.62	62.29
	2015	184.59	242.75	169.60	136.19	733.14	1 262.67	58.06
	2016	185.14	245.43	175.77	147.67	754.02	1 260.01	59.84
	2017	170.08	251.4	179	159	759.48	1 310	57.98

资料来源：据历年上海、江苏、浙江、安徽统计年鉴，国民经济和社会发展统计公报，以及历年《中国统计年鉴》整理得到。

2. 外资投资的独资化特征明显

从投资方式来看，加入世界贸易组织后，特别是在上海自由贸易试验区建设的推进下，整个长三角地区的开放制度环境不断优化，政策的稳定性和透明度进一步提高，出于知识产权保护、追求利润、核心技术内部化等方面的考虑，长三角地区吸收的外商直接投资中独资化特征明显（见图7-4）。2012年长三角地区实际利用的FDI中，以合资、合作、独资和外商股份制投资等其他形式投资的占比分别为20.06%、1.36%、76.06%和2.52%；至2016年，上述比重分别为22.33%、0.71%、73.62%和3.34%。虽然以外商独资方式投资的FDI比重相比2012年有所下降，但仍在70%以上，同时也超过了全国这一时期FDI的独资化比重（68.35%）。从长三角地区三省一市来看，2016年独资化程度最高的是上海，其次是江苏，安徽的独资化比重最低。2012~2016年期间，上海和江苏的独资化水平都高于浙江和安徽，这反映了上海和江苏在长三角内部的开放性经济发展水平和制度环境的透明度都较高，因为政策的透明度使独资化的外资在处理中国市场问题时具有更高的可预见性，从而不需要通过合资的方式求助于当地的合作伙伴；同时，也从一个侧面反映出江苏和浙江引进外资的技术含量较高，外商为了保持自身的技术优势，一般更倾向于采用独资的方式。

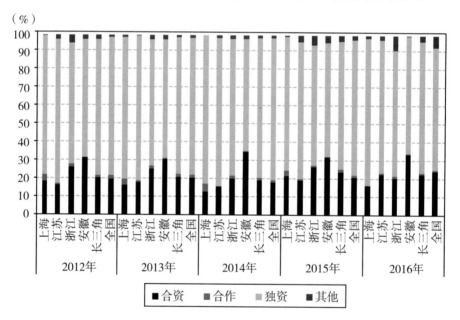

图7-4　2012~2016年长三角地区FDI投资方式占比及其与全国的比较
资料来源：根据历年上海、江苏、浙江、安徽统计年鉴和全国统计局网站公布数据整理得出。

3. 第二产业利用外商直接投资比重不断上升，长三角地区成为制造业外资的主要流入地

从利用FDI的产业分布来看，2012~2016年，长三角地区第一产业和第三产业利用FDI的比重不断减少，而第二产业利用FDI的比重不断上升。如表7-4所示，2012年长三角地区第一、第二和第三产业利用FDI占全国的比重分别为85.35%、

72.68% 和 57.29%，其中制造业利用 FDI 占全国的比重为 75.01%；到 2016 年，第一、第二和第三产业利用 FDI 占全国的比重分别为 47.47%、79.66% 和 50.62%，其中制造业占比为 78.81%，第一产业和第三产业利用 FDI 比重分别比 2012 年下降了近 38 个和 7 个百分点，而第二产业和制造业利用 FDI 比重则分别比 2012 年上升了近 6 个和 4 个百分点。长三角地区制造业完善的产业配套和优越的区位，使这一地区成为我国制造业的主要集聚区之一。产业集群一般具有路径依赖特征，而 FDI 的进入又进一步强化其路径依赖（吴丹丹、谢建国，2007），因此，长三角地区制造

表 7-4　　　　　2012~2016 年长三角地区各产业利用 FDI 基本情况

年份	产业	上海	江苏	浙江	安徽	长三角	全国	长三角地区占全国比重（%）
2012	第一产业	0.17	14.84	0.83	1.76	17.60	20.62	85.35
	第二产业	24.89	230.99	65.22	60.17	381.27	524.58	72.68
	制造业	24.55	223.28	64.06	54.65	366.54	488.66	75.01
	第三产业	126.79	111.77	64.64	24.45	327.65	571.96	57.29
2013	第一产业	0.03	9.87	0.81	2.75	13.46	18.00	74.78
	第二产业	32.10	183.09	62.01	73.88	351.08	495.69	70.83
	制造业	31.54	174.26	60.40	66.24	332.44	455.55	72.98
	第三产业	135.67	139.63	78.77	30.24	384.31	662.17	58.04
2014	第一产业	0.03	5.73	0.81	3.05	9.62	15.22	63.21
	第二产业	17.78	153.36	59.24	63.57	293.95	439.43	66.89
	制造业	17.44	145.56	57.08	54.96	275.04	399.39	68.87
	第三产业	163.85	122.65	97.92	56.78	441.20	740.97	59.54
2015	第一产业	0.21	4.80	0.90	2.62	8.53	15.34	55.61
	第二产业	25.00	124.79	71.93	80.17	301.89	435.95	69.25
	制造业	24.90	112.67	69.43	69.83	276.83	395.43	70.01
	第三产业	159.38	113.16	96.77	53.40	422.71	811.38	52.10
2016	第一产业	0.25	4.80	1.29	2.67	9.01	18.98	47.47
	第二产业	21.54	126.00	71.56	101.25	320.35	402.13	79.66
	制造业	21.44	104.60	67.89	85.80	279.73	354.92	78.81
	第三产业	163.35	114.63	102.93	43.75	424.66	838.90	50.62

资料来源：据历年上海、江苏、浙江、安徽统计年鉴和全国统计局网站公布数据整理得出。

业 FDI 的流入进一步促进了制造业产业集群发展,从而进一步吸引制造业 FDI 流入,形成制造业产业集群和 FDI 的互动发展。

4. 外资主要来源于港澳台地区

从 FDI 来源地来看,港澳台地区仍然是长三角地区主要的 FDI 来源地。2012 ~ 2016 年长三角地区累计利用港澳台地区 FDI 总额为 2271.71 亿美元,占长三角地区利用 FDI 总额的 61.28%。如图 7 - 5 所示,2012 年来源于港澳台地区的 FDI 占长三角地区利用 FDI 的 55.31%,至 2014 年占比达到 66.91%,之后虽然有所降低,但 2016 年来源于港澳台地区的 FDI 仍高达 63.21%,高于 2012 年约 8 个百分点。日本和韩国是长三角地区第二大主要来源地,另外,受美国制造业重心回流的影响,近年来长三角地区来自美国加拿大的 FDI 比重下降,从 2013 年的 4.38% 下降到 2016 年的 3.59%。图 7 - 5 说明长三角地区近年来 FDI 来源仍十分集中,需要进一步拓宽长三角地区利用 FDI 的渠道,进一步增加来自欧美发达国家和地区的投资。

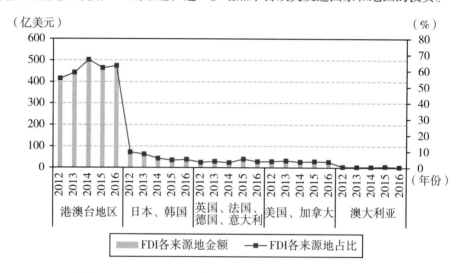

图 7 - 5 2012 ~ 2016 年长三角地区 FDI 主要来源地

资料来源:据历年上海、江苏、浙江、安徽统计年鉴和全国统计局网站公布数据整理得出。

5. 上海和江苏是长三角地区利用外商直接投资的中心

从长三角地区三省一市利用 FDI 比重来看,上海和江苏是利用 FDI 的中心(见图 7 - 6),2012 年上海、江苏利用 FDI 占比分别为 20.9%、49.22%,总占比达到 70% 左右。随后,江苏利用 FDI 比重下降趋势明显,从 2012 年的近 50% 下降到 2017 年的 33.1%;上海利用 FDI 比重则保持在 20%,较为稳定。上海、江苏两地利用 FDI 总比重在 2017 年下降到 56% 左右。作为后起之秀的浙江和安徽利用 FDI 比重则呈现出较为明显的增长趋势，特别是安徽利用 FDI 比重增长较为明显，从 2012 年的 11.89% 增长到 2017 年的 20.94%，这主要源于长三角地区发达省（市）土地、原材料和劳动力成本上升引起的国内产业向内地的梯度转移，未来安徽将成为长三角地区利用 FDI 的一个新增长区域。

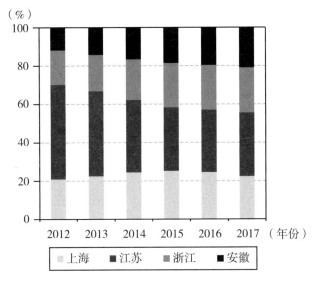

图 7 - 6　2012～2017 年长三角地区利用 FDI 比重
资料来源：据历年上海、江苏、浙江、安徽统计年鉴和全国统计局网站公布数据整理得出。

二、利用外资与长三角地区制造业发展

FDI 作为资本、知识、管理诀窍和技能等一揽子要素的综合体，其跨国流动必然会对流入地的产业发展产生深远影响。长三角地区是中国制造业利用 FDI 的主要经济区，2016 年全国制造业吸收的 FDI 中有近 80% 流入长三角地区，并且自 2014 年以来呈现增长态势，这必然对长三角地区制造业的资本形成、劳动就业和技术变化产生重要影响，并最终促进制造业产值不断增长。

（一）利用外资与长三角地区制造业资本形成

1. FDI 与资本形成的理论概述

关于 FDI 对资本形成的作用，积极的观点认为 FDI 可以促进东道国的资本形成，从而带动经济增长。根据 H. B. 钱纳里等 20 世纪 60 年代创立的"双缺口"模型，发展中国家普遍存在储蓄缺口和外汇缺口，即经济发展所需的投资规模大于经济体收入可以提供的储蓄，经济发展所需的对外国机器设备等产品的进口规模大于该国出口可以提供的外汇收入。封闭条件下，储蓄缺口的存在迫使发展中国家降低投资，从而使本国的资本积累下降，不利于本国经济增长。而在开放经济条件下，通过吸收 FDI，一方面，以机器设备等形式出资的 FDI 无须使用当期本国的出口外汇支付，可以缓解外汇缺口；另一方面，FDI 可以在不增加国内储蓄的情况下直接形成资本投资，从而缓解本国储蓄缺口对资本形成的制约。由此可见，FDI 对资本形成的作用是积极的。而 20 世纪 70 年代起源于拉丁美洲国家的经济依附论者的观点正好与此相左，认为发展中国家流入的 FDI 不但没有增加当地储蓄和外汇，反而使拉美国家大量的外汇以利息、利润、特许权费等形式流出投资国，从而不利于本国的资本形成。经验研究中，陈和常（Chen and Chang，1995）的研究表明，FDI 与中国的经济增长和固定资本形成正相关；沈坤荣（1999）运用截面数据和时间序列分析后认为，FDI 对我国长期以及各区域资本形成具有重要作用，可以显著推动区域经济增长。方勇和张二震（2002）实证分析了长三角地区固定资产投资规模与 FDI 之间的关系，认为 FDI 对本地区的固定资产投资规模具有强烈的带动作用。外资对资本形成的作用不仅仅表现在外资本身对产业投资规模的影响上，还会通过拉动投资规模放大这种影响，也即具有乘数效应。但杨柳勇和沈国良（2002）认为，跨国公司在东道国的投资可能会对国内投资产生"挤出"或"挤入"两种截然不同的结果，如果 FDI 取代了国内投资，那么其流入非但没有增加一国的总投资或资本形成，反而挤掉了部分国内投资，从而总体上 FDI 会带来宏观经济负的外部性。由此可见，利用 FDI 并不一定会带来长三角地区资本积累的增加，尤其是，随着我国和长三角地区经济增长和 FDI 存量的不断增加，部分产业出现产能过剩的情形说明，长三角地区乃至整个中国已基本不存在储蓄缺口的问题，在这种情形下，长三角地区利用 FDI 是否提高了区域资本积累？为了回答这个问题，我们从具体的统计数据入手，分别从长三角地区制造业 FDI 流量占该地区制造业固定资产投资规模的比重、外商投资企业固定资产投资占制造业固定资产投资比重的角度，来定量考察 FDI 对长三角地区资本形成的作用。

2. 利用 FDI 与长三角地区制造业资本形成的关系

图 7 - 7 和图 7 - 8 显示，无论是从三省一市单独来看，还是从长三角地区整体来看，FDI 对长三角地区制造业资本形成的直接作用都呈现下降态势。从长三

角地区制造业利用 FDI 在制造业固定资产投资中的占比看，2003 年这一比重为45.38%，2016 年这一比重下降至 4.44%。分地区来看，除后纳入长三角地区的安徽省制造业 FDI 在固定资产投资中的比重呈现微弱的上升趋势外，其他三个外向型经济发展水平较高的省（市）制造业 FDI 在固定资产投资中的地位都呈现明显的下降趋势。这一趋势说明，随着长三角地区对外开放的不断深入，长三角地区 FDI 在区域固定资产形成中的地位不断下降。从表 7-8 制造业外资企业固定资产投资占固定资产投资的比重来看，2003 年上海、江苏、浙江、安徽以及长三角地区制造业外资企业固定资产投资占比分别为 35.92%、66.65%、22.73%、7.56% 和 37.98%，作为长三角地区利用外资的第一梯队，江苏和上海两地固定资产投资在中国加入世界贸易组织初期对外资的依赖度最高。截至 2016 年，上海、江苏、浙江、安徽和长三角地区外资在制造业固定资产投资中的比重分别下降至 17.55%、8.75%、10.54%、3.19% 和 7.58%，其中，江苏省的下降幅度最大，其次是上海市。这进一步说明了长三角地区制造业固定资产投资对外资依赖程度在不断下降。虽然制造业外资企业固定资产投资占比下降，但从绝对水平来看，制造业外资企业固定资产投资和制造业固定资产投资总额都呈现不断上升的趋势，这可以从侧面反映长三角地区利用 FDI 已从早期的弥补区域内储蓄和投资缺口的角色转变为国内固定资产投资的有益补充，外资的进入并未挤出国内投资，两者相互补充、相互促进。

图 7-7　2003～2016 年长三角地区制造业利用 FDI 及其
占制造业固定资产投资的比重

资料来源：据历年上海、江苏、浙江、安徽统计年鉴和国研网数据整理得到。

图 7 - 8　2003～2016 年长三角地区制造业外资企业固定资产投资及其占制造业固定资产投资的比重

资料来源：历年上海、江苏、浙江、安徽统计年鉴。其中，制造业外资企业固定资产投资总额统计资料并未直接给出，图中数据根据外资企业固定资产投资总额×制造业 FDI 占全行业 FDI 比重估算得到。

（二）利用外资与长三角地区制造业就业增长

1. FDI 的就业效应综述

利用外资对东道国就业的影响是多维的，已有文献中关于两者的关系也并未得出统一的结论。联合国跨国公司投资管理司（1995）曾就 FDI 对受资国的就业效应从就业的数量、质量和区位结构等多个角度进行了系统的阐述，并从直接和间接就业效应，以及正向的就业创造和负面的就业破坏等角度进行了分析（见表 7 - 5）。

实证研究层面，汉森（Hanson，1995）建立资本与劳动力关系模型分析后认为，FDI 将提高东道国就业数量。蔡昉、王德文（2004）测算了 FDI 对中国整体、城镇和农村就业增长的贡献后肯定了 FDI 对就业的积极作用。但詹金斯（Jenkins，2006）就 FDI 对越南就业的研究发现，FDI 带来的劳动生产率提高使其对就业的直接效应不明显，另外，FDI 对国内投资的"挤出"会产生负的就业间接效应；对 FDI 就业效应持否定观点的还有杨扬等（2009）和罗燕、陶钰（2010）等。

表 7 –5　　　　　　　　利用 FDI 对东道国的就业效应

就业效应		就业数量	就业质量	就业区位
直接效应	积极	增加净资本并创造就业机会	生产率较高，提供高工资	为高失业地区增加新的和更好的就业机会
	消极	并购形式的 FDI 可能导致"合理化"裁员	在雇佣和晋职等方面引进不受欢迎的各种惯例	使已经拥挤的城市更为拥挤，加重地区不平衡状态
间接效应	积极	通过前后向联系和乘数效应增加当地就业	向内资企业传播"最佳运营"工作组织方式	促使供应商企业转移到劳动力可得性地区
	消极	依赖进口或挤垮现有企业则降低就业水平	在国内试图竞争时降低工资水平	如果 FDI 企业取代当地生产或依赖进口，当地生产商会被挤垮，地区性失业现象会恶化

　　资料来源：联合国跨国公司管理司，《1994 年世界投资报告》（中译本），对外经济贸易大学出版社 1995 年版，第 231 页。

从就业质量上来看，格雷厄姆（Graham，2000）以及利普西和舍霍尔姆（Lipsey and Sjöholm，2001）均认为，由于外资企业有更高的平均工资，因而 FDI 流入改善了东道国工人的福利水平；刘玉和孙文远（2014）利用省级面板数据研究证实了 FDI 对中国就业质量的积极影响和区域差异性，认为当前 FDI 对我国就业质量的影响处于"N"型曲线第一部分和第二部分的转换阶段。而古尔马等（Girma et al.，1999）对英国企业的实证分析并未发现外资企业促进工资增长的证据。罗索夫（Rosoff，2005）认为，依靠廉价劳动力丰裕的优势，尽管中国吸引了大量的 FDI 促进了经济增长，但同时工人的权益受到了侵害。从就业的区位和结构上来看，朱金生（2004）的研究认为，FDI 投资的区域偏向与区域就业差异有很大的关联性。张二震和任志成（2005）从 FDI 促进中国农业劳动力向非农业劳动力转移和提高劳动力素质结构的角度，肯定了 FDI 对中国劳动就业结构的积极影响。王燕飞和曾国平（2006）认为 FDI 对中国不同产业有不同的拉动效应，带动了中国第二产业就业，而对第三产业的就业拉动效应不明显。高远东和陈迅（2010）通过研究发现，FDI 与第二、第三产业的就业人数正相关，但与第一产业就业人数负相关。上述研究结果说明，FDI 对就业的影响是多方面的，且在不同时期对不同地区、不同产业具有异质性影响，分析长三角地区利用 FDI 对其就业的影响应综合考量。

2. 利用外资与长三角地区就业效应实证分析

　　由于上海和长三角地区其他三省就业统计口径差异较大，所以在此将上海和长三角其他三省分开论述。从数量上来看，无论是从上海市制造业外企职工人数还是从江苏、浙江、安徽三省制造业外企从业人员数量来看，FDI 的流入总体上带动了长三角地区制造业就业增长。如表 7－6 所示，1985 年上海制造业职工人数和制造业外企职工人数分别为 270.74 万人和 3.05 万人，至 2013 年分别增长到 369.63 万人和 154.68 万人。而制造业外企职工人数占制造业职工总人数的比重也从 1985 年的 1.13% 上升到 2013 年的 41.85%，制造业外企就业比重有显著提高。从增长速度来看，制造业外企职工人数年均增长率为 15.05%，远高于制造业职工人数年均 1.12% 的增长率。

表 7－6　　　　　1985～2013 年上海制造业外企职工人数及其比重

项目	1985 年	1986 年	1987 年	1988 年	1989 年	1990 年	1991 年
制造业职工人数（%）	270.74	274.36	274.22	275.00	272.94	274.57	275.04
外企职工人数（%）	3.05	3.32	2.41	4.11	6.14	7.94	10.74
比重（%）	1.13	1.21	0.88	1.49	2.25	2.89	3.90
项目	1992 年	1993 年	1994 年	1995 年	1997 年	1998 年	1999 年
制造业职工人数（%）	275.42	252.62	238.18	231.49	189.21	178.37	177.54
外企职工人数（%）	13.64	44.53	45.62	51.87	52.85	63.67	42.30
比重（%）	4.95	17.63	19.15	22.41	27.93	35.70	23.83
项目	2000 年	2001 年	2002 年	2003 年	2004 年	2005 年	2006 年
制造业职工人数（%）	168.82	158.93	160.26	152.75	137.42	150.45	201.29
外企职工人数（%）	46.80	46.00	56.67	59.05	59.81	63.22	99.87
比重（%）	27.72	28.94	35.36	38.66	43.52	42.02	49.61
年份	2007 年	2008 年	2009 年	2010 年	2011 年	2012 年	2013 年
制造业职工人数（%）	218.47	230.25	219.18	236.51	336.20	367.21	369.63
外企职工人数（%）	86.95	92.42	91.07	92.06	136.44	159.56	154.68
比重（%）	39.80	40.14	41.55	38.92	40.58	43.45	41.85

注：1985～1998 年外企职工人数指"其他单位（包含外企）"的职工人数。

资料来源：历年《上海统计年鉴》。

苏浙皖三省缺乏针对制造业外企就业人数的直接统计数据，我们通过考察制造业其他单位（包含外企）就业人数及其占制造业就业人数的比重来分析 FDI 对长三角地区制造业的就业效应。如表 7－7 所示，2000 年江苏、1998 年浙江和 2001 年安徽制造业其他单位从业人数占制造业的比重分别为 44.71%、41.45% 和 37.66%，至 2016 年三省这一比重都在 95% 以上；而从增长率来看，三省制造业其他单位就业人数年均增长率都远高于制造业就业增长率。因此，通过表 7－6 和表 7－7，大致可以判断流入长三角地区制造业的 FDI 总体上对制造业的就业起到了就业创造的作用，特别是早期流入长三角地区的制造业外资主要是面向出口市场，通过增加国内资本供给带动大量农村剩余劳动力转移到城市，实现了劳动力从第一产业向制造业的转移，促进了制造业增长和就业增加，制造业就业增加是工业化转型的基本表现之一，因此，FDI 是长三角地区经济工业化转型的重要推动力量。

表 7-7　1998~2016 年江苏、浙江和安徽制造业外企从业人数及其占比

年份	江苏			浙江			安徽		
	制造业从业人数（万人）	其他单位从业人数（万人）	比重（%）	制造业从业人数（万人）	其他单位从业人数（万人）	比重（%）	制造业从业人数（万人）	其他单位从业人数（万人）	比重（%）
1998	—	—	—	143.73	59.57	41.45	—	—	—
1999	—	—	—	129.5	68.84	53.16	—	—	—
2000	257.53	115.14	44.71	115.76	76.05	65.7	—	—	—
2001	235.61	122.39	51.95	103.05	80.16	77.79	94.6	35.63	37.66
2002	222.49	142.79	64.18	99.66	80.99	81.27	84.92	39.51	46.53
2003	225.47	162.4	72.03	111.49	96.38	86.45	77.32	43.56	56.34
2004	231.54	183.64	79.31	154.25	138.02	89.48	69.16	43.64	63.1
2005	251.57	214.71	85.35	203.39	189.64	93.24	66.2	44.54	67.28
2006	290.85	256.22	88.09	245.5	234.35	95.46	66.79	48.21	72.18
2007	310.27	274.17	88.36	284.73	275.13	96.63	68.34	51.95	76.02
2008	307.36	273.31	88.92	319.23	308.64	96.68	65.7	51.29	78.07
2009	308.2	273.18	88.64	333.08	321.3	96.46	68.59	58.19	84.84
2010	335.46	298.63	89.02	351.7	339.98	96.67	74.14	63.85	86.12
2011	353.69	327.28	92.53	376.75	365.93	97.13	83.99	72.51	86.33
2012	359.67	336.89	93.67	372.48	366.61	98.42	90.94	76.8	84.45
2013	555.46	539.65	97.15	357.95	353.64	98.8	120.41	113.21	94.02
2014	612.32	598.08	97.67	350.55	347.18	99.04	122.62	114.59	93.45
2015	595.2	583.44	98.02	330.6	328.47	99.36	120.95	115.78	95.73
2016	567.42	556.02	97.99	315.91	313.73	99.31	122.36	117.95	96.4
增长率（%）	5.06	10.34	—	4.47	9.67	—	1.73	8.31	—

注：其他单位从业人数指除国有经济和集体经济之外的所有其他经济单位从业人员，包括港澳台地区和外商投资企业从业人员，江苏省和浙江省统计口径为城镇单位，安徽省统计口径为城镇非私营单位。

资料来源：历年江苏、浙江、安徽统计年鉴。

由于FDI的流入增加了长三角地区的资本存量和资本劳动比,从而使劳动的边际产出相应增加,劳动报酬相应上升。同时,外商投资企业拥有相对规范的劳动聘用制度、培训制度、报酬制度和比较健全的劳动者保障制度,可以给职工提供较好的职业发展空间和报酬,并且还会对国内其他企业特别是私营企业的劳动管理产生积极的示范效应,从而有助于整个就业市场劳动质量的提升。鉴于数据的可得性,我们仅对比长三角地区三省一市制造业外资企业职工工资和制造业的平均工资来分析FDI对长三角地区就业质量的影响。从图7-9可以看出,作为长三角地区利用外资的中心城市,上海制造业外资企业职工的平均工资高于制造业整体的平均工资,且两者之间的差额不断扩大,说明FDI对于提高当地的就业质量起着积极的作用。但表7-8却显示,江苏、浙江、安徽其他单位职工平均工资与制造业职工平均工资基本持平,这一方面可能是由其他经济单位的统计口径造成的;另一方面可能是因为流入这三省的外资对劳动者技能要求较低,从而支付的工资较低造成的。

表7-8　　　　2000~2016年江苏、浙江、安徽制造业其他单位平均
工资与制造业平均工资对比

单位:元

年份	江苏		浙江		安徽	
	制造业	其他单位	制造业	其他单位	制造业	其他单位
2000	9 181	10 279	9 853	10 659	6 620	7 592
2001	10 125	11 123	11 357	11 740	7 202	8 196
2002	11 520	12 061	12 730	12 826	8 356	9 225
2003	13 512	13 833	13 849	13 781	9 701	10 544
2004	15 146	15 016	14 460	14 292	11 595	12 152
2005	16 937	16 728	16 290	16 099	13 651	14 230
2006	19 117	18 888	18 097	18 037	15 816	15 980
2007	21 895	21 692	20 570	20 507	19 067	18 916
2008	25 187	24 836	23 629	23 499	22 644	22 202
2009	27 372	27 037	25 287	25 141	25 178	24 765
2010	31 729	31 439	29 515	29 311	29 459	29 032
2011	37 097	36 747	35 266	34 973	36 579	36 510
2012	42 642	42 525	40 464	40 161	42 393	41 500
2013	53 979	53 848	45 895	45 620	43 978	43 330
2014	58 409	58 324	51 295	51 072	48 259	47 343
2015	62 731	62 727	55 370	55 184	50 945	50 027
2016	66 994	67 038	60 390	60 166	54 614	54 128

注:江苏和浙江统计口径为城镇单位,安徽统计口径为城镇非私营单位。
资料来源:历年江苏、浙江、安徽统计年鉴。

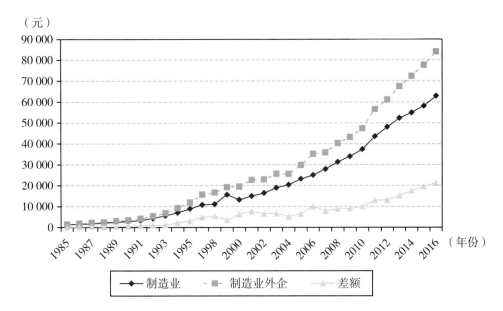

图 7 - 9　1985～2016 年上海制造业职工和制造业外企职工平均工资对比

注：1985～1994 年制造业外企平均工资指"其他经济单位（包含外企）"的平均工资，1996 年数据缺失。

资料来源：历年《上海统计年鉴》。

受数据可得性限制，我们以浙江和江苏两省的数据来分析利用外资对长三角地区制造业就业结构的影响。如表 7 - 9 和表 7 - 10 所示，浙江和江苏制造业主要行业利用外资的行业结构和制造业就业的行业结构并不完全一致。2015 年和 2016 年浙江制造业利用外资占比前三位的行业是：化学原料及化学制品制造业，通信设备、计算机及其他电子设备制造业，通用设备制造业；从非私营单位制造业企业就业结构来看，吸纳就业人数占比前三位的行业是：通用设备制造业，纺织业和通信设备、计算机及其他电子设备制造业。2016 年江苏制造业利用外资占比前五位的行业为：通信设备、计算机及其他电子设备制造业，医药制造业，电气机械及器材制造业，通用设备制造业和交通运输设备制造业；从城镇非私营单位就业占比来看，前五位的行业为：通信设备、计算机及其他电子设备制造业，电气机械及器材制造业，交通运输设备制造业，通用设备制造业，纺织服装、鞋、帽制造业。这说明制造业的就业结构是外资带来的行业产出扩张和就业创造作用与部门要素密集度特征作用的共同结果，纺织业属于劳动密集型行业，因而其流入的外资虽然较少，但吸收的就业较多；而化学及化学制品制造业属于资本密集型行业，因而利用外资的占比较高，而吸纳的就业占比较低。

表 7－9　　　　　　2015～2016 年浙江制造业利用外资结构和就业结构对比

行业	实际利用外资（万美元）		利用外资占比（%）		非私营单位制造业企业就业人数（万人）		就业比重（%）	
	2015 年	2016 年	2015 年	2016 年	2015 年	2016 年	2015 年	2016 年
纺织业	23 531	21 428	3.39	3.16	28.17	26.25	8.52	8.31
化学原料及化学制品制造业	38 886	111 393	5.60	16.41	14.67	14.24	4.44	4.51
医药制造业	32 816	11 093	4.73	1.63	10.18	10.33	3.08	3.27
通用设备制造业	48 754	43 986	7.02	6.48	29.1	28.05	8.80	8.88
专用设备制造业	18 067	27 732	2.60	4.08	11.68	10.67	3.53	3.38
通信设备、计算机及其他电子设备制造业	47 083	69 780	6.78	10.28	25.94	26.26	7.85	8.31

资料来源：根据《浙江统计年鉴（2017）》数据整理得到。

表 7－10　　　　　　2016 年江苏制造业利用外资结构和就业结构对比

行　　业	协议使用（万美元）	实际使用（万美元）	实际利用 FDI 比重（%）	城镇非私营单位就业人数（万人）	就业比重（%）
农副食品加工业	25 604	9 469	0.91	7.95	1.40
食品制造业	25 888	19 304	1.85	5.17	0.91
饮料制造业	26 327	13 147	1.26	6.41	1.13
纺织业	24 542	13 921	1.33	30.8	5.43
纺织服装、鞋、帽制造业	33 259	36 497	3.49	34.47	6.07
皮革、毛皮、羽毛（绒）及其制品	3 852	686	0.07	6.8	1.20
木材加工及木竹藤棕草制品业	4 720	1 777	0.17	4.6	0.81
家具制造业	30 081	14 791	1.41	2.45	0.43
造纸及纸制品业	8 920	12 235	1.17	5.7	1.00
印刷业和记录媒介的复制	716	2 439	0.23	5.12	0.90
文教体育用品制造业	14 337	2 851	0.27	11.68	2.06

行　　业	协议使用（万美元）	实际使用（万美元）	实际利用 FDI 比重（%）	城镇非私营单位就业人数（万人）	就业比重（%）
石油加工、炼焦及核燃料加工业	2 846	6 976	0.67	2.5	0.44
化学原料及化学制品制造业	11 5817	93 722	8.96	34.25	6.04
医药制造业	57 135	107 234	10.25	13.45	2.37
化学纤维制造业	25 606	3 002	0.29	7.13	1.26
橡胶塑料制品业	35 839	31 547	3.02	17.89	3.15
非金属矿物制品	55 804	29 028	2.78	14.04	2.47
黑色金属冶炼及压延加工业	10 104	2 100	0.20	15.4	2.71
有色金属冶炼及压延加工业	29 153	27 298	2.61	6.21	1.09
金属制品业	101 509	68 077	6.51	18.94	3.34
通用设备制造业	212 772	97 866	9.36	40.11	7.07
专用设备制造业	109 457	54 362	5.20	24.97	4.40
交通运输设备制造业	138 048	97518	9.32	45.78	8.07
电气机械及器材制造业	162 043	100 293	9.59	55.19	9.73
通信设备、计算机及其他电子设备制造业	330 245	171 190	16.37	136.84	24.1
仪器仪表及文化办公机械制造业	17 692	8 504	0.81	11.14	1.96
工艺品及其他制造业	45 662	18 884	1.81	1.33	0.23
废弃资源和废旧材料回收加工业	5 458	1 315	0.13	0.51	0.09

资料来源：根据《江苏统计年鉴（2017）》数据整理得到。

（三）利用外资对长三角地区制造业的技术溢出效应

1. FDI 技术溢出效应研究综述

发展高新和适用技术从而实现国民经济工业化和赶超发达国家是众多发展中国

家独立后经济发展的基本战略之一，而发展中国家普遍存在的"外汇缺口"和高昂的技术引进费用之间的矛盾制约了发展中国家通过技术引进的方式来实现本国的技术进步，因此，吸引外商直接投资被视为发展中国家实现技术进步最为廉价的手段（Mansfield and Romeo，1980），原因在于外商直接投资过程中客观存在的技术外溢效应。关于 FDI 技术溢出效应的研究最早可以追溯到 20 世纪 60 年代，麦克杜格尔（MacDougall，1960）在分析 FDI 的一般福利效应时首次将技术溢出效应看作 FDI 的一个重要福利效应。凯夫斯（Caves，1974）对 FDI 的技术外溢效应进行了较为全面的分析，认为 FDI 的进入可以提高东道国资源配置的效率，此外东道国企业之间的竞争和跨国公司在当地产生的示范效应将提升东道国的技术水平，从而使当地企业的技术能力和竞争力得到提升，跨国公司为了保持技术优势将进一步加快技术的转移速度，由此引致新一轮的技术外溢。达斯（Das，1987）借鉴寡头垄断理论中的价格领导模型分析了跨国公司子公司在面临技术外溢潜在成本时的技术转移策略；王和布洛姆斯特姆（Wang and Blomstram，1992）等构建了跨国公司子公司和当地企业的博弈模型，将技术溢出视为跨国公司子公司和当地企业间策略互动的内生现象，并认为两者都可以通过投资决策来影响技术溢出的水平。而科科（Kokko，1994）总结了 FDI 对东道国企业的技术溢出渠道，即示范模仿效应、竞争效应、联系效应、培训效应。

理论上来说，兼具物质资本和技术资本特征的外商直接投资具有对当地企业技术溢出的潜力，可以通过行业内的竞争效应、模仿示范和人员培训与流动等渠道发生行业内技术溢出，并通过产业关联作用发生行业间关联企业间的技术溢出。然而到目前为止，对这一问题的经验研究却始终没有形成一致意见。在对发达国家的研究中，FDI 的行业溢出效应通常为正，如乔纳森等（Jonathan et al.，2007）以及凯勒和耶普尔（Keller and Yeaple，2003）对英国与美国的研究；而对发展中国家 FDI 溢出效应的部分研究则得出了相反的结论，如哈达德和哈里森（Haddad and Harrison，1993）对摩洛哥、艾特肯和哈里森（Aitken and Harrison，1999）对委内瑞拉、贾科夫和霍克曼（Djankov and Hoekman，2000）对捷克、科宁斯（Konings，2001）对保加利亚、罗马尼亚和波兰的研究，这些研究都认为 FDI 的水平溢出对东道国的生产力影响不显著甚至为负。经验研究中唯一的共识可能是，FDI 对东道国的技术溢出效果受多种因素特别是当地吸收能力的影响（Smeets，2008）。然而，即便是在这一问题上，仍存在两种截然相反的观点：芬德利（Findlay，1978）认为国内外技术差距越大即当地技术越落后，东道国技术进步的潜力越大，因而技术溢出效应越显著；而科恩和利文索尔（Cohen and Levinthal，1989）则认为，当地企业吸收能力至少应达到某个最低的门槛水平才能吸收和应用跨国公司的先进技术，FDI 才会对东道国产生技术溢出。由此可见，FDI 的技术溢出问题确实是一个经验命题，不同地区可能有截然不同的结果。因此，为了判断 FDI 对长三角地区制造业的技术溢出效应，下面将结合已有的文献进行经验检验。

2. FDI 对长三角地区制造业技术溢出的实证分析

借鉴文献中常用的 FDI 技术溢出效应研究模型，同时考虑到数据的可得性，用以下模型来检验 FDI 对长三角地区制造业的技术溢出效应：

$$\ln LP_{it} = \alpha_0 + \alpha_1 \ln KI_{it} + \alpha_2 \ln S_{it} + \alpha_3 \ln TG_{it} + \alpha_5 \ln FP_{it} + \mu_i + \lambda_t + \varepsilon_{it} \quad (7.1)$$

其中，i 和 t 分别表示长三角地区各城市和时间；LP 表示劳动生产率，是被解释变量，用规模以上内资工业企业总产值除以其对应的年平均就业人数来表示；KI 表示资本密集度，用规模以上内资工业企业固定资产除以年平均就业人数衡量；S 表示制造业规模，用规模以上内资工业企业主营业务收入除以内资企业数量度量；TG 表示内外资技术差距，用规模以上工业企业内资企业劳动生产率除以外资企业劳动生产率表示（现有研究已经总体上了揭示了 KI、S、TG 是影响劳动生产率的重要因素）；FP 表示制造业的外资存在程度，用行业中的外商投资企业和港澳台投资企业工业总产值总和占全行业即"规模以上工业企业"总产值的比重来表示，这是模型的关键变量，用来度量 FDI 对制造业内资企业的技术溢出效应；μ_i 和 λ_t 分别为个体固定效应和时间固定效应；ε_{it} 为随机误差项。

考虑到数据的可得性和统计口径的一致性，我们最终收集了长三角地区 26 个城市 2010～2016 年的统计数据来估计式（7.1）。本部分所有数据来自长三角地区各省（市）统计年鉴、安徽省各市统计年鉴和国研网区域统计数据库。由于这里想要揭示的是 FDI 对内资企业的技术溢出效应，而不是全行业整体的溢出效应，因此劳动生产率、资本密集度和行业规模变量都是指规模以上工业企业中的内资企业相应变量。对于每一项具体指标，如果统计年鉴中没有直接给出，则用行业整体的数据减去港澳台和外商企业的相应数据得到。对于一些没有具体区分内资和外资产值、人数、固定资产和企业个数等指标的城市，则用该城市工业企业该指标的合计数乘以该城市所在省份相应指标的内资或外资份额得到。为了消除价格因素的影响，对工业总产值、固定资产总额、主营业务收入分别用各省（市）以 2010 年为基期的工业生产者出厂价格指数和固定资产投资价格指数进行了平减，模型的回归结果如表 7-11 所示。

表 7 - 11　　　　　　　　　FDI 技术溢出效应检验结果

变量	(1)	(2)	(3)	(4)	(5)	(6)
lnFP	-0.615*** (0.104)	-0.209*** (0.0456)	-0.200*** (0.0397)	-0.194*** (0.0395)	-0.342*** (0.0622)	-0.249*** (0.0593)
lnKI			0.411*** (0.0592)	0.375*** (0.0616)	0.538*** (0.0458)	0.365*** (0.0621)
ln$S$				0.0826* (0.0437)	0.240*** (0.0286)	0.0983** (0.0454)
lnTG					-0.118*** (0.0416)	-0.0498 (0.0397)
Constant	3.721*** (0.166)	4.014*** (0.0719)	2.782*** (0.188)	2.904*** (0.198)	2.227*** (0.125)	2.857*** (0.201)
城市效应	是	是	是	是	是	是
时间效应	否	是	是	是	否	是
观测值	182	182	182	182	182	182
R^2	0.184	0.870	0.902	0.904	0.881	0.905

注：括号内为标准误；*、** 和 *** 分别表示在 10%、5% 和 1% 水平上显著。

从表 7 - 11 可以看出，资本密集度（lnKI）和企业规模（ln$S$）与内资企业的劳动生产率呈正相关关系，符合一般的经济逻辑；技术差距（lnTG）在模型没有加入时间固定效应时，与内资企业的劳动生产率显著负相关，说明内资企业与外资企业的技术差距越大，外资企业可供内资企业模仿的技术就越多，因而越有利于提高内资企业的劳动生产率；但在加入时间固定效应时，技术差距变量的符号依然为负，但不显著，说明技术差距与劳动生产率之间的关系不够稳健，受其他反映内资企业吸收能力变量的影响。值得特别关注的是，无论模型是否引入控制变量，lnFP的符号始终为负，且回归系数都通过了 1% 的显著性检验，说明外商直接投资对长三角地区制造业的技术溢出效应为负。这一结论与艾特肯和哈里森（1999）关于 FDI 对委内瑞拉内资企业生产率的影响、时磊等（2011）关于 FDI 与中国企业生产率的关系的研究结论类似。艾特肯和哈里森（1999）认为，外资企业相对本土企业而言，其产品边际成本更低，因而有扩大产量的能力和动机，从而会挤占本土企业的市场份额，导致其平均成本提高，使 FDI 对本地企业产生负的技术溢出效应。而时磊等（2011）利用中国微观企业层面的数据研究发现，FDI 可以提高合资企业技术水平，却降低了与合资企业同在某一行业的非合资企业技术水平。FDI 会与本地企业在资源、劳动力和市场方面形成竞争，造成 FDI 集聚地的"拥挤成本"上升，并对本地企业产生"市场窃取""技能人才外化"和"产业链压迫"等负向效应，产生负的技术溢出效应（Aitken and Harrison，1999；Kokko et al.，2002；沈坤荣等，2009；时磊等，2011）。

技术溢出本质上属于外部性，因而跨国公司为了保持技术垄断优势，往往会进行技术保密以防止技术外溢。从本章前面的现状分析中也可以发现，我国加入世界贸易组织后 70% 以上的制造业 FDI 以独资的方式流入长三角地区。李和夏伊（Lee and Shy，1992）认为合资企业比外商独资企业的技术溢出更大，因而长三角地区 FDI 投资方式也是其近年来对内资溢出负面影响的原因之一。另外，张等（2010）利用中国制造业企业面板数据进行实证分析，发现 FDI 来源国越分散，FDI 对本土企业的正向技术外溢越显著。杜等（Du et al.，2012）利用中国工业企业数据的经验研究发现，中国不同来源地的 FDI 技术溢出效应截然不同，来自非港澳台地区的外资对中国的技术溢出效应为正，而来自港澳台地区的外资的技术溢出效应则为不显著的负效应。究其原因是，案例研究发现来自港澳台地区的外资很多是内地企业绕道港澳台地区的往返投资（"round-tripping" foreign investment），目的是未来享受优惠的外资政策，因而其技术溢出效应不显著，甚至为负。长三角地区 60% 以上的 FDI 来源于港澳台地区，这也是 FDI 技术溢出负效应产生的另一原因。FDI 对长三角地区制造业负的技术溢出效应显示，未来应进一步调整长三角地区制造业利用 FDI 的战略，从出口导向型 FDI 真正过渡到技术导向型 FDI，吸引来自欧美发达国家的外资。同时，FDI 与本土企业技术赶超的关系也许并不仅局限于知识流动或者外溢，两者之间是一种间接关系，比 FDI 进入带来的知识流动（或者外溢）更重要的是本土企业面临跨国公司带来的威胁或者机遇时自身的战略反应（汤大军等，2013）。因此，在努力获取跨国公司技术外溢效应的同时，转变依赖跨国公司或客户技术外溢的观念，提高研发投资、加快自主创新，或许是实现长三角地区制造业技术升级的更好选择。

三、利用外资与长三角地区服务业发展

自 2001 年我国加入世界贸易组织以来，长三角地区引进外商直接投资规模不断扩大，外商直接投资的大量进入不仅带来了先进的技术、管理经验和优质资本，而且促进了产业结构的升级，提升了产业在全球价值链中的地位（陈瑛，2018）。第一，外商直接投资的技术溢出效应促进了服务业的发展。由于长三角地区经济发展起步较晚，与外国技术水平具有一定的差距，外商直接投资一般具有先进技术和管理经验，而国内服务业企业发展相对落后，服务业企业可以模仿和学习外资的先进技术与管理经验，这种"干中学"效应可以较快促进落后服务业企业的快速成长与发展。第二，外商直接投资的竞争效应可能倒逼服务业企业快速进步。外商直接投资具有明显的技术与管理优势，在这种市场竞争条件下，服务业企业不得不进行技术与管理创新，从而促进长三角地区服务业发展升级。长三角地区作为我国改革开放的前沿阵地，经济发展水平相对较高，产业集聚效应明显，不断吸引大量服务业外资流入。2004 年，江苏服务业实际利用外资仅为 156 491 万美元，占全省实际利用外资的 12.89%；2016 年，江苏服务业实际利用外资已经扩大到 1 146 256 万美元，扩大了 7 倍多，占全省实际利用外资的 46.7%。由此可见，外商直接投资重心逐渐从制造业领域向服务业领域转移。

（一）长三角地区服务业发展现状

1. 服务业规模

随着经济全球化及世界经济产业结构的调整，服务经济在国民经济发展中的地位愈发重要。长三角地区作为我国经济最发达的地区之一，是我国改革开放的前沿阵地，其服务业规模不断扩大。如图 7 - 10 所示，从服务业产值看，2001 年服务业增加值为 5 449.94 亿元，在国民生产总值中占比 46.2%；到 2016 年，长三角地区服务业增加值达到了 57 647.96 亿元，相比 2001 年增加了 10 倍多，在国民生产总值中的占比增加到 58%。从增长率看，2001 ~ 2016 年，服务业产值增长率基本在 10%~20% 之间波动，年平均增长率为 17.09%，高于同时期全国服务业产值增长率约两个百分点，[①] 2005 年和 2007 年增长率甚至超过了 20%。可以看出，长三角地区服务业产值一直保持较高的增长率，在规模扩大的同时，也保持了稳定高速发展的良好态势。

---

① 经计算，同时期全国服务业增加值增长率为 15.3%。

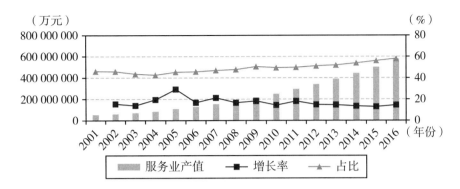

图 7 – 10　2001 ~ 2016 年长三角地区服务业产值与增长率

注：根据 2016 年 5 月国务院批准的《长江三角洲城市群发展规划》，长三角城市群包括：
上海，江苏省的南京、无锡、常州、苏州、南通、盐城、扬州、镇江、泰州，浙江省的杭州、
宁波、嘉兴、湖州、绍兴、金华、舟山、台州，安徽省的合肥、芜湖、马鞍山、铜陵、安庆、
滁州、池州、宣城等 26 市。

资料来源：中经网统计数据库。

2. 服务业空间分布

　　长三角地区是我国城市密集聚集区，虽然服务业规模有所扩大，但由于区域经
济发展不平衡，长三角地区服务业发展的空间分布具有差异性。从表 7 – 12 可以看
出：第一，上海是服务业发展的"领头羊"。纵向来看，2001 年上海服务业产值仅
有 2 488.096 亿元，而 2016 年已经达到了 19 663.060 亿元，产值扩大约 8 倍。横向
来看，上海服务业的发展遥遥领先于其他城市。作为省会城市，2001 年南京、杭州
与合肥服务业产值分别只有 484.989 亿元、553.842 亿元和 111.517 亿元。2001 年
合肥服务业产值不足上海的 5%，2016 年这一数据虽然有所增大，但是合肥服务业
产值与上海仍然具有较大差距。上海作为长三角地区的核心经济区域，服务业发展
势头良好。第二，虽然部分城市服务业增长强劲，但总体发展不平衡。在长三角地
区 26 个城市中，2016 年服务业产值超过 1 000 亿元的城市有 11 个，分别为上海、
南京、无锡、常州、苏州、南通、扬州、杭州、宁波、绍兴和合肥。从地区分布来
看，这些城市大多分布于江苏，占据了六席；其次为浙江，占据三席；安徽仅有省
会合肥一个城市超过 1 000 亿元。可以看出，安徽作为长三角地区的新成员，与其
他地区差距较为明显。第三，浙江与安徽内部不平衡较为严重。杭州和合肥作为省
会城市，服务业产值远大于省内其他城市。尤其是安徽省内大多数城市服务业产值
甚至不足 500 亿元，与合肥 2016 年超 2 000 亿元的服务业产值相差甚远，形成省内
合肥"一家独大"的局面。

表 7 - 12　　　　2001 ~ 2016 年长三角地区 26 个城市服务业产值　　　单位：亿元

地区	2001 年	2004 年	2007 年	2010 年	2013 年	2016 年
上海	2 488.096	3 535.997	6 362.432	9 767.127	13 300.710	19 663.060
南京	484.989	784.782	1 505.447	2 389.001	4 356.806	6 132.713
无锡	354.648	546.247	937.626	1 376.803	2 068.580	2 750.632
常州	82.356	305.982	522.101	952.446	1 555.256	2 590.050
苏州	235.610	427.020	915.362	1 593.089	3 121.059	4 242.076
南通	72.198	99.585	220.886	596.541	841.776	1 301.123
盐城	36.495	82.682	148.059	221.707	347.991	771.949
扬州	97.124	146.167	239.096	404.786	943.203	1387.504
镇江	72.697	137.438	199.271	340.145	593.609	852.548
泰州	38.318	57.701	96.869	206.553	512.864	793.669
杭州	553.842	864.951	1 626.336	2 501.235	3 792.689	6 258.319
宁波	279.264	514.974	871.550	1 336.327	2 053.458	2 743.848
嘉兴	48.732	92.024	164.791	251.966	371.378	503.836
湖州	62.035	103.116	149.221	229.987	335.359	502.351
绍兴	65.590	107.633	158.419	242.123	1 030.365	1338.160
金华	43.718	76.808	127.897	195.510	290.365	403.954
舟山	35.956	60.970	143.840	224.059	328.723	466.889
台州	86.336	153.094	282.417	405.324	566.158	757.684
合肥	111.517	203.305	519.271	912.020	1 424.028	2 177.167
芜湖	48.570	75.102	163.246	263.218	404.457	705.405
马鞍山	36.313	49.981	133.071	179.705	270.655	411.706
铜陵	25.024	36.749	73.613	101.825	155.225	270.532
安庆	35.168	54.401	91.376	122.512	181.966	246.673
滁州	21.275	36.419	50.145	56.203	60.619	109.763
池州	11.435	15.165	29.624	62.962	86.924	130.408
宣城	22.634	30.133	50.978	64.174	94.349	135.944

注：限于篇幅，只给出部分年份服务业产值。

资料来源：根据中经网统计数据库整理。

3. 服务业聚集度

长三角地区经济发展的一个重要现象是产业集聚效应明显，集聚体之间形成的研发、生产、销售的组织网络是区域竞争优势的主要来源。[①] 产业集聚是产业分工的进一步发展，进而形成产品分工，使分工更加细化，这样的分工方式极大提升了劳动生产率。

参照吴丹丹和谢建国（2007）测算产业集聚度的做法，我们用区位熵衡量服务业的聚集度，这一指标反映了某一产业的专业化程度。计算公式如下：

$$\beta_{ij} = \frac{q_{ij}/q_j}{q_i/q} \qquad (7.2)$$

其中，β_{ij}表示区域j产业i的聚集程度；q_{ij}表示区域j产业i的产值；q_j表示区域j的总产值；q_i表示产业i的总产值；q表示全部区域j和全部产业i产值的总和。如果$\beta_{ij}>1$，说明该地区服务业聚集度程度较高；如果$\beta_{ij}<1$，说明该地区服务业聚集度程度较低；如果$\beta_{ij}=1$，说明该地区服务业聚集度程度处于所选地区的平均水平。按照这一测算方法，我们测算了长三角地区 26 个城市的服务业区位熵，测算结果如表 7-13 所示。

根据表 7-13 测算结果可以发现，首先，从总体平均值来看，2016 年长三角地区服务业整体集聚度为 0.971，说明服务业专业化程度略低于全国平均水平，这看似与长三角地区经济发展并不相符，但考虑到 2016 年安徽部分城市刚刚加入长三角城市群，这些城市可能拉低了长三角地区服务业聚集度的整体水平。剔除安徽部分城市，只考虑江浙沪地区，可以发现，2016 年服务业集聚度水平为 1.028，大于全国服务业聚集度的平均水平，这一结果从侧面说明长三角地区新成员（安徽）服务业专业化程度相比老成员（江浙沪）还有较大差距。其次，服务业专业化程度的大城市现象明显，大多地级市服务业聚集水平较低。从表 7-13 可以看出，上海、南京、杭州、无锡和合肥等地服务业聚集度均高于全国平均水平，这些城市的服务业发展水平相对较高，具有一定的发展优势。相反，大多数地级市服务业专业化水平低于全国平均值，服务业聚集度并不高，尤其安徽除了安庆之外，其他地级市服务业专业化程度均较低。

---

① 陈建军等：《产业集聚间分工和地区竞争优势——来自长三角微观数据的实证》，载于《中国工业经济》2009 年第 3 期。

表 7 – 13　　　　　　　2001~2016 年长三角地区 26 个城市服务业聚集度

地区	2001 年	2004 年	2007 年	2010 年	2013 年	2016 年	2001~2016 年平均值
上海	1.234	1.165	1.230	1.306	1.335	1.353	1.275
南京	1.198	1.084	1.165	1.200	1.165	1.133	1.170
无锡	1.075	1.015	1.012	1.046	1.061	1.123	1.053
常州	0.884	0.894	0.858	0.933	0.994	1.008	0.919
苏州	0.924	0.786	0.931	1.012	1.009	1.027	0.953
南通	0.921	0.824	0.934	0.972	0.944	1.020	0.936
盐城	1.149	0.831	0.891	0.804	0.782	0.794	0.876
扬州	1.013	0.973	0.925	0.928	0.926	0.928	0.938
镇江	1.070	0.945	0.869	0.913	1.004	0.966	0.945
泰州	0.750	0.707	0.695	0.827	0.851	0.896	0.775
杭州	1.124	1.077	1.165	1.197	1.223	1.234	1.173
宁波	1.165	0.992	1.056	0.990	1.020	0.955	1.032
嘉兴	0.841	0.900	0.951	0.989	1.019	1.007	0.970
湖州	0.824	0.884	0.842	0.875	0.891	0.964	0.884
绍兴	1.246	1.139	1.071	1.177	0.935	0.926	1.096
金华	1.002	1.058	1.054	1.101	1.087	1.130	1.083
舟山	1.003	1.011	1.141	1.114	1.035	0.997	1.069
台州	0.739	0.827	1.040	1.078	1.065	1.040	0.990
合肥	1.005	1.063	1.183	1.078	0.991	1.007	1.064
芜湖	0.894	0.778	0.903	0.751	0.682	0.824	0.801
马鞍山	0.799	0.550	0.703	0.656	0.702	0.877	0.714
铜陵	0.955	0.760	0.686	0.589	0.584	0.698	0.714
安庆	1.201	1.107	1.145	0.981	1.054	1.047	1.100
滁州	0.900	0.997	1.003	0.732	0.506	0.575	0.802
池州	0.891	0.805	0.849	0.897	0.766	0.808	0.839
宣城	0.982	0.975	1.178	0.987	0.863	0.907	1.004
平均值	0.992	0.929	0.980	0.967	0.942	0.971	0.963
平均值（除安徽）	1.009	0.951	0.990	1.026	1.019	1.028	1.004

资料来源：根据中经网统计数据库计算整理。

4. 生产性服务业

生产性服务业是服务业发展的主导力量。2006～2016 年，长三角地区生产性服务业保持了快速发展（见表 7 - 14）。从表 7 - 14 可以看出，第一，从整体来看，2006 年长三角地区生产性服务业增加值为 11 015.05 亿元，2016 年则达到了50 590.23 亿元，增长了 359.28%。其中，金融业在生产性服务业中所占份额最大，2016 年金融业占比超过 1/3；其次为房地产业，受到近年来房价高涨的影响，房地产业产值不断扩大，逐渐超过了交通运输、仓储和邮政业，2016 年突破了 10 000亿元，仅次于金融业。科学研究、技术服务和地质勘察业产值较小，2016 年只有不到 3 000 亿元，占比不到 6%。第二，从长三角各区域看，江苏生产性服务业规模最大，其中金融和房地产业占据了超 1/2 份额，其次为租赁和商业服务业，交通运输、仓储和邮政业与信息传输、计算机和软件业产值大体相当，科学研究等占比最小；上海作为长三角的核心经济区，生产性服务业总产值仅次于江苏，与江苏类似，上海金融业和房地产业产值规模较大，占比也超过了 1/2；浙江生产性服务业产值与上海相当；安徽生产性服务业规模最小，不到江苏的 1/3。可以看出，三省一市中

表 7 - 14 　　　　　2006～2016 年长三角地区生产性服务业产值 　　　　　单位：亿元

地区	行业	2006 年	2009 年	2015 年	2016 年
上海	交通运输、仓储和邮政业	669.01	635.01	1 133.73	1 237.32
	信息传输、计算机服务和软件业	421.31	601.73	1 398.59	1 647.66
	金融业	825.20	1 804.28	4 162.70	4 765.83
	房地产业	688.10	1 237.56	1 699.78	2 125.62
	租赁和商务服务业	332.98	641.97	1 481.27	1 628.09
	科学研究、技术服务和地质勘查业	234.12	364.90	884.84	1 004.94
	小计	3 170.72	5 285.45	10 760.91	12 409.46
江苏	交通运输、仓储和邮政业	928.41	1 423.25	2 705.44	2 834.56
	信息传输、计算机服务和软件业	383.47	526.52	1 870.81	2 443.22
	金融业	723.79	1 596.98	5 302.93	6 011.13
	房地产业	914.78	2 025.39	3 755.45	4 292.79
	租赁和商务服务业	284.22	555.72	2 845.33	3 451.12
	科学研究、技术服务和地质勘查业	133.36	308.84	998.71	1 097.81
	小计	3 368.03	6 436.70	17 478.67	20 130.63

续表

地区	行业	2006 年	2009 年	2015 年	2016 年
浙江	交通运输、仓储和邮政业	630.94	888.02	1 631.88	1 774.37
	信息传输、计算机服务和软件业	376.17	515.40	1 693.01	2 239.90
	金融业	846.63	1 899.33	2 922.93	3 050.61
	房地产业	807.52	1 316.83	2 351.42	2 607.00
	租赁和商务服务业	272.92	364.97	1 147.95	1 341.06
	科学研究、技术服务和地质勘查业	144.72	185.04	550.21	691.80
	小计	3 078.90	5 169.59	10 297.40	11 704.74
安徽	交通运输、仓储和邮政业	449.60	733.20	1 640.90	1 775.90
	信息传输、计算机服务和软件业	409.60	467.90	791.70	826.80
	金融业	130.20	359.60	1 241.90	1 447.00
	房地产业	247.80	497.90	870.10	1 124.10
	租赁和商务服务业	86.20	200.30	831.50	970.30
	科学研究、技术服务和地质勘查业	74.00	87.70	144.10	201.30
	小计	1 397.40	2 346.60	5 520.20	6 345.40
长三角地区	交通运输、仓储和邮政业	2 677.96	3 679.48	7 111.95	7 622.15
	信息传输、计算机服务和软件业	1 590.55	2 111.55	5 754.11	7157.58
	金融业	2 525.82	5 660.19	13 630.46	15 274.57
	房地产业	2 658.20	5 077.68	8 676.75	10 149.51
	租赁和商务服务业	976.32	1 762.96	6 306.05	7 390.57
	科学研究、技术服务和地质勘查业	586.20	946.48	2 577.86	2 995.85
	小计	11 015.05	16 196.50	44 057.18	50 590.23

资料来源：根据历年上海、江苏、浙江、安徽统计年鉴数据整理得到。

生产性服务业占比最大的两大行业均为金融业和房地产业，说明金融业和房地产业在服务经济中具有重要的地位。近年来，各地房价高速增长，不仅促进了房地产业的飞速发展，同时也带动了金融业的快速增长，两者互相支撑，房地产业和金融业逐渐成为当地的支柱性产业，因此，这两个行业产值占比较大也就不足为奇。第三，互联网时代，计算机技术等服务发展备受关注。从表 7 – 14 可以看出，2016

年，江苏信息传输、计算机服务和软件业产值为 2 443.22 亿元，略高于浙江，上海和安徽产值规模相对较小；从增长速度来看，2006～2016 年，江苏计算机服务产值增加了 537.13%，浙江增加了 495.44%，上海和安徽分别增加了 298% 和 101.85%。不管是从产值规模还是从增长速度来看，安徽都远远落后于其他省（市），表明安徽计算机信息服务业发展水平较低。

（二）实证分析

1. 计量模型构建

外商直接投资对地区经济发展具有重要的推动作用，外资进入不仅为本地市场带来了国外先进技术和管理经验，而且对当地的产业发展具有重要影响。为了考察长三角地区利用外资对服务业产值的影响，我们建立如下计量模型：

$$\ln service_{ijt} = \alpha_0 + \alpha_1 \ln FDI_{it} + \alpha_2 \ln employment_{it} + \alpha_3 \ln comsumption_{it}$$
$$+ \alpha_4 \ln expenditure_{it} + \alpha_5 \ln education_{it} + \varepsilon_{ijt} \qquad (7.3)$$

其中，i、j 和 t 分别表示省份、行业和年份；$service$ 表示服务业增加值；FDI 表示外商直接投资额。控制变量中，$employment$ 表示就业人员数量，利用一省年度平均就业人员数量表示；$comsumption$ 表示居民消费能力，利用一省年度居民消费水平表示；$expenditure$ 表示政府支出，采用政府一般公共预算支出表示；$education$ 衡量一省教育水平，利用一省专科以上大学生招生人数表示；ε_{ijt} 表示误差项。为了缓解可能存在的异方差，我们对所有变量均取对数。本部分数据均来自中经网统计数据库以及历年上海、江苏、浙江和安徽统计年鉴。各变量描述性统计分析如表 7-15 所示。

表 7-15　　　　　　　　变量描述性统计

变　量	观测值	平均值	标准差	最小值	最大值
lnservice	600	6.134	1.054	3.271	8.618
lnFDI	616	13.56	0.576	12.06	14.39
lnemployment	616	6.472	0.451	5.807	7.379
lnconsumption	616	9.622	0.559	8.387	10.50
lnexpenditure	616	8.049	0.470	6.834	8.908
lneducation	616	12.45	0.410	11.83	13.02

2. 回归结果

（1）全样本回归结果。

根据计量模型，我们可选择混合 OLS、固定效应和随机效应进行回归分析，为了克服潜在的异方差问题，回归过程中采用异方差稳健标准误。回归结果发现，省份虚拟变量和年份虚拟变量均不显著，即认为不存在个体效应和时间效应，不适用于固定效应和随机效应，因此，我们采用混合最小二乘法（OLS）对模型进行回归分析。回归结果如表 7－16 所示。

表 7－16　　　　　　　　　　　全样本回归结果

变量	（1）	（2）	（3）	（4）	（5）	（6）
lnFDI	0.893*** (14.97)	0.874*** (24.57)	0.273* (1.847)	0.193*** (3.347)		
LlnFDI					0.848*** (24.24)	0.192*** (3.292)
ln$employ$-$ment$			0.637*** (3.205)	0.561*** (7.005)		0.510*** (6.465)
ln$expenditure$			0.133 (0.723)	0.076 (1.019)		0.059 (0.685)
ln$consump$-$tion$			0.311 (0.952)	0.467*** (3.489)		0.523*** (3.755)
ln$education$			0.215 (0.567)	0.443*** (2.768)		0.527*** (3.265)
常数项	−5.968*** (−7.42)	−6.032*** (−12.53)	−8.429* (−1.951)	−11.070*** (−5.799)	−5.613 (−11.87)	−12.163*** (−6.233)
行业效应	否	是	否	是	是	是
观测值	600	600	600	600	544	544
R^2	0.239	0.796	0.326	0.890	0.809	0.893

注：采用异方差稳健标准误；*、** 和 *** 分别表示在 10%、5% 和 1% 水平上显著。

表 7－16 中第（1）列只考虑了外商直接投资对服务业增加值的影响，可以看出，外商直接投资回归系数显著为正，且通过 1% 水平显著性检验；第（2）列在第（1）列的基础上控制了行业效应，发现结果并没有发生显著变化。第（3）列

加入了其他控制变量，但是没有控制行业效应，结果显示，除了 *FDI* 的回归系数在 10% 水平上显著外，其他控制变量均未能通过显著性水平检验，而且模型拟合度仅为 0.326，远小于第（2）列的拟合度。第（4）列同时考虑了控制变量和行业固定效应，发现控制变量系数显著性增强，拟合度也大幅度提升，说明服务业各行业特征对服务业增加值具有重要影响，是不可忽略的因素。第（4）列回归结果显示，*FDI* 的估计系数依然在 1% 水平上显著为正，说明外商直接投资对长三角服务业增加值具有显著的促进作用，即外商直接投资增加 1% 将导致服务业各行业增加值提升 19.3%。

控制变量中，就业人员数量估计系数显著为正，说明就业人员数量增加会提升服务业增加值；政府支出估计系数尽管为正，但是未能通过显著性水平检验，可能是因为政府支出大部分进入了制造业，对服务业的促进作用并不明显；居民消费水平估计系数在 1% 水平上显著为正，表明居民消费水平促进了服务业增加值的提升，对于这一结果并不难理解，居民消费水平代表消费能力，交通运输、金融、房地产等服务行业均与居民消费息息相关，消费能力越强，越能促进这些服务行业的发展；教育水平回归系数显著为正，表明教育水平越高，对服务业增加值的促进作用越强。

另外，外商直接投资对服务业的影响可能不只是在当期，有可能存在滞后效应。第（5）列和第（6）列中，我们考虑了 *FDI* 对服务业影响的滞后效应，Lln*FDI* 代表外商直接投资的滞后一期。第（5）列只考虑了外商直接投资的滞后一期效应，并控制行业固定效应，回归系数显著为正；第（6）列加入了其他控制变量，结果显示，外商直接投资估计系数依然显著为正，表明外商直接投资对服务业增加值的促进作用存在滞后效应。其他控制变量显著性与第（4）列保持一致，说明模型结果是可靠的。

（2）分样本回归结果。

生产性服务业作为国民经济的重要组成部分，与工业发展密切相关，是工业发展的重要支撑条件。例如物流运输服务业，近年来随着电子商务的发展，网上购物成为消费者新的消费选择，随着网络购物消费的递增，物流运输业必然不断扩大，以满足不断增长的消费者网上购物需求。长三角物流运输、仓储行业增加值从 2006 年的 2 677.96 亿元增加到 2016 年的 7 622.15 亿元，增长了 184.63%。不仅如此，生产性服务业对于产业升级具有重要的推动作用，对于促进区域发展、交流与合作具有重要作用（王聪，2017）。因此，生产性服务业在整个国民经济体系中占据重要地位。为了研究外商直接投资对不同性质服务行业的影响，接下来，我们进一步分样本考察外商直接投资对生产性服务业和非生产性服务业的影响。回归结果如表 7 − 17 所示。

表 7 - 17 　　　　　　　　生产性服务业和生活性服务业回归结果

变量	生产性服务业			生活性服务业		
	(1)	(2)	(3)	(4)	(5)	(6)
ln*FDI*	0.876 *** (17.50)	0.130 * (1.677)		0.871 *** (17.52)	0.223 *** (3.149)	
Lln*FDI*			0.173 ** (2.214)			0.192 *** (2.683)
ln*employment*		0.275 *** (2.670)	0.249 ** (2.531)		0.760 *** (7.399)	0.693 *** (6.919)
ln*expenditure*		0.312 *** (3.375)	0.291 *** (2.720)		−0.113 (−1.207)	−0.126 (−1.148)
ln*consumption*		0.562 *** (3.148)	0.554 *** (3.096)		0.430 *** (2.644)	0.529 *** (3.145)
ln*education*		0.306 (1.427)	0.329 (1.566)		0.595 *** (3.095)	0.720 *** (3.759)
Constant	−5.407 *** (−7.90)	−8.801 *** (−3.355)	−9.261 *** (−3.581)	−6.006 *** (−8.95)	−12.776 *** (−5.513)	−14.316 *** (−6.065)
行业效应	是	是	是	是	是	是
观测值	260	260	236	340	340	308
R^2	0.774	0.876	0.878	0.767	0.899	0.900

注：采用异方差稳健标准误；*、** 和 *** 分别表示在 10%、5% 和 1% 水平上显著。

　　表 7 - 17 中第（1）列至第（3）列是生产性服务业回归结果。第（1）列只考虑了外商直接投资，估计系数显著为正，第（2）列在此基础上加入了其他控制变量，外商直接投资估计系数在 10% 显著性水平上为正，表明外商直接投资对生产性服务业增加值具有显著的促进作用。外商直接投资促进了生产性服务业各行业的集聚程度（王硕，2012），产业集聚效应降低了企业经营成本，从而产生一定的经济效应。第（3）列考虑了外商直接投资的滞后效应，发现外商直接投资滞后一期估计系数显著为正，且大于第（2）列的估计系数，这一结果说明外商直接投资对生产性服务业影响的滞后效应大于当期效应。

　　对于生活性服务业，第（4）列和第（5）列回归结果显示，外商直接投资估计系数均在 1% 水平上显著为正，说明外商直接投资对生活性服务业增加值也具有显著的促进作用。第（6）列外商直接投资对生活性服务业增加值的滞后效应回归结果发现，外商直接投资具有明显的滞后效应，但是这一滞后效应小于当期效应。

（三）小结

长三角地区作为我国对外开放的前沿阵地，在吸引外资方面具有得天独厚的优势，外商直接投资规模不断扩大，对于长三角地区国民经济的发展起到重要作用。与此同时，进入 21 世纪以来，长三角地区服务业发展迅速，在国民生产总值中所占份额越来越大。本节在分析长三角地区服务业发展现状的基础上，利用 2006 ~ 2016 年上海、江苏、浙江和安徽服务业行业以及地区实际利用外资数据，考察了长三角地区外商直接投资对服务业产值的影响。结果发现，外商直接投资显著促进了长三角地区服务业发展，而且外商直接投资对服务业发展的影响具有显著的滞后效应。进一步分样本回归发现，外商直接投资不仅促进了生产性服务业发展，而且对于生活性服务业也具有显著的正面作用。

四、利用外资与长三角地区消费结构升级

外商直接投资不仅推动了当地经济发展和产业结构调整，而且在促进消费结构升级方面发挥着重要作用。总体来看，外商直接投资从两个方面影响消费结构升级：增加供给和促进需求。在供给方面，从外资企业本身来看，外资企业具有先进的技术和管理经验，在产品设计和质量等方面具有优势，能够为消费者提供更多种类和更高品质的产品。不仅如此，外资的技术溢出效应改善了本地企业的技术条件，同时增强了本地企业提供优质产品的能力，从而改善了市场中的产品供给数量与质量。在需求方面，外资企业吸纳了大量的劳动力，促进了当地劳动力就业，提高了平均工资水平，从而增强消费者的消费能力，促进消费结构升级。

（一）长三角地区消费结构现状

目前，居民消费种类被划分为食品烟酒、衣着、居住、生活用品及服务、交通和通信、教育文化和娱乐、医疗保健和其他消费八类。其中，食品烟酒一般被认为是生活必需品，食品烟酒消费支出比例越高，表明居民消费处于较低水平；反之，则表明居民消费结构越合理。2000 ~ 2016 年，长三角地区食品烟酒消费支出比例总体上呈下降趋势（见图 7 – 11），2001 年长三角地区食品烟酒消费支出比例为

42.64%，之后则缓慢下降，直到 2013 年下降到 35.8%；在这之后，食品烟酒消费支出比例大幅度下降，2016 年下降到 30% 以下，仅有 28.45%，达到历史最低水平。从衣着消费支出比例曲线可以看出，2000～2013 年长三角地区居民衣着消费支出比例基本不变，维持在 10% 左右；2013 年以后出现了下降，2016 年降到 6.35%。与此同时，剔除食品烟酒和衣着之后的其他消费支出比例则呈现上升趋势，2000～2016年，其他消费支出比例从 48.83% 上升到 65.2%，增加近 20 个百分点，这一结果说明长三角地区居民消费结构趋于不断升级；尤其在 2013 年以后，其他消费支出比例大幅增加，2013～2016 年三年间上升超过 10 个百分点，超过了 2000～2013 年上升幅度的总和，说明长三角地区在 2013 年之后居民消费结构改善尤为明显。

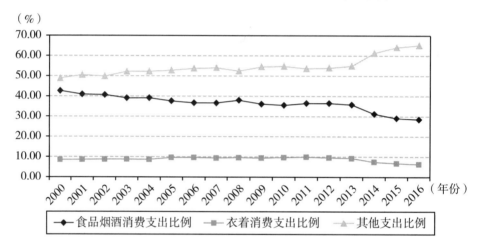

图 7－11　2000～2016 年长三角地区地区居民消费支出比例构成

资料来源：历年上海、江苏、浙江、安徽统计年鉴。

具体的，图 7－12 给出了 2000 年和 2016 年长三角地区各类消费支出比例情况。从图 7－12 可以看出，与 2000 年相比，2016 年长三角地区住房、交通和通信消费支出比例出现较大幅度上升。尤其是住房消费支出比例，从 2000 年的 8.6% 上升到 2016 年的 25.25%，增加了约 2 倍，这表明住房消费支出增加是消费结构改善的主要动因。交通和通信消费支出比例从 2000 年的 7.56% 增加到 2016 年的 14.27%，增加了约 1 倍，对于消费机构的改善也具有较大贡献。然而，其他类消费支出比例均有所下降，如生活用品及服务消费支出比例从 2000 年的 8.74% 下降到 2016 年的 5.31%。教育文化和娱乐、医疗保健等不可贸易品消费支出比例均出现轻微下降，这类商品通常是衡量居民消费结构的重要类别，如范金（2012）研究世界经济合作与发展组织（OECD）消费结构升级发现，OECD 国家居民消费结构升级主要是教育文化和娱乐、医疗保健等不可贸易品消费支出比例上升。

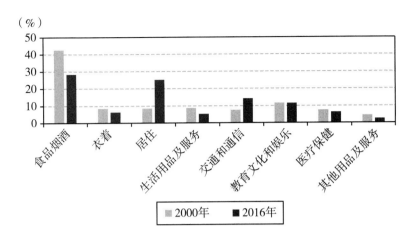

图 7 – 12　2000 年和 2016 年长三角地区各类消费支出比例

资料来源：历年上海、江苏、浙江、安徽统计年鉴。

　　综合来看，长三角地区食品烟酒和衣着两类必需品消费支出比例有所下降，其他消费支出比例增加，整体居民消费结构有所改善，但是具体分析发现，居民消费结构升级主要是由住房消费支出增加导致的，也就是说，消费者的收入很大一部分花费在住房上面，这与近年来房价持续上涨的客观现实相符。

　　长三角地区吸引外资规模不断扩大，外商直接投资的扩大是否降低了恩格尔系数？为了更加直观地反映长三角地区外商直接投资与消费结构的关系，图 7 – 13 描绘了 2000～2016 年长三角地区各城市外商直接投资与恩格尔系数（食品烟酒消费支出比例）散点图及其回归拟合线。从图 7 – 13 中可以看出，回归拟合线斜率为负，说明外商直接投资与恩格尔系数具有负相关关系，即外商直接投资可能降低了

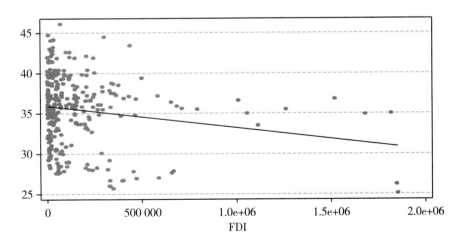

图 7 – 13　长三角地区外商直接投资与恩格尔系数的散点图

居民食品烟酒消费支出比例，从而改善居民消费结构。当然，以上只是初步的分析结果，下面我们通过构建计量模型进行较为严格的实证检验。

（二）实证分析

1. 计量模型构建

为了考察外商直接投资对长三角地区消费结构升级的影响，构建如下计量模型：

$$\ln consumption_{it} = \beta_0 + \beta_1 \ln FDI_{it} + \beta_2 groth_{it} + \beta_3 \ln emp_{it} + \gamma_i + \mu_{it} \qquad (7.4)$$

其中，i 和 t 分别代表城市和年份；被解释变量为消费支出比例；$\ln FDI$ 是外商直接投资的对数值；$groth$ 代表国民生产总值增长速度，当国民经济发展较快时，人们的生活水平得以提高，会改善人们的消费结构；$\ln emp$ 代表每一就业人员负担的人员数量的对数值，利用 $\dfrac{population - employment}{employment}$ 比值表示，其中 $population$ 是城镇人口数量，$employment$ 是城镇单位就业人员数量，当就业人员负担的人员数量较大时，人们的生活水平就越低，消费水平就较低；模型还控制了城市个体效应 γ_i；μ_{it} 是误差项。

这里采用 2000～2016 年长三角地区各城市数据，消费支出数据均来自历年各城市统计年鉴，由于部分城市年鉴无法获取，样本中包含的城市为上海、南京、无锡、常州、扬州、镇江、盐城、苏州、南通、杭州、湖州、嘉兴、绍兴、宁波、舟山、金华、台州和合肥 18 个城市。其他数据均来自中经网统计数据库，所有包含价格因素的变量均经过以 2005 年为基期的消费价格水平调整。各变量的统计性描述如表 7 – 18 所示。

表 7 – 18　　　　　　　　　　变量描述性统计

变量	含义	观测值	平均值	标准误	最小值	最大值
$\ln food$	居民食物烟酒消费支出比例	291	– 1.044	0.128	– 1.382	– 0.774
$\ln cloth$	居民衣着消费支出比例	275	– 2.449	0.175	– 3.078	– 2.082
$\ln exp$	除食物烟酒和衣着以外的居民消费支出比例	275	– 0.588	0.0893	– 0.854	– 0.352
$\ln FDI$	外商直接投资	304	6.247	1.550	2.280	9.554
$growth$	GDP 增长率	269	0.132	0.170	0.00700	2.988
$\ln emp$	每一就业人员负担的人员数量	272	1.326	0.601	– 0.207	2.729

2. 回归结果

根据式（7.4）进行计量回归，回归结果如表 7 - 19 所示。表 7 - 19 中第（1）列和第（2）列被解释变量为居民食品烟酒消费支出比例，也称为恩格尔系数，这一指标衡量居民消费水平。当这一指标较大时，表明食品烟酒消费支出占居民消费总支出的比例较大，即人们生活水平较低；反之，则说明人们生活水平提高，消费结构改善。第（1）列仅考虑了外商直接投资，lnFDI 回归系数为负数，且通过 1% 显著性水平检验，说明外商直接投资降低了恩格尔系数；第（2）列加入了其他控制变量，外商直接投资估计系数依然显著为负，说明外商直接投资显著降低了恩格尔系数，即减少了居民食品烟酒消费支出比例，改善了居民消费结构。控制变量中，GDP 增速显著为负，表明较快的经济增长降低了恩格尔系数，提高了人们生活水平，促进了居民消费结构的改善；每一就业人员负担的人员数量在 1% 水平上显著为正，说明就业人员的负担越重，恩格尔系数越大，人们在食品烟酒方面的消费支出就越大，这一结果与我们的直觉相符。

表 7 - 19　　　　　　　回归结果

变量	ln*food*		ln*cloth*		ln*exp*	
	（1）	（2）	（3）	（4）	（5）	（6）
lnFDI	-0.082*** (-10.09)	-0.042*** (-3.914)	0.046*** (3.354)	0.046** (2.377)	0.048*** (7.545)	0.014* (1.680)
growth		-0.032** (-2.452)		-0.006 (-0.484)		0.018** (2.189)
ln*emp*		0.150*** (10.427)		0.071*** (3.164)		-0.100*** (-9.974)
Constant	-0.298*** (-3.90)	-0.784*** (-7.913)	-3.115*** (-25.327)	-3.163*** (-17.477)	-0.994*** (-16.710)	-0.601*** (-7.810)
观测值	289	225	273	211	273	211
R^2	0.332	0.530	0.399	0.456	0.334	0.540

注：采用异方差稳健标准误；*、** 和 *** 分别表示在 10%、5% 和 1% 水平上显著。

第（3）列和第（4）列以居民衣着消费支出为被解释变量，主要考察外商直接投资是否促进了人们的衣着消费支出，即是否改善了居民消费结构。第（3）列和第（4）列中外商直接投资系数显著为正，说明外商直接投资促进了人们衣着消费支出。这是因为外商直接投资在带动当地就业的同时，促进了相关产业及当地经济的发展，提高了当地的收入水平，人们在衣着品味方面的支出增加，促进了居民消费结构的改善。第（5）列和第（6）列的被解释变量为除食品烟酒和衣着以外的其他消费支出比例，包括居住、交通和通信、教育文化和娱乐、医疗保健、生活用品及服务和其他用品及服务，其他消费支出占比越大，表明居民消费结构越加合理，人们生活水平较高。从表 7 - 19 回归结果可以看出，第（5）列外商直接投资回归系数显著为正；第（6）列考虑了其他控制变量以后，外商直接投资估计系数仍然为正，表明外商直接投资显著促进了其他消费支出的增加，改善了居民消费结构，促进了人民生活水平的提高。控制变量中，GDP 增速为正和每一就业人员负担人员数量为负，均与预期相符。

3. 外商直接投资改善居民消费结构的机制检验

通过上述计量模型结构发现，外商直接投资显著改善了居民消费结构，我们对此给出的一个解释是，外商直接投资提高了人民的收入水平，从而改善了消费结构。下面，我们通过构建中介效应模型对这一潜在的影响机制进行检验。参照穆勒等（Muller et al.，2005）、张静和任曙明（2013）、毛其淋和许家云（2015）的做法，构建如下中介效应模型：

$$\ln consumption_{it} = \beta_{10} + \beta_{11} \ln FDI_{it} + \beta_{12} groth_{it} + \beta_{13} \ln emp_{it} + \gamma_i + \mu_{it} \quad (7.5)$$

$$income_{it} = \beta_{20} + \beta_{21} \ln FDI_{it} + \beta_{22} groth_{it} + \beta_{23} \ln emp_{it} + \gamma_i + \varepsilon_{it} \quad (7.6)$$

$$\ln consumption_{it} = \beta_{10} + \beta_{31} \ln FDI_{it} + \beta_{32} groth_{it} + \beta_{33} \ln emp_{it} + \beta_{34} income_{it} + \gamma_i + \mu_{it}$$

$$(7.7)$$

式（7.5）是不包含中介变量的外商直接投资影响居民消费支出水平的方程。式（7.6）是外商直接投资影响收入水平的中介方程，$income$ 代表收入水平，采用城镇人均可支配收入表示，是中介变量；为了避免严重的多重共线性问题，我们利用虚拟变量表示收入水平，即以人均可支配收入均值为界点，若大于均值则取值为1，否则取值为零。式（7.7）是包含外商直接投资和收入水平的总方程。通过把式（7.6）代入式（7.7）计算可得，中介效应大小为 $\beta_{21} \times \beta_{34}$。式（7.5）、式（7.6）、式（7.7）的回归结果如表 7 - 20 所示。

根据表 7 - 20 的回归结果，式（7.5）外商直接投资估计系数显著为负，说明外商直接投资降低了恩格尔系数；式（7.6）外商直接投资估计系数显著为正，表明外商直接投资显著促进了人均可支配收入水平的提高；式（7.7）人均可支配收入水平（$income$）显著为负，说明人均收入水平降低了恩格尔系数，即人均收入水平提高减少了人们在食品烟酒方面的消费支出。以上回归结果表明，人均可支配收入水平作为外商直接投资影响消费结构的中介变量是显著的，中介效应大小为 $\beta_{21} \times \beta_{34} = 0.331 \times (-0.037) = -0.0122$。

表 7-20　　　　　　　　　　中介效应回归结果

变量	lnfood	income	lnfood
	式（7.5）	式（7.6）	式（7.7）
lnFDI	-0.042*** (-3.914)	0.331*** (8.00)	-0.030** (-2.464)
income			-0.037** (-2.383)
常数项	-0.784*** (-7.913)	-1.857*** (-4.54)	-0.847*** (-8.158)
观测值	225	238	225
R^2	0.530	0.513	0.540

注：采用异方差稳健标准误；*、** 和 *** 分别表示在 10%、5% 和 1% 水平上显著。

进一步，为了确认人均可支配收入水平是否为外商直接投资影响消费结构的中介变量，我们需要对人均可支配收入水平的中介作用作进一步的检验，即检验中介效应大小 $\beta_{21} \times \beta_{34}$ 是否显著不等于零，原假设为 $H_0: \beta_{21} \times \beta_{34} = 0$，如果拒绝原假设，表明中介效应显著；否则，中介效应不显著。参照索贝尔（1987）的方法计算 $\beta_{21} \times \beta_{34}$ 的标准差 sd，即 $sd = \sqrt{\beta_{21}^2 \times var\beta_{34} + \beta_{34}^2 \times var(\beta_{21})}$，其中 var 表示方差。结合表 7-20 的估计结果，可以计算交乘项 $\beta_{21} \times \beta_{34}$ 的 Z 统计量，即 $Z = (\beta_{21} \times \beta_{34})/sd$，计算可得 $|Z|$ 统计量大小为 2.289，接受原假设的概率小于 0.05，在 5% 水平上显著，说明人均可支配收入水平作为中介效应非常显著。通过上述检验，进一步证实了人均可支配收入水平是外商直接投资改善居民消费结构的可能渠道。

（三）小结

进入 21 世纪以来，长三角地区恩格尔系数逐渐下降，居民消费结构有所改善。与此同时，外商直接投资规模不断扩大，不仅促进了产业结构升级，而且促进了长三角地区经济水平的提高。理论上看，外商直接投资导致的国民经济发展提高了地区收入水平，从而促进了消费结构升级。本节采用 2000~2016 年长三角地区 18 个城市的数据，考察了外商直接投资对居民消费结构的影响。实证结果显示，外商直接投资显著降低了恩格尔系数。稳健性检验结果发现，外商直接投资提高了居民衣着消费支出比例和其他消费支出比例，进一步证实了外商直接投资对居民消费结构具有改善作用。进一步通过中介效应检验发现，人均可支配收入水平是外商直接投资改善居民消费结构的中介变量，即外商直接投资通过提高人均可支配收入水平促进居民消费结构改善。

参考文献

［1］陈建军等：《产业集聚间分工和地区竞争优势——来自长三角微观数据的实证》，载于《中国工业经济》2009 年第 3 期。

［2］陈瑛：《利用外资与产业结构优化：上海的经验与发展思路》，载于《国际经济合作》2018 年第 6 期。

［3］蒋勇：《环境规制、FDI 与就业效应——基于省际空间面板杜宾模型的实证研究》，载于《国际商务（对外经济贸易大学学报）》2017 年第 3 期。

［4］刘玉等：《FDI 的就业质量效应：基于省级面板数据的分析》，载于《审计与经济研究》2014 年第 6 期。

［5］卢荻：《外商投资与中国经济发展》，载于《经济研究》2003 年第 9 期。

［6］罗燕等：《FDI 对东道国就业的影响》，载于《重庆理工大学学报（社会科学版）》2010 年第 3 期。

［7］毛其淋、许家云：《政府补贴对企业新产品创新的影响——基于补贴强度"适度区间"的视角》，载于《中国工业经济》2015 年第 6 期。

［8］任曙明、张静：《补贴、寻租成本与加成率——基于中国装备制造企业的实证研究》，载于《管理世界》2013 年第 10 期。

［9］时磊等：《FDI 与企业技术"低端锁定"》，载于《世界经济研究》2011 年第 4 期。

［10］汤大军等：《技术外溢效应还是"鲶鱼效应"？——FDI 对于发展中国家本土技术进步作用的另一种实证解读》，载于《世界经济与政治论坛》2013 年第 6 期。

［11］王聪：《基于生产性服务业的长三角城市网络空间演化特征》，载于《经济地理》2017 年第 12 期。

［12］王硕：《FDI 与中国服务业集聚的发展——基于行业层面数据的分析》，载于《国际经济合作》2012 年第 5 期。

［13］吴丹丹、谢建国：《FDI 对产业集群作用的实证研究——以江苏省制造业产业集群为例》，载于《世界经济研究》2007 年第 6 期。

［14］杨扬等：《FDI 对中国就业效应的检验》，载于《经济学家》2009 年第 5 期。

［15］赵晋平：《我国吸收外资的产业政策研究》，载于《管理世界》2002 年第 9 期。

［16］ Aitken, B. J. and Harrison, A. E., "Do Domestic Firms Benefit from Direct Foreign Investment? Evidence from Venezuela", *American Economic Review*, 1999, 89: 605 – 618.

［17］ Cohen, W. and Levinthal, D., "Innovation and Learning: The Two Faces of R&D", *Economic Journal*, 1989, 99: 569 – 596.

［18］ Das, S., "Externalities and Technology Transfer through Multinational Corporations: A Theoretical Analysis", *Journal of International Economics*, 1987, 22 (1): 171 – 182.

［19］ Djankov, S. and Hoekman, B., "Foreign Investment and Productivity Growth in Czech Enterprises", *The World Bank Economics Reviews*, 2000, 14: 49 – 64.

［20］ Du, L., et al., "Testing for Horizontal and Vertical Foreign Investment Spillovers in China 1998 ~ 2007", *Journal of Asian Economics*, 2012, 23: 234 – 243.

［21］ Findlay, R., "Relative Backwardness, Direct Foreign Investment, and the Transfer of Technology: A Simple Dynamic Model", *Quarterly Journal of Economics*, 1978, 92: 1 – 16.

［22］ Girma, S., et al., "Wages, Productivity and Foreign Ownership in UK Manufacturing", Centre for Research on Globalization and Labor Markets of University of Nottingham Working Paper, 1999, No. 99/14.

［23］ Graham, E. M., "Fighting the Wrong Economy: Anti-global Activities and Multinational Enterprises", Institute for International Economics Working Paper, 2000, No. 91.

［24］ Haddad, M., and Harrison, A. E., "Are There Positive Spillovers from Direct Foreign Investment? Evidence from Panel Data for Morocco", *Journal of Development Economics*, 1993, 42: 51 – 74.

［25］ Hanson II, J. R., "Is Cheap Labor a Magnet for Capital", *The Journal of Economic Education*, 1995, 26 (2): 150 – 156.

［26］ Jenkins, R., "Globalization, FDI and Employment in Vietnam", *Transnational Corporations*, 2006, 4: 114 – 129.

［27］ Jonathan, E., et al., "Does Inward Foreign Direct Investment Boost the Productivity of Domestic Firms?" *The Review of Economics and Statistics*, 2007, 89: 482 – 496.

［28］ Keller, W., and Yeaple, S., "Multinational Enterprises, International Trade and Productivity Growth: Firm – Level Evidence from the U. S. ", NBER Working Paper, 2003, No. 9504.

［29］ Kokko, A., "Technology, Market Characteristics and Spillovers", *Journal of Development Economics*, 1994, 43 (2): 279 – 293.

［30］ Konings J., "The Effects of Foreign Direct Investment on Domestic Firms: Evidence from Firm – level Panel Data in Emerging Economies", *The Economics of Transition*, 2001, 9: 619 – 633.

［31］ Lipsey, R. E., and Sjöholm, F., "Foreign Direct Investment and Wages in Indonesian Manufacturing", NBER Working Paper, 2001, No. 8299.

［32］ MacDougall, D., "The Benefits and Costs of Private Investment from Abroad: A Theoretical Approach", *Economic Record*, 1960, 36: 13 – 55.

[33] Mansfield, E., and Romeo, A., "Technology Transfer to Overseas Subsidiaries by US Based Firms", *Quarterly Journal of Economics*, 1980, 95: 737 – 749.

[34] Muller, D., Judd, C. M., and Yzerbyt, V. Y., "When Moderation is Mediated and Mediation is Moderated", *Journal of Personality and Social Psychology*, 2005, 89 (6): 852 – 863.

[35] Rosoff, R. J., "Beyond Codes of Conduct: Addressing Labor Rights Problems in China", *China Business Review*, 2004, 3.

[36] Smeets R., "Collecting the Pieces of the FDI Knowledge Spillovers Puzzle", *World Bank Research Observer*, 2008, 23 (2): 137 – 155.

[37] Sobel, M., "Direct and Indirect Effects in Linear Structural Equation Models", *Sociological Methods Research*, 1987, 16 (1): 155 – 176.

[38] Wang, J. Y., and Blomstrom, M., "Foreign Investment and Technology Transfer, A Simple Model", *European Economic Review*, 1992, 36 (1): 137 – 155.

第八章

"走出去" 与长三角地区经济发展

近年来，随着区域资源禀赋和企业国际化能力的变化，长三角地区企业"走出去"步伐大大加快。"走出去"既是长三角地区企业主动参与国际化的新选择，也是长三角地区开放型经济发展的新特征。企业"走出去"经营将会对区域的产业结构、创新能力、国际分工地位、经济发展方式产生重要的影响。剖析"走出去"与长三角地区经济发展的关系，探讨推进企业"走出去"、促进长三角地区经济高质量发展的政策具有重要的现实意义。

一、关于长三角地区企业 "走出去" 的研究背景

进入 21 世纪，政府和学术界普遍认识到，要实现中国在全球分工中地位的提升，必须实现由国内要素被跨国公司整合到主动整合全球资源的跨越。为鼓励企业"走出去"，国家先后出台了一系列促进政策。

作为中国改革开放的前沿地区，长三角地区具有较好的经济基础，企业的国际化水平相对较高。在国内外经济环境变化的背景下，越来越多的长三角地区企业将"走出去"视为应对国内劳动力要素成本上升、资源环境约束趋紧和提升企业创新能力的选择。

长三角地区企业"走出去"的方式多样，既包括境外直接投资，也包括承包海外工程和劳务输出等活动。企业"走出去"的动因主要有两类：一类是由于企业国际化经营能力的提升；另一类是由于资源禀赋变化导致传统产业区位优势弱化。基于不同的动因，企业"走出去"的区域经济效应迥异。一方面，企业"走出去"能够对企业开拓国际市场、利用国外的

优秀人才、获得国外的先进技术产生积极影响，企业通过生产要素地理空间的再配置实现利润的提升，并能形成缓解区域产能过剩、稳定进口资源供给、破解资源环境约束和促进产业升级的积极作用；另一方面，企业"走出去"也可能引致区域"产业空心化"，对就业和区域经济发展产生负面影响。

认清企业"走出去"的动因及其经济效应是完善促进企业"走出去"政策的前提。对于有利于本国和本地区经济发展的"走出去"行为，政府应针对企业"走出去"存在的制约，制定缓解制约的促进政策，减少企业境外经营风险。对于可能对区域经济产生不利影响的"走出去"行为，政府则应通过改善区域营商环境提高区域集聚全球先进要素的能力。

本章综述对外直接投资理论的相关文献，考察长三角地区对外直接投资的变化历程和现状，实证研究长三角地区对外直接投资的动因和经济效应，提出促进长三角地区对外直接投资健康发展的建议。

二、对外直接投资研究的文献综述

自 20 世纪 60 年代以来，关于对外直接投资的研究文献不断涌现。已有文献主要集中于以探究对外直接投资动因和机制为核心的研究。此类研究最初主要是以发达国家为对象的，代表性理论主要包括垄断优势理论、内部化理论、国际生产折衷理论、产品生命周期理论和边际产业扩张理论等。海默（Hymer，1960）率先提出的垄断优势理论认为，企业自身具备的垄断优势是其进行跨国投资的决定性因素。金德尔伯格（Kindleberger，1969）进一步补充完善了海默提出的垄断优势理论，奠定了垄断优势理论在对外直接投资理论研究上的基石地位。巴克利和卡森（Buckley and Casson，1976）强调交易成本对企业经营行为的影响，认为企业在面临较高外部交易成本的情况下，会选择对外直接投资，由此跨越外部交易的障碍。邓宁（Dunning，1977）立足于前人的研究成果，综合考虑各种因素对企业国际化行为的影响，提出国际生产折衷理论，认为企业只有同时具备所有权优势（owner-ship）、区位优势（location）和内部化优势（internalization）三大优势才会选择对外直接投资。弗农（Vernon，1966）提出产品存在生命周期，在不同的生命周期阶段企业生产的选址不同，由此解释发达国家对外直接投资的动因和区位选择问题。小岛清（1978）将研究视角放大到产业层面，提出边际产业扩张理论，认为企业会将在本国不再具备比较优势的夕阳产业转移到其他国家。

关于发展中国家对外直接投资的理论主要有小规模技术理论、投资发展阶段理论、技术地方化理论和技术创新产业升级理论等。威尔斯（Wells，1977）的小规模技术理论不同于传统垄断优势理论的观点，认为在小规模生产技术上的比较优势是发展中国家实现跨国投资的重要原因。邓宁（1982）认为，一国的对外直接投资能力与其所处经济发展水平密切相关。拉奥（Lall，1983）提出的技术地方化理论关注发展中国家引进技术后的再创新行为，认为这些本地化的创新行为是发展中国家对外直接投资竞争优势的重要来源。相较于技术地方化理论，坎特维尔和托兰提诺（Cantwell and Tolentino，1990）提出的技术创新产业升级理论强调技术积累对发展中国家对外直接投资的作用。

近年来，学者们也从不同角度对中国企业对外直接投资的动因进行了大量研究。根据对企业对外直接投资影响因素关注点的不同，主要可以归纳为以下三个方面。第一，公司内部特征与企业对外直接投资关系的研究。此类研究认为，生产效率、技术水平、营销管理能力、品牌等要素是企业对外直接投资所有权优势的重要组成部分，对企业对外直接投资有着决定性的影响（张为付，2008）。第二，东道国国内环境对企业对外直接投资影响的研究。这类研究分析东道国的市场规模、区位条件、资源禀赋、制度环境、技术水平、贸易投资政策、汇率、金融发展水平、文化习俗等对企业对外直接投资的影响机制和影响效应（胡浩等，2017）。第三，投资母国因素对企业对外直接投资的影响。这类研究分析母国经济发展水平、母国宏观经济政策、母国与东道国贸易关系产生的直接投资效应（黄静波、张安民，2009）。

对外直接投资对母国经济产生的影响是学者们重点关注的问题。此类研究主要包括以下四个方面。第一，关于对外直接投资对经济增长影响的研究。对于这一问题，研究观点的争议较大。有研究认为对外直接投资会阻碍母国经济增长（Stevens and Lipsey，1992）；也有研究认为对外直接投资能够提升母国人力资本、技术水平，促进母国经济增长（Desai et al.，2005）；还有一些研究持有折衷的观点，认为对外直接投资与母国经济增长并非单纯的阻碍或促进关系，对外直接投资对母国经济的影响依赖诸多母国因素（Herzer，2008）。第二，关于对外直接投资对技术进步和创新影响的研究。一些研究认为，对外直接投资是获取知识和技术的有效渠道（Bjaryon and Eckel，2006），通过对外直接投资形成的逆向技术溢出效应显著存在（Pradhan and Singh，2008；李梅、柳士昌，2012）；也有一些实证研究对对外直接投资的逆向技术溢出效应持怀疑和否定的观点，认为其对母国技术进步和研发的促进作用并不显著（尹东东、张建清，2016）。第三，关于对外直接投资对母国产业结构影响的研究。马修斯（Mathews，2006）通过理论分析揭示了对外直接投资促进母国产业升级的机制；陈和祖基菲里（Chen and Zulkifli，2012）等通过实证分析验证了对外直接投资能够促进产业升级的假说。第四，关于对外直接投资对国际贸易影响的研究。对外直接投资既可能促进贸易发展也可能替代贸易。内部化理论和国际生产折衷理论认为，对外直接投资是替代出口克服市场交易成本过高的国际化经营方式（Buckley and Casson，1976；Dunning，1977）。对外直接投资对贸易的作用与对外直接投资的方式有关，一般而言，水平型的对外直接投资会替代贸易，而垂直型的对外直接投资则可以促进贸易发展（Markusen and Venables，1998）。

在长三角地区对外直接投资快速发展的背景下，越来越多的国内学者开始关注长三角地区对外直接投资的动因和经济效应。何骏（2008）认为，上海市企业对外直接投资的主要动因是为了获取技术、融入全球供应链和应对本地区不断增加的资源与环境压力。顾萍和汪涛（2012）认为，江苏省企业对外直接投资受到区域人均收入水平、东道国投资环境、企业所有权性质的影响。储宇强和韦邦荣（2018）使用安徽省地级市面板数据检验财税政策对安徽省对外直接投资的促进效应，发现财政政策对企业对外直接投资的影响显著。张纪凤和宣昌勇（2015）主张，为促进江苏产业升级，应挖掘资源寻求型对外直接投资的重工业化效应、市场寻求型对外直接投资的规模经济效应、效率寻求型对外直接投资的边际产业转移效应和技术寻求型对外直接投资的逆向技术溢出效应。王荣和王英（2015）的研究指出，长三角地区的装备制造业虽然目前并不存在明显的产业空心化问题，但的确存在空心化的趋势。王欣和姚洪兴（2016）利用长三角地区城市面板数据检验对外直接投资对长三角区域技术创新的动态影响，发现当区域技术吸收能力跨越门槛值后，对外直接投资能够显著促进区域技术创新能力的提升。

三、长三角地区企业"走出去"的历程

（一）长三角地区企业"走出去"的政策背景

改革开放以来，中国企业"走出去"的历程可以划分为探索发展阶段、调整发展阶段和快速发展阶段。

1. 探索发展阶段（1979～1991年）

1979年，国务院在15项经济改革措施中明确提出"要出国开办企业"，首次将对外直接投资提升到国家政策层面。国家统计局的资料显示，在对外开放的首个五年，中国对外直接投资流量不足 1 亿美元，投资领域基本集中于承包建筑工程、咨询服务、贸易等领域。截至 1984 年，对外承包工程和对外劳务合作的累计完成营业额为 2 亿美元，合同金额约为 5 亿美元。1985 年，国家相继出台多项关于企业对外直接投资的管理办法。1985～1991 年，中国对外直接投资流量年均值达到 5 亿美元以上，投资领域逐步拓展到资源开发、加工制造和交通运输等 20 多个行业。1991 年对外承包工程和对外劳务合作的营业额分别增至 19.70 亿美元和 3.93 亿美元，签订合同的国家和地区数增至 147 个，合同数量突破 8 000 份，合同金额达 36 亿美元。

2. 调整发展阶段（1992～2000 年）

1992 年，党的十四大提出建立社会主义市场经济体制的目标，改革开放进入新阶段。但 1992～1996 年，由于关于企业对外直接投资的审批仍然十分严格，对外直接投资的增速比较缓慢。为鼓励有实力的企业积极开展海外经营，中国于 1997 年出台了完善对外直接投资管理体制的新举措。在随后的几年里，中国对外直接投资年均量突破 20 亿美元。

3. 快速发展阶段（2001 年至今）

2001 年中国加入 WTO，2002 年党的十六大将"走出去"上升为国家对外开放的重大战略。随着市场开放和促进对外直接投资政策的实施，中国企业对外直接投资快速增长。2001～2017 年，中国对外直接投资流量和存量分别由 69 亿美元和 278 亿美元增加到 1 583 亿美元和 18 090 亿美元，年均复合增长率分别高达 21.6% 和 29.8%（见图 8-1）。对外直接投资企业遍及全世界 189 个国家和地区，投资领域覆盖国民经济 18 个行业大类。

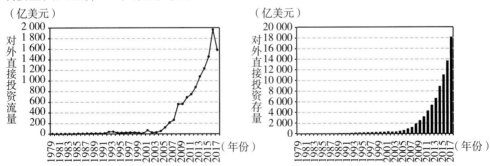

图 8-1 改革开放以来中国对外直接投资流量和存量变化

资料来源：2001 年及以前的数据来自 UNCTAD；2002～2017 年的数据来自历年《中国对外直接投资统计公报》。

（二）长三角地区企业"走出去"的发展变化

1979~1991 年，在中国对外直接投资政策障碍较多和大多数企业不具备对外直接投资能力的背景下，长三角地区的对外直接投资并不活跃，"走出去"方式主要为对外承包工程和劳务合作。1985~1991 年，长三角地区三省一市对外工程承包和劳务合作的增长加快。据历年上海、江苏、浙江、安徽统计年鉴数据，1985~1991 年，江苏省对外承包工程和劳务合作的实际完成营业额从 2 294 万美元持续增至 1 亿美元；上海市对外承包工程和劳务合作的实际营业额从 663 万美元增至 3 416 万美元；浙江省对外承包工程和劳务合作的实际营业额从 77 万美元增至 2 560 万美元；安徽省对外承包工程和劳务合作的实际营业额从 267 万美元增至 778 万美元。

1992 年到 20 世纪末，中国对外投资管理体制逐渐成形，国家对企业"走出去"的支持力度不断加大。长三角地区对外直接投资在经历短暂调整后步入稳步发展阶段，对外直接投资项目数量和规模逐步增长。历年上海、江苏、浙江、安徽统计年鉴数据，上海市的对外直接投资总额由 1991 年的 544 万美元激增至 1992 年的 2 336 万美元，在后续的年份中上海市对外直接投资总额始终保持在 1 000 万美元以上；江苏和浙江两省在经过近十年的发展后，2000 年的对外投资总额也分别达到 1 783 万美元和 1 514 万美元。在该阶段，长三角地区的对外经济合作保持强劲的增长态势。1992~2000 年，上海市、江苏省、浙江省和安徽省对外承包工程和劳务合作的实际营业额分别由 6 168 万美元、6 323 万美元、3 226 万美元和 1 004 万美元增长至 8.4 亿美元、8 亿美元、4.3 亿美元和 1 亿美元，年均复合增长率均超过 30%。

进入 21 世纪后，长三角地区的对外直接投资进入快速发展阶段。据历年上海、江苏、浙江、安徽统计年鉴数据显示，2000~2016 年，上海市、江苏省和浙江省年度新批对外直接投资项目总数由 175 个增至 3 295 个，对外直接投资流量总额从 6 571 万美元增至 484.8 亿美元，年均复合增长率分别达到 20.1% 和 51.1%。对外直接投资区域覆盖全球各大洲，投资领域向高新技术产业等高附加值行业延伸。在此阶段，对外工程承包业务的增长速度略有下降。2001~2016 年，上海市、江苏省、浙江省和安徽省对外承包工程和劳务合作的实际营业额分别由 11.4 亿美元、11.3 亿美元、6.7 亿美元和 1.3 亿美元增加到 66.6 亿美元、91.1 亿美元、68.3 亿美元和 30.9 亿美元，各省（市）对外工程承包和劳务合作实际营业额的年均复合增长率均超过 10%。2016 年，上海市和安徽省对外承包工程的合同金额分别达 118.5 亿美元和 30.8 亿美元，外派人员分别达 2.2 万人次和 1 万人次；江苏省和浙江省对外承包工程和劳务合作的合同金额分别达 77.4 亿美元和 55.4 亿美元, 年末在外人员数量分别达 5.5 万人和 3.4 万人。图 8-2 直观显示了长三角地区非金融类对外直接投资流量和存量的变化。

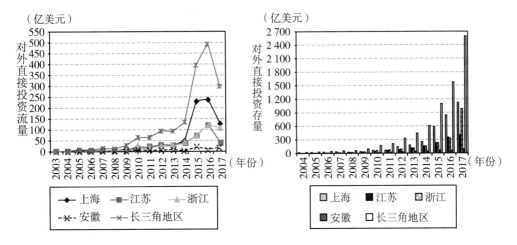

图 8-2 2003~2017 年长三角地区非金融类对外直接投资流量和存量变化

资料来源:《中国对外直接投资统计公报》(2003~2017 年)。

四、长三角地区企业 "走出去" 的现状

进入 21 世纪以来, 长三角地区 "走出去" 的步伐加快, 对外直接投资和对外经济合作规模不断突破新高, 在全国对外直接投资和对外经济合作中的比重稳步上升。

(一) 投资规模

近年来, 长三角地区对外直接投资规模的增长尤为显著。如表 8-1 所示, 2015 年上海、江苏、浙江和安徽对外直接投资的流量分别达到 231.83 亿美元、72.50 亿美元、71.08 亿美元和 20.67 亿美元, 与上年相比, 各地对外直接投资流量的增长率分别高达 364.38%、78.14%、84.07% 和 443.66%。2016 年, 上海、江苏、浙江和安徽的对外直接投资流量分别达到 239.68 亿美元、122.02 亿美元、123.14 亿美元和 10.32 亿美元。上海、江苏和浙江对外直接投资的平均单项规模由 2015 年的 1 261 万美元增至 2016 年的 1 471 万美元, 超过发达国家 600 万美

元的平均项目规模。2015 年长三角地区对外直接投资占 GDP 的比重为 1.54%，
已经达到世界平均水平。这一占比在长三角地区不同省（市）之间差异性较大，
2015 年，上海对外直接投资占 GDP 占比为 5.74%，浙江为 1.03%，江苏为
0.64%，安徽仅为 0.59%。2016 年，长三角地区总体对外直接投资流量占 GDP
的比重进一步上升至 1.86%。

表 8 - 1　　　　　2015~2016 年长三角地区对外直接投资规模

地区	年份	OFDI流量（亿美元）	OFDI存量（亿美元）	流量同比增长率（%）	存量同比增长率（%）	项目个数	单个项目额（亿美元）	OFDI/GDP（%）
长三角	2015	396.09	1 096.08	197.72	80.46	2 978	0.1261	1.54
	2016	495.15	1 575.02	25.01	43.70	3 295	0.1471	1.86
上海	2015	231.83	583.62	364.38	129.01	1 338	0.1733	5.74
	2016	239.68	840.54	3.39	44.02	1 425	0.1682	5.65
江苏	2015	72.50	226.14	78.14	44.87	880	0.0824	0.64
	2016	122.02	349.47	68.30	54.53	1 067	0.1144	1.05
浙江	2015	71.08	223.65	84.07	45.48	760	0.0935	1.03
	2016	123.14	326.82	73.24	46.13	803	0.1533	1.73
安徽	2015	20.67	62.67	443.66	46.79	—	—	0.59
	2016	10.32	58.19	-50.09	-7.16	—	—	0.28

注：由于部分数据缺失，安徽省对外直接投资项目数和单个项目额指标未予汇报；长三角地区对外直接投资单个项目额根据上海、江苏和浙江的数据计算而得。

资料来源：《中国对外直接投资统计公报》（2015 年、2016 年）、《上海统计年鉴》（2016 年、2017 年）、《江苏统计年鉴》（2016 年、2017 年）、《浙江统计年鉴》（2016 年、2017 年）、《浙江商务年鉴》（2015 年）和《安徽统计年鉴》（2016 年、2017 年）。

（二）投资区域

在投资规模迅速增长的同时，如表 8 - 2 所示，长三角地区对外直接投资的区域也在不断扩大。目前，长三角地区对外投资企业已经遍布亚洲、欧洲、非洲、北美洲、拉丁美洲、大洋洲等世界各大洲。2015 年，江苏对外直接投资的目的地已经超过 100 个国家（地区），前三大洲分别是亚洲、北美洲和拉丁美洲，占当年对外投资总额的比重分别为 57.73%、12.36% 和 11.38%；上海对美国、欧洲和大洋洲

等发达国家（地区）的投资比重持续上升，在亚洲的比重首次低于 50%；浙江对外直接投资企业分布于全球 140 个国家（地区）；安徽对外直接投资的目的地也已覆盖全球 100 余个国家（地区）。发达国家（地区）仍然是长三角地区对外直接投资的主要区域。2015～2016 年，上海对外直接投资的目的地主要包括美国、以色列、澳大利亚、法国和德国等；江苏对外直接投资的目的地主要包括中国香港、美国、澳大利亚等；浙江对外直接投资的目的地主要包括中国香港、美国、瑞典和新加坡等；安徽对外直接投资的目的地主要包括中国香港、加拿大、美国和奥地利等。近年来，随着"一带一路"倡议的积极推进，长三角地区对"一带一路"沿线国家和地区的投资明显增加。

表 8 - 2   2015～2016 年长三角地区对外直接投资的主要目的地

地区	投资目的地
上海	美国、以色列、澳大利亚、法国、德国等
江苏	中国香港、美国、印度尼西亚、澳大利亚和英属维尔京群岛等
浙江	中国香港、美国、瑞典、开曼群岛和新加坡等
安徽	中国香港、加拿大、美国、奥地利、巴西等

资料来源：《上海企业对外投资合作年度发展报告（2016）》《江苏统计年鉴（2016）》《浙江商务年鉴（2016）》《安徽统计年鉴（2017）》。

（三）投资领域

近年来，第三产业在长三角地区对外直接投资中的占比增加，对外直接投资的重点领域由传统制造业和能源等行业逐步向高新技术产业和服务业等高附加值行业延伸。如表 8 - 3 所示，上海对外直接投资领域主要为软件与信息技术服务业、通信电子与汽车制造业，以及科学研究与技术服务业等附加值更高的行业；江苏对外直接投资领域主要集中在制造业，租赁和商务服务业，批发和零售业，房地产业，科研技术服务业，电力、热力生产和供应业等；浙江的对外直接投资领域主要涉及采矿业，制造业，科学研究、技术服务和地质勘查业，租赁和商务服务业，批发和零售业等。安徽对外直接投资领域虽然仍然以矿产资源加工、水泥、装备制造和家电等传统产业为主，但新能源和文化等新兴产业对外直接投资的增加比较迅速。

表 8 – 3　　　　　　　长三角地区对外直接投资的主要领域

地区	主要投资领域
上海	软件与信息技术服务业，通信电子与汽车制造业，科学研究与技术服务业等
江苏	制造业，租赁和商务服务业，批发和零售业，房地产业，科研技术服务业，电力、热力生产和供应业等
浙江	采矿业，制造业，科学研究、技术服务和地质勘查业，租赁和商务服务业，批发和零售业等
安徽	矿产资源加工业，水泥业，装备制造业，家电产业，新能源和文化产业等

资料来源：《上海企业对外投资合作年度发展报告（2016）》《江苏统计年鉴（2017）》《浙江商务年鉴（2016）》《安徽统计年鉴（2017）》。

（四）投资方式

长三角地区对外直接投资方式以新建独资和合资方式为主（见表 8 – 4）。据江苏、浙江、上海商务厅网站公布数据，2015 年，江苏新批对外直接投资项目共 880 个，其中，非贸易型对外直接投资项目达 565 个，投资额达 80.47 亿美元，占全年对外直接投资总额的 79.10%，参股并购和风险投资项目分别为 170 个和 7 个，投资额分别为 19.99 亿美元和 7 800 万美元，合计占比为 20.15%；浙江对外直接投资项目中并购和研发类项目分别为 135 个和 38 个，合计占比为 18.91%；上海对外直接投资中并购项目达 434 个，占当年所有对外投资项目总数的一半以上。

表 8 – 4　　　　　　　长三角地区对外直接投资的主要方式

地区	投资方式	典型案例
上海	新设项目、并购项目（股权并购基金）	2015 年武岳峰资本牵头收购美国芯成半导体公司；2015 年渤海华美与中航工业汽车联合收购美国瀚德汽车控股有限公司；2015 年浦东科投通过股份收购成为美国莱特巴斯科技有限公司和爱康飞机制造公司的大股东
江苏	非贸易型项目、贸易型项目	2014 年徐工集团首个海外全资生产基地——徐工巴西制造基地竣工投产；2016 年江南模塑科技股份有限公司投资成立美国名华股份有限公司
浙江	营销网络项目、并购项目、研发项目	2015 年上峰水泥建材有限公司在吉尔吉斯斯坦投资建设水泥熟料生产线及配套粉磨站项目
安徽	并购项目、境外研发项目	2014 年马钢股份采用资产收购方式收购法国瓦顿公司；2015 年安徽中鼎公司收购德国 WEGU 公司

资料来源：《上海企业对外投资合作年度发展报告（2016）》《江苏统计年鉴（2017）》《浙江商务年鉴（2016）》，以及上海、江苏、浙江、安徽商务厅网站。

（五）投资企业的所有制属性

随着对外直接投资企业数量的不断增加，长三角地区对外直接投资的主体也在逐渐转变，民营企业开始在长三角地区"走出去"中扮演重要角色。如图 8 - 3 所示，2015 年上海市民营企业投资项目总额达到 370.99 亿美元，占全年投资项目总额的 64.72%；江苏省对外直接投资企业中民营企业投资项目和投资额分别达 693 个和 79.51 亿美元，占全年投资项目数量和投资总额比例分别为 78.8% 和 77.2%；浙江省是民营企业对外直接投资最为活跃的省份，2016 年浙江省民营企业投资项目占全省实施项目数的 95%；安徽省对外直接投资主体中民营企业的占比不断增加，在 2014 年新增对外直接投资企业中，民营企业的数量占比已达 90%。

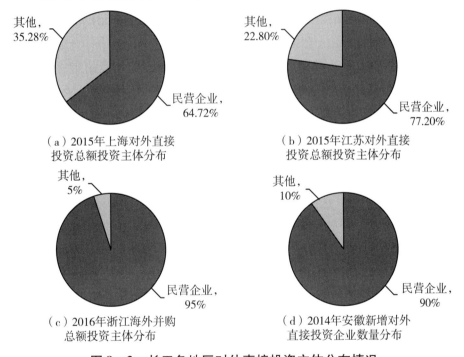

（a）2015年上海对外直接投资总额投资主体分布

（b）2015年江苏对外直接投资总额投资主体分布

（c）2016年浙江海外并购总额投资主体分布

（d）2014年安徽新增对外直接投资企业数量分布

图 8 - 3　长三角地区对外直接投资主体分布情况

资料来源：上海、江苏、浙江、安徽商务厅官网统计数据。

（六）东道国的投资环境

近年来，由于发达国家贸易保护主义抬头，长三角地区企业"走出去"所面临的环境有所恶化。长三角地区对外直接投资中很大一部分集中于欧美等西方发达国家（地区），但以美国为代表的发达国家对来自中国的直接投资十分敏感。2018 年以来，美国对中国产品加征高额关税、限制中国高新技术企业直接投资，使中美经贸关系发展充满不确定性。

（七）对外经济合作

长三角地区对外经济合作发展相对比较稳定，对外承包工程和劳务合作在实际营业额、合同金额和外派人数等方面均保持稳步增长。如表 8 - 5 所示，2015 年，上海对外承包工程的实际营业额为 74.55 亿美元，合同金额为 111.00 亿美元，派出人员为 2.02 万人次；江苏对外承包工程和劳务合作实际营业额突破 95 亿美元，合同金额达 83.15 亿美元，年末在外人员超过 10 万人；浙江对外承包工程和劳务合作的实际营业额实现 61.87 亿美元，合同金额为 58.74 亿美元，年末在外人员达 3.22 万人；安徽对外承包工程的实际营业额达 26.93 亿美元，合同金额为 30.70 亿美元，年末在外人数为 2.37 万人。2016 年，上海对外承包工程的实际营业额略有下降，全年共完成 66.56 亿美元，但合同金额和派出人员均有所上升，分别达 118.45 亿美元和 2.18 万人次；江苏对外承包工程和劳务合作的实际营业额增至 98.08 亿美元，但合同金额和年末在外人员略有下降，分别为 77.40 亿美元和

表 8 - 5　　　2015 ~ 2016 年长三角地区对外承包工程和劳务合作的现状

地区	年份	实际营业额 （亿美元）	合同金额 （亿美元）	年末在外人员（万人） /外派人员（万人次）
上海	2015	74.55	111.00	2.02
	2016	66.56	118.45	2.18
江苏	2015	95.07	83.15	10.05
	2016	98.08	77.40	8.78
浙江	2015	61.87	58.74	3.22
	2016	68.33	55.37	3.39
安徽	2015	26.93	30.70	2.37
	2016	30.94	30.76	1.92

注：由于部分数据缺失，上海的实际营业额和合同金额不包括对外劳务合作涉及金额，只是对外承包工程的实际营业额和合同金额，同时劳务输出数据为全年外派人员人次数。

资料来源：《上海统计年鉴》（2016 年、2017 年）、《江苏统计年鉴》（2016 年、2017 年）、《浙江商务年鉴》（2016 年、2017 年）和《安徽统计年鉴》（2016 年、2017 年）。

8.78 万人；浙江对外承包工程和劳务合作的实际营业额增至 68.33 亿美元，年末在外人员增至 3.39 万人，但合同金额有所下降，为 55.37 亿美元；安徽对外承包工程实际营业额和合同金额均实现小幅增长，分别为 30.94 亿美元和 30.76 亿美元，年末在外人数则降至 1.92 万人。

五、长三角地区对外直接投资的动因和经济效应分析

2015 年中国对外直接投资超过同期外国直接投资利用规模，首次实现双向直接投资项目下的资本净输出。这一现象表明，中国已有一部分企业开始利用其所有权优势和内部化优势主动整合全球资源。2008～2016 年，随着对外直接投资的增长，长三角地区对外直接投资规模与外资利用规模的差距不断缩小。现阶段，越来越多的长三角地区企业将对外直接投资看成企业发展的重要战略选择。本节将对长三角地区企业对外直接投资的动因和经济效应进行一系列实证分析。

（一）数据来源和变量设定

1. 数据来源

考虑到长三角地区各地市级对外直接投资数据的完整性和实效性，最终选取 2007～2015 年长三角地区的 19 个地级市为研究对象。① 本节分析所用的数据主要来源于 2008～2016 年的《中国统计年鉴》《中国城市统计年鉴》《江苏统计年鉴》《上海统计年鉴》《浙江商务年鉴》《安徽统计年鉴》，以及长三角地区各地级市的统计年鉴。

2. 变量设定

为探究长三角地区对外直接投资的动因和经济效应，本节采用多元线性回归模型进行计量分析，模型涉及所有变量的设定如表 8-6 所示。

---

① 根据 2016 年 5 月国务院批准的《长江三角洲城市群发展规划》，长三角城市群包括上海，江苏省的南京、无锡、常州、苏州、南通、盐城、扬州、镇江、泰州，浙江省的杭州、宁波、嘉兴、湖州、绍兴、金华、舟山、台州，安徽省的合肥、芜湖、马鞍山、铜陵、安庆、滁州、池州、宣城等 26 市。据此，本文选取上海、南京、无锡、常州、苏州、南通、盐城、扬州、镇江、泰州、杭州、宁波、嘉兴、湖州、绍兴、金华、舟山、台州、安徽等 19 个省（市），其中，由于安徽省各地级市缺乏对外直接投资的详细数据，故用安徽省的对外直接投资数据进行替代。

表 8 – 6 变量设定

变量名称	变量符号	衡量方法
对外直接投资	OFDI	对外直接投资中方投资额占固定资产投资的比重
经济发展水平	EG	人均实际 GDP 的自然对数
贸易依存度	TRA	进出口总额占 GDP 的比重
外商直接投资	FDI	实际利用外资占 GDP 的比重
技术创新水平	TI	全要素生产率（TFP）
生产成本	COST	职工平均工资的自然对数
汇率	EXRA	人民币兑美元的年平均汇率
固定资产投资	FAS	固定资产投资的自然对数
就业人数	EMP	年末单位从业人数的自然对数
人力资本	HUM	人均受教育年限
研发投入	RD	科技支出占 GDP 的比重
市场化水平	MARK	非财政支出占 GDP 的比重
金融发展水平	FIN	金融机构贷款余额占 GDP 的比重
产业结构层次	IS	产业结构层次系数

注：全要素生产率（TFP）使用数据包络分析方法（DEA）的 Malmquist 指数法计算得到；产业结构层次系数的计算公式为：$IS = W_1 + 2W_2 + 3W_3$，其中，W_i 表示第 i 产业产值占 GDP 的比重，该综合指数越大，表明产业结构层次越高。

（二）长三角地区对外直接投资的动因检验

为检验长三角地区对外直接投资的动因，设定如下计量模型：

$$OFDI_{it} = \beta_0 + \beta_1 EG_{it-1} + \beta_2 TRA_{it-1} + \beta_3 FDI_{it-1} +$$
$$\beta_4 TI_{it-1} + \beta_5 COST_{it-1} + \beta_6 EXRA_{it-1} + \varepsilon_{it} \qquad (8.1)$$

其中，$OFDI$ 表示对外直接投资；EG 表示经济发展水平；TRA 表示贸易依存度；FDI 表示外商直接投资利用规模；TI 表示技术创新水平；$COST$ 表示生产成本；$EXRA$ 表示汇率；ε 为随机扰动项。为了避免模型可能存在的内生性，将所有解释变量进行滞后一期处理。

经豪斯曼（Hausman）检验后选择固定效应模型对式（8.1）进行估计，检验结果如表 8 – 7 所示。从表 8 – 7 可以看出，EG 的系数显著为正，说明经济发展水平对长三角地区对外直接投资存在积极影响；TRA 的系数显著为负，说明贸易依存度与长三角地区对外直接投资显著负相关，贸易与区域对外直接投资之间存在一定的替代性；*FDI* 的系数为正，但不显著；*TI* 的系数为正，也不显著，可能原因在于现阶段长三角地区企业的技术创新水平尚未成为其对外直接投资的核心优势；*COST* 和 *EXRA* 的系数都不显著，说明成本和汇率并非决定长三角地区对外直接投资的关键因素。

表 8 - 7　　全样本回归结果：长三角地区 *OFDI* 的动因检验

变量	（1）	（2）	（3）
EG	0.1104 （0.83）	0.2832* （1.67）	1.0269* （1.87）
TRA	- 0.0681** （- 2.53）	- 0.0780*** （- 2.82）	- 0.0869*** （- 3.01）
FDI		0.5042 （1.59）	0.3899 （1.19）
TI		0.7124 （0.40）	0.5494 （0.31）
COST			- 0.4366 （- 0.97）
EXRA			0.1238 （0.72）
常数项	- 0.8723 （- 0.58）	- 3.5616 （- 1.31）	- 7.6174 （- 1.40）
R^2	0.0286	0.0002	0.0263
样本数	152	152	152

注：括号内为 *t* 值；***、** 和 * 分别表示在 1%、5% 和 10% 的水平上显著。

接下来，我们将通过划分样本，进一步探究长三角地区三省一市对外直接投资的动因，检验结果如表 8 - 8 所示。从表 8 - 8 可以看出，对于上海来说，经济发展水平、实际利用外资、技术创新水平和汇率对其对外直接投资都存在显著正向影响，贸易依存度、生产成本与其对外直接投资显著负相关；对于江苏省来说，外贸依存度和实际利用外资与其对外直接投资显著负相关，经济发展水平、技术创新水平、生产成本和汇率与其对外直接投资则无显著关系；而对于浙江和安徽来说，各变量对两省对外直接投资的影响均不显著。

表 8－8　　　　　分省份回归结果：长三角地区 *OFDI* 的动因检验

变量	（1）上海	（2）江苏	（3）浙江	（4）安徽
EG	41.6813** (24.09)	0.0766 (1.40)	0.2233 (0.65)	0.0057 (0.16)
TRA	－1.6606* (－15.05)	－0.0100*** (－3.12)	－0.0099 (－0.74)	－0.0947 (－1.69)
FDI	149.5436** (12.96)	－0.0512* (－1.66)	－0.2748 (－1.20)	0.3180 (0.38)
TI	402.5185** (13.02)	0.2178 (1.21)	0.2802 (0.37)	0.0198 (0.19)
COST	－18.0030* (－6.95)	0.0263 (0.53)	0.0925 (0.41)	－0.0081 (－0.13)
EXRA	3.7869* (7.88)	0.0251 (1.13)	0.1131 (1.43)	－0.0013 (－0.09)
常数项	－745.3480** (－13.94)	－1.4111** (－2.09)	－4.2764 (－1.66)	0.0244 (0.08)
R^2	0.9981	0.5362	0.3147	0.7067
样本数	8	72	64	8

注：括号内为 t 值；***、** 和 * 分别表示在 1%、5% 和 10% 的水平上显著；江苏和浙江为固定效应模型的回归结果，上海和安徽由于样本量太少，选取固定效应模型不能得到有效的回归结果，故最终选取混合回归模型进行估计。

（三）长三角地区对外直接投资的经济效应分析

本部分主要从经济增长、产业结构升级和技术进步三方面，对长三角地区对外直接投资的经济效应进行实证检验。

1. 长三角地区对外直接投资与经济增长

为检验长三角地区对外直接投资对经济增长的影响，设定如下计量模型：

$$EG_{it} = \beta_0 + \beta_1 OFDI_{it-1} + \beta_2 FAS_{it-1} + \beta_3 EMP_{it-1} + \beta_4 HUM_{it-1} + \beta_5 RD_{it-1} + \beta_6 MARK_{it-1} + \varepsilon_{it} \qquad (8.2)$$

其中，*EG* 表示经济发展水平；*OFDI* 表示对外直接投资；*FAS* 表示固定资产投资；

EMP 表示就业人数；*HUM* 表示人力资本；*RD* 表示研发投入；*MARK* 表示市场化水平；ε 为随机扰动项。同样，为了避免模型可能存在的内生性问题，将模型中所有解释变量进行滞后一期处理。

经 Hausman 检验后选择固定效应模型对式（8.2）进行估计，检验结果如表 8-9 所示。从表 8-9 可以看出，*OFDI* 的系数显著为正，表明长三角地区对外直接投资显著促进了经济增长；固定资产投资、就业人数、人力资本、研发投入和市场化水平等都对长三角地区的经济增长存在显著影响。

表 8-9　　　全样本回归结果：长三角地区 *OFDI* 与经济增长

变量	（1）	（2）	（3）
OFDI	0.4023 *** (6.39)	0.3967 *** (6.47)	0.3379 *** (6.06)
FAS	0.4902 *** (45.13)	0.4375 *** (23.28)	0.3579 *** (16.47)
EMP		0.0377 * (1.95)	0.0606 *** (3.36)
HUM		0.0528 *** (3.84)	0.0447 *** (3.45)
RD			12.2851 *** (3.05)
MARK			-1.8886 *** (-4.58)
常数项	2.7616 *** (15.28)	2.9703 *** (14.48)	5.9123 ** (9.96)
R^2	0.0850	0.0927	0.0644
样本数	152	152	152

注：括号内为 *t* 值；*** 、** 和 * 分别表示在 1%、5% 和 10% 的水平上显著。

我们通过划分样本进一步探究长三角地区三省一市对外直接投资对经济增长的影响，检验结果如表 8-10 所示。从表 8-10 可以看出，以上海、江苏、浙江和安徽为子样本的检验，*OFDI* 的系数均为正，但只有在以江苏为样本的检验中 *OFDI* 系数具有显著性。由此可见，对外直接投资对江苏经济增长的促进作用最为显著，对上海、浙江和安徽经济增长的促进作用不明显。

表 8 − 10 分省份回归结果：长三角地区 *OFDI* 与经济增长

变量	（1）上海	（2）江苏	（3）浙江	（4）安徽
OFDI	0.3525 （0.68）	0.5340 ** （2.52）	0.1281 （1.52）	2.2143 （0.23）
FAS	0.6883 （0.81）	0.3334 *** （11.13）	0.4130 *** （12.94）	− 0.2152 （− 1.44）
EMP	− 1.4547 （− 0.71）	0.0721 *** （3.69）	− 0.0063 （− 0.20）	6.0796 （1.87）
HUM	− 1.0659 （− 0.96）	0.0340 ** （2.25）	0.0808 *** （5.08）	− 0.3128 （− 1.10）
RD	− 89.7678 （− 0.84）	17.8721 *** （3.11）	0.7173 （0.13）	127.4421 （3.82）
MARK	− 41.7432 （− 1.09）	− 1.2163 *** （− 2.83）	− 1.4027 ** （− 2.21）	− 0.7567 （− 0.97）
常数项	53.7050 （1.13）	5.7686 *** （8.65）	4.8317 *** （5.28）	− 33.7523 （− 1.55）
R^2	0.9836	0.4362	0.8067	0.9995
样本数	8	72	64	8

注：括号内为 t 值；*** 、** 和 * 分别表示在 1% 、5% 和 10% 的水平上显著；江苏和浙江为固定效应模型的回归结果，上海和安徽由于样本量太少，选取固定效应模型不能得到有效的回归结果，故最终选取混合回归模型进行估计。

2. 长三角地区对外直接投资与产业结构升级

为检验长三角地区对外直接投资对产业结构升级的影响，设定如下计量模型：

$$IS_{it} = \beta_0 + \beta_1 OFDI_{it-1} + \beta_2 FAS_{it-1} + \beta_3 RD_{it-1} + \beta_4 TRA_{it-1} + \beta_5 FDI_{it-1} +$$
$$\beta_6 FIN_{it-1} + \beta_7 EG_{it-1} + \beta_8 HUM_{it-1} + \beta_9 MARK_{it-1} + \varepsilon_{it} \quad (8.3)$$

其中，*IS* 表示产业结构层次；*OFDI* 表示对外直接投资；*FAS* 表示固定资产投资；*RD* 表示研发投入；*TRA* 表示贸易依存度；*FDI* 表示外商直接投资；*FIN* 表示金融发展程度；*EG* 表示经济发展水平；*HUM* 表示人力资本；*MARK* 表示市场化水平；ε 为随机扰动项。

经 Hausman 检验，选择固定效应模型对式（8.3）进行估计，回归结果如表 8 − 11 第（1）列所示。可以看到，*OFDI* 的系数虽然为正，但不显著，这表明从整体上看长三角地区对外直接投资尚未对产业结构升级形成显著影响；经济发展水平对长三角地区的产业结构升级存在显著正向影响，这可能与对外直接投资起步较晚有关。

表 8 - 11　　　　全样本回归结果：长三角地区 *OFDI* 与产业结构升级

变量	(1) *IS*	(2) 第一产业	(3) 第二产业	(4) 第三产业
OFDI	0.0203 (0.78)	- 0.0009 (- 0.11)	- 0.0181 (- 0.71)	0.0191 (0.78)
FAS	0.0057 (0.38)	- 0.0073 (- 1.60)	0.0088 (0.60)	- 0.0016 (- 0.11)
RD	- 3.4482 ** (- 2.05)	0.4321 (0.86)	2.5426 (1.56)	- 2.9885 * (- 1.89)
TRA	- 0.0012 (- 0.67)	- 0.0008 (- 1.49)	0.0029 (1.61)	- 0.0021 (- 1.19)
FDI	- 0.0518 *** (- 2.68)	0.0158 *** (2.73)	0.0200 (1.07)	- 0.0359 ** (- 1.98)
FIN	- 0.0087 (- 0.67)	0.0005 (0.14)	0.0074 (0.59)	- 0.0080 (- 0.66)
EG	0.1674 *** (5.18)	0.0096 (0.99)	- 0.1865 *** (- 5.94)	0.1769 *** (5.83)
HUM	- 0.0137 ** (- 2.52)	0.0050 (3.05)	0.0038 (0.71)	- 0.0087 * (- 1.71)
MARK	0.1294 (0.67)	0.3597 *** (6.20)	- 0.8473 *** (- 4.51)	0.4881 *** (2.69)
常数项	0.5105 (1.55)	- 0.3000 *** (- 3.04)	3.0870 *** (9.64)	- 1.7878 *** (- 5.77)
R^2	0.5119	0.0256	0.0606	0.3074
样本数	152	152	152	152

注：括号内为 *t* 值；*** 、** 和 * 分别表示在 1%、5% 和 10% 的水平上显著。

接下来，将因变量由原先的产业结构层次系数替换为三次产业占 GDP 的比重，检验对外直接投资对产业结构内部变动的影响，结果如表 8 - 11 第（2）列至第（4）列所示。可以看到，第（2）列和第（3）列中 *OFDI* 的系数都为负，且不显著，表明对外直接投资对长三角地区第一产业和第二产业的比重变化不存在显著影响；第（4）列中 *OFDI* 的系数虽然为正，但不显著，表明对外直接投资也不能显著提升长三角地区第三产业的比重。

3. 长三角地区对外直接投资与技术进步

为检验长三角地区对外直接投资对技术进步的影响，设定如下计量模型：

$$TI_{it} = \beta_0 + \beta_1 OFDI_{it-1} + \beta_2 RD_{it-1} + \beta_3 TRA_{it-1} +$$
$$\beta_4 FDI_{it-1} + \beta_5 HUM_{it-1} + \beta_6 EG_{it-1} + \beta_7 IS_{it-1} + \varepsilon_{it} \qquad (8.4)$$

其中，TI 表示技术发展水平；$OFDI$ 表示对外直接投资；RD 表示研发投入；TRA 表示国际贸易；FDI 表示外商直接投资；HUM 表示人力资本；EG 表示经济发展水平；IS 表示产业结构；ε 为随机扰动项。

经 Hausman 检验，选择随机效应模型对式（8.4）进行估计，回归结果如表 8 - 12 所示。从表 8 - 12 可以看出，$OFDI$ 的系数为负且不显著，表明长三角地区对外直接投资整体上对当地技术进步的影响并不显著。可能原因为：一是现阶段长三角地区对外直接投资中技术寻求型的投资比例仍然较低；二是对外直接投资的逆向技术溢出过程本身存在时滞效应。

表 8 - 12　　全样本回归结果：长三角地区 $OFDI$ 与技术进步

变量	(1)	(2)	(3)
$OFDI$	0.0043 (0.34)	- 0.0118 (- 0.75)	- 0.0052 (- 0.30)
RD		1.3095 ** (2.03)	1.1377 (1.59)
TRA		- 0.0002 (- 0.31)	0.0001 (0.24)
FDI		0.0133 * (1.88)	0.0171 ** (2.29)
HUM			- 0.0011 (- 0.65)
EG			- 0.0063 * (- 1.76)
IS			0.0271 (0.96)
常数项	0.9956 *** (743.47)	0.9890 *** (354.34)	1.0022 *** (23.10)
R^2	0.0008	0.0497	0.0741
样本数	152	152	152

注：括号内为 t 值；*** 、** 和 * 分别表示在 1% 、5% 和 10% 的水平上显著。

六、促进长三角地区对外直接投资的政策建议

长三角地区的对外直接投资仍然存在着投资方式比较单一、投资潜在风险较大、投资领域中高新技术行业比重较低，以及对外直接投资对产业结构升级和技术进步的促进作用不明显等问题。为了实现未来"走出去"的健康、高效发展，长三角地区各级政府应坚定不移地继续推进改革，坚持不懈地提升企业国际化经营能力，积极融入全球价值链高端环节，为推动经济的高质量发展提供源源不断的新动能。

（一）对"走出去"企业的建议

第一，加强对外直接投资企业之间的合作。海外经营需要面临更高的成本和风险，只有实力过硬的企业方能在激烈的竞争中生存下来。企业之间往往具备不同的战略资源，而这些差异性的资源在相互使用和多元化后将有利于提高其竞争力。由此，企业通过联合可以增强抵御海外经营风险的能力，提高企业"走出去"的综合实力。具体来说，国家在长三角地区设置的境外经贸合作区便为国内企业提供了与国外优秀企业合作的良好机会，通过两国大型企业共同建立经贸合作区，吸引中小企业入驻，为国内企业走出国门奠定基础。此外，各企业之间，特别是中小企业之间可以相互抱团，实行组团"走出去"模式，如近年来浙江众多民营企业便通过此种方式积极开展海外投资，该"走出去"模式可供上海、江苏和安徽的中小企业学习和借鉴。

第二，寻求多元融资渠道。"融资难"一直是阻碍国内诸多民营企业"走出去"的重要因素之一。在银行贷款等间接融资渠道不通畅的情况下，长三角地区企业应积极寻求新的融资渠道缓解资金短缺的问题。例如，可以在国内寻求机会发行股票或者债券进行融资，或者通过认真研究国际金融市场的法律法规，尝试通过国外金融机构获取直接或间接融资。此外，还可以积极寻求股权投资基金、融资租赁等其他更为灵活的融资方式，降低企业在对外投资过程中的资金风险。

第三，重视跨国经营的本土化。目前，由于对东道国法律法规、市场环境、社会文化等不够了解，国内诸多从事海外经营的企业在其海外生产经营、投融资等活动中面临一系列磕绊。因此，长三角地区的对外直接投资企业应主动转换企业内部经营理念与机制，积极学习和遵守东道国当地的法律法规、社会文化习俗和消费观

念等，并在此基础上开展企业的生产经营活动，加深长三角地区对外直接投资企业的海外融入程度，实现海外公司的"本土化"经营，包括设计和研发本土化、生产本土化、营销本土化、管理本土化、融资本土化和人力资源本土化等多个方面。

第四，巩固与产业关联企业之间的关系。长三角地区企业在海外投资过程中，除了提高自身应对风险的能力和核心竞争力外，还需要积极建立、维护和发展壮大与自身合作企业的关系，不仅包括供应链上下游的合作企业，还包括为自身提供信息咨询服务的第三方合作机构。首先，对于供应链上下游的合作伙伴，企业需注重加强彼此之间的合作，积极寻求共同利益的最大公约数，以保证自身对外直接投资后生产经营活动的顺利开展。其次，由于对外直接投资相较于国内经营过程更为复杂，在实施过程中必然涉及法律、会计、审计等多方面的问题，此时便需要由律师事务所、会计师事务所等中介机构提供专业性的解决办法，因此，积极维护与第三方中介机构的良好合作关系，有利于确保对外直接投资项目的正常实施。

（二）对政府的相关建议

第一，提升政府服务水平。目前，政府部门对企业海外投资方面的服务效率和服务水平亟待进一步提升。首先，对外直接投资项目的审批过程虽然在不断精简，但通常来说仍需要经过发改委、商务部和外汇管理局等主要部门的核准、备案或登记流程，其中涉及的具体环节则更多。为此，长三角地区政府部门可以尝试建立对外直接投资审批工作的一站式服务平台，通过一个部门牵头作为核心，再根据工作不同环节成立相关部门予以辅助，实现多部门的合作式办公。虽然一站式审批平台理论上可以提高企业对外直接投资审批工作的效率，但同时也容易滋生腐败和官僚作风，故还需加强对一站式服务平台的监管，督促其提高办事效率，以降低企业对外直接投资的前期成本。其次，由于海外投资环境十分复杂，故政府部门应进一步做好对外直接投资的信息提供服务。长三角地区可以效仿商务部，由各地商务厅牵头建立企业对外直接投资公共信息的官方发布平台，编制国别和行业分类投资指引，及时公布海外各国投资环境评估报告，尽可能详细地将各国投资环境的变化、投资风险的评估等信息传达给相关企业，以降低对外投资企业的经营风险。此外，长三角地区还应加快建立各省（市）的行业协会等组织，实现与政府、企业之间信息的及时沟通和共享。

第二，完善投资政策机制。良好的政策环境是提高企业对外直接投资成效的重要保障，因此，长三角地区政府部门需进一步完善对外直接投资的相关政策。首先，创新企业对外投资的融资机制。现阶段长三角地区融资机制尚不成熟，企业

"融资难"问题仍旧存在，特别是中小型民营企业。因此，政府部门可以尝试建立国有资本和私有资本共同组成的对外直接投资引导基金，还可以引导和鼓励国内外银行开展对外直接投资项目的信用担保合作，同时鼓励有实力的大型跨国企业成立自身的财务公司为海外子公司发展提供资金支持，以及推荐企业通过并购基金等股权投资基金为自身海外经营提供融资。其次，改革企业对外直接投资的外汇和税收政策。现阶段我国外汇管制仍较严格，为企业对外直接投资带来诸多不便。在当前不具备对外完全开放外汇市场的条件下，中国外汇管理部门应积极联合相关部门，有计划地推进对外投资使用外汇的制度改革，降低企业对外直接投资过程中外汇使用带来的成本。此外，在全球显现为吸引资本而兴起的税收竞争背景下，中国也应积极推进相关领域的税制改革，优化税收结构，为相关企业，特别是优势产业和高新技术企业开展对外直接投资减轻税负。最后，建立海外投资项目的监管机制。企业对外直接投资具有转移过剩产能、缓解资源环境压力和学习国外先进技术等好处，但同时也存在逃税、避税和转移非法资金等违法活动。因此，在积极鼓励和支持企业"走出去"的同时也应建立相关监管部门和机制，并通过加快推进对外直接投资的立法工作实现对海外投资项目和资产的严格审核和法律约束，加大对海外不法投资行为的监管和打击力度。

第三，培育海外经营人才。全球化背景下，各国的竞争归根到底将会是人才的竞争，对于跨国经营来说更是如此。目前，国内整体缺乏各领域跨国经营的人才，长三角地区也面临同样的问题。海外经营人才的缺乏会严重降低企业海外经营的竞争力，阻碍企业对外直接投资的快速发展进程。因此，长三角地区应从多方面加强海外经营人才的培养。一是通过与商务部、教育部等多部门合作制定和出台相应的跨国经营人才培养计划和体系，包括编写和出版相关教材，设立跨国经营相关专业。二是加强对企业员工的在职培训，提高其国际化经营的业务能力。三是加强对企业管理人员的培训，通过在职管理人员的校企联合培养、与国外名校名企建立定期交流、加大对企业管理团队成员海外派遣力度等方式，不断提升企业管理人员的海外经营能力。

参考文献

［1］储宇强、韦邦荣：《财税政策助力安徽参与"一带一路"建设的效应分析——基于面板数据的实证》，载于《西华大学学报（哲学社会科学版）》2018年第2期。

［2］顾萍、汪涛：《江苏对外直接投资结构演变及影响因素分析》，载于《世界地理研究》2012年第4期。

［3］何骏：《全球化背景下我国企业对外直接投资的动因研究》，载于《当代经济管理》2007 年第 2 期。

［4］胡浩等：《中国对外直接投资的效率估算及其影响因素分析》，载于《世界经济研究》2017 年第 10 期。

［5］黄静波、张安民：《中国对外直接投资主要动因类型的实证研究——基于 1982~2007 年的外向投资流向分析》，载于《国际经贸探索》2009 年第 7 期。

［6］李梅、柳士昌：《对外直接投资逆向技术溢出的地区差异和门槛效应——基于中国省际面板数据的门槛回归分析》，载于《管理世界》2012 年第 1 期。

［7］王荣、王英：《ODI 与长三角装备制造业产业空心化——基于动态面板的系统 GMM 分析》，载于《社会科学家》2015 年第 7 期。

［8］王欣、姚洪兴：《长三角 OFDI 对区域技术创新的非线性动态影响效应——基于吸收能力的 PSTR 模型检验》，载于《世界经济研究》2016 年第 11 期。

［9］尹东东、张建清：《我国对外直接投资逆向技术溢出效应研究——基于吸收能力视角的实证分析》，载于《国际贸易问题》2016 年第 1 期。

［10］张纪凤、宣昌勇：《新常态下江苏对外直接投资促进产业升级研究》，载于《江苏社会科学》2015 年第 5 期。

［11］张为付：《影响我国企业对外直接投资因素研究》，载于《中国工业经济》2008 年第 11 期。

［12］Advincula, R. , "Outward Foreign Direct Investments, Competitiveness, and Industrial Upgrading: The Case of the Republic of Korea", KDI School of International Policy and Management, South Korea, 2000.

［13］Bjorvatn, K. , and Eckel, C. , "Technology Sourcing and Strategic Foreign Direct Investment", *Review of International Economics*, 2006, 14 (4): 600 – 614.

［14］Buckley, P. J. , and Casson, M. , *The Future of the Multinational Enterprise*, London, Macmillan, 1976.

［15］Cantwell, J. , and Tolentino, P. E. E. , "Technological Accumulation and Third World Multinationals", University of Reading, Department of Economics, 1990.

［16］Chen, J. E. , and Zulkifli, S. A. M. , "Malaysian Outward FDI and Economic Growth", *Procedia – Social and Behavioral Sciences*, 2012, 65: 717 – 722.

［17］Desai, M. A. , Foley, C. F. , and Hines Jr, J. R. , "Foreign Direct Investment and the Domestic Capital Stock", *American Economic Review*, 2005, 95 (2): 33 – 38.

［18］Dunning, J. H. , "Explaining the International Direct Investment Position of Countries: Towards a Dynamic or Developmental Approach", *International Capital Movements*, Palgrave Macmillan, London, 1982: 84 – 121.

［19］Dunning, J. H. , "Trade, Location of Economic Activity and the MNE: A Search for An Eclectic Approach", in the International Allocation of Economic Activity, 1977: 395 – 418.

[20] Giuliani, E., Pietrobelli, C., and Rabellotti, R., "Upgrading in Global Value Chains: Lessons from Latin American Clusters", *World Development*, 2005, 33（4）: 549 –573.

[21] Herzer, D., "The Long – run Relationship between Outward FDI and Domestic Output: Evidence from Panel Data", *Economics Letters*, 2008, 100（1）: 146 – 149.

[22] Hymer, S., "The International Operations of National Firms: A Study of Direct Investment", Doctoral Dissertation, Massachusetts Institute of Technology, 1960.

[23] John, A. M., "Dragon Multinationals: New Players in 21st Century Globalization", *Asia Pacific Journal of Management*, 2006, 23（1）: 5 – 27.

[24] Kindleberger, C. P., *American Business Abroad: Six Lectures on Direct Investment*, New Haven, Yale University Press, 1969.

[25] Kiyoshi, K., *Kaigai Chokusetsu Toshi Ron Theory of Foreign Direct Investment*, Tokyo: Diamond, 1977.

[26] Lall, S., *The New Multinationals: The Spread of Third World Enterprises*, New York: Wiley, 1983.

[27] Markusen, J. R, and Venables, A. J., "Multinational Firms and the New Trade Theory", *Journal of International Economics*, 1998, 46（2）: 183 – 203.

[28] Potterie, B. P., and Lichtenberg, F., "Does Foreign Direct Investment Transfer Technology Across Borders?", *Review of Economics and Statistics*, 2001, 83（3）: 490 – 497.

[29] Priit, V., and Jaan, M., "Home versus Host Country Effects of FDI: Searching for New Evidence of Productivity Spillovers", *Applied Economics Quarterly*, 2007, 53（2）: 165 – 196.

[30] Stevens, G. V. G., and Lipsey, R. E., "Interactions between Domestic and Foreign Investment", *Journal of international money and Finance*, 1992, 11（1）: 40 – 62.

[31] Vernon, R., "International Investment and International Trade in the Product Cycle", *Quarterly Journal of Economics*, 1966: 190 – 207.

[32] Wells Jr, L. T., "The Internationalization of Firms from Developing Countries", *In Multinationals from Small Countries*, edited by Tamir, A. and Charles, P. K., Cambridge, MA: MIT Press, 1977.

第九章

"一带一路"建设与长三角地区打造东西双向开放新格局

我国改革开放 40 多年来的实践充分证明，改革开放是社会主义事业取得巨大成就的关键。在当前错综复杂的国际经济政治形势下，改革开放更是指引我们不断前进、实现"两个一百年"奋斗目标和中华民族伟大复兴的制胜法宝。近年来，我国发展所面临的国际、国内形势和环境正在发生重大而深刻的变化，对经济要素自由有序流动、资源高效配置和市场深度融合提出了更高的要求。如果说"一带一路"倡议是新时代我国全方位对外开放的顶层设计，那么位于"一带一路"和长江经济带重要交汇地带的长三角地区，则肩负着打造、引领我国开放竞争新优势，带动"一带一路"建设持续推进的排头兵和策源地的历史责任。当前共建"一带一路"不断走深走实，用行动证明了其不仅是我国深入参与全球开放合作、改善全球经济治理体系、促进全球共同发展繁荣、推动构建人类命运共同体的中国智慧和中国方案，也是引领新时代我国对外开放高质量发展的总纲领。党的十九大报告明确提出，"要以'一带一路'建设为重点"，"加强创新能力开放合作，形成陆海内外联动、东西双向互济的开放格局"，随后推进"一带一路"建设被写入党章。长江经济带横跨我国东中西三大区域，是"21 世纪海上丝绸之路"和"丝绸之路经济带"在国内的主要交汇地带，是"统筹沿海、沿江、沿边和内陆开放，实现同'一带一路'建设有机融合，培育国际经济合作竞争新优势"① 的重要支撑带。长三角地区既是长江经济带的龙头，更是"一带一路"和长江经济带的重要交汇区间，地区内还有自由贸易试验区，是多重国家战略的叠加区，在服务"一带一路"建设、我国全方位

---

① 习近平：《在深入推动长江经济带发展座谈会上的讲话》，http：//www. xinhuanet. com/2018 – 06/13/c_ 1122981323. htm，2018 年 6 月 13 日。

对外开放格局和现代化建设中都具有重要的战略意义。长三角地区带动长江经济带由东向西、由沿海向内陆梯度开放的任务更加迫切，以城市群建设打造世界级产业集群参与国际竞争的目标更加明确，协同京津冀城市群和粤港澳城市群服务"一带一路"建设的格局更为清晰，担负着以对内改革推动对外开放、以创新引领产业群发展和城市群建设、以高质量一体化打造东西双向开放新格局的历史重任。

一、长三角地区城市群与"一带一路"对外通道建设

（一）长三角地区城市群的发展

1. 城市群概念及发展机理

1957 年，针对第二次世界大战后城市空间的集聚发展，法国地理学家戈特曼（Gottmann）在《经济地理》杂志上首次提出了大都市带（megalopolis）的概念，认为在人口、经济活动等方面形成的多核心与多层次的大都市带或城市群将成为城镇群体发展的潮流。1987 年，加拿大地理学家麦吉（Mcgee）借用印尼语 desakota 来称呼这种人口密集、位于大城市之间的交通走廊地区，由数个通过交通走廊联系的核心城市及其外区和 desakota 组成的巨大地域组织形成了大都市带（megaurban region）或超级城市群。随着 20 世纪 90 年代以来我国城市群的兴起和迅速发展，国内学者也进行了广泛而深入的研究，认为城市群通常有高密度的聚落，是一国乃至全球发展的枢纽，拥有发达的网络结构和合理的城市职能分工等方面的特征（吴福象，2014）。城市群被定义为：在特定区域范围内，以 1 个以上特大城市为核心，由至少 3 个以上大城市为构成单元，依托发达的交通通信等基础设施网络形成的空间组织紧凑、经济联系紧密并最终实现高度同城化和高度一体化的城市群体（方创林，2018）。官卫华（2003）依据集聚与扩散特征，将城市群分为城市区域阶段、城市群阶段、城市群组阶段、大都市带阶段四个发展阶段。

关于城市群集聚的机理，马歇尔（Marshall，1920）认为经济活动空间集聚产生了规模效应，有助于节约成本和提高效益，并会带来劳动力市场共享、专业化中间品和知识信息扩散等外部性。雅各布斯（Jacobs，1969）进一步认为城市经济的多样性既产生了分工提高了生产效率，还能通过跨产业的知识溢出提供创新的机会。胡佛（Hoover，1937）提出自然资源优势、集聚经济和运输成本是影响产业集聚的主要因素，并强调运输的距离、方向、服务和成本会影响产业区位的变化。亨

德森（Henderson，1986）把经济集聚提高效率的途径归于本地市场效应、企业间的分工与协作、劳动力素质的提高和基础设施的改善。大量理论与实证研究都证明，基础设施对区域经济有明显的促进作用，城市群的交通条件对城市群的集聚发展更是具有决定性的作用。吴福象和刘志彪（2008）以长三角地区16个城市为研究对象，阐明了城市化群落驱动经济增长主要是依靠城市之间良好的基础设施建设、发达的城市高速公路网络、灵活的贸易开放政策，以及城市间要素的无障碍流动等条件的支持来实现的。魏守华（2016）认为，良好的基础设施作为一种公共产品，不仅会降低本地企业经营成本，还会为其他城市带来共享计划，城市群共同投资城际轨道交通等基础设施共建共享，可以提高城市群的一体化程度，将单个城市基础设施专用机制扩展到城市群基础设施一体化。姚士谋（2003）甚至认为城市群（都市圈）的地理含义是指，在现代交通技术条件下具有相当直径的类似圆形的面积，人们可以一天内乘汽车到达并进行面对面交流的特定经济区域。

2. 长三角地区城市群进入加速发展阶段

从世界城市发展两百多年的历史来看，随着经济重心的转移，英格兰伦敦到利物浦的中部地带、美国东北沿波士顿至巴尔的摩一带和日本的东海岸城市群相继崛起，因此，城市群的兴起是世界经济增长重心转移的直接结果（黄建富，2003）。得益于区位优势和资源禀赋，长三角地区历史上就是我国对外开放的前沿阵地，并形成了一定的集聚效应，随着经济重心向亚太转移，戈特曼早在1962年就认为长三角地区与美国东北部大西洋沿岸城市群、北美五大湖城市群、日本太平洋沿岸城市群、英伦城市群、欧洲西北部城市群位列世界六大城市群。长三角地区城市群发展的过程，也是长三角地区一体化加速的过程。改革开放初期，沿海城市的开放、"浦东开发开放战略"和"长江发展战略"的相继实施，促进了上海及周围沿江城市的发展，可以认为是长三角地区城市群一体化发展的早期探索阶段。其中，国务院在1992年召开的"长三角及沿江地区规划座谈会"提出了"以上海浦东开发开放为龙头，进而推动长三角和长江沿江地区开发开放"的重大决策，并明确了沪、宁、杭等14个城市为长三角地区的规划范围，长三角区域综合交通运输一体化概念开始形成，国家战略意义上的长三角区域一体化和长三角城市群建设启动。这是长三角城市群一体化的第一阶段。进入21世纪，随着融入全球化程度的加深，生产要素流动的加强，城市间的合作交流日益频繁，长三角区域一体化进入加速发展阶段，规划城市范围也在扩大。2001年，上海、江苏和浙江共同召开了首届"沪苏浙经济合作与发展座谈会"，提出了加快长三角地区交通、能源供应等方面的一体化进程。早在2003年于浙江工作期间，习近平就提出"八八战略"，明确主动接轨上海，力推长三角区域经济一体化，当年召开的长三角城市经济协调会成员扩至 16 个，2005 年在杭州召开了首次苏浙沪主要领导定期会晤座谈会，长三角省（市）层面一体化合作机制与平台初步建立。2007 年习近平在上海工作期间明确指出，上海"四个中心"的建设，仅仅靠上海不能完成，要整个长三角、长江流域来互为补充。2008 年，国务院出台了《关于进一步推进长江三角洲地区改革开放和经济社会发展的指导意见》，提出把长三角地区建设成为"亚太地区重要的国际门户和全球重要的先进制造业基地，以及具有较强国际竞争力的世界级城市群"，明确了长三角城市群的国家战略地位；2010 年，《长江三角洲地区区域规划》正式实施，规划范围延续了沿海两省一市的传统，包括 25 个城市。长三角地区城市群一体化发展进入第二阶段。

党的十八大以来，随着长三角城市群进入转型提升和创新发展的关键阶段，习近平多次做出重要指示，要求继续完善长三角地区合作协调机制，促进"长三角地区率先发展，一体化发展"，长三角城市群建设进入快车道发展的第三阶段。2014 年，安徽部分地区首次进入长三角一体化发展大蓝图，长三角战略概念扩大到三省一市的 25 个城市。2016 年 3 月，《长江经济带发展规划纲要》出台，长三角城市群被定义为长江经济带发展新格局中发挥引领作用的重要"一极"。2016 年 6 月，长三角城市群一体化发展的纲领性文件《长江三角洲城市群发展规划》正式出台，明确长三角城市群是由以上海为核心、联系紧密的多个城市组成，规划范围包括：上海市，江苏省的南京、无锡、常州、苏州、南通、盐城、扬州、镇江、泰州，浙江省的杭州、宁波、嘉兴、湖州、绍兴、金华、舟山、台州，安徽省的合肥、芜湖、马鞍山、铜陵、安庆、滁州、池州、宣城等 26 市，主要是分布于国家"两横三纵"城市化格局的优化开发和重点开发区域。[①] 与前期相比，规划范围去掉了江浙南北两端的一些沿海城市，将安徽的 8 省（市）纳入，整体上呈现从沿海向沿江和内陆延伸的变化特点，至此，长三角城市群"一核五圈四带"的网络化空间格局和整体框架基本成型。2018 年 6 月，长三角地区主要领导座谈会在上海召开，围绕"更高质量的一体化"的发展要求，通过了《长三角地区一体化发展三年行动计划（2018—2020 年）》和《长三角地区合作近期工作要点》，进一步提出了把长三角地区建设为"全国贯彻新发展理念的引领示范区"、"全球资源配置的亚太门户"和"具有全球竞争力的世界级城市群"，到 2020 年长三角地区要基本形成世界级城市群框架，建成枢纽型、功能性、网络化的基础设施，基本形成创新引领的区域产业体系和协同创新体系，并聚焦交通互联互通、能源互济互保、产业协同创新、信息

---

① 国家发展改革委、住房城乡建设部：《关于印发长江三角洲城市群发展规划的通知》，http://www.ndrc.gov.cn/zcfb/zcfbghwb/201606/t20160603_806390.html，2016 年 6 月 3 日。

网络高速泛在、环境整治联防联控、公共服务普惠便利、市场开放有序等 7 个重点领域，形成一批项目化、可实施的工作任务。[①] 进一步明确了长三角区域一体化发展的任务书、时间表和路线图，为长三角城市群创新发展提供了切实安排。2018 年 11 月，习近平在首届中国进口博览会开幕式上宣布"支持长江三角洲区域一体化发展上升为国家战略"，与京津冀协同发展和粤港澳大湾区建设并列为三大城市群发展战略，进一步完善了我国开放发展的空间布局。

（二）"一带一路"对外通道建设

16 世纪大航海时代以来，对海洋的利用和掌控能力一直深刻影响着各国在世界经济政治版图中的地位，也催生了第二次世界大战后真正意义上的全球化。在这轮荷兰、英国和美国等海洋国家相继主导的全球化中，由于海洋的整体性和公共性，受政治军事影响小，加之更适合大规模贸易和长途运输，世界贸易的 95% 都是通过海路实现的，欧亚内陆古老文明国家的全球化进程相对滞后，经济全球化发展不平衡，地缘政治冲突频发，全球化需要新动力。从当前所处的阶段来看，经过改革开放 40 多年的发展，我国已经成为一个中等偏上收入的国家，要进一步往高收入国家迈进，需要更加创新的开放发展理念和更加广阔的开放空间。2013 年秋天，在世界全球治理体系酝酿深刻变革的关键时刻，习近平主席创新地提出了蕴含和平合作、开放包容、互学互鉴和互利共赢精神的"一带一路"倡议。

欧亚非大陆是世界上面积最大、人口最多、经济活动最集中的区域，畅通中间潜力巨大而广袤的腹地国家，连接欧亚两端的发达经济体，是"一带一路"倡议的基本构想。根据 2015 年 3 月出台的《推动共建丝绸之路经济带和 21 世纪海上丝绸之路的愿景与行动》（以下简称《愿景与行动》），共建"一带一路"致力于"亚欧非大陆及附近海洋的互联互通，构建全方位、多层次、复合型的互联互通网络"，赋予了古丝绸之路"陆海统筹"的新内涵。具体来看，丝绸之路经济带重点畅通三条线：中国经中亚、俄罗斯至欧洲（波罗的海）；中国经中亚、西亚至波斯湾、地中海；中国至东南亚、南亚和印度洋。以国际大通道为依托，以沿线中心城市为支撑，与沿线国家共同打造新亚欧大陆桥、中蒙俄、中国—中亚—西亚、中国—中南半岛、中巴、孟中印缅六大国际经济合作走廊。[②] 21 世纪海上丝绸之路则从我国沿

---

① 付杨：《长三角主要领导今天在沪座谈 收获这些重要成果！》，http：//shzw. eastday. com/shzw/G/20180601/u1ai11486451. html，2018 年 6 月 1 日。

② 国家发展改革委、外交部、商务部联合发布：《推动共建丝绸之路经济带和 21 世纪海上丝绸之路的愿景与行动》，http：//www. mofcom. gov. cn/article/resume/n/201504/20150400929655. shtml，2015 年 4 月 1 日。

海经济带出发,分别向西、向南、向北,着力打造"中国—印度洋—非洲—地中海;中国—大洋洲—南太平洋和北冰洋—欧洲三条蓝色经济通道"。①"一带"着眼于加快向西开放,"一路"着眼于加快海洋强国建设,最终将形成世界范围内的陆海统筹的大循环,为我国对外开放赢得新空间,也为全球化发展提供新路径。"如果将'一带一路'比喻为亚洲腾飞的两只翅膀,那么互联互通就是两只翅膀的血脉经络"。②"一带一路"倡议以推动政策沟通、设施联通、贸易畅通、资金融通、民心相通为主要内容,努力实现基础设施、规章制度、人员交流三位一体的联通,放眼世界和未来,共建"一带一路"将推动发展一条纵贯东西的大经济带,推动形成全球经济可持续发展的新格局。

(三)长三角城市群与"一带一路"对外通道建设的协同

1. 目标的协同

长三角城市群与"一带一路"对外通道建设在目标上是互为支撑的,都是为了实现更广范围的互联互通,实现生产要素更自由的流动、更高效的配置,推动我国更高质量的一体化发展和改革开放新格局的构建,是服务我国对外开放大局的空间安排。面对全球化发展的新特点和国内改革向纵深发展的新阶段,我国开放型经济发展也亟待转型升级,对对内改革和对外开放的协同也提出了更高的要求。一方面,随着长三角城市群初具规模和在国家战略中的定位日渐清晰,想实现"面向全球、辐射亚太、引领全国的世界级城市群"建设目标,就必须进一步扩大辐射和服务范围,实现生产要素更高程度的集聚和更大空间的扩散效应,这需要以更全面的开放和更通畅的通道建设为基础;而长三角城市群一体化的深入发展,又为率先一体化发展提供了基础和保障,是创新推动"一带一路"对外通道建设的内生力量。另一方面,"一带一路"倡议最基础的内容就是对外通道的建设,通过打造立体交通网络和全球产业链条将更多的地区和国家纳入区域一体化和经济全球化的浪潮中,这需要长三角城市群发挥其重要的引领作用和示范效应,而随着"一带一路"建设的持续推进和重点项目的落地开花,也为长三角城市群高质量发展和一体化发展提供了更广阔的腹地支撑。

---

① 国家发展改革委、国家海洋局联合发布:《"一带一路"建设海上合作设想》,http://www.xinhuanet.com/politics/2017-06/20/c_1121176743.htm,2017年6月20日。

② 习近平:《深化互联互通 推进"一带一路"》,载于《人民日报》(海外版),2014年11月10日。

2. 空间布局的协同

长三角城市群与"一带一路"对外通道建设在空间布局上是高度契合的，都致力于推动我国东部沿海与西部内陆的双向开放。"一带一路"对内解决的是我国东西开放不平衡的问题，对外解决的则是内陆国家和沿海国家开放不平衡的问题，其建设理念是统筹海陆两种交通方式、东西两个纬度，以通道建设为抓手，助推内陆沿边地区成为开放前沿。从地理空间布置上来说，"一带"侧重于我国中西部与中亚、南亚和欧洲各国之间以陆路为主的互联互通，"一路"侧重于我国东部沿海城市与东南亚、欧洲各国之间以海路为主的互联互通，"一带"和"一路"在我国东部沿海地带交汇，与横贯东中西的长江流域在地理空间上呈横置的"T"形发展格局。长三角城市群位处这个"T"字的交汇点位置，是"一带一路"和长江经济带的重要交汇点，凭借"外通大洋，内联广阔腹地"的优越区位和"水陆并举、四通八达"的立体交通网络，也是东亚的地理中心和西太平洋东亚航线的要冲，一直承担着内陆腹地和沿海地区要素资源交换和优化配置的功能，在世界贸易投资格局中发挥着重要的集聚和扩散作用。从城市群内部开放态势来看，根据《愿景与行动》，有"利用长三角等经济区开放程度高、经济实力强、辐射带动作用大的优势，加快推进中国自由贸易区试验区建设""推进浙江海洋经济发展示范区建设""加强上海、宁波—舟山沿海城市港口建设""强化上海国际枢纽基础功能"，以及"打造合肥内陆开放型经济高地"的明确安排，说明随着经济辐射能力的增强，长三角城市群正沿着长江黄金水道向中上游腹地延伸，努力建设"向西开放的国际大通道"。目前，上海在"一带一路"桥头堡建设、江苏在"一带一路"交汇点建设、浙江在"一带一路"枢纽建设、安徽在"一带一路"重要腹地和枢纽建设方面都取得了显著的成效，长三角地区已经成为以一体化建设推动陆海统筹和东西双向开放的试验田和主力军，与"一带一路"对外通道建设在地理空间上是相辅相成的。

3. 交通网络的协同

长三角城市群和"一带一路"对外通道建设在打造贯穿东西、连接南北、通江达海、便捷高效，包含公路、铁路、航运、航空、管道、空间综合信息网络于一体的综合立体交通走廊的要求和努力是协同的。根据"一带一路"走向，"一带一路"对外通道建设主要是依托国际大通道，以沿线中心城市或者重点港口为支撑，基本建成安全高效的立体交通网络，提升各地区和国家道路的通达水平。长三角地区作为亚太地区重要的出海口，是我国陆海统筹和江海联动发展的先行区，以上海为扇形的城市群立体综合交通网络已基本打开，特别是进入高铁时代，"四纵四横"

格局中的"两横"与"两纵"汇聚长三角地区，在我国"两横三纵"城市化格局中具有重要的战略意义。截至 2017 年底，长三角地区三省一市建设了全国 8% 的铁路营业里程、33% 的内河航道里程、10.4% 的公路里程、28.5 的沿海主要规模以上港口码头长度和 40% 的泊位数，① 以 9% 的机场数量完成了全国 17.3% 的起降架次、35% 的货邮吞吐量和 20% 的旅客周转量，② 是我国综合交通网络的重要组成部分，在全国发挥了重要的集聚和辐射作用。在更高质量的一体化发展过程中，根据《长江三角洲城市群发展规划》，依托国家综合运输大通道，围绕"一核五圈四带"的网络化空间布局，将着力打造上海国际性综合交通枢纽，南京、杭州、合肥、宁波等全国性综合交通枢纽，以及南通、芜湖、金华等区域性综合交通枢纽的三级枢纽体系，提升集铁路、公路、民航和城市交通于一体的"零距离换乘，无缝化衔接"综合交通枢纽辐射能力，还将打造与长江黄金水道中上游城市、海峡西岸等区间的运输通道，畅通对外通道建设，必将成为"一带一路"对外通道建设的重要组成部分。

二、"一带一路"倡议下长三角地区开放发展新空间

(一)"一带一路"倡议给长三角地区开放发展带来的新机遇

"一带一路"倡议是在世界经济增长新旧动能转换、全球化遭遇重大挑战、我国经济社会迈向高质量发展的关键阶段提出的，是以通道建设为基础，以经贸合作为重点，以多元化合作机制为特征，以经济要素有序自由流动、资源高效配置和市场深度融合为导向，以打造命运共同体为目标的新型区域合作机制的全球化方案。"一带一路"首倡 64 个国家，覆盖了全球超过六成的人口和近 1/3 的全球经济总量，是世界上跨度最长的经济走廊，国际货币经济组织（IMF）在 2017 年预测，"一带一路"地区将成为拉动世界经济增长的主要引擎。③ 沿线国家（地区）经济发展水平差异比较大，既存在市场分工赖以进行的比较优势基础，也存在巨大的市场、需求和增长潜力，因此，"一带一路"契合了沿线国家（地区）共同的发展需求，为彼此间优势互补、开放发展提供了平台和可能，极大拓展了各国（地区）间

---

① 国家统计局：《中国统计年鉴（2018）》，中国统计出版社 2018 年版。

② 中国民用航空局：《2017 年民航机场生产统计公报》，http：//www.caac.gov.cn/XXGK/XXGK/TJSJ/201803/t20180307_55600.html，2018 年 3 月 7 日。

③ 罗长远：《"一带一路"将成为拉动世界经济增长的主要引擎》，http：//finance.sina.com.cn/zl/china/2017－05－15/zl－ifyfeivp5713360.shtml？cre＝zl&r＝user&pos＝1_5，2017 年 5 月 15 日。

的贸易投资合作空间。未来的"一带一路"沿线国家（地区）有可能成为大西洋和太平洋以外的全球第三条贸易轴心和新的雁阵产业转移梯次，从而对全球贸易投资格局和亚洲产业分工体系进行重构，其中，长三角城市群则是最有可能成为资源配置的门户区域。针对沿线很多发展中国家（地区）经济持续增长潜力面临基础设施不足与开放体制局限两方面的"瓶颈"制约，"一带一路"倡议提出的"五通"为经济要素的自由流动扫清了障碍，通过中国的投入和带动，动员各方共建"一带一路"的积极性，从而切实推动中国与沿线国家（地区）的贸易和投资合作，以及经济的持续较快增长，"本质上是通过提高有效供给来催生新的需求，实现世界经济再平衡"①，顺应了世界多极化、经济全球化、文化多样性和社会信息化发展的大潮流，为经济全球化增添了持久动力。

截至 2018 年，"一带一路"倡议经过"夯实垒台，立柱架梁"的五年，已经落地生根，在政策沟通、经贸合作、金融支持、人文交流等领域的互动协作不断深化，许多大型重点建设项目滚动推进，取得阶段性成果，并逐步融入沿线国家（地区）的日常经济社会活动中，以我国与沿线国家（地区）"五通"为基础的"一带一路"国别合作度指数从 2016 年的 43.55 稳步上升至 2018 年的 47.12，② 为长三角地区开放发展提供了更广阔的空间。政策沟通不断深化：在高层互访推动下，共建"一带一路"得到越来越多国家（地区）的认可和参与，截至 2018 年，已有 151 个国家（地区）和国际组织与我国签署了 170 份共建"一带一路"倡议合作文件，③多数为战略、政策对接和经贸合作类型，覆盖内容广泛，落实情况良好，仅首届国际合作高峰论坛形成的 279 项成果清单中，已有 255 项转为常态化工作，为长三角地区与沿线国家（地区）的开放合作提供了顶层设计和政策支持。

设施联通不断加强。倡议实施以来，我国与沿线国家（地区）在港口、铁路、公路、电力、航空、通信等领域进行了大量合作，有效提升了与这些国家（地区）的通达水平，在一些早期项目特别是国际物流大通道建设方面已经取得成绩，截至 2018 年 8 月，在提升最快的港口联通方面，我国港口已与世界 200 多个国家（地区）、600 多个主要港口建立航线联系，服务已覆盖"一带一路"沿线所有沿海国家（地区）；④

① 吴秋余：《习近平出席推进"一带一路"建设工作座谈会并发表重要讲话》，http：//www.qstheory.cn/international/2016 - 08/18/c_1123684000.htm，2016 年 8 月 18 日。
② 杨秀峰：《〈"一带一路"大数据报告 2018〉在夏秋达沃斯论坛发布》，http：//www.ce.cn/cysc/new-main/yc/jsxw/201809/19/t20180919_30345601.shtml，2018 年 9 月 19 日。
③ 刘梦：《2018"一带一路"大事记：共建"一带一路"发生了这些重大变化》，https：//www.yidaiyi-lu.gov.cn/xwzx/gnxw/76799.htm，2019 年 1 月 9 日。
④ 刘梦：《"一带一路"这五年：互联互通交出亮丽成绩单》，https：//www.yidaiyilu.gov.cn/xwzx/gnxw/67936.htm，2018 年 10 月 6 日。

截至 2018 年 12 月，从全国 56 个城市出发的中欧班列累计开行数量突破 12000 列，到达欧洲 15 个国家 49 个城市，[①] 将哈萨克斯坦等中亚内陆国家与欧洲串联起来，扩大了我国向西开放的整体空间。我国民航增加了相关的国际航线 400 多条，与 45 个沿线国家实现直航，[②] 均为开拓新的市场提供了基础条件，对经贸合作发挥着先导作用。此外，在数字经济浪潮中，随着信息基础设施网络的普及和改善，以杭州阿里巴巴速卖通为代表的跨境电商凭借其网络化、覆盖广和直接等优势，打破了时空、地域、语言、文化等界限，为全球中小企业提供了方便快捷的"走出去"平台，"网上丝绸之路"正成为我国与沿线国家贸易的新增长点。

投资贸易便利化水平提升。随着共建"一带一路"的深入开展，我国已与 25 个国家（地区）达成了 17 个自贸协定，正在与 28 个国家（地区）商谈 13 个新自贸协定。[④] 国内以上海、浙江等自贸区为载体的先行先试经验不断复制推广，积极在硬件和软件方面与国际标准对接，截至 2019 年 1 月，我国海关与包括白俄罗斯、哈萨克斯坦、以色列、土耳其、蒙古国等"一带一路"重要节点国家在内的 36 个国家（地区）实现海关 AEO（Authorized Economic Operator，经认证的经营者）互认，显著地提升了企业跨境通关效率，与沿线俄罗斯、马来西亚和伊朗等国的 AEO 认证正在磋商中；[⑤] 国际贸易"单一窗口"建设中主要业务应用率已达 80%，[⑥] 以"减单证、优流程、提时效、降成本"为核心内容的口岸营商环境不断优化。

资金融通范围不断扩大。开发性和政策性金融支持力度不断加大，有效支持并带动社会资本持续投入的局面初步形成，多双边投融资机制和平台发展迅速。截至 2018 年底，我国配套发起的亚洲基础设施投资银行成员国已经拓展到 93 个，其中超过六成为"一带一路"沿线国家（地区）；[⑦] 丝路基金已决策投资 28 个项目，承诺投资金额超过 110 亿美元；[⑧] 人民币跨境支付系统覆盖俄罗斯、新加坡、马来西

---

① 刘梦：《中欧班列累计开行超 12 000 列 已连接境内外 105 个城市》，https：//www. yidaiyilu. gov. cn/xwzx/gnxw/74493. htm，2018 年 12 月 12 日。

② 刘梦：《"一带一路"这五年：互联互通交出亮丽成绩单》，https：//www. yidaiyilu. gov. cn/xwzx/gnxw/67936. htm，2018 年 10 月 6 日。

④ 根据中国自由贸易区服务网公布数据计算。

⑤ 《我国与 36 个国家和地区实现海关 AEO 互认》，http：//www. xinhuanet. com/2019 - 01/15/c _ 1123994907. htm，2019 年 1 月 15 日。

⑥ 《国务院再推通关便利化：年内国际贸易"单一窗口"应用率需达 100%，将依法查处垄断收费》，http：//www. gov. cn/zhengce/2019 - 06/13/content_5399818. htm，2019 年 6 月 13 日。

⑦ 曹家宁：《数说"一带一路"成绩单》，https：//www. yidaiyilu. gov. cn/jcsj/dsjkydyl/79860. htm，2019 年 2 月 18 日。

⑧ 《亚投行及丝路基金投资情况》，https：//new. qq. com/omn/20190422/20190422A00718. html，2019 年 4 月 22 日。

亚、韩国、泰国等 40 个"一带一路"国家（地区）、165 家银行，[①] 以银联为代表的中国金融技术标准正逐步走向沿线国家（地区）和市场。

民心基础不断夯实。我国与沿线国家（地区）之间有关的科教文卫等多层次、多领域人文交流合作务实推进，签证服务联通水平不断提升，目前已与接近 30 个"一带一路"沿线国家（地区）实现了公民免签或落地签，[②] 范围逐步扩大到西亚等地区，有力地促进了人员流动。

共建"一带一路"不仅推动沿线国家（地区）成长为当前全球贸易和跨境投资增长最快的地区之一，在全球共同发展繁荣和构建人类命运共同体上越行越远，也大幅提升了我国贸易投资自由化、便利化水平，推动我国开放空间从沿海沿江向内陆、沿边延伸，形成陆海内外联动、东西双向互济的开放新格局，为长三角地区更好地发挥区位优势和开放优势，更广范围、更高层次地参与国际合作与竞争、高质量开放发展开拓了新空间。"一带一路"建设将与长三角地区等国内市场的深度开放形成一个高频率互通互动和相得益彰的状态，并将逐渐推动形成一个连接中国与世界的、跨国跨区域的乃至全球规模的共同市场，造福沿线各国（地区）人民，实现人类命运共同体的构建。

（二）"一带一路"倡议下长三角地区对外贸易发展的新空间

"一带一路"沿线多为资源丰富的新兴经济体和发展中国家，对我国的工业制成品有较强的需求，双方在贸易上有很强的互补性。随着共建"一带一路"的务实推进、各国基础设施水平的改善和贸易便利化程度的提高，我国与沿线国家（地区）的贸易增长迅速，合作不断深化，在 2017 年我国与美国贸易摩擦升温的背景下，与"一带一路"国家（地区）的贸易增速以高于整体外贸增速的水平带动我国外贸加速回暖，也为国际贸易复杂局势带来春色。其中，长三角地区作为我国经济最具活力、开放程度最高、创新能力最强、一体化程度最深的区域之一，一直是我国参与"一带一路"经贸的主力军。根据国家信息中心在 2017 年和 2018 年发布的《"一带一路"贸易合作大数据报告》，江苏、浙江和上海一直位列我国与"一带一路"沿线国家（地区）进出口贸易总额的前五名，安徽在 2016 年位列第 19 名。根据最新的中国海关数据，2018 年三省一市与沿线国家（地区）共发生贸易额 24 210.6 亿元，虽然仅占同期长三角地区对外贸易总额的

---

① ② 曹家宁：《数说"一带一路"成绩单》，https://www.yidaiyilu.gov.cn/jcsj/dsjkydyl/79860.htm，2019 年 2 月 18 日。

24%，但是却占我国与"一带一路"沿线国家（地区）进出口贸易总额的32%，江苏、浙江、上海和安徽占比分别为11.6%、10.8%、8.4%和1.2%，总体上呈稳定增长态势。以江苏为例（见图9-1），"一带一路"倡议提出以来，作为我国开放型经济大省，江苏在电子信息产品和机械制造方面有很强的竞争力，符合沿线国家（地区）市场需求，与沿线国家（地区）的贸易额从2012年的964亿美元上升到2017年的1 150亿美元，占同期全省对外贸易的比重也相应地从16.3%上升至18.1%，其中，对沿线国家（地区）的出口方向增长更快，特别是中东欧、南欧和南亚方向，年均增长率超过7%，这离不开东西双向通道的提升作用。江苏已有"苏满欧"、"宁满俄"、"连新亚"、"宁新亚"、徐州至塔什干等5条线路，2017年，全省中欧班列发送量达880列，同比增长51.2%，将江苏生产的电子产品、汽车、服装鞋帽、生活用品、机械、家电、农药等源源不断送到沿线国家（地区）。[①] 跨境电商已经成为浙江参与"一带一路"建设重要的落脚点，2016年就已通过"网上丝绸之路"对沿线64个国家（地区）实现全覆盖。依托阿里巴巴为首的世界电商平台和"义新欧"班列的支撑，浙江的小商品被快速运送到沿线国家（地区）消费者手中，目前欧洲一半的市场已经可以实现72小时送达；在阿里巴巴旗下速卖通最大的海外市场俄罗斯，来自中国的2 000多

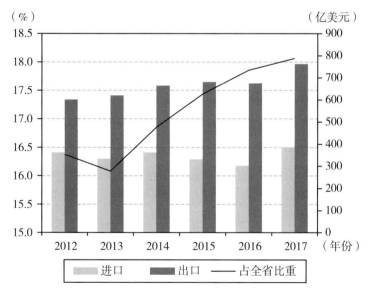

图9-1 "一带一路"倡议提出以来江苏与沿线国家（地区）贸易合作情况

资料来源：历年《江苏统计年鉴》。

---

① 郭洁宇：《2017年江苏中欧班列发送量达880列》，http：//www.xinhuanet.com/fortune/2018 - 01/17/c_1122274875.htm，2018年1月17日。

个自提柜已经覆盖当地 390 个城市。[①] 这也很好地解释了浙江与俄罗斯的对外贸易额为何从 2015 年的 478.6 万元激增至 2017 年的 653.1 万元。安徽与沿线国家（地区）贸易总体处于波动增长状态，其中，进口增速稳定，年均增速接近 17%，主要是从东南亚的进口增长较快，五年间进口额提升了 2.1 倍，可能的原因是随着长三角区域一体化的深化，内陆地区的出海通道更为顺畅。随着上海国际贸易中心的建设，上海与沿线国家（地区）的贸易额从 2012 年的 5 791 亿元上升至 2017 年的 6 597 亿元，占全市同期对外贸易的比重稳定在 20% 左右，并处于稳定增长状态，但是与长三角其他地区较为不同的是，上海对沿线国家（地区）一直处于贸易逆差的地位，逆差主要来自东南亚、中东欧及南欧地区。

（三）"一带一路"倡议下长三角地区国际投资发展的新空间

根据世界银行 2017 年标准，"一带一路"首倡的 64 个国家中有 6 个低收入国家、18 个中低收入国家、20 个中高收入国家和 20 个高收入国家，我国则在 2010 年从中低收入迈入中高收入国家行列。因此，除了地理空间，从经济发展和全球价值链的整体水平来看，我国也处于欧亚经济圈两头的发达国家和腹地的发展中国家之间。党的十九大提出的"以'一带一路'建设为重点，坚持引进来和走出去并重"，为长三角地区更深度融入全球经济体系指明了方向。一方面，经过 40 多年的开放发展，长三角地区深度参与全球分工体系，在我国区域价值链中处于中高端环节，上海、浙江、江苏的第三产业增加值比重分别在 1999 年、2014 年、2015 年超过第二产业，地区产业结构均已处在从工业化向服务化转变的阶段，这也是新时代长三角地区利用外资的行业变化特点。在世界跨国资本流动整体下滑的背景下，依托上海和浙江自贸区为代表的开放平台，长三角地区在建立和推广以负面清单为核心的外商投资管理制度方面走在了全国前列，虽然近年来自沿线发达国家（地区）的外商直接投资出现了波动，有的国家（地区）有些年份出现了下滑，但是银行贷款和组合投资弥补了这一趋势。外资更多地流向了商务服务等第三产业，特别是科研和技术服务等高技术服务业，制造业吸引外资的比重逐渐降低的同时，先进制造业利用外资增多，适应并促进了长三角地区的经济结构调整。同时，"一带一路"倡议重点规划了支持我国企业扩大对外投资，推动装备、技术、标准、服务走出去的布局，为长三角地区企业"主动"走出去利用国内、国外两种资源、两个市场，

---

① 郭庆娜：《速卖通海外买家突破 1.5 亿 中东、东欧市场爆发式增长》，http：//www.cankaoxiaoxi.com/finance/20180917/2326729.shtml，2018 年 9 月 17 日。

逐渐形成以我国为主导的区域性乃至全球性的生产网络指明了方向。近年来，随着投资便利化程度的提高和对企业"走出去"服务能力的提升，长三角地区对沿线国家（地区）的投资迅猛增长，在 2017 年全球跨境资本流动下降 23% 和我国对外投资下降 29.4% 的背景下，对"一带一路"沿线国家（地区）的投资仍然实现了正增长，总体处于投资顺差地位。长三角地区对"一带一路"沿线国家（地区）的投资领域主要为租赁和商务服务业、批发和零售业、制造业，以及信息传输、能源、软件和信息技术服务业；在投资的模式上，在"一带一路"沿线中低收入国家（地区）多采取的是绿地投资，如江苏红豆集团在柬埔寨建设工业园区，而在高收入国家（地区）多采取的是跨境并购，且大项目居多；在地区分布上，主要流向印度尼西亚、越南和马来西亚等东南亚国家，上海作为"一带一路"的桥头堡和国际金融中心，依托自贸区先行先试政策，吸引了长三角地区乃至全国企业从这里出海，对"一带一路"沿线国家（地区）的投资更多是流向新加坡和以色列等发达国家。三省一市中，上海、浙江和江苏位列全国对外投资的前十名，安徽则位列 2017 年的第 12 名。

（四）"一带一路"倡议下长三角地区对外承包工程发展的新空间

上海、江苏和浙江都是我国对外承包工程的主力军，在国际市场上均形成了一定的竞争力和市场占有率。基础设施互联互通是"一带一路"建设的优先领域，沿线既包括发展中国家（地区）大量的新建基础设施需求，也包括发达国家（地区）的基础设施更新需求，据有关研究估算，2016～2020 年"一带一路"沿线国家（地区）基础设施合意投资需求至少在 10.6 万亿美元以上，[1] 市场规模巨大。2013～2017 年，在优先打通缺失路段理念的指引下，围绕"六大经济合作走廊"和三条蓝色通道建设，沿线一大批基础设施互联互通项目迅速启动，涉及铁路、公路、港口、电力、管道等不同类型项目，为低迷的国际工程承包市场带来了巨大的蛋糕。2013～2017 年，"一带一路"沿线国家（地区）市场对外承包工程业务持续增长，2017 年中国企业与"一带一路"沿线 61 个国家（地区）新签对外承包工程项目合同 7 217 份，合同额 1 443.2 亿美元，占同期中国对外承包工程新签合同额的 54.4%。[2] 亚洲和非洲地区的一般建筑、交通运输、电力工程和通信工程建设一直

---

① 张丽平：《"一带一路"基础设施投融资需求及中国角色》，http：//www.drc.gov.cn/n/20170215/1 - 224 - 2892687.htm，2017 年 2 月 15 日。

② 商务部对外投资和经济合作司：《2017 年中国对"一带一路"沿线国家投资合作情况》，http：// www.mofcom.gov.cn/article/tongjiziliao/dgzz/201801/20180102699459.shtml，2018 年 1 月 16 日。

是长三角地区对外承包工程的主战场，也是"一带一路"倡议下国际产能合作的重点方向，有利于长三角地区对外承包工程企业深耕既有市场，降低投资的风险和成本。"一带一路"沿线国家（地区）不仅缺乏基础设施，同时也缺乏运营管理基础设施的人才和经验，需要建筑商能够提供"一揽子"的解决方案，这为长三角地区对外承包工程企业率先实行建营一体化模式、实现转型升级提供了试验场和难得的历史机遇。随着融资能力逐渐成为对外承包企业综合竞争力的重要方面，"一带一路"倡议下的丝路基金和亚洲基础设施投资银行为国内企业中标工程和按期完工提供了强有力的支撑。期间，上海企业凭借技术和经验优势承建了沿线国家许多世界第一的工程，如在丝路基金和阿联酋融资支持下，上海电气集团与沙特国际电力和水务公司在 2018 年签订的迪拜水电局光热四期 700 兆瓦电站项目总承包合同，该项目采用全球领先的"塔式槽式"集中式光热发电技术，是迄今为止全球规模最大的光热电站，总投资额为 38.6 亿美元。[①]

三、"一带一路"倡议下长三角地区产业发展和国际产能合作

（一）"一带一路"倡议引领下的国际产能合作

"一带一路"沿线是国际产能合作的主要阵地，国际产能合作是"一带一路"建设的重要抓手和平台。2014 年 12 月，李克强在访问哈萨克斯坦时，站在东道国的角度提出了国际产能合作的概念：一国根据本国经济发展需要而引进制造业装备、技术和基础设施产能，从而促进国内的产业全面发展，并与哈方就中哈在钢铁、水泥、平板玻璃、装备技术等领域加强产能合作达成重要共识，商定把产能合作作为深化中哈合作的重点和亮点，这可以说是推进国际产能合作的开端。2015 年 3 月出台的《愿景与行动》，对中国与"一带一路"沿线国家（地区）传统优势产业领域和新兴产业领域合作、产业链国际分工布局、跨境产业园区建设等作了原则性阐述，引领国际产能合作正式开局。2015 年 5 月，国务院发布了《关于推进国际产能和装备制造合作的指导意见》（以下简称《指导意见》），选择了我国"制造能力强、技术水平高、国际竞争优势明显、国际市场有需求"的 12 个行业作为重点行业，具体包括：钢铁、有色、建材、铁路、电

---

① 张威威：《中企联合参与迪拜光热电站项目 开拓海外高端市场》，http://www.cankaoxiaoxi.com/finance/20180725/2298195.shtml，2018 年 7 月 25 日。

力、化工、轻纺、汽车、通信、工程机械、航空航天、船舶和海洋工程，并提出了以"重点产能合作项目"和"境外产能合作示范基地"作为与重点国家产能合作的基本机制，并相继出台了金融服务等多角度的支持政策，为企业走出去提供了强有力的支撑。随着"一带一路"合作不断深化，截至 2018 年 9 月，我国已经与 39 个国家签署了产能合作文件，同时还与法国、葡萄牙、希腊、加拿大、澳大利亚、日本、韩国、新加坡等发达国家签署了第三方市场合作文件，[1] 为我国企业与沿线国家（地区）进行国际产能合作提供了广阔舞台。

（二）长三角地区产业发展和国际产能合作的协同

从内涵上看，国际产能合作是以促进我国经济提质增效升级为核心，以企业为主体，以互利共赢为导向，以建立生产线、建设基础设施、开发能源资源为主要内容，通过直接投资、承包工程、技术合作、装备出口等多种形式，优化我国企业生产能力布局，提高合作国产业发展水平的对外经济活动。[2] 从经济学原理上来说，国际产能合作是把我国的资金、技术和管理经验与"一带一路"沿线国家（地区）的资源、市场和劳动力要素进行结合，其本质是对外投资方式的创新。推进国际产能合作是引领我国经济高质量发展的内在要求，符合长三角地区产业发展的规律和阶段特征，为长三角地区转变经济发展方式、实现创新发展、打造有全球竞争力的世界城市群腾挪了空间、创造了舞台，是新形势下长三角地区拓展外部发展空间的必经之路。

1. 长三角地区产业发展为国际产能合作提供了基础

改革开放前 30 年，以长三角地区为代表的我国东部地区率先开放发展，以相对较低的劳动力和土地成本积极参与国家分工，融入全球产业链，成为了"世界工厂"，实现了地区经济和贸易的快速增长。同时，经过长期向发达国家的技术学习和自主创新，长三角地区的制造业门类齐全，行业技术水平相对较高，产业竞争优势持续增强，在化学制品、高端装备、机电产品、家电和汽车等行业形成了丰富的优质产能，已经形成了较强的产业集聚（见表 9 - 1），如化学纤维和家用洗衣机产能占全国的比重超过 70%，化学农药、家用冰箱和集成电路产能占全国的比重超过 50%，其中，上海在发电机组、江苏在集成电路、浙江在布、安徽在家用冰箱和洗

---

① 《"一带一路"倡议引领 国际产能合作园区持续取得新进展》，http：//cafiec. mofcom. gov. cn/article/c/201809/20180902789446. shtml，2018 年 9 月 21 日。

② 徐绍史：《"一带一路"与国际产能合作地方发展破局》，机械工业出版社 2017 年版，第 2 页。

衣机等产品上具有绝对的产能优势。长三角地区的富余产能并不是低端产能,其纺织服装、家具、化学原料、黑色金属冶炼、仪器仪表、船舶、航空航天等行业在国际上有很强的竞争力,技术水平和产品质量符合发展中国家甚至一些发达国家的市场需求。以 2016 年我国规模以上工业企业出口交货值来看,江苏、浙江和上海分别以 23 299.50 亿元、11 540.13 亿元和 7 286.15 亿元位列全国第 2、第 3、第 5名;[①] 2017 年,仅江苏和上海两地就以 1792 万美元贡献了全国高新技术新产品33.3% 的出口额。[②] 长三角地区建筑业也一直有很强的国际竞争优势,企业技术装备远高于全国平均水平,业务模式已从土建施工向工程总承包、项目融资、设计咨询、运维管理等高附加值领域延伸。

表 9–1 　　　　　　2017 年长三角地区主要工业产品产能情况

地区	化学纤维（万吨）	家用洗衣机（万台）	化学农药原药（万吨）	家用电冰箱（万台）	集成电路（亿块）	金属切削机床（万台）	布（亿米）	发电机组（万千瓦）	微型计算机（万台）	轿车（万辆）
上 海	43	149	1	55	233	1	1	3 458	2 487	196
江 苏	1 425	1 879	118	895	518	9	125	568	5 617	58
浙 江	2 055	1 227	21	647	80	10	203	516	186	61
安 徽	39	2 056	9	3 257	7	8	13	—	1 877	27
长三角地区	3 563	5 311	149	4 854	838	28	341	4 542	10 168	343
占全国比重（%）	73.1	70.8	59.4	56.8	53.6	46.5	43.3	38.4	33.1	28.7

资料来源:《中国统计年鉴（2018）》。

2. 国际产能合作为长三角地区产业升级提供了平台

随着长三角地区要素成本与比较优势结构演变,在推动产业升级的过程中,美日欧等发达国家(地区)市场饱和,传统产业的生产能力大量富余,在我国货物贸易已居世界第一位的情况下,进一步开拓国际市场更多地需要从"产品输出"向"产业输出"转变,事实上,对外直接投资能显著缓解我国工业产能过剩(温湖炜,2017)。根据中国社会科学院工业经济研究所与社会科学文献出版社共同发布的《工业化蓝皮书:中国工业化进程报告(1995—2015)》,2015 年长三角地区工

[①] 中华人民共和国国家统计局工业统计司编:《中国工业统计年鉴(2017)》,中国统计出版社 2017 年版,第 252 页。

[②] 根据万得咨讯中国宏观数据整理计算。

业化综合指数为98，已十分接近后工业化阶段，在许多行业已经积累了一定的人力资本、先进技术等创新要素，存在把价值链低端环节转移到更有比较优势的地区，以及把土地等稀缺资源配置到价值链中高端环节的现实需求。从"一带一路"沿线国家（地区）经济发展阶段来看，多数国家（地区）基础设施落后，亟须推进工业化和城镇化，对长三角地区技术密集型和资本密集型的优势产能都存在着巨大需求，双方生产要素禀赋高度互补，构成了产能合作的坚实基础，符合优势产业对外梯度转移的规律。与发达国家（地区）合作开发"一带一路"沿线的发展中国家（地区）市场也是国际产能合作的重要方式，有助于长三角地区继续实现相关行业的技术溢出和学习型创新，实现多方的互利共赢。因此，国际产能合作有助于推动长三角地区打造以沿线关联国家（地区）为重要节点，以区域价值链为基础的全球生产网络和价值链，满足双方的产业升级需求。"一带一路"倡议提出以来，长三角地区"走出去"的迫切需求得到集中释放（见图9-2）。

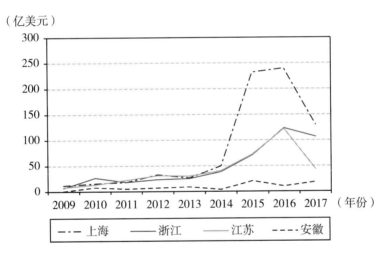

图9-2　2009~2017年长三角地区非直接类对外直接投资流量变化情况

资料来源：《2017年度中国对外直接投资统计公报》。

（三）长三角地区对外国际产能合作的主要成就

作为我国装备制造业产能最富裕的地区，长三角地区积极对接、紧抓机遇，安徽、江苏、浙江和上海结合本地产业结构、资源禀赋及产能情况，依次在2015年12月及2016年2月、3月和5月与国家发展改革委建立推进国际产能和装备制造合作委市协同机制，确定了本地区国际产能合作的重点行业和重点国家（地区），并建立了动态更新的重点项目库，覆盖了《指导意见》中国际产能合作的全部重点行业，以此作为推动本省（市）企业开展国际产能和装备制造合作的指导（见表 9 - 2）。根据《中国对外承包工程发展报告（2017—2018）》数据，2017年，上海、江苏、浙江和安徽分别完成了 99.3 亿美元、95.3 亿美元、71.4 亿美元和 34.5 亿美元的对外承包工程营业额，占全国的 17.8%，覆盖了主要的沿线国家（地区）。根据《2017 年度中国对外直接投资统计公报》数据，2017 年长三角地区三省一市企业累计实现非金融类直接投资存量 2 597.7 亿美元，占同期全国地方企业的 35.7%，其中，上海和浙江分别位列全国第 1 名和第 3 名，江苏和安徽则分别位列第 7 名和第 11 名，虽然当年长三角地区对外投资整体下滑，但实际上更趋理性，提高了对外投资的质量和效益。总体上，长三角地区在与"一带一路"沿线国家（地区）的国际产能合作中形成了以行业龙头企业为主体，以境外产业园区建设为平台，集聚关联企业逐步完善产业链为发展方向的建设特点，但三省一市基于各自的产业优势又各有特色。

表 9 - 2　　　　长三角地区在我国国际产能合作大局中的工作重点

地区	重点领域	重点区域
上海	能源开发和电力设备、汽车制造、钢铁、港口和港口设备、船舶和海洋工程、通信设备、建筑建材、轻工纺织	全球资源配置
江苏	轻工纺织、石化、冶金、建材等 4 个传统优势行业；工程机械、轨道交通、新型电力、船舶和海洋工程等 4 个重大装备制造领域	印度尼西亚、柬埔寨、埃塞俄比亚、俄罗斯等国
浙江	钢铁、水泥、汽车、石化、船舶和海洋工程、远洋渔业（海外基地）、风电和光伏发电	"一带一路"沿线国家（地区）、亚洲周边国家、非洲及中东欧国家
安徽	建材、汽车及零部件、钢铁、有色、光伏、工程机械、农业、生物化工	亚洲周边国家、欧洲、非洲及南美洲

资料来源：根据三省一市与国家发展改革委建立推进国际产能合作委市协同机制内容整理。

1. 上海市的国际产能合作

对外投资已经成为上海主动布局全球价值链的重要举措，2017 年上海非金融类直接投资 299.9 万美元，居全国榜首；2014 ~ 2016 年，上海在"一带一路"沿线国家（地区）共实施投资项目 246 个，实际投资额 45.9 亿美元，占全国比重约9.2%，[①] 国际产能合作全面推进。主要特点有：一是围绕汽

---

① 沈清：《上海企业投资"一带一路"年增约 1.6 倍》，http：//business. china. com. cn/2018 - 03/30/content_40270325. html，2018 年 3 月 30 日。

车、能源、电力、通信设备、港口和港口设备等重点行业，聚焦产业链和创新链的融合实施"走出去"。例如，上海汽车集团自 2012 年开始先后在泰国、印度尼西亚和印度设立和扩建整车制造基地，同时在英国和以色列建设了研发和创新平台，依托东盟市场打造自主品牌，在沿线国家（地区）已形成了泰国、澳新、南美等多个"万辆级市场"；在欧洲港口日渐式微的背景下，总部位于上海自贸区内的中国远洋海运集团先后与希腊比雷埃夫斯港、西班牙毕尔巴鄂港签署投资合作协议，与"一带一路"沿线国家（地区）以共建地区枢纽港口的模式创新整合国际港口产能；2017 年，上海复星医药（集团）并购了印度最大的注射剂生产企业格兰德制药（Gland Pharma），实现了中印研发和世界分销渠道网络的整合。二是集中建设了东南亚和南亚的一批基础设施互联互通项目。上海建工集团、东方电气集团、诺基亚贝尔公司等一批行业龙头企业，以核心技术为引领，足迹遍布"一带一路"沿线所有国家（地区），以 BOT（建设—经营—转让）、PPP（公私合营）和 EPC（总承包）等方式承建了柬埔寨 6 号公路、新加坡机场、巴基斯坦城市电网改造、孟加拉巴拉普库利亚 2X125MW 燃煤电站大修项目和埃及 6 000 兆瓦汉纳维燃煤电站等一批重大项目，带动我国大型装备和中国标准同时走出去。三是充分利用上海自贸区政策优势服务本地及长三角地区企业进行海外并购。2016 年，通过上海自贸区进行的对外直接投资备案金额达 251.9 亿美元，占全市比重为 68.7%；[1] 2017 年，自贸区企业境外直接投资中方协议投资额累计达 694.00 亿美元。[2]

2. 江苏省的国际产能合作

江苏作为装备大省，高度重视国际产能合作，2015 年 10 月出台了《江苏省推进国际产能和装备制造合作行动方案》；围绕贯彻落实《指导意见》和省市协同机制，2016 年 5 月出台了《江苏省推进国际产能和装备制造合作三年行动计划（2016—2018）》，提出通过实施"一批国际产能合作重点项目"，努力"形成一批境外产能和装备制造合作集聚基地"，培育一批本土装备制造跨国公司，在全省形成装备制造企业积极走出去的局面（见图 9 - 3）。主要形成了以下特点：一是政策支持力度大。2016 年初，建立了由江苏省发展改革委、商务厅牵头，22 个省级部门单位和主要金融机构参加的"江苏省推进国际产能合作部门联席会议"制度；推进对外投资便利化改革，将 1 亿美元以下项目的境外投资项目备案管理权限下放至

① 《上海对外投资合作年度发展报告》（2017 年版），http://www.199it.com/archives/624036.html，2017 年 8 月 18 日。
② 《2017 年上海市国民经济和社会发展统计公报》，http://www.stats - sh.gov.cn/html/sjfb/201803/1001690.html，2018 年 3 月 8 日。

地方，开展备案"单一窗口"试点；通过设立江苏"一带一路"投资基金，以及与国家开发银行江苏省分行签订对接合作协议，为江苏国际产能合作提供金融支持。二是围绕重点产业，以重点项目为抓手。据江苏省商务厅提供的统计资料显示，2015 年至 2018 年 11 月，江苏对"一带一路"沿线国家（地区）协议投资 103 亿美元，超过 1/3 的项目流向了专用设备制造、通信设备、电力、医药和化学制造等优势产业领域；2018 年，由省内国际建筑商中江国际牵头开工建设的中阿产能合作示范园被国家发展改革委明确为全球首家"一带一路"产能合作园区，着力发展高端装备、精细化工、光伏能源、商贸物流和金融服务等产业。三是在全国率先推广境外产业园区模式。2008 年开始，江苏就借鉴开发区集聚开发的经验在柬埔寨设立了西哈努克港经济特区，促进国内企业抱团出海，截至 2017 年底，在"一带一路"沿线国家（地区）成立了 2 个国家级和 2 个省级境外经贸合作区，或是纺织服装、机械电子、冶金化工等传统优势产业，或是农林牧产等原材料行业，累计投资 13.6 亿美元，入区企业 217 家，上缴东道国税费 8 120 万美元，为当地创造了 3.2 万个就业岗位，有效地促进了东道国的产业升级、经济发展和双方的经贸关系。四是江苏对外承包工程超过一半位于"一带一路"沿线国家（地区），特别是东南亚地区。

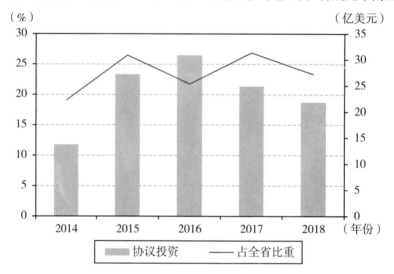

**图 9-3　2014~2018 年江苏省对"一带一路"
沿线国家（地区）协议投资金额情况**

资料来源：江苏省商务厅。

3. 浙江省的国际产能合作

浙江省从 2015 年开始连续推出年度利用外资和境外投资项目双向推进计划，积极组织国际产能和装备制造重点项目走出去，自"一带一路"倡议提出到2017年底，浙江对沿线国家（地区）的投资累计达191.9亿美元，占全省对外投资比重从2014年的15.8%上升到2017年的31.6%。① 主要形成了以下特点：一是以民营跨国企业为主体实施大型项目。2018年，国内最大的民营汽车品牌浙江吉利成为全球领先的商用车制造商德国戴姆勒单一最大股东，近年来还先后收购了来自瑞典的沃尔沃和马来西亚的路特斯，在中国、美国、英国、瑞典、比利时、白俄罗斯、马来西亚建有世界一流的现代化整车工厂，为世界汽车行业整合带来了新展望；类似的还有巨石集团在埃及投资了我国在当地金额最大的项目——玻纤生产项目，企业性质为混合所有制；同为民营企业的阿里巴巴在东南亚收购当地最大的电商平台并进行技术输出，帮助当地消费者共享互联网经济。二是围绕产业链打造海外产业集聚园区。继在印度尼西亚雅加达组建了矿业资源公司之后，浙江青山钢铁在印度尼西亚投资青山工业园，通过输出技术，已经在当地形成了从不锈钢上游原材料开采、冶炼，到下游加工制造以及运输、国际贸易等完整的产业链。浙江目前在境外有4家国家级和8家省级境外产业园区，位居全国第一。三是借力上海金融服务支持出海。浙江青山集团在印度尼西亚投资，是通过旗下推行国际化经营主力平台——注册在上海自贸区的上海鼎信投资有限公司实现的，巨石集团在埃及和美国的投资都离不开上海弘毅投资的支持。

4. 安徽省的国际产能合作

自"一带一路"倡议提出以来，安徽对沿线国家（地区）投资增长迅速（见图9-4），2013~2017年累计投资3.6亿美元，国际产能合作扎实推进，主要形成了以下特点：一是跟随重点企业投向重点国家。安徽的对外直接投资主要流向了印度尼西亚、泰国、缅甸、柬埔寨和印度等几个主要国家，这主要是海螺水泥在东南亚国家进行的产业布局，另外，有影响的还有奇瑞汽车和江淮汽车在巴西的投资。二是以新兴行业企业为主体的跨国并购快速发展。例如，2017年埃夫特智能装备股份有限公司先后完成对意大利喷涂机器人CMA、金属加工领域系统集成商Evolut、投资运动控制领域机器人核心部件生产商Robox，以及知名汽车装备和机器人系统集成商W.F.C集团四家公司的收购，逐步形成了从核心零部件到机器人整机再到高端系统集成领域的全产业链协同发展态势。三是参与"一带一路"建设以来，安徽对外承包工程增长最为迅速，在沿线国家（地区）完成营业额从2012年的6.1亿美元上升至2017年的13.1亿美元，累计完成营业额48.9亿美元，新签合

---

① 甘居鹏：《"一带一路"倡议五年 浙江构建全面开放新格局》，http://biz.zjol.com.cn/tslm/zsgc/201808/t20180810_7989551.shtml? from = groupmessage，2018年8月10日。

同额 51.5 亿美元；承包工程市场以非洲、亚洲和拉丁美洲的委内瑞拉为主，并持续深耕安哥拉、阿尔及利亚、印度尼西亚、科威特和沙特阿拉伯等主要市场，形成一定的市场占有率和集聚态势。

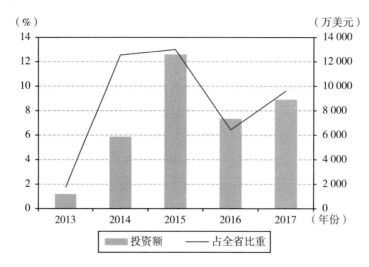

图 9 - 4   2013 ~ 2017 年安徽对"一带一路"沿线国家（地区）实际投资情况
资料来源：历年《安徽统计年鉴》。

四、长三角地区打造"一带一路"全方位合作新体系

新时代背景下，"一带一路"建设为长三角地区开放发展拓展了新空间，同时，长三角地区"一带一路"交汇点的区位和开放发展的基础也决定了其在"一带一路"建设中的独特地位：既是创新发展代表我国参与国际竞争的先行者，也是高质量一体化引领长江经济带乃至全国区域协调发展的排头兵，更是服务"一带一路"建设的主力军和带动对外开放发展的重要引擎。这就决定了长三角地区建设必须在对标世界城市群培育发展新动能、形成新竞争优势的同时，积极融入服务国家深化改革与全方位对外开放发展的大局中。

（一）发挥好世界级城市群建设的导向作用

从国际竞争的主体来看，世界级城市群合作在全球生产分工体系和价值链中正发挥越来越重要的作用，决定着区域乃至国家的竞争力和话语权。发展城市群可以在更广范围内实现资源的优化配置和辐射带动作用，同时促进内部各城市的有序发展，以城市群为代表的集聚经济正成为我国经济发展的重要支撑和培育新增长极的重要载体，长三角城市群虽然以规模位列世界六大城市群之中，但在产业结构、创新驱动和城市差距等体现竞争力、服务力和影响力的指标上，与其他世界城市群还有很大的差距。因此，首先，要强化高质量一体化发展和合作意识，将城市群建设放到全国对外开放大局和参与世界竞争的高度来看。城市群建设的关键在于降低和消除阻碍生产要素自由流动的障碍，实现城市间的紧密合作和协同互动，而长期以来，源于文化、技术的结构性差异和地方政府设置的行政壁垒是长三角区域一体化发展中的主要障碍，这就要求突出区域间的共担、共建和共享，从上而下设计制度合作和一体化红利分享机制，推动市场体系一开放、基础设施互联互通，扩大规模经济，共同打造面向世界的贸易、投融资、生产和服务网络。其次，要优化长三角城市群空间结构，完善"上海发挥龙头带动作用，苏浙皖各扬其长"的总体区域合作格局。建设世界级城市群，重点在协调超大、特大和大中小城市发展的网络和层次，这一方面要求苏浙皖积极配合上海国际经济、金融、贸易、航运中心、科技创新中心建设和自贸区建设，共同提高上海的首位度和中心度，推动上海成为配置效率高、辐射带动能力强的资源配置中心；另一方面，上海作为整个长三角城市群的龙头城市，要主动疏解在航运、产业、贸易和创新等领域的非全球城市功能到南京、杭州和合肥等区域中心城市，带动整个区域的城市功能体系重组；还要重点培育中小城市，促进长三角城市群向扁平化、网络化的协同发展，提升城市发展能级，发挥其在大型城市间的战略支点作用，优化不同层级的中心城市结构，共同提升城市群集聚和辐射的空间范围。最后，要加强与长江中游城市群、成渝城市群，以及京津冀城市群和粤港澳城市群的合作与互动，实现东西的协调与南北的呼应。改革开放以来，长三角地区作为对外开放的前沿地带以向东开放为主，随着开放红利的减弱，依托"黄金水道"向西开放的重要性凸显；通过对中西部更深广腹地的集聚和辐射作用，促进生产要素在长江经济带的自由流动，提升长江沿岸三大城市群的梯次发展，同时将城市群在科技进步、制度创新、产业升级、绿色发展等方面高质量一体化的经验进行推广，落实对长江经济带的引领和示范作用，带动东中西区域协调发展。还要优化与南北两大国家城市群的互联互通水平，发挥中间城市带的支撑和枢纽作用，加强高质量一体化建设经验交流，共同完善国家对外开放空间布局。

（二）以对外通道建设为引领打造综合立体交通体系

基础设施的通达程度和效率限制了城市群的集聚能力和辐射范围，世界级城市群都是充分发挥陆海相通的地理区位优势，发挥资源配置作用，从而成长为区域乃至世界中枢的。长三角地区建设过程中，围绕"一核五圈四带"总体城市功能布局，既要打破城市群内部联系的互联互通障碍，也要实现与"黄金水道"中上游和国际大通道的无缝联接，打造海、陆、空一体化，覆盖交通、信息、能源和公共服务的立体化综合基础设施网络，促进生产要素高效流动，优化产业布局。第一，要围绕上海国际航运中心和南京区域物流航运中心建设，打造由东向西长三角一体化优势互补、集约利用的港口群。根据地区产业特色，以资本为纽带，以信息技术为抓手，进一步畅通长江干线和支线的航道网络，优化提升港口基础设施建设和信息互联互通水平，建设以上海为核心，由宁波—舟山港和江苏港口群组成的主干支多层次、多梯度港口协同网络；依托自贸区建设，上海港口要进一步集聚资源，重点发展航运金融、信息咨询和海事法律等高端服务业和集装箱业务，将散运货物等非核心航运业务向周边两翼港口群扩展，形成错落有序的港口分工体系；加快海铁、空铁建设，"打通最后一公里"，大力发展多式联运，特别是海铁联运对枢纽港的支撑，形成以公共交通为主体的综合交通运输体系，减轻对公路运输的依赖，提高集散能级。第二，要结合城市功能定位，优化机场功能，明确机场定位，可以通过联合推出统一且兼顾各自特色的枢纽运营产品，提升以上海浦东机场作为国际枢纽，以上海虹桥、南京、杭州为区域枢纽，以及合肥、无锡、芜湖等干线机场的竞争合力，发展支撑世界级城市群建设的机场群。第三，完善以上海为中心，南京、杭州和合肥为副中心布局下，铁路和公路协同布局对城际交通网络的骨干支撑功能。优先打通断头路，加快沪宁合、合杭甬、宁芜安等城际主干道建设，提升京沪、沪宁、沪杭、宁杭等城际铁路和沪宁合、合芜等高速公路功能，提高城际铁路对5万以上人口城镇和高速公路对全部城镇的覆盖率，同时加强技术、平台和运营协调的一体化。第四，配合产业结构变化，积极对接西部能源管网，完善长三角地区沿长江清洁能源供应基础设施互联互通，保障地区能源安全。推动长三角地区整体上"西电东输""北电南输"的互联互通，完善电网主干网架结构；突出宁波—舟山原油储备管道和基地建设，加快向沿江和西部内陆辐射的区际区内石油管网建设；对接中石油中俄线由西向东建设管道，完善天然气主干管网和大型LNG站点布局，加快建设长三角地区沿江大型煤炭储配基地；大力发展风能、潮汐能等海洋能源，推进苏北、浙江沿海和皖南核电规划建设，推进长三角地区绿色能源联动发展。第五，要加强综合交通网络与国际运输大通道的对接。在航运线路方面，发挥上港集团和中远海运等企业的主体功能，对内加强与长江中游、成渝的航道运输合作，对外开辟上海至非洲、美洲、南亚、加勒比等区域，打通和优化经印度洋、非洲东部到欧洲的新主干航线；在航空方面，支持基地航空公司优先发展面向"一带一路"

的国际航线，提升长三角地区航空枢纽航线网络覆盖面，实现全球各大区域主要国家和城市全通达；在铁路和公路方面，要向西向南建设，加强铁路网与中欧、中亚铁路网的衔接以及公路网与黔中和滇中城市群的对接，增强对孟中印缅和中南半岛经济走廊的辐射，优化苏州、南京、义乌、上海和合肥出发的中欧班列线路和站点，对接新亚欧大陆桥和中蒙俄经济走廊，发挥重要节点城市对周边地区不同层面的辐射作用。最后，要突出信息一体化对基础设施建设使用的统领功能，加快5G等面向世界的下一代信息基础设施网络建设和布局，率先建成智慧城市群。

（三）以开放合作创新打造世界产业集群和全球价值链

"创新是引领发展的第一动力"，创新既是产业集聚发展的源动力，也是产业集群发展的重要产出，城市群是产业集聚和创新的空间载体。对标世界级城市群，长三角地区要强化科教资源、产业发展和对外开放的优势，加快协同科技创新和产业升级，推动世界级产业集聚发展，增强对资源配置的支配能力，并最终完成全球生产网络布局。首先，要利用好上海证交所设立科创板等制度创新优势，构建以上海为核心、宁杭合为中心的长三角全球协同创新体系。围绕上海的金融、信息、总部经济等生产服务业和航空航天、智能制造，江苏的生物医药和高端装备，浙江的跨境电商和汽车，以及安徽的量子通信、家电和现代农业等优势行业，打造服务地区产业升级的协同创新网络和区域价值链，在"质"的方面向世界级产业集群迈进；在此基础上，推动创新要素流动，加强三省一市在重大基础研发项目、科技基础设施和关键核心技术等领域的合作，促进上海在全球科技创新中心、江苏在国际产业科技创新中心、浙江在"互联网＋"创新创业中心和安徽在国际产业科技创新专业承接中心以分工为基础的协同发展，形成区域创新链；发挥张江国家自主创新示范区、苏南国家自主创新示范区、杭州国家自主创新示范区和安徽合芜蚌自主创新综合试验区在区域创新中的引领示范作用，明确核心城市区域是创新群的中心和要素资源的中心，打破行政壁垒，强化核心城市的集聚效应和对资源配置的统筹能力，带动周围高新技术园区形成若干创新节点，实现集聚发展；要对接国际规则，构建技术标准化市场，提高对国际创新要素的吸收力，打造长三角一体化的科技交易中心，设立"一带一路"技术转移板块，将全球科技创新集群发展为长三角世界级产业集群的核心群。其次，要发挥创新对产业协同升级和集聚发展的引领与战略支撑作用，促进长三角地区产业重点向高端化、智能化、服务化和绿色化方向发展，打造世界级产业群。顺应世界产业集群发展方向，结合长三角区域产业基础，以科技对传统产业进行改造，同时重点打造航空航天、新材料、新能源、汽车、生物医药、纺织服装、智能制造、高端装备、量子通信等世界级产业集群，完善现代产业体系，打造国际竞争新优势；完善科技创新产业化机制，理顺产学研渠道，建立由大企业、研发机构、著名大学和创新资源市场的区域创新合作联盟，加强重点行业的科技成果转化，重点打造一批跨国企业、科技人才和研发中心；加快创新链和产业链有效衔接，在区域产业协同升级过程中要基于区域产业链分工，以价值链为纽带，理顺协同互补的技术创新链条，推动区域技术创新环节错位分工、有序链接，放大溢出效应，促进区域创新网络构建；要发挥长三角地区各类园区数量众多的优势，以高科技创新园区为载体，加强"飞地园区"建设和交流，构建长三角地区具有国际前沿水平的中国制造标准体系，发挥在创新驱动和产业升级方面的引领和示范作用。最后，以"一带一路"沿线国家（地区）为重点，打造以我为主的全球价值链。长三角地区在打造全球科创中心和世界级产业集群过程中，必须通过"引进来"和"走出去"两种路径，借助国内国外两种资源实现两个市场的统筹。一方面，可以通过鼓励国内企业沿价值链向上"走出去"，到欧美日韩发达国家（地区）进行技术和研发的投资；另一方面，可以继续以巨大的内需市场吸引"一带一路"沿线国家（地区）的技术、人才和跨国企业，特别是总部、运营中心和研发中心到长三角地区，参与我国产业链整合，进一步实现全球高端资源的集聚。长三角地区产业在协同升级的过程中，可以通过三个维度进行产业的梯次转移和创新的辐射：一是利用好三省一市要素成本梯度差异，在上海重点打造生产服务业集聚，将产业关联度高的装备制造、纺织、金属、石化等资本密集型产业从东向西依次在江苏、浙江和安徽进行梯度转移；二是加强与长江经济带中上游城市群的联系，按照城市群间的比较优势进行分工，将"飞地园区"和城市群高质量一体化经验复制到中西部地区，将汽车、数字通信等产业链上强关联性的配套环节继续向西转移，实现城市互动合作以及对长江经济带的带动发展；三是以国内技术和经验为依托，优化国际产能合作布局，继续发挥境外产业园的平台作用，将钢铁、水泥、家电和汽车等装备制造业等产业链中上游环节向"一带一路"沿线的中亚、南亚、东南亚和中东欧国家（地区）等进行转移，支持六大国际经济走廊和三大蓝色通道建设，并逐渐扩大至非洲、拉丁美洲的投资，最终构建全球生产网络体系。

（四）以自贸试验区为依托示范打造开放型经济新体制

改革开放 40 多年来，我国在对外开放上一个重要的成功经验就是在关键节点开辟特殊区域作为试点，以点带面推动整体实现对外开放和经济发展。2013 年，作为当前我国对外开放的最高级形式和前沿阵地的上海自贸试验区几乎与"一带一路"同时启动,并随着"一带一路"的深入开展被赋予更大的开放自主权和"制度创新"试验田任务,特别是在对接国际经贸规则和建设国际金融中心方面,对"一带一路"倡议中的"贸易畅通"和"资金融通"形成了直接支撑。随着习近平在首届中国国际进口博览会上宣布增设新片区,上海自贸试验区进入4.0时代,要进一步发挥在对外开放和创新改革方面的桥头堡作用,带动长三角地区打造开放型经济新体制,并以此发展成为资源配置的亚太门户,更好地服务"一带一路"建设。首先,要积极探索自由贸易港建设,继续对接高标准国际经贸规则,进一步促进投资的自由化和贸易的便利化,放大政策集成效应,形成更多可推广可复制的经验,引领长三角地区全方位对外开放新局面。在负面清单制度为核心的投资管理制度方面,要进一步减少禁止、限制外商投资数量和行业等的范围,扩充负面清单的构架,将准入前国民待遇向准入前和准入后阶段延伸,同时对不符措施进行完善,并提高负面清单的透明度;在服务业对外开放方面,要继续扩大开放的领域和范围至旅游服务、教育服务、电信服务、专业服务,减小跨境贸易负面清单的范围,提高透明度,重点加快资本项目开放方面的试点和扩大风险测试的地理范围;在贸易便利化措施方面,要对标WTO《贸易便利化协定》和已经生效的CPTTP的贸易监管制度,加强顶层设计;在此基础上,发挥长三角海关特殊监管区域多的优势,将核心的、不适宜推广的经验由上海自贸试验区分工承担,把可复制可推广的经验在江浙皖率先进行推广,共同构建长三角地区开放公平、安全高效的市场准入管理制度系统。其次,要以对外开放倒逼对内改革,促进政府职能转变,深化放管服改革,协同推进长三角区域高质量一体化发展。对外开放的先行先试经验在国内推广落实对重塑政府和市场关系提出了客观要求,要求大力推进简政放权、减少政府审批、放宽市场准入,在管理模式上从行政审批制度向备案制度转变,长三角地区要以事中事后监管制度为抓手,理顺政府在事中事后监管方面的职责,调整监管的重点产业和领域,以及确定监管的技术和手段,打破地区市场之间的行政壁垒,促进要素资源率先在四省(市)实现自由流动;将上海的国际贸易"单一窗口"率先在长江流域长三角区域复制推广,全面推动信息共享和互换,实现通关一体化,并进一步向长江经济带、"一带一路"沿线和亚太电子口岸网络等延伸;率先建立与市场化、法治化、国际化营商环境相适应的地方层面的政策和法制保障制度,特别是国际商事仲裁中心、知识产权法庭等加强知识产权保护和服务的体系;推动上海自贸试验区和浙江自贸试验区的联动发展,以制度和监管为前提,继续扩大金融业对外开放,加强与"一带一路"沿线区域金融中心的发展互动,打造人民币跨境支付和清算中心,发挥"一带一路"沿线资金融通的枢纽功能,解决经济建设中面临的资本缺口,将长三角地区打造为资源配置的亚太门户。最后,以自贸区先行先试规则为基础，探索我国与"一带一路"沿线国家（地区）贸易投资的合作机制。"一带一路"沿线多为新兴经济体、发展中国家和转型经济体，发达国家高标准的经贸标准和制度并不具有普遍适用性，因此，可以将长三角自贸试验区的制度创新作为我国与沿线国家（地区）进行自由贸易区协定签署的重要规则内容，在投资自由化、贸易便利化、金融制度创新和贸易监管等领域形成新的制度设计，迅速加快与沿线国家（地区）的自由贸易区安排、区域一体化和经济全球化进程。

参考文献

[1] 方创琳等：《中国城市群形成发育规律的理论认知与地理学贡献》，载于《地理学报》2018 年第 4 期。

[2] 官卫华等：《城市群空间发展演化态势研究——以福厦城市群为例》，载于《现代城市研究》2003 年第 2 期。

[3] 黄建富：《世界城市的形成与城市群的支撑——兼论长三角城市群的发展战略》，载于《世界经济研究》2003 年第 7 期。

[4] 刘敏等：《"一带一路"产能合作与发展中国家全球价值链地位提升》，载于《国际经贸探索》2018 年第 8 期。

[5] 孟祺：《基于"一带一路"的制造业全球价值链构建》，载于《财经科学》2016 年第 2 期。

[6] 唐海燕等：《产品内国际分工与发展中国家的价值链提升》，载于《经济研究》2009 年第 9 期。

[7] 魏守华：《长三角城市群均衡发展研究》，经济科学出版社 2016 年版。

[8] 吴福象、刘志彪：《城市化群落驱动经济增长的机制研究——来自长三角 16 个城市的经验证据》，载于《经济研究》2008 年第 11 期。

[9] 吴福象等：《长三角城市群国际竞争力研究》，经济科学出版社 2014 年版。

[10] 姚士谋等：《大都市圈域交通走廊建设的新思维》，载于《城市》2003 年第 5 期。

[11] 郁鸿胜：《推进长江经济带与"一带一路"贯通的战略思考》，载于《上海企业》2018 年第 7 期。

[12] 张国云：《长三角更高质量一体化发展的几个问题》，载于《中国发展观察》2018 年第 12 期。

[13] 张茉楠：《基于全球价值链的"一带一路"推进战略》，载于《宏观经济管理》2016 年第 9 期。

[14] 张幼文：《自贸区试验的战略内涵与理论意义》，载于《世界经济研究》2016 年第 7 期。

[15] 赵一新：《长三角航运中心整体布局与"一带一路"倡议衔接问题研究》，载于《科学

发展》2017 年第 11 期。

[16] Edgar, M. H. , "The Measurement of Industrial Location", *Review of Economics and Statistics*, 1937, 18 (4): 162 – 171.

[17] Gordon, I. R. , and McCann, P. , "Industrial Clusters: Complex, Agglomeration and/or Social Networks", *Urban Studies*, 2000, 37 (3): 513 – 532.

[18] Gottmann, J. , "Megalopolis or the Urbanization of the Northeastern Seaboard", *Economic Geography*, 1957, 33 (3): 189 – 220.

[19] Henderson, J. V. , "Efficiency of Resource Usage and City Size", *Journal of Urban Economics*, 1986, 19: 47 – 70.

[20] Jacobs, J. , *The Economy of Cities*, New York: Vintage, 1969.

[21] Krugman, P. , *Geography and Trade*, Cambridge Massachusetts: MIT Press, 1991.

[22] McGee, T. G. , "Urbanization or Kotadesasi? The Emergence of New Regions of Economic Interaction in Asia", Working Paper, Honolulu: East-West Environment and Policy Institute, 1987.

第十章 ◀◀

自由贸易区战略与长三角地区
更高水平的对外开放

　　在当前国际经济形势的不断变化下，建立自由贸易区成为符合各国发展实情和适应新国际环境的必要途径。加快实施自由贸易区战略，是中国新一轮对外开放的重要内容。党的十八大提出加快实施自由贸易区战略，党的十八届三中、五中全会进一步要求以周边为基础加快实施自由贸易区战略，形成面向全球的高标准自由贸易区网络。党的十九大报告对推动形成全面开放新格局提出了要求和部署，其中包括赋予自由贸易试验区更大改革自主权，探索建设自由贸易港。近年来，全球范围内自由贸易区的数量不断增加，涵盖议题快速拓展，自由化水平显著提高。我国经济发展进入新常态，对外贸易发展机遇和挑战并存，"引进来""走出去"正面临新的发展形势。加快实施自由贸易区战略是我国适应经济全球化新趋势的客观要求，是全面深化改革、构建开放型经济新体制的必然选择。2013 年 9 月上海自由贸易试验区成立，2017 年 4月浙江自由贸易试验区成立，这两大自由贸易区成为中国对外开放的排头兵和试验田。本章结合这两大自由贸易区的发展，分析其对长三角地区经济社会发展的影响及存在的问题，并就长三角地区开放发展新体制的构建提出相应的对策建议。

一、国际经济规则重构与长三角地区自贸园区的发展

（一）全球自由贸易区快速发展的原因

　　20 世纪 90 年代以来，国际分工出现重大转型，"本国生产，全球销

售"的传统贸易模式逐步被"全球生产，全球销售"的价值链方式所替代，一种更加专业化、多样化、便利化的新型贸易体系逐渐重塑世界贸易新格局。"分散化"是这一生产模式的突出特征，各国通过对外投资和外包等方式将生产工序分布到全球各个国家和地区，极大地带动了中间产品和服务的进出口贸易，也是实现国内产业链条优化升级的有效手段。2018 年联合国贸易发展会议发布的年度报告显示，世界范围内 60% 以上的贸易都集中于中间产品，全球价值链已发展为以美国为核心的北美贸易区、以德国为主导的欧洲贸易区和以日本为核心的东亚贸易区"三足鼎立"，其中，北美贸易区以"创新"为主导，欧洲贸易区和东亚贸易区则以"制造"见长。

这一价值链分工和产业链条转移模式的出现，一方面加深了各国间的经济合作，另一方面也对现有的国际贸易规则提出了挑战。随着各国间的贸易投资依赖程度不断提高、生产服务网络不断深化，基于 WTO 的传统贸易规则已不能适应新时代的贸易格局，且多哈回合长期陷入停滞，出台更高标准、更高水平的"21 世纪贸易规则"迫在眉睫。特别是进入新时期以来，庞大的自由贸易协定（Free Trade Agreement，FTA）复杂网络在全球范围内逐渐展开，遍布欧亚非各国，形成错综复杂的"意大利面碗"。签署 FTA 的实质就是双方根据各自的条件逐步消除贸易壁垒，减少政府对贸易活动的直接干预，逐步扩大开放程度，将受保护的贸易体制转向自由的贸易体制。从最近的世界贸易环境来看，地区保护主义正日益强化。各国试图通过同符合各自利害关系的国家撤销关税来开放市场，并通过实现贸易自由化获取各自的利益。2003 年 9 月坎昆 WTO 部长级会议以失败告终后，依赖双边地区协定的国家进一步增多。多哈回合贸易谈判迟迟未能达成协议，加剧了全球范围内各种双边或者多边自由贸易协议的大量涌现。为了绕开 WTO 多边协议的困难，同时也为了另外开辟途径推动贸易自由化，各国逐渐从实践中探索出了 FTA。近年来 FTA 包含的范围逐渐增大，不仅包括商品贸易市场的开放，还涉及服务贸易、投资、政府采购和知识产权保护等更多领域的相互承诺。

总体来看，世界 FTA 建立的进程自 2000 年以来大大加快。在 2000 年以前，世界范围内生效的 FTA 数量仅为 54 个，但是截至 2017 年 10 月，全球向 WTO 通报的区域贸易协定达 659 个，其中有 445 个 FTA 已经生效，双边及区域自由贸易区的数量在进入 21 世纪后呈现快速上升的趋势。[①] 究其原因，主要在于：

首先，WTO 的局限。自 FTA 走入人们的视野以来，其对 WTO 的冲击性和替代力备受关注。FTA 相比于 WTO 具有很多优势，主要表现在：其一，FTA 在照顾协

---

① WTO 的 RTA 数据库，https：//www.wto.org/english/tratop_e/region_e/rta_participation_map_e.html。

议双方的经济结构互补性方面具有相当大的优势；其二，很多国家认为 FTA 的谈判比起在 WTO 框架内进行的多边谈判更容易达成协议，特别是对于发展中国家来说，签署 FTA 协议可以使其更好地获得发达国家的市场准入，进而从与发达国家的双边贸易中获利；其三，双边的 FTA 可为本国创造更好的外资投资环境，打开新市场和开创新行业，对外国直接投资尤其有利；第四，FTA 所涉及的协议范围不仅包括 WTO 谈判所涉及的内容，还囊括了 WTO 谈判所没有涉及的投资、旅游观光、科技研发、竞争、服务、劳动、环境、经济合作等诸多领域，并有可能在 WTO 没有制订规则的领域制订出新的相关规则。

其次，2008 年金融危机的冲击。2008 年底金融危机波及全球，世界各国经济衰退，贸易竞争加剧，贸易保护主义愈演愈烈，全球贸易受到重创。启动于 2001 年的多哈回合谈判，历经七年的艰辛之路后陷入僵局，在此背景下，多边贸易协定日益艰难。双边协定机制灵活的 FTA 恰好能弥补 WTO 的不足，成为化解金融危机以来贸易保护藩篱的有力工具。金融危机爆发后，欧美经济衰退，主要外需市场疲软，在此背景下，如何有效扩展新兴外部市场，有序健康地发展我国外贸，可从 FTA 中找到解决方案。世界各国为占据主动，也都把发展 FTA 作为自己国家的战略来规划和实施。由此可见，金融危机为 FTA 的建成与快速发展提供了契机：其一，金融危机导致原有全球经济治理结构的危机，包括对相关机构作用的信任危机；其二，各大国，特别是美国关注国内事务，全力应对危机，无暇顾及多边贸易谈判；其三，危机导致国内相关利益集团的政治影响力增强，保护主义抬头；其四，危机导致意识形态方面对新自由主义、全球化、美国模式等的全面反思，从而导致对区域价值观和利益的关注程度提高等（梁国勇，2010）。

最后，国际竞争格局的变动。FTA 已成为大国开展战略合作与竞争的重要手段，区域贸易集团内部贸易比重不断上升。欧盟内部贸易比重已高达 70%，东亚区内贸易比重也提升到了 50% 以上；整个国际贸易中，区域贸易占到了 50% 以上。[①] 随着区域性贸易集团规模的扩大，该集团的世界市场地位将会得到提高，非集团成员国一般都会倾向加入一个贸易集团以提高本国的世界市场地位，因此，贸易集团的扩张具有一种多米诺骨牌效应。同时，自由贸易区的建立会促使规模经济的形成，增加集体谈判话语权。FTA 通过更加优惠的贸易和投资条件，将成员的经济利益紧密联系在一起，经济利益的融合又加强了成员之间的政治、外交关系，形成各种利益共同体。在这样的背景下，FTA 就产生了"联动效应"：随着各个区域签订自由贸易协定进程的加快，区域外国家担心被"边缘化"进而在全球竞争中处于不

---

① 《FTA 全球潮下的中国选择》，载于《经济参考报》2009 年 11 月 26 日。

利地位，因此也加快了推进自由贸易协定谈判的脚步。

（二）中国自由贸易园区的发展背景

在国际经济规则重构背景下，中国也通过参与自由贸易区建设积极响应。一方面，中国近年来积极参与区域经济一体化建设。根据中国自由贸易区服务网公布数据，截至 2017 年 6 月底，我国已签订 15 个自由贸易区协定，涉及东盟、新加坡、巴基斯坦、新西兰、秘鲁、韩国、澳大利亚等 23 个国家（地区），与自贸伙伴之间的货物贸易额占中国对外贸易总额的 38%，以 FTA 为主体的国际贸易新格局正在逐步形成。另一方面，中国正在积极加快自由贸易园区的建设。自由贸易园区（Free Trade Zone，FTZ），也称自由贸易试验区、自由贸易港区或自由经济区，是指一国或地区对外经济活动中对货物监管、外汇管理、企业设立等实施特殊政策的区域，实质上是采取自由港政策的关税隔离区。自由贸易区（Free Trade Area，FTA）是跨政府的贸易区，由两个和多个政府发起设立并签订协议，其覆盖的范围包括加入自由贸易协定的全部成员的所有关税领土；自由贸易园区则是在一国内部设立的，不需要其他国家批准即可生效。

在全球自由贸易区快速发展的背景下，中国积极提出并加快自由贸易园区（以下简称"自贸园区"）的建设具有重要的现实意义：从国际层面来看，目前，国际经济规则正在重构，中国将面临严峻的"二次入世"，如果不能在这新的规则制定中赢得相应的话语权，那么中国在国际贸易体系中的地位将被迫边缘化，中国的经济发展将会受到非常大的负面影响。在此背景下，中国政府坚定改革开放的步伐，积极创建中国（上海）自贸区，以上海作为改革开放的龙头，做对接的窗口，并大幅促进上海离岸经济、港口经济和总部经济的发展，同时给长三角地区的经济发展以正面辐射效应。从国内层面而言，为了更好地融入世界舞台、参与国际经济，中国政府以更加开放的姿态面对国际竞争，积极创立上海自贸区以"倒逼"中国改革的进程，实现简政放权，给中国经济注入活力，促进本国经济发展。另外，尽管中国现在已经是世界最大的生产国、第二大资源消费国和未来最大的消费国，但目前在全球货币竞争格局中仍然处于很被动的地位。自贸园区作为推进贸易和投资便利化的有效工具，已经成为中国在全球范围内聚焦生产要素、参与国际分工及推动经济发展的重要手段，并且，通过投资体制改革和金融自由化改革构建与国际接轨的金融市场，有利于推进人民币国际化进程，提升人民币的国际地位。

（三）长三角自由贸易园区的发展现状

2018 年是中国改革开放 40 周年，自贸园区建设也已走过 5 年的历程，作为深化改革和扩大开放战略中的核心环节，自贸园区对经济增长和对外贸易发展的重要性不言而喻。2013 年 9 月，依托外高桥保税区、外高桥保税物流园区、洋山保税港区和浦东机场综合保税区，上海自由贸易试验区（以下简称"上海自贸园区"）正式挂牌成立。2014 年 12 月，国务院批准了上海自贸园区的扩区方案，其面积从 28.78 平方公里扩展至 120.72 平方公里，包含了金桥开发片区、张江高科技片区、陆家嘴金融贸易区和世博开发园区；同年，天津、广东和福建 3 个自贸园区方案获批，于 2015 年 4 月统一挂牌成立。2016 年 8 月，辽宁、浙江、河南、湖北、重庆、四川和陕西 7 个自贸园区方案获批，于 2017 年 4 月统一正式挂牌成立。短短 5 年间，以开放创新为目标的中国自贸园区建设，由 2013 年的上海自贸园区的"一枝独秀"，发展到了 2015 年的沪、津、闽、粤四架马车"并驾齐驱"，再到 2017 年的 12 家自贸园区"多点开花"，自贸园区的改革和复制正加速在中国大地展开。2018 年 4 月，海南自贸试验区应运而生。自贸园区作为相对小范围园区的试点，扩展到一个省份 3.5 万平方公里的范围，新的对外开放格局进一步展现。①

自贸园区的改革涉及贸易（尤其是服务贸易）、金融、法律、政府职能转变等诸多方面，不是简单的"经济特区"或"保税区升级版"，而是一个关于经济体制的全方位开放改革试验，改革的目的在于摸索出一套适合中国经济转型升级的开放型市场经济体制，而自贸园区"对标国际先进经贸体制"的改革本质上就是"以开放倒逼改革"的手段。自贸园区不仅要在保税区基础上进一步扩大和深化对国际运输、通关检验、物流仓储等领域的改革，更要对包括金融和服务业在内的重要经济部门展开大胆的改革试验，同时政府职能部门需按照国际上成功开放经济体的标准实施各项改革，形成以国际高标准贸易投资要求为参照的开放型市场经济体系。

1. 上海、浙江自贸园区发展现状

长三角地区目前成立了上海和浙江两个自贸园区，下面分别分析其发展现状。

（1）上海自贸园区。

2013 年 9 月 29 日，中国（上海）自贸园区正式成立。近年来，上海自贸园区

---

① 《上海自贸区五年成绩亮眼 增设新片区谋求再出发》，http://sh.people.com.cn/n2/2018/1119/c134768-32304571.html，2019 年 11 月 19 日。

在负面清单管理、政府职能转变、贸易监管便利化和金融改革开放等多个方面取得了令人瞩目的成绩。

第一，建立了以负面清单管理为核心的外商投资管理制度。根据2013～2018年《自由贸易试验区外商投资准入特别管理措施（负面清单）》，上海自贸园区负面清单自2013年版的190项条目缩短到2015年版的122项条目，再到2017年版的95项条目、2018年版的45项条目。跟以往相比，从2018年外资准入负面清单中的说明可以发现，外资准入负面清单的透明度和规范度在逐步提升，特别是管理措施项大幅减少，而跨境服务负面清单中新增了更多新行业和新特别管理措施，特别是"金融业"、"交通运输、仓储和邮政业"和"文化、体育和娱乐业"。两种负面清单的涵盖范围相辅相成、互为补充，是整个自贸园区在体制机制上的又一次创新。外资准入负面清单属于准入前的特别管理措施加国民待遇；跨境服务贸易负面清单不仅有准入前的特别管理措施，对准入后的特别管理措施，也就是国内管理的管理措施也进行了规定，涵盖了更多的行业经营过程中所涉及的与国民待遇不一致的措施。上海自贸园区通过自己的实践，为中国扩大投资准入探索出了可行的路径。

第二，建立了以政府职能转变为核心的事中、事后监管制度。上海自贸园区建立起了诚信管理、分类监管、风险监管、联合惩戒、社会监督"五位一体"的事中、事后监管体系，实现由规范市场主体资格向规范市场主体行为转变，已经在多个行业和领域全面实施。

第三，建立了以贸易便利化为重点的贸易监管制度。上海自贸园区在贸易便利化方面探索实施了国际贸易"单一窗口"，将海关、口岸、检验检疫、税务等相关部门的管理通过高效的电子化平台联系在了一起，实现了"大通关"，使进出口企业在通关时效和费用上得到节省。

第四，建立了以资本项目可兑换和金融服务业开放为目标的金融制度。在中国人民银行等金融监管机构的支持下，上海自贸园区在利率市场化、人民币跨境使用、资本项目可兑换和外汇管理便利化等方面作出了重大改革举措。尤其是自贸园区账户（即FT账户）的推出，使自贸园区内具有资质的企业能够便利地在全球进行借贷投融资，从而大大提高了企业配置资源的有效性。

第五，上海自贸园区也为服务国家"一带一路"倡议、推动市场主体走出去提供了强有力的支持。"一带一路"国别馆在上海自贸园区内已初具规模，保加利亚、匈牙利等7馆投入运营。上海先后与以色列、俄罗斯、新加坡等"一带一路"沿线国家（地区）联合建立跨国"孵化器"，搭建跨境项目交流平台。

根据上海自贸园区网站2018年12月最新发布的《上海自贸试验区挂牌五年来

经济运行情况》可知，2013 年 10 月至 2018 年 10 月，上海自贸试验区累计新设立企业超过 5.7 万户，是前 20 年同一区域企业数的 1.6 倍。新设外资企业超过 1 万多户，占比从自贸试验区挂牌初期的 5% 上升到 20% 左右。境外投资管理方面，改核准为备案管理，办结时间从 3～6 个月缩短至 3 天，至 2018 年 10 月底，累计办结境外投资项目 2 278 个，是自贸试验区设立前的近 4 倍。截至 2018 年 9 月底，已有 56 家商业银行、财务公司和证券公司等金融机构直接接入自由贸易账户监测管理信息系统，开立自由贸易账户 71 666 个，通过自由贸易账户获得本外币境外融资总额折合人民币 1.3 万亿元。人民币跨境使用和外汇管理创新进一步深化，2018 年 1～9 月，人民币跨境结算总额累计 1.9 万亿元，占全市的 48%。截至 2018 年 9 月底，累计有 877 家企业发生跨境双向人民币资金池业务，资金池收支总额超过 1.3 万亿元。上海自贸园区带动浦东新区经济持续稳定快速发展。2013 年 10 月至 2018 年 10 月，浦东新区外贸进出口持续保持增长，2018 年 1～10 月，浦东新区完成进出口总值 1.7 万亿元，同比增长 6.3%，占上海全市进出口总值的比重为 60.6%。洋山港和外高桥港区合计完成集装箱吞吐量 3 148 万标箱，同比增长 4.2%，推动上海港连续 8 年位居全球第一大集装箱港。2018 年前三季度，浦东新区地区生产总值增长 7.8%，财政总收入增长 10.3%。上海自贸园区以 1/10 的面积创造了浦东 3/4 的生产总值、70% 左右的外贸进出口总额；以 1/50 的面积创造了上海 1/4 的生产总值、40% 左右的外贸进出口总额。

（2）浙江自贸园区。

2017 年 3 月 15 日，国务院批复设立浙江自由贸易试验区，于 2017 年 4 月 1 日正式挂牌成立。根据国务院批复的《中国（浙江）自由贸易试验区总体方案》，其实施范围为 119.95 平方公里，由陆域和相关海洋锚地组成，涵盖三个片区：舟山离岛片区 78.98 平方公里（含舟山港综合保税区区块二 3.02 平方公里），舟山岛北部片区 15.62 平方公里（含舟山港综合保税区区块一 2.83 平方公里），舟山岛南部片区 25.35 平方公里。不同片区的发展方向也不同：舟山离岛片区鱼山岛重点建设国际一流的绿色石化基地，鼠浪湖岛、黄泽山岛、双子山岛、衢山岛、小衢山岛、马迹山岛重点发展油品等大宗商品储存、中转、贸易产业，海洋锚地重点发展保税燃料油供应服务；舟山岛北部片区由舟山经济开发区区块和舟山港综合保税区区块组成，重点发展油品等大宗商品交易，保税燃料油供应，航空产业、石油石化产业配套装备保税物流、仓储、制造等产业；舟山岛南部片区由新城区块、小干岛区块、沈家门区块、东港区块、朱家尖区块和相关海域组成，重点发展大宗商品交易、航空制造、零部件物流、研发设计及相关配套产业，建设舟山航空产业园，着力发展水产品贸易、海洋旅游、海水利用、现代商贸、金融服务、航运、信息咨询、高新技术等产业。

浙江自贸园区战略定位为，以制度创新为核心，以可复制、可推广为基本要求，将自贸试验区建设成为东部地区重要海上开放门户示范区、国际大宗商品贸易自由化先导区和具有国际影响力的资源配置基地。

浙江自贸园区的发展目标是，经过三年左右有特色的改革探索，在投资贸易便利化、高端产业集聚、法制环境规范、金融服务完善、监管高效便捷等方面发挥引领作用，以油品为核心的大宗商品全球配置能力显著提升，对接国际标准初步建成自由贸易港区先行区。在自贸园区成立的第一年，按照相关性、创新性、可复制推广性评估，浙江自贸园区形成了首批 21 项制度创新成果，其中，13 项制度创新成果为全国首创性成果，主要集中在油品全产业链投资便利化和贸易自由化以及建设国际海事服务基地这两个领域。特别是建设国际海事服务基地的保税燃料油跨关区直供、同商品编码下保税油品混兑等全部 8 项成果均为全国首创。

2. 上海、浙江自贸园区各项政策比较

上海自贸园区是中国大陆境内第一个自由贸易区，是中国经济新的试验田，力争建设成为具有国际水准的投资贸易便利、货币兑换自由、监管高效便捷、法制环境规范的自由贸易试验区。上海自贸园区的政策与经验强调复制性和推广性。浙江自贸园区的定位在于，以制度创新为核心，以可复制、可推广为基本要求，将自贸试验区建设成为东部地区重要海上开放门户示范区、国际大宗商品贸易自由化先导区和具有国际影响力的资源配置基地。

上海自贸园区投资便利政策重点关注投资管理制度、监管制度、政府管理和法制环境四个方面。首先，对于投资管理制度，一是制定和完善负面清单；二是实施外商投资备案管理和境外投资备案管理制度；三是深化商事登记制度改革，工商部门实施注册资本认缴制等改革，区内新设公司注册资本的申报出资、认缴年限等未出现异常情况，实施了企业准入"单一窗口"制度，企业准入由"多个部门多头受理"改为"一个部门、一个窗口集中受理"，质监部门推出了组织机构代码实时赋码，税务部门推出"办税一网通"创新措施，实现税务登记号码网上自动赋码；四是落实服务业扩大开放措施。其次，对于监管制度，一是创新"一线放开、二线安全高效管住、园区内自由"监管制度；二是启动实施国际贸易"单一窗口"管理制度；三是探索建立货物状态分类监管制度。再其次，对于政府管理，一是建立安全审查制度；二是建立反垄断审查制度；三是健全社会信用体系；四是建立企业年度报告公示和经营异常名录制度；五是健全信息共享和综合执法制度；六是建立社会力量参与市场监督制度。最后，对于法制环境，上海

市人民代表大会制定实施了《中国（上海）自由贸易试验区条例》，对自贸试验区建设涉及的制度创新内容和具体改革举措，以地方性法规的形式进行了全面规范。

浙江自贸园区投资便利政策重点关注政府职能、法治、征税和监管四个方面。第一，对于政府职能，建立市场准入统一平台，依托电子口岸公共平台建设国际贸易"单一窗口"。深化商事制度改革，全面落实"多证合一、一照一码"等措施。深化完善陆上和海洋综合行政执法体系改革。助推海洋经济发展，提升大宗商品全球覆盖能力：一是支持国际海事服务基地建设；二是支持国际油品基地建设；三是支持国际矿石中转基地建设；四是支持浙江海洋经济发展示范区建设；五是支持舟山江海联运服务中心建设；六是支持舟山航空产业园建设。另外，还支持文化对外贸易发展、跨境电子商务发展、服务外包业务发展、融资租赁业务发展，支持在自贸试验区内开展研发、设计和境内外高技术、高附加值产品的检测、维修等保税服务业务，促进生产性服务业发展等。

第二，对于法治，将现行的专利、商标和版权由多个部门分别管理的行政管理体制改革为设立专门机构综合管理，承担自贸试验区知识产权统一的行政管理。并探索建立自贸试验区跨部门知识产权执法协作机制，完善纠纷调解、援助、仲裁工作机制，实现信息共享、案情通报、执法联动，提高知识产权执法的效率。依法实施知识产权保护，加大对自贸试验区内企业知识产权海关保护力度，支持自贸试验区国内外知识产权资源集聚，有效打击侵权违法行为。依法开展风险防控，维护国家意识形态安全。依法打击走私，强化后续监管，维护自贸试验区健康发展环境。《中国（浙江）自由贸易试验区总体方案》明确，浙江要通过地方立法，建立与试点要求相适应的自贸试验区管理制度。

第三，对于征税，自贸园区推动税收服务创新，包括一窗国地办税、一厅自助办理、培训辅导点单、缴纳方式多元、业务自主预约、税银信息互动、税收遵从合作、创新网上服务等举措。

第四，对于监管，自贸园区依法履行行政监督管理职责，建立与自贸试验区相适应的行政监督管理制度，加强与负面清单管理体制相适应的事中、事后监管体系建设。完善社会信用体系、严格执行环境保护法规和标准、严格执行油品安全管理制度、强化安全监管保障，建立健全应急联动机制，充实应急救援力量，全力强化应急保障。此外，自贸试验区还从受理反垄断举报、参与甄别、协助调查、后续监管等多方面配合商务部门开展经营者集中反垄断审查。

上海、浙江自贸园区各项政策的比较如表 10-1 所示。

表 10 – 1 上海、浙江自贸园区各项政策的比较

项目	上海自贸园区	浙江自贸园区
园区定位	成为具有国际水准的投资贸易便利、货币兑换自由、监管高效便捷、法制环境规范的自由贸易试验区。强调自贸园区政策与经验的复制性和推广性	建设成为东部地区重要海上开放门户示范区、国际大宗商品贸易自由化先导区和具有国际影响力的资源配置基地
投资便利	重点关注投资管理制度、监管制度、政府管理和法制环境四个方面	重点关注政府职能、法治、征税和监管四个方面
投资奖励	包括园区企业发展扶持办法、园区产业扶持管理办法、园区科技公共服务平台扶持办法等	包括开办补助政策、经营贡献奖励政策、行政事业性收费政策、"一事一议"政策等
用地用电保障	按照"业态引领、用途引导、节约集约"的原则，促进工业研发、商务贸易、金融服务等复合业态的土地开发利用	实行办公用房补助政策
金融政策	包括金融创新措施、金融服务功能、金融监管和防范风险的机制	包括金融制度、金融监管
人才政策	积极制定外籍高层次人才的认定标准和认定流程	加大海外人才引进力度，对特别领域重要人才个税实行"一事一议"

资料来源：根据相关资料整理而得。

二、上海、浙江自贸园区对长三角地区经济发展的影响分析

（一）影响机制探讨及评估方法介绍

自贸园区成立以来，大量研究从多角度定性讨论了自贸园区的制度创新、国际经验借鉴和功能定位等问题。例如，陈琪和刘卫（2014）从新经济地理角度诠释了上海自贸园区建立的原因和未来可能的发展路径，以及可能产生的经济"正"效应和"负"效应；余颖丰（2013）认为，上海自贸园区准入前国民待遇加负面清单管理模式将改变传统的金融监管模式，由事前审批转变为事中、事后监管，明确政府职能边界，释放制度红利；裴长洪（2013）指出，上海自贸园区的核心任务在于加快转变政府职能、扩大投资领域开放、推进贸易发展方式转变、深化金融领域的开放创新，以及营造相应的监管和税收制度环境；张幼文（2014）认为，自贸园区

的核心功能为利用对外开放倒逼和促进国内改革，加快政府职能转变，形成一系列可复制推广的制度创新经验。

上述研究表明，自贸园区作为制度创新的试验田，探索与国际接轨的新管理体制，转变政府职能，释放制度红利，为经济增长提供了新的驱动力。量化分析方面，由于上海自贸园区设立时间较早，所以已经有不少学者对上海自贸园区、上海经济及对外贸易的影响进行了量化分析。谭娜等（2015）使用萧等（Hsiao et al.，2012）的方法评估了上海自贸园区建设对上海工业增加值和进出口总额的影响，发现2013~2014年自贸园区建设促进了上海工业增加值和进出口总额的增长。项后军、何康、于洋（2016）分析得到，上海自贸园区的设立对货物贸易净进口有显著正向影响，同时发现上海自贸园区的设立对上海地区资本流动具有显著正面影响。本章使用GDP同比增长率、进出口贸易同比增长率、固定资产投资同比增长率和工业增加值同比增长率这四个衡量地区经济发展的指标进行分析，各指标由中经网统计数据库数据计算得到，并同时使用双重差分和反事实分析法估计自贸园区对当地及长三角其他地区经济绩效的影响。

1. 自贸园区对地区经济的影响机制分析

新制度经济学认为，经济增长的关键是制度创新。改革开放以来，我国经济增长的根本动力来源于渐进式制度创新，自贸园区建设是改革开放的深化，承担的角色与经济特区相似，但又不是简单的经济特区或保税区升级版，而是一个关于经济体制的全方位开放改革试验，改革的目的在于摸索出一套适合中国经济转型升级的开放型市场经济体制。设立自贸园区的核心任务是，通过先试先行积极探索与国际接轨的高标准管理体制，以形成完善的法律体系、有力的产权保护和高效率的政府等，并形成一系列可复制、可推广的制度创新经验，为经济增长提供新的驱动力。

第一，事中、事后监督制度的核心在于政府职能的转变。长期以来形成的以政府行政审批管理市场的体制存在着监管效率低下、错位缺位等问题，一定程度上制约了经济发展。自贸园区改政府核准制和审批制为备案制和负面清单的管理模式，改变了过去由政府主导经济转型发展的模式，重新界定了政府的边界，通过放松管制和强化市场机制的力量提高办事效率、降低交易费用和生产成本、提升产出效率、形成制度红利，激发市场活力与资源配置的效率，从而推动经济增长。

第二，投资管理制度降低了外资准入门槛。自贸园区试行的准入前国民待遇加负面清单管理模式降低了外商投资进入壁垒，这会降低外资企业的交易费用和生产成本，总部经济和外商投资将进一步向自贸园区集聚。总部经济具有税收贡献效应、连锁投资效应、产业乘数效应、消费带动效应、劳动就业效应和城市"极化 –

扩散"效应,这些效应将极大地促进总部经济集聚城市的发展(史忠良和沈红兵,2005),而且,外商投资具有先进的技术和管理经验,能够产生技术溢出,从而推动经济增长。

第三,贸易监管制度提升了通关便利化程度。推动贸易便利化进程是设立自贸园区的一项基本任务,以制度建设为核心,提高贸易自由度,建立高效的货物进出口管理制度,有利于提高政策透明度和可预测性,提升进出口系统效率,降低企业行政管理费用。例如,国际贸易"单一窗口"制度,简化了海关操作环节,企业和监管部门在同一平台上处理标准化的单证和电子信息,大幅降低了企业的通关成本,提高企业通关和监管部门办事的效率,据测算,进出口平均通关时间分别减少了41.3%和36.8%(金泽虎、李青青,2016)。此外,自贸园区另一项重要任务是扩大服务业对外开放,包括金融、航运、商贸、文化和社会服务领域,这有利于吸引国外服务业优质资本、知识和人力资本,促进我国服务业发展,并推动经济增长。

2. 双重差分的固定效应模型

本部分重点在于检验自贸园区对地区经济增长的作用。2006年第一季度至2018年第三季度,长三角地区成立了上海、浙江两个自贸园区,其中,上海自贸园区成立于2013年9月,浙江自贸园区成立于2017年4月。我们将设立自贸园区视为一项准自然实验,当考虑自贸园区对当地经济的影响时,上海、浙江作为实验组,未设立自贸园区的其他省(市)作为对照组;当考虑自贸园区对长三角其他地区的影响时,江苏、安徽作为实验组,未设立自贸园区的其他省(市)作为对照组。借鉴刘瑞明和赵仁杰(2015)以及叶修群(2018)的研究,运用双重差分法进行估计。根据自贸园区设立时点设置 FTZ 变量,该地区设立自贸园区之前赋值为0,设立之后赋值为1。构造如下双重差分的固定效应模型进行检验:

$$\ln y_{it} = \alpha + \beta FTZ_{it} + \eta X_{it} + \delta_i + \gamma_t + \varepsilon_{it}$$

其中,$\ln y_{it}$ 为被解释变量,分别选取季度 GDP 同比增长率、月度进出口额同比增长率、季度固定资产投资增长率、月度工业增加值同比增长率的自然对数来表示,下标 i 和 t 分别表示地区和时间;δ_i 表示截面个体(地区)固定效应;γ_t 表示时间固定效应;ε_{it} 为随机误差项;X_{it} 为控制变量,包括固定资产投资水平(采用固定资产投资总额与 GDP 之比表示)和贸易依存度(采用进出口总额与 GDP 之比表示)等,回归时均取对数,数据来源为中经网统计数据库,但叶修群(2018)以及刘瑞明和赵仁杰(2015)的研究结果均表明是否加入控制变量对核心解释变量影响不大,故在接下来的分析中将其省略;FTZ_{it} 即核心解释变量,当地区 i 在时间 t 设立自貿園区時，設立之后賦值為1，設立之前賦值為0，故系数 β 是我們関注的重点，如果 β 為正，則説明設立自貿園区確実促進了経済増長。

3. 反事実分析

根据政策評估文献，一般認為某地区在設立自貿園区之后属于実験組，其他未設立自貿園区的地区属于控制組，将地区性政策視為自然実験或准自然実験，進而採用双重差分模型来評估政策効果。利用双重差分法評估某一政策的実際経済効果的前提是実験組和控制組的選択是随机的，然而自貿園区的選択是在考慮了地区経済発展、政治、地理等多種因素后的結果，并不是随机選取的；另外，利用双重差分評估政策効应時，模型設定上可能存在遺漏変量和内生性問題。所以，下面我們進一步運用蕭等（2012）提出的基于面板数据的反事実分析法来評估設立自貿園区的政策効应。

（1）反事実分析的理論与假設。

構建反事実模型要求様本数据単位之間具有一定的相関性。假設截面個体之間的相関性来自一些公共因子，但是这些公共因子対横截面個体的影响是不同的。类似于弗尼和頼希林（Forni and Reichlin，1998）、格雷戈里和黒德（Gregory and Head，1999）的処理方法，假定 y_{1t}^0 可以由以下模型表示：

$$y_{it}^0 = a_i + b_i f_t + \varepsilon_{it} \quad i = 1, \cdots, N; t = 1, \cdots, T$$

其中，a_i 表示各个変量的固定効应即異質性特征；f_t 代表 $K \times 1$ 維随時間変化但不可観測的公共因子；b_i 代表 $1 \times K$ 維随 i 変化的系数；ε_{it} 表示随机誤差項，且期望值為0，満足 $E(\varepsilon_{it}) = 0$。假設每个独立的結果都由两部分組成，一部分是能影响所有截面個体的随時間変化的共同因子表達式 f_t；另一部分是単个截面個体的固定効应 a_i。假設不同截面個体的残差項的相関系数為0，每个截面個体的相関性来自共同因子 f_t 的作用，但是共同因子対每个截面個体的不同影响可以通过 $b_i \neq b_j$ 来控制。反事実分析法有如下假設：

假設1：$\| b_i \| = c < \infty$，$\forall i$。

假設2：ε_{it} 満足 $E(\varepsilon_{it}) = 0$，$E(\varepsilon_{it} \varepsilon_{it}') = V$，其中 V 是対角常熟矩陣。

假設3：$E(\varepsilon_{it} f') = 0$。

假設4：$rank(B) = K$，$B = (b_1, \cdots, b_N)'$。

假設5：$E(\varepsilon_{it} | f') = 0$，$\forall j \neq i$。

假設6：如果 K 和 N 是固定的，那么存在一个 $\alpha \in N(B)$ 可以使 $E\left[\frac{1}{T_1}(y_1^0 - e\alpha - \tilde{Y}\alpha^*)' A(y_1^0 - e\alpha - \tilde{Y}\alpha^*) \right]$ 有且只有一个最小值。

假设 7：$\{\varepsilon_{it}\}$ 是弱相关的。

我们注意到，以上假设中没有任何关于 f_t 的时间序列特性的假设，f_t 可以是平稳的也可以是非平稳的。从假设 1 到假设 5，如果可以计算出 a_1 和 b_1，那么我们就可以预测 $y_{1t}^0 = a_1 + b_1 f_t$，$t = T_1 + 1, \cdots, T$。如果 N 和 T 都很大，那么可以使用白等（Bai et al.，2002）的方法去确定共同因子的个数 K，同时用最大似然法估计 f_t。一般来说，N 和 T 都不是很大，此时建议使用 $y_t = (y_{2t}, \cdots, y_{N_t})'$ 来预测 y_{1t}^0。

（2）反事实分析的实证模型设定。

我们定义虚拟变量 d_{it}，如果地区 i 在 t 时受到了政策干预则取值为 1，反之为 0。根据上述假设，假设其他地区宏观经济增长的特异性随机构成成分与政策干预的虚拟变量是条件独立的，即 $E(\varepsilon_{js}|d_{it}') = 0$，$i \neq j$，$s \geq t$。即假设各个省的经济运行外生于某地是否设立自贸园区，由于长三角经济区经济联系相对紧密，在考虑上海自贸园区时，将江苏、浙江、安徽排除在备选的控制组之外，同样，在考虑浙江自贸园区时，将上海、江苏、安徽和江西排除，并且，第二批自贸园区于 2015 年成立，故也将第二批自贸园区的福建、天津、广东排除在备选的控制组之外。由于各个省都受到宏观共同因子的影响，因此，可以使用控制组中的其他省的经济变量指标 $y_t = (y_{2t}, \cdots, y_{N_t})'$ 替代 f_t 拟合预测 y_{it}^0。

以上海自贸园区为例，利用自贸园区设立之前的时间序列数据，y_{it}^0 的拟合值可以表示为：

$$\hat{y}_{it}^0 = \hat{\bar{\alpha}} + \sum_{j \neq i}^{N} \hat{\alpha}_j y_{jt}^0 \quad t = 1, \cdots, T_1$$

再进行样本外预测，得到反事实值 $\hat{y}_{it}^0 (t = T_1 + 1, \cdots, T)$：

$$\hat{y}_{it}^0 = \hat{\bar{\alpha}} + \sum_{j \neq i}^{N} \hat{\alpha}_j y_{jt}^0 \quad t = T_1 + 1, \cdots, T$$

处理效应 Δ_{it} 可以通过 $\hat{\Delta}_{it} = y_{it}^1 - \hat{y}_{it}^0$，$t = T_1 + 1, \cdots, T$ 得到。萧等（2012）说明了 $\hat{\Delta}_{it}$ 是 Δ_{it} 的一致估计。根据叶修群（2018）逐步回归法并依据 R^2 最大的原则找最优控制组。选择系数向量 $B = (b_1, \cdots, b_N)'$ 来构造反事实值。下面将使用这些方法进行分析。

（二）上海、浙江自贸园区对长三角地区经济发展的影响分析

图 10-1 绘制了长三角地区 GDP、固定资产投资、进出口贸易和工业增加值在 2006~2018 年间的发展概况。其中，对于工业增加值，由于数据库没有报告本期

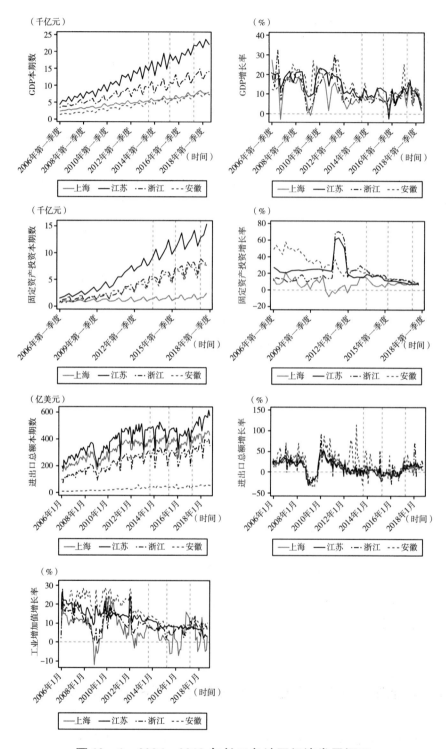

图 10-1 2006~2018 年长三角地区经济发展概况

数，所以这里只分析其增长率情况；另外，数据中多个年份 1 月和 2 月的数据缺失，但由于我们所考虑的是同比增长率，即与上年同期比较，而与相邻月份没有关联，故这里直接将这些数据当作缺失值处理。首先，从图 10 - 1 中可以看出，在不同年份的四个季度或 12 个月内，各指标基本存在着相同的波动模式，就不同年份整体来看，各指标都呈波动上升的趋势；其次，就各指标增长率大小而言，安徽最大，上海最低，江苏和浙江处于中间，这主要与基数有关，安徽各项经济指标基数都较低，故相对于其他地区有更大的增长空间，就增长率波动趋势而言，各地区差异不大，在 2008 年左右受金融危机的影响，各经济变量出现了明显的减弱和相应的回调；最后，观察三次自贸园区设立时点后各指标的变化，并不能直观看出自贸园区设立对三省一市经济增长是否有正面影响，需要进一步分析探讨。

1. 自贸园区对当地经济的影响

（1）双重差分回归结果。

下面考察自贸园区设立对当地经济的影响，将设立自贸园区视为一项"准自然实验"，使用双重差分法来分析自贸园区对经济增长的影响，GDP 和固定资产投资（Invest）使用 2006 年第一季度至 2018 年第三季度时间段 31 个省份的季度同比增长率数据作为研究样本，而进出口贸易（Trade）和工业增加值（VA）使用 2006 年 1 月至 2018 年 10 月时间段的月度同比增长率数据作为研究样本。并且，考虑到邻近省份可能同样会受到设立自贸园区这一政策的影响，故排除在控制组之外，另外也排除样本期间设立自贸园区的其他地区。[①] 表 10 - 2 报告了双重差分法的回归结果。

对于上海自贸园区，自贸园区变量 *FTZ* 的回归系数都在 1% 和 5% 的显著性水平上显著为正，表明上海自贸园区建设促进了当地经济增长；而对浙江自贸园区而言，自贸园区建设对浙江 GDP、固定资产投资、进出口贸易增长率都没有显著影响，只有对工业增加值、*FTZ* 的系数是显著为正的，说明浙江自贸园区对当地经济暂时还没有表现出明显的促进作用。一方面，可能是因为自贸园区这一政策对经济增长的促进作用存在一定的滞后性。自贸园区成立初期，其经济增长促进效应不明显，随后其经济增长促进效应将逐步凸显。另一方面，自贸园区对经济增长存在地区异质性，不同自贸园区有着不同的功能定位。具体而言，上海自贸园区是中国大

---

① 上海作为实验组时，控制组排除江苏、浙江、安徽、福建、天津、广东。浙江作为实验组时，控制组排除上海、江苏、安徽、江西、福建、天津、广东、辽宁、河南、湖北、重庆、四川、陕西。

表 10 - 2 自贸园区设立对当地经济增长的影响

项目	上海				浙江			
	GDP	Invest	Trade	VA	GDP	Invest	Trade	VA
FTZ	0.059 ** (0.025)	0.152 *** (0.032)	0.107 ** (0.054)	0.043 *** (0.009)	− 0.026 (0.069)	0.088 (0.063)	0.074 (0.091)	0.054 *** (0.014)
常数项	0.143 *** (0.021)	0.256 *** (0.026)	0.095 (0.070)	0.206 *** (0.011)	6.625 *** (0.039)	0.096 *** (0.028)	− 0.420 ** (0.090)	0.212 *** (0.013)
样本数	1 275	1 200	3 850	3 400	918	864	2 772	2 448
R^2	0.393	0.445	0.303	0.591	0.986	0.402	0.283	0.534
地区效应	控制	控制	控制	控制	控制	控制	控制	控制
时间效应	控制	控制	控制	控制	控制	控制	控制	控制

注：*** 、** 分别表示在 1% 、5% 的水平下显著。

陆境内第一个自由贸易区，是中国经济新的试验田，力争建设成为具有国际水准的投资贸易便利、货币兑换自由、监管高效便捷、法制环境规范的自由贸易试验区，强调政策与经验的复制性和推广性；而浙江自贸园区的定位在于，将自贸试验区建设成为东部地区重要的海上开放门户示范区、国际大宗商品贸易自由化先导区和具有国际影响力的资源配置基地。所以，浙江自贸园区对当地经济增长暂时没有表现出显著的影响。下面我们将使用反事实分析法进一步研究。

（2）反事实分析。

下面利用反事实方法分析自贸园区设立对当地经济增长的影响。首先，需找到一组最优回归元备选集，然后利用政策实施前（自贸园区设立前）时间段的样本拟合模型，根据逐步回归法选择出最优的回归元子集。同样，对于上海自贸园区，由于浙江、江苏、安徽与上海地域相连、经济联系密切，第二批自贸园区（福建、天津和广东）于 2015 年设立，故将这些省份预先排除在控制组之外；对于浙江自贸园区，则预先排除邻近省份和第二批、第三批自贸园区所在省份。表 10 - 3 报告了不同情况下最优回归组的选择及其系数。总体来看，各模型的拟合优度都较高。

第一，分析上海、浙江自贸园区对当地 GDP 增长率的影响。图 10 - 2（a）显示了上海自贸园区设立之前的 GDP 当季同比增长率，实线表示的是实际 GDP 增长率的走势，虚线表示的是由最优控制组回归方程预测的上海 GDP 增长率走势，可以看出，实际值和利用选出的最优控制组计算的拟合值基本一致，即自贸园区设立

表 10 - 3　　　　　　控制组权重（政策实施前数据拟合得到）

省份	上海				浙江			
	GDP	Invest	Trade	VA	GDP	Invest	Trade	VA
云南		-0.330**	0.038**	-0.251**	-0.264**			
内蒙古				-0.232**	-0.154*	-0.080	-0.148***	-0.148***
北京	0.186**		0.079	0.300***	0.350***	0.299***	0.230***	0.230***
吉林		-0.804***	0.077***	-0.166*	0.363***			
四川	0.317**	-1.301***						
宁夏						0.270**	-0.175***	-0.175***
山东	0.855***		0.417***	0.274**	0.423**		0.457***	0.457***
山西	-0.455***	0.620***	0.090***	0.179***	0.260**		0.108***	0.108***
广西	0.199*	-0.203*	0.060**	-0.502**	-0.306**		-0.155**	-0.155**
新疆	0.083	-0.240**			0.110**			
江西	0.421***		0.138***	0.635***				
河北		0.675***	-0.185***		0.366***	-0.962***		
河南		1.561***	0.044**					
海南		-0.240**	0.020*	0.056**	-0.158*		0.105***	0.105***
湖北	-0.227**		0.131**	0.445***				
湖南			-0.071**		0.253	0.636***	0.151***	0.151***
甘肃		-0.624***		-0.171				
西藏		0.199**	-0.010**				0.048***	0.048***
贵州	0.250***		-0.035					
重庆	0.121**			-0.180				
青海				0.192**	-0.236	0.564***	0.099**	0.099**
黑龙江	-0.201**	0.854***		0.464***	0.151			
截距项	-0.149***	0.049	-0.061***	-0.041*	0.034*	-0.032	0.003	0.003
R^2	0.948	0.872	0.927	0.839	0.861	0.913	0.856	0.856

注：***、** 和 * 分别表示在 1%、5% 和 10% 的水平上显著。

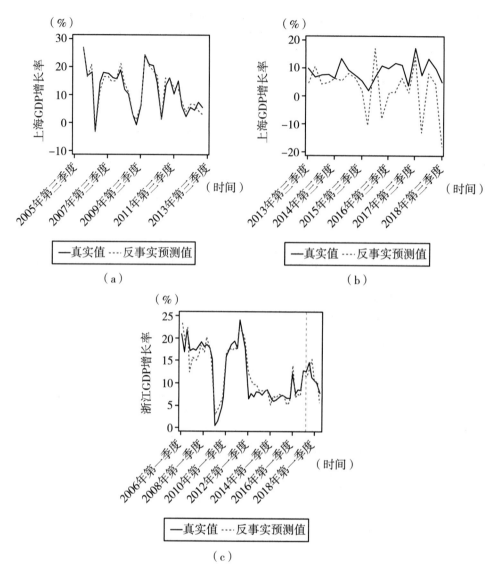

图 10 - 2　自贸园区设立对当地 GDP 增长的影响

之前的 GDP 增长率可以较准确地由所选择的最优回归控制组来拟合。根据前述方法，利用最优控制组回归元构建预测回归方程，刻画反事实情况下的预测值，将预测值与实际值进行比较。如图 10 - 2（b）所示，实线表示在设立自贸园区后上海真实的 GDP 增长率走势，虚线表示上海的反事实 GDP 增长率走势，可以看出，在样本区间内大部分时期处理效应（实际值—预测值）为正，GDP 增长率的实际值在反事实值上方，大部分时间政策实施的积极作用明显。更重要的是，我们还发现，自贸园区设立后的 2013 年第四季度至 2014 年第四季度期间处理效应为 2.0%，而 2015 年第一季度至 2015 年第四季度期间的处理效应为 4.5%，高于前一期的处理效应，2014 年第四季度正是自贸园区扩区的时间分割点，这意味着自贸园区扩区后的"制度红利"效应更加明显，扩区后的自贸园区涵盖了陆家嘴金融片区、金桥开发区片区、张江高科技片区和世博园区，由于新片区集聚了大量的金融服务业、先进制造业和各类科技创新企业，故扩区后的自贸园区试验功能和制度创新效应进一步扩大。总体而言，在自贸园区设立后上海的 GDP 增长得到了促进，自贸园区设立的积极作用较为明显。

浙江自贸园区设立前后 GDP 增长率真实值与预测值情况如图 10 - 2（c）所示。垂直虚线指明浙江自贸园区设立的时间，左边为设立之前部分，使用最优控制组拟合的结果较好；右边为实施之后的部分，实际值大多数时间并没有在反事实预测值之上，处理效应不显著。这进一步表明浙江自贸园区的设立对当地 GDP 增长的影响暂不显著，还有待以后进一步的研究。

第二，分析上海、浙江自贸园区对当地固定资产投资增长率的影响。图 10 - 3 展示了上海自贸园区设立之前的固定资产投资当月同比增长率，将预测值与实际值进行比较并给出处理效应。如图 10 - 3（b）所示，在样本区间内大部分时期处理效应为正，数据表明，在自贸园区设立后的样本期间，上海反事实固定资产投资增长率为 0.8%，低于真实的进出口增长率 7.2%，处理效应的均值为 6.4%，即相比于没有设立自贸园区的情形，自贸园区建设促进了上海固定资产投资的增长。浙江自贸园区对其固定资产投资增长率影响的反事实分析结果如图 10 - 3（c）所示。不同于双重差分回归结果，设立浙江自贸园区之后，固定资产投资增长率的实际值显著高于反事实预测值，根据数据计算可知，利用最优控制组所预测的反事实进出口增长率为 4.0%，低于真实的增长率 8.1%，故处理效应为正（4.1%），即相比于没有设立自贸园区的情形，自贸园区建设促进了浙江进出口贸易的增长。

第三，分析上海、浙江自贸园区对当地进出口贸易增长率的影响。图 10 - 4（a）展示了上海自贸园区设立之前的进出口总额当月同比增长率；将预测值与实际值进行比较，如图 10 - 4（b）所示，在样本期间大部分时间真实值在反事实预测值的上方，处理效应为正，并且数据表明，在自贸园区设立后的样本期间，上海反事实进出口贸易增长率为 -2.4%，低于真实的进出口增长率 4.0%，处理效应的均值为 6.4%，即相比于没有设立自贸园区的情形，自贸园区建设促进了上海进出口贸易的增长。在国际经济疲软和外部市场需求下降的情形下，自贸园区监管的制度创新产生的"制度红利"显著促进了上海进出口贸易的增长。

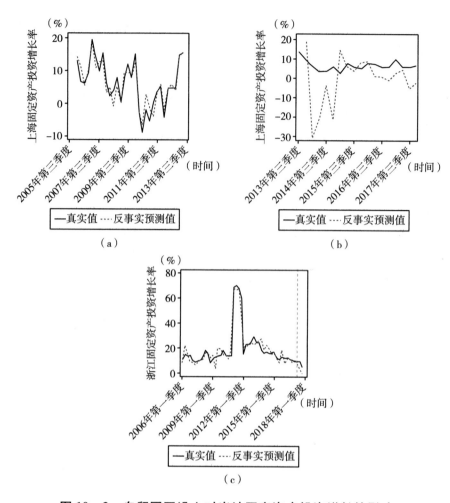

图 10 −3　自贸园区设立对当地固定资产投资增长的影响

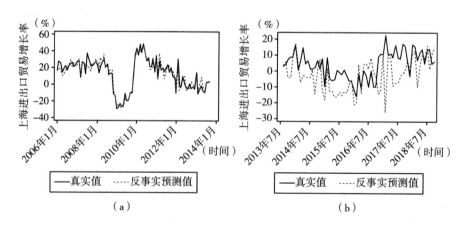

图 10 −4　上海自贸园区设立对当地进出口贸易增长的影响

浙江自贸园区对其净出口贸易增长率影响的反事实分析结果如图 10 - 5 所示。不同于双重差分回归结果，反事实分析的结果表明，设立浙江自贸园区之后，当地进出口贸易增长率的实际值显著高于反事实预测值，根据数据计算可知，利用最优控制组所预测的反事实进出口增长率为 7.4%，低于真实的增长率 15.8%，故处理效应为正（8.4%），即相比于没有设立自贸园区的情形，自贸园区建设促进了浙江进出口贸易的增长。

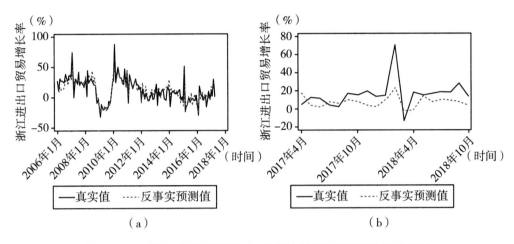

图 10 - 5　浙江自贸园区设立对当地进出口贸易增长的影响

最后，分析上海、浙江自贸园区对当地的工业增加值增长率的影响。上海自贸园区设立前后其工业增加值增长率结果如图 10 - 6 所示，自贸园区设立之后，在样本期间内大部分时间处理效应为正，平均而言，利用最优控制组所预测的反事实工

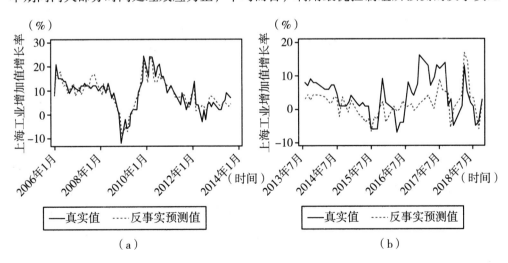

图 10 - 6　上海自贸园区设立对当地工业增加值增长的影响

业增加值增长率为1.7%，低于真实的增长率3.8%，平均处理效应为2.1%，即上海自贸园区的成立使上海工业增加值增长率增加了2.1%，表现出明显的促进效应。

浙江自贸园区对其工业增加值增长率影响的反事实分析结果如图10-7所示。可以看出，在自贸园区设立之后，大多数时间真实值都处于反事实预测值之上，处理效应为正，具体而言，政策实施后的样本期间内工业增加值增长率预测值为5.6%，而真实值为8.0%，可知处理效应为2.4%，进一步证明了浙江自贸园区的设立对当地工业增加值的增长有显著促进作用。

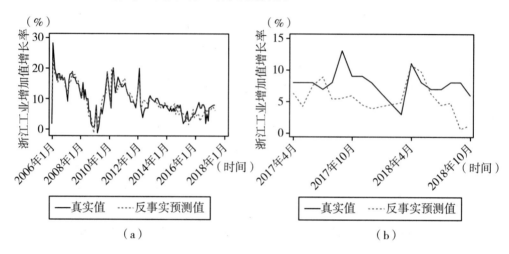

图10-7　浙江自贸园区设立对当地工业增加值增长的影响

（3）稳健性检验。

下面对上述双重差分结果进行虚拟设立时间检验，即改变自贸园区的设立时间进行反事实检验，一般将设立时间提前2年或3年。如果自贸园区变量系数显著为正，意味着经济增长很有可能由其他政策引起，设立自贸园区促进经济增长这一结论很可能不成立；反之，则说明经济增长来源于自贸园区的设立。我们将自贸园区设立时间提前3年，由于浙江自贸园区对GDP、Invest、Trade增长率影响的系数本身就不显著，所以这里不予考虑，只对工业增加值增长率进行分析。回归结果显示（见表10-4），若将自贸园区设立时间提前三年，对于上海的GDP、Trade、VA，核心解释变量L3.FTZ的系数不显著，意味着上海的GDP、进出口贸易和工业增加值的增长来源于自贸园区的设立，而不是由其他政策引起的；但是，对于上海固定资产投资和浙江的工业增加值，L3.FTZ的系数为正，说明上海固定资产投资增长、浙江工业增加值的增长也可能来源于其他政策，而不全是由自贸园区的设立引起的，将L3.FTZ与FTZ的系数对比可知，前者均小于后者，说明自贸园区建设对上海固定资产投资增长、浙江工业增加值的增长有促进作用，但是没有那么大，反事实分析的结果证明了这一点。

表 10 - 4　　　　　　　　　　　虚拟设立时间检验

项目	上海				浙江
	GDP	Invest	Trade	VA	VA
L3. *FTZ*	0.026	0.093 ***	0.012	0.014	0.042 ***
	(0.026)	(0.032)	(0.055)	(0.009)	(0.010)
常数项	0.044 **	0.259 ***	-0.295 ***	0.185 ***	0.212 ***
	(0.021)	(0.026)	(0.070)	(0.011)	(0.013)
样本数	1 275	1 200	3 850	3 400	2 448
R^2	0.391	0.438	0.303	0.589	0.535
地区效应	控制	控制	控制	控制	控制
时间效应	控制	控制	控制	控制	控制

注：*** 、** 分别表示在 1% 、5% 的水平下显著。

（4）长期效应。

为了检验自贸园区建设对当地经济的影响是否具有显著的长期效应，我们采用一个简单的 ARMA 模型对自贸园区的短期效应 $\hat{\Delta}_{it}$ 建模。由于浙江自贸园区设立时间较晚，且 GDP、固定资产投资增长率均为季度数据，处理效应时间较短，工业增加值增长率数据存在缺失值，所以这里采用上海进出口增长率的处理效应进行建模。以 2013 年 9 月作为时间起点，即处理效应显著时，上海进出口增长率的自相关图呈拖尾特征，偏自相关图在一阶处截尾，因此建立含有一阶滞后项的 AR（1）模型来拟合数据，结果如下：

$$\hat{\Delta}_{1t} = 0.051 + 0.216\hat{\Delta}_{1, t-1} + e_t$$
$$(0.016)\ (0.128)$$

其中，$\hat{\Delta}_{1t}$ 表示上海自贸园区设立对当地的短期效应，括号里的是标准差。经计算，长期效应为 6.5%（0.051/（1 - 0.216）），即上海自贸园区建设产生的"制度红利"对上海经济具有显著的长期效应。不同于中国早期的以开放推进制度创新取得的经济成效，上海自贸园区用制度创新代替政策优惠推进改革，具有显著的长期经济增长效应，为中国扩大开放与深化改革提供了重要经验。

上述分析结果表明，上海自贸园区的建立对当地 GDP、固定资产投资、进出口贸易和工业增加值增长有显著的正向促进作用。由于浙江自贸园区成立时间较晚，所以相比于上海自贸园区成立对经济增长的影响更不显著。并且，通过简单的 AR (1) 模型拟合数据所得结果可知，自贸园区建设产生的"制度红利"具有显著的长期经济增长效应。

2. 自贸园区对长三角其他地区经济的影响

上述分析表明自贸园区的设立对当地经济增长有显著的正向影响，但是这样的制度红利是否对周边地区同样有正向促进效应呢？我们以长三角地区未设立自贸园区的江苏、安徽为对象进行分析。由于反事实分析法得出的结论更为科学，另外浙江自贸园区设立时间较短，对当地经济的影响暂时很难显现出来，所以，下面使用反事实分析法分析上海自贸园区设立对长三角其他地区经济增长的影响。

（1）反事实分析。

反事实分析的第一步仍然是找到一组最优回归元备选集，然后利用自贸园区设立前时间段的样本拟合模型，根据逐步回归法选择出最优的回归元子集。对于江苏，预先排除上海、安徽、浙江及第二批自贸园区所在地，对于安徽，预先排除上海、江苏、浙江及第二批自贸园区所在地，所得控制组权重如表 10－5 所示，拟合优度较高。

表 10－5　　　　　控制组权重（政策实施前数据拟合得到）

省份	江苏				安徽			
	GDP	Invest	Trade	VA	GDP	Invest	Trade	VA
云南			0.056 ***	0.072 ***	0.552 ***		0.151 ***	－ 0.107
内蒙古	0.350 ***		0.050 **	0.126 **				
北京	－ 0.099 ***			0.145 ***	－ 0.193 **	0.176 ***		
吉林		－ 0.685 ***	0.103 ***			－ 2.244 ***	0.273 ***	
四川					0.307	0.345 **		
宁夏		0.573 ***		－ 0.077 **	0.749 ***	0.311 ***	0.088 **	
山东		－ 0.449 ***	0.595 ***	0.330 ***	0.528 *		0.415 **	－ 0.139 **
山西	－ 0.306 ***	－ 0.402 ***	0.079 **	－ 0.077 **	－ 0.356 ***	0.239 **	0.177 **	
广西	0.235 ***			0.116 ***	0.482 ***		－ 0.267 ***	
新疆	－ 0.066 *	－ 0.398 ***	－ 0.051 **			0.318 **		－ 0.123 **
江西	0.335 ***		0.067 **			－ 0.288 ***		
河北	0.554 ***	0.302 ***	－ 0.173 ***		1.917 ***	－ 1.112 ***		0.332 ***

续表

省份	江苏				安徽			
	GDP	Invest	Trade	VA	GDP	Invest	Trade	VA
河南	− 0.073					1.013 ***		
海南		− 0.388 ***		0.052 ***	− 0.501 **			
湖北	− 0.233 ***		0.162 ***		− 0.824 ***	1.084 ***	0.482 ***	0.179 *
湖南	− 0.145 ***	0.512 ***			0.521 ***			0.249 **
甘肃	0.187 ***					− 0.421 **		
西藏		− 0.368 ***			− 0.321 **	− 0.098 ***	0.069 ***	
贵州		0.384 ***	− 0.039 ***					
辽宁	− 0.073	0.153 **				0.443 ***		
重庆		0.653 ***		0.104				0.352 ***
陕西	− 0.160 **	0.215 *			0.973 **		− 0.411 ***	0.240 ***
青海	0.308 ***	0.447 ***	0.023		− 0.858 **	− 0.135 *	0.059	
黑龙江		− 0.780 ***		− 0.171 **	0.175			
截距项	0.020 ***	0.268 ***	− 0.047 ***	0.044 ***	0.104 **	− 0.279 ***	0.070 **	0.008
R^2	0.983	0.996	0.913	0.860	0.945	0.985	0.762	0.797

注：*** 、** 和 * 分别表示在 1% 、5% 和 10% 的水平下显著。

第一，分析上海自贸园区对江苏、安徽 GDP 增长率的影响。江苏作为与上海直接毗邻的省份，理论上受到上海自贸园区这一政策实施的影响应该更大。从图 10 − 8

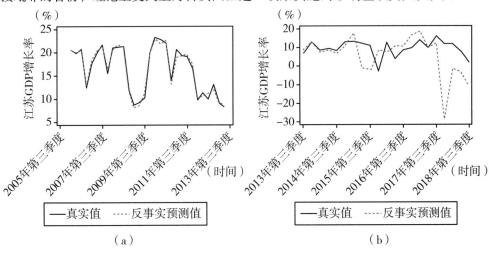

图 10 − 8 上海自贸园区设立对江苏 GDP 增长的影响

可以看出，自贸园区设立后的 2013 年第四季度至 2014 年第四季度期间处理效应为 1.0%，而 2015 年第一季度至 2015 年第四季度期间的处理效应为 2.5%，高于前一期的处理效应，对 GDP 增长率的促进效应显著，但总体而言都低于对上海当地的影响。

对于安徽，并没有与上海直接相邻，故理论上受到上海自贸园区这一政策实施的影响应该不大。图 10-9 也证实了这一点。实际值与反事实预测值交错出现，处理效应不显著，表明安徽的 GDP 增长并没有受到上海自贸园区成立这一政策的显著影响。

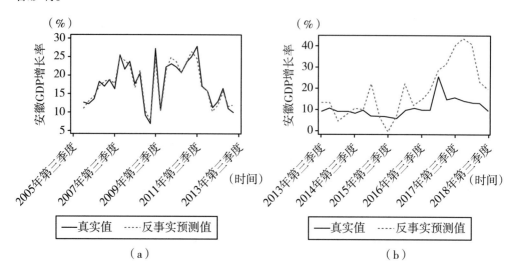

图 10-9　上海自贸园区设立对安徽 GDP 增长的影响

第二，分析上海自贸园区对江苏、安徽固定资产投资增长率的影响。上海自贸园区建设对江苏固定资产投资产生"虹吸效应"。如图 10-10 所示，上海自贸园区成立之后，江苏固定资产投资增长率的真实值处于反事实预测值的下方，处理效应显著为负，说明上海自贸园区的成立对江苏固定资产投资的增长有阻碍作用。这可能是因为，上海自贸园区建立的一个重要目的在于促进经济改革、充分利用改革红利，使国内市场与国际市场通过自贸园区紧密相连，企业有着国际化运营、利率市场化等相关优惠政策，而这些政策的实施将会对周边地区的企业产生极大的吸引力，从而将其总部或者业务中心搬往上海，给江苏的招商引资带来了一定的困难。对于江苏来说，要应对这一情况，可利用其地理优势主动接轨上海自贸园区，接受上海自贸园区的辐射，做好分工工作，达到全面协调发展。具体而言，可充分利用江苏先进的制造业以分流自贸园区资金，加强基础设施建设与共享以吸引投资，提高企业服务质量以赢得竞争优势等。上海自贸园区对江苏而言既有机遇也有挑战，江苏自身应把握住发展机会并积极应对挑战，只有这样，才能促进江苏经济健康有序发展。

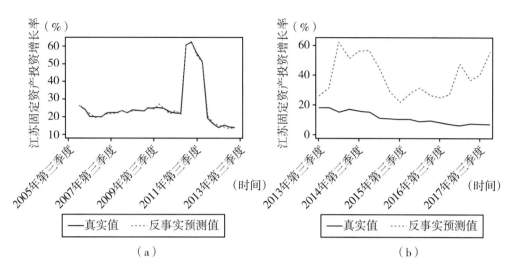

图 10 – 10　上海自贸园区设立对江苏固定资产投资增长的影响

对于安徽，上海自贸园区建设减缓了安徽固定资产投资下降的趋势。虽然安徽在地理优势上不如江苏，但这也使其所受的冲击较小。如图 10 – 11 所示，上海自贸园区设立之前，安徽固定资产投资增长率呈现大幅下降的趋势，但自贸园区建成之后，下降趋势明显减缓，固定资产投资增长率的真实值远高于反事实预测值，处理效应为正，表明上海自贸园区建设对安徽固定资产投资有一定的正面影响。

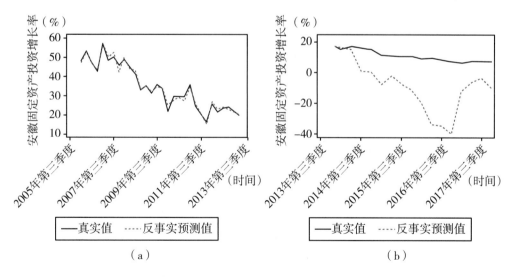

图 10 – 11　上海自贸园区设立对安徽固定资产投资增长的影响

第三，分析上海自贸园区对江苏、安徽的进出口贸易增长率的影响。江苏作为与上海直接毗邻的省份，将会获得"窗口"优势，借助上海自贸园区的成立，进一步大力推动本地区的对外开放，理论上其进出口贸易受上海自贸园区这一政策实施的影响应该更大。图 10 – 12（a）显示了上海自贸园区设立之前江苏净出口贸易月度同比增长率；图 10 – 12（b）显示了上海自贸园区设立之后的实际值与反事实预测值。数据表明，在上海自贸园区设立之后，江苏进出口贸易增长率的反事实值为 0.2%，低于真实的进出口增长率 4.2%，处理效应的均值为 4.0%，即相比较没有设立自贸园区的情形，上海自贸园区建设促进了江苏出口贸易的增长，但小于对上海进出口贸易的直接促进效应。

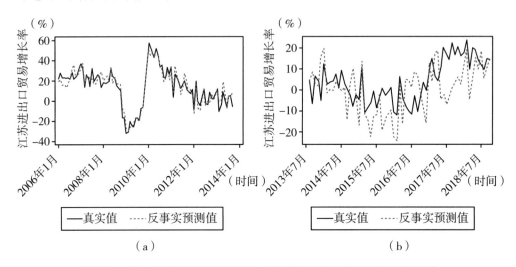

图 10 – 12　上海自贸园区设立对江苏进出口贸易增长的影响

由于安徽并没有与上海直接相邻，故理论上受上海自贸园区这一政策实施的影响应该相对较小。图 10 – 13（b）显示实际值与反事实预测值纵横交错出现，通过计算可知，上海自贸园区设立后，安徽进出口贸易增长率真实值为 8.9%，高于反事实预测值 6.8%，处理效应为 2.1%，小于对上海和江苏的影响，所以，相比较没有设立上海自贸园区的情形，上海自贸园区建设也促进了安徽贸易的增长，只是促进效应相对较小，这与我们的预期一致。

第四，分析上海自贸园区对江苏、安徽工业增加值增长率的影响。上海自贸园区的设立对江苏、安徽工业增加值增长的影响分别如图 10 – 14 和图 10 – 15 所示。图 10 – 14 为对江苏的影响，与固定资产投资类似，工业增加值增长率的真实值在反事实预测值的下方，处理效应为负，说明上海自贸园区的建设不仅对江苏工业增加值增长没有促进作用，反而产生了阻碍作用，原因同样可能是"虹吸效应"给江苏

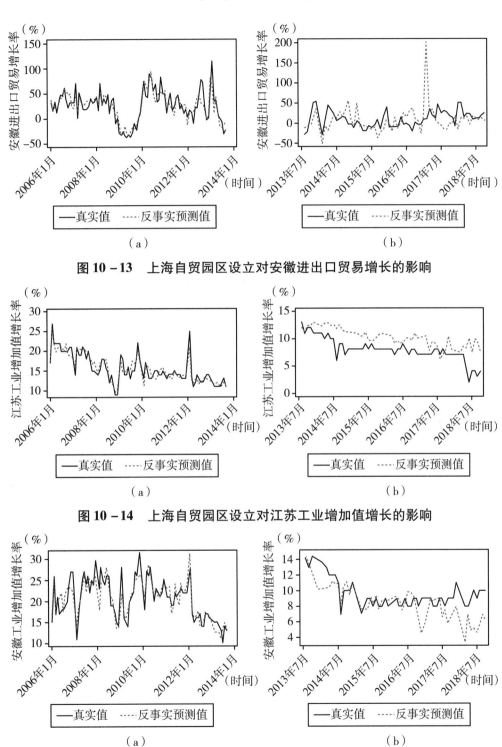

图 10－13　上海自贸园区设立对安徽进出口贸易增长的影响

图 10－14　上海自贸园区设立对江苏工业增加值增长的影响

图 10－15　上海自贸园区设立对安徽工业增加值增长的影响

带来的负面影响。从图 10 - 15 中可以看出，上海自贸园区的建设对安徽工业增加值产生了积极影响，大多数时间增长率的实际值都是在反事实预测值的上方，即处理效应为正，说明上海自贸园区的建设一定程度上带动了安徽工业增加值的增长。

（2）长期效应。

以上海自贸园区对江苏、安徽进出口贸易的长期影响为例进行长期效应分析，建立含有一阶滞后项的 AR（1）模型来拟合数据，结果如下：

$$\hat{\Delta}_{2t} = 0.021 + 0.475 \hat{\Delta}_{2,t-1} + e_t$$
$$(0.013)(0.114)$$

$$\hat{\Delta}_{3t} = 0.020 + 0.230 \hat{\Delta}_{3,t-1} + e_t$$
$$(0.045)(0.126)$$

其中，$\hat{\Delta}_{2t}$、$\hat{\Delta}_{3t}$分别表示上海自贸园区设立对江苏、安徽进出口贸易的短期效应，括号里为标准差。对于江苏，长期效应为 4.0%（0.021/（1 - 0.475）），显著为正，但是小于对上海当地的影响，对安徽贸易的长期效应为 2.6%（0.020/（1 - 0.230）），小于对上海和江苏的促进作用，这同上面的样本期间平均处理效应的结果一致。表明上海自贸园区建设产生的制度红利不仅对当地经济有显著的长期效应，而且对周边地区也有不同程度的正面促进效应。

综上所述，长三角自贸园区的设立不仅对长三角地区当地经济增长有影响，而且对周边地区的发展产生了不同程度的作用。具体而言，上海自贸园区的设立对江苏的影响较大，但有正有负，一方面，上海自贸园区建设带动了江苏 GDP 增长、进出口贸易发展，但另一方面，又阻碍了其固定资产投资、工业增加值的增长；上海自贸园区设立对安徽的影响较小，但总的来说都是正面影响。此外，上海自贸园区建设对江苏、安徽经济增长的影响还具有长期效应，而不仅仅是短期的，因此，长三角未建立自贸园区的地区应努力抓住机遇，主动接轨上海、浙江自贸园区，加强基础设施建设与共享，提高服务质量，赢得竞争优势，从而促进本地区经济健康有序的发展。

三、长三角地区自由贸易试验区建设与自由贸易港探索

（一）长三角地区自由贸易试验区建设存在的问题及发展方向

自贸试验区作为目前中国自由化程度最高的自由经济区，是全面深化改革和扩

大开放的重大战略举措。投资体制改革、贸易便利化、金融开放创新、事中事后监管、营商环境完善和服务国家战略等领域的制度创新是自贸试验区的核心要求。长三角地区自贸试验区在制度创新方面的成效主要有以下几方面。

第一，投资体制改革。通过减少事前审批，不断放宽国外和国内资本的市场准入限制；不断优化"准入前国民待遇 + 负面清单管理"，负面清单之外的外商投资由审批制转变为备案制，实现了外商投资管理制度的重大变革；同时积极加快推进"证照分离""三证合一""一照一码"等现代商事制度改革。第二，贸易便利化，重点是减少、放松管制和加强部门协同。不断清理规范审批事项，同时积极探索实践国际贸易"单一窗口"，实现"一站式"办理各种通关事项；"货物状态分类监管""第三方结果采信"等措施加快推出，通关效率显著提高。第三，金融开放创新。围绕有效服务实体经济发展目标，出台了多项支持政策，如在上海自贸试验区创设自由贸易账户（FT）系统，推广个人其他经常项下人民币结算、银行办理大宗商品衍生品柜台交易涉及的结售汇和跨境双向人民币资金池等可复制经验，有力支持了园区企业和区域经济社会协同发展；通过金融创新实践，形成了融资租赁、企业集团资金池等新模式。上海自贸试验区金融中心地位更加凸显，西部第一家互联网银行——新网银行入驻四川自贸试验区。第四，事中事后监管。不断完善以信用为基础的事中事后监管体系，充分发挥社会监督和中介机构的作用；深入推行"互联网 + 政务"服务，实现政府部门信息共享和综合执法；网上政务大厅、公共信用信息服务、事中事后监管信息等三大互联网平台功能不断完善，执行成效显著。第五，完善营商环境。探索对接国际最高水平的投资贸易规则，不断完善国家和地方两个层次上的相关法律法规，重点包括加强知识产权保护、司法和仲裁的制度建设等。第六，服务国家战略。长三角地区自贸试验区根据自身战略定位，在积极服务"一带一路"建设、长江经济带发展等国家重大战略上不断探索（彭岚和赵文瑜，2018）。

长三角地区自由贸易试验区运行多年后，在许多方面取得了令人瞩目的成就。但是，在其发展过程中也存在一些突出问题。例如，跟国内其他自贸园区一样，现有长三角地区自贸园区的优惠政策有限，国际竞争力不高。虽然与国内其他地区相比，自由贸易试验区具有非常优厚的外汇、税收、金融等政策，但相较发达国家（地区）的自贸园区，当前长三角地区自由贸易试验区的政策优惠力度仍然有限，具有较大的改进空间。由于中国自由贸易试验区更多强调内向性改革的特点，对外开放税收等优惠力度不够，加之负面清单依然有较大的压缩空间，对外资的吸引力明显不足。据《2016 年上海市国民经济和社会发展统计公报》数据显示，截至2016 年，园区内共有企业 79 669 户，其中，内资企业 62 365 户，外资企业 17 304

户，内资企业占比达 78.28%；内资企业注册资本 41 403.62 亿元；外资企业注册资本 2 436.86 亿美元（按当年平均汇率折合人民币 16 180.75 亿元），内资企业注册资本是外资企业的 2.56 倍。可见，与境外规范的市场经济环境相比，中国自由贸易试验区仍有较大差距，亟待完善（王得新，2018）。又如，当前长三角地区自由贸易试验区的港口优势还没有得到充分发挥。很多长三角地区自由贸易试验区都包含有港口或具备口岸功能的片区，如洋山港、浦东机场等。但在制度创新过程中，这些港口被赋予更多的保税意义和区域意义，与其他区域一个尺子管理，其作为物流集散、仓储、运输基地的特色功能并未得到发挥，与之相关的制度创新也不足。由于无法做到"境内关外"，使得在岸港口不能实现国际货物的自由进出，在和其他国家枢纽港的竞争中存在制度劣势（郭永泉，2018）。

显然，政策优惠有限、港口优势没有得到充分发挥等问题仍然是今后长三角地区自由贸易试验区进一步发展所要应对的关键任务，同时，作为全国经济发展程度和开放程度最高的地区之一，长三角地区在中国进一步深化对外开放的过程中如何探索建设更高水平的自由贸易试验区将是其未来发展所需要重点解决的问题。党的十九大报告中非常明确地提出了"赋予自由贸易试验区更大改革自主权，探索建设自由贸易港"的目标，这无疑为长三角地区自由贸易试验区下一步的发展指明了方向。

"赋予自由贸易试验区更大改革自主权，探索建设自由贸易港"包含两个方面的内涵：一是完善市场经济体系或环境的任务尚未完成，在市场经济改革方面还要深化，这就需要加大力气加以推进；二是探索作为国际通行标准的自由贸易港的建设（佟家栋，2018）。自由贸易港与自由贸易试验区显示出不同的开放层次，自由贸易试验区相对于自由贸易港在开放程度上有更多保留，具有"可进可退"的意味。根据汪洋在 2017 年《推动形成全面开放新格局》一文中对自由贸易港的定义：自由贸易港一般指处于境内关外、货物资金人员进出便捷、绝大多数商品免征关税的特定区域，是目前全球开放水平最高的特殊经济功能区。如果说自由贸易试验区是为全国试制度，突出地方特色和区域带动，那么自由贸易港的建设则要对标国际自由贸易港的最高贸易投资标准，侧重在国际贸易体系和国际分工体系中争夺资源、抢占市场，在国际竞争中占据有利地位。显然，两者既有相关性又有很大不同，而探索设立自由贸易港意味着对标中国香港、新加坡等成功的自由贸易港典范，要求高效的政府管理体制和完善的法律体系、全方位的开放和优惠政策、现代化的信息网络和发达的基础设施等软硬件达到世界先进水平。其中包含的制度要求与自由贸易试验区制度创新的规定相契合，因此两者又是高度相关的。国际上自由贸易港建设的成功经验是中国探索建立自由贸易港的重要依据，也是自由贸易试验区转型升级的方向（王得新，2018）。

为此，上海 2017 年 5 月就召开会议，启动自由贸易港的建设方案研究，浙江舟山港也开始着手设计自由贸易海港的建设方案。应当指出，要进一步推动长三角地区自由贸易试验区下不断改革创新发展，关键还是要落实党的十九大精神，把赋予自由贸易试验区更大改革自主权落在实处，积极探索建设自由贸易港，在自由贸易试验区的转型发展上真正破题。

（二）长三角地区在建设自由贸易港方面的探索

1. 全球自由贸易港发展的新趋势、新特征

根据之前的论述，自由贸易港是指设在一国的境内、海关管理关卡之外的，允许境外货物、资金自由进出的港口区，对进出港区的全部或大部分货物免征关税，并且准许在自由港内开展货物自由储存、展览、贸易、加工和制造等业务活动。自由贸易港制度创新的重点在于所谓"一线放开"，即自由贸易港区与境外实现货物、资金和相关专业人员的自由流动。在"一线放开"的同时，还要进一步优化"二线安全高效管住"，根据国家授权实行集约管理体制，在口岸风险有效防控的前提下，依托信息化监管手段，取消或最大程度简化入区货物的贸易管制措施，最大程度简化一线申报手续。探索实施符合国际通行做法的金融、外汇、投资和出入境管理制度，建立和完善风险防控体系。在基本管理制度能够有保证的前提下，自由贸易港是开放型经济新体制的先行试验平台，其功能培育及产业发展是多维度的。就全球指标性的港口城市而言，纽约、伦敦、东京、香港以及新加坡等贸易中心，已从传统的货物进出口桥头堡发展为对贸易要素的集聚与系统处理，经过不断挖掘离岸贸易中心的功能，成为全球贸易的营运与控制中心，是资金、信息和贸易价值链管理的核心地带。从全球自由贸易港发展的态势来看，呈现一些新的趋势和特征，具体表现在以下四个方面。

一是货物贸易与服务贸易并重，更加注重发展服务贸易。服务贸易在国际贸易中的地位不断上升，占全球贸易总额的比重接近 20%。自由贸易港区成为推动服务贸易自由化的重要载体。服务贸易领域空间不断拓展，金融保险、专业服务、旅游文化、教育医疗、商业服务等快速发展；服务贸易功能不断向贸易营运与控制、离岸贸易等高端贸易功能升级；伴随产业革命和新技术革命的深入发展，自由贸易港不断创新发展电子商务型贸易、平台整合型贸易、高端贸易中间商等新型贸易业态模式。

二是贸易功能与投资功能并重，更加注重投资自由化、便利化。自由贸易园区在市场准入、外资国民待遇、业务经营、投资服务等方面的投资环境高度开放宽松。例如，鹿特丹保税港除需要提供外汇情况报告以外，外国公司在当地投资不受限制，享有同等权利；新加坡实行国民待遇，完全开放商业、外贸、租赁、直销广告、电信市场，实行最为宽松的股权比例限制，对外资在新加坡的运作不受限制。

三是在岸业务与离岸业务并重，更加注重拓展离岸功能。离岸贸易功能的发展推动了自由贸易港区的贸易营运与控制功能，带动了高端服务业的提升发展。伦敦、香港、纽约，以及新加坡都已经形成了发达的离岸金融市场，离岸金融业务创新能力加强。离岸服务外包、国际维修监测、国际融资租赁、离岸研发数据中心等新型离岸业务加快发展。

四是贸易自由与投资和金融自由联动，顺应国际贸易投资新规则。贸易自由化制度安排向总部型企业、高端服务业、服务贸易活动拓展。突出投资和金融自由化制度安排，如中国香港自由贸易区的海外资本可以在各个行业投资，迪拜杰贝阿里自由贸易区外资可100%独资；中国香港、新加坡、德国汉堡、美国纽约港自由贸易区的外汇可自由兑换，迪拜自由贸易区不限制外币流通。

因此，自由贸易港虽然追求贸易、资金、人员与信息流动的自由，但绝不是取消一切监管。中国特色自由贸易港的建设必须吸收国际上的好经验和先进管理模式，不能把这种国际对标简单视为优惠政策的对标，否则自由贸易港就等同于"避税天堂"，不仅破坏了国际经济秩序，而且还为贩毒、走私、恐怖活动、贪污腐败等严重刑事犯罪提供了方便。自由贸易港应最大程度提高港口货物贸易便利度、自然人移动便利化、金融服务的便利度和政策信息的透明度。自由贸易港的改革探索不是照搬国际规则，而是要符合中国国情，符合经济发展阶段的要求。自由贸易港没有统一固定的模板，需要在关注自身动态比较优势的基础上最大限度地发挥自身特色。而从政府角度来说，在政策措施方面可以采取相对宽松的监管制度，建立充分授权的集成管理机构，同时实施清晰透明的税收政策，鼓励形成有竞争力的特色产业等。从世界整体来看，包括自由港区、自由贸易区、出口加工区等在内的自由区或经济特区都在由低级阶段向高级阶段发展，许多国家的自由贸易港向高技术、知识和资本密集型发展，形成科技型自由贸易港。在全球贸易发展越来越集中于对贸易价值链核心环节的争夺的今天，新兴经济体和发展中国家想要不断提升在全球贸易分工中的获益程度，就决不能仅将贸易聚焦在本地和转口环节，而必须要由自由贸易港这个深度嵌入全球金融与贸易分工价值链的桥头堡来引领。表10-6是对自由港、自由贸易区等各类自由贸易港区的汇总。

表 10 – 6　　　　　　全球自由港及类似自由区的类型与功能特点

名称	主要功能特点	区位选择	部分代表性区域
自由港	贸易自由、投资自由、航运自由、雇工自由、经营自由、经营人员出入境自由，自由度最高、范围最广	靠近世界主航道	中国香港、新加坡、地中海沿岸的直布罗陀、红海出口处的吉布提、德国汉堡自由港、土耳其安塔亚自由港、英国利物浦自由港、法国马赛港自由港、瑞典斯德哥尔摩自由港、丹麦哥本哈根自由港、巴哈马自由港、百慕大自由港、委内瑞拉玛格丽塔岛自由港等
自由贸易区	贸易、加工制造、商品展示、零售、金融保险等，功能较多	海港、空港、高速公路和铁路附近	荷兰威廉斯塔德自由贸易区、奥地利格拉兹自由贸易区、德国基尔自由贸易区、斯里兰卡波莎自由贸易区、巴西马瑙斯自由贸易区、菲律宾马里维莱斯自由贸易区、土耳其伊斯坦布尔自由贸易区等
保税区（保税仓库）	转口贸易、货物集散、出口加工、商品展示	靠近主要市场	瑞士苏黎世货物集散地和布克斯货物集散地、荷兰阿姆斯特丹保税仓库区、西班牙帕萨黑斯免税仓库、意大利热那亚免税仓库、纳斯拉夫里耶卡自由关税区、阿根廷布宜诺斯艾利斯保税仓库和转口区等
出口加工区	货物加工、出口贸易、仓储	靠近主要市场和交通运输便利地区	菲律宾 16 个、马来西亚 21 个、韩国 5 个、中国台湾 3 个、印度 5 个、孟加拉国 4 个、巴基斯坦 3 个、印度尼西亚 9 个、新加坡 21 个（截至 1978 年）、中国 60 个
边境自由区	加工制造、贸易	边境地区	墨西哥提华纳和下加州边境自由区、马魁拉多拉边境工业区（均靠近美国边境）

资料来源：根据有关资料整理而得。

2. 长三角地区建设自由贸易港的制度创新

　　投资体制改革、贸易便利化、金融开放创新、事中事后监管、营商环境完善和服务国家战略等领域的制度创新是自由贸易试验区的核心要求，而自由贸易港作为长三角地区自由贸易试验区转型升级发展的方向，在建设自由贸易港的过程中也应当十分注重制度创新。制度创新、制度供给是自由贸易港的重要使命。自由贸易港是集金融、投资、贸易、科创等领域的开放与创新于一体的综合改革试验区，是全面对标国际通行规则、全面检验综合监管能力的压力测试区，是全面提升治理能力、彻底改变行政治理理念、大幅提高行政效率的政府再造区。长三角地区应当通过探索自由贸易港制度创新，在金融制度、投资与监管制度、税收制度、离岸功能制度、政府改革与发展总部经济方面先行先试，形成一些可复制、可推广的重要经验。

第一，货物监管制度的创新。自由贸易港区货物监管制度创新是在贸易安全、防止税收流失下的贸易便利化。港口自由高效，境内外各种性质货物可以自由进出自由贸易港区；采用信息技术管理手段，按照货物性质实施差别化管理；研究以集装箱为单位自动核销进出港信息，最大程度简化进出境运输工具和货物出港手续，提升港口资源效率；建立信息共享平台；加强保税监管与各风险防控分局的联系配合，针对海关特殊监管区域保税货物在品名、规格、数量方面涉及安全准入、准出的风险因素，特别是特殊管理要求商品和重点敏感商品，向风险防控分局提出安全准入、准出领域风险参数或布控指令设置建议。长三角区域内实现风险信息共享、风险分析联合研判、风险布控指令统筹、重大风险联合处置等合作机制。支持区域内企业同时开展境内外业务，最大程度简化区域内货物流转手续，实现自由存放、自由流动、自由加工、自由贸易。全面实施货物按状态分类监管，从物流仓储企业扩大到贸易、生产加工企业，采用辅助系统账册管理非保税货物。在信息平台层面上，以国际贸易单一窗口为载体推进部门信息共享，借鉴新加坡经验，将港口信息系统、自贸区物流监控系统等纳入国际贸易单一窗口系统，为自由贸易港区提供平台支撑。

第二，税收制度的创新。对标中国香港、新加坡，在自由贸易港区实行特殊财税制度，简化税种，降低税率，提升港口中转和离岸自由贸易的竞争力。对于拖轮、理货、船代货代等服务，通过放开和市场充分竞争降低收费。对于涉及垄断经营的收费和政府收费，要对标国际标准进行梳理清理，减少收费名目，开展成本监审和规制，尽量降低收费标准，要让自由贸易港成为企业发展的制度成本洼地。

第三，金融监管制度的创新。审慎渐进地推动自由港金融开放与金融创新。按照"实体经济领域率先开放、外资金融机构准入稳步开放、资本账户审慎开放、汇率自由浮动有序开放"的原则，把握好进程和节奏，不断完善制度和调控管理体系。同时，金融创新是自由港引领发展、形成核心竞争力的重要手段，更是国际金融中心建设的重要组成部分。应在综合考虑世界经济周期的情况下，遵循主动性、可控性、渐进性的原则，通过金融组织创新、工具创新、市场创新和制度创新，带动自由港经济的发展，最终实现金融与自由港建设的良性互动。

第四，建成现代化自由贸易港的离岸经济管理体系。明确自由贸易港负面清单管理范围，在自由贸易区基础上建立升级版的自由贸易港，旨在消除自由贸易港区内的要素流动限制，降低市场准入。采用自由贸易港的离岸经济作法，首先需要确立负面清单的范围和境内关外的管理做法。对于符合我国法律规章制度、不影响我国国家重大战略安全的市场活动可以全面放开，如离岸金融、转口贸易、加工再制造、国际融资租赁、国际船舶登记、国际中转等业务活动均可以实行无障碍市场准入；同时减少行政管制，如取消报关完税环节，鼓励商业创新，允许在自由港区内大众创业、万众创新，为新业态、新零售、新制造、新金融、新技术提供萌芽、生存、发展的土壤和空间。

参考文献

［1］陈林、罗莉娅：《中国外资准入壁垒的政策效应研究——兼议上海自由贸易区改革的政策红利》，载于《经济研究》2014年第4期。

［2］陈钊、熊瑞祥：《比较优势与产业政策效果——来自出口加工区准实验的证据》，载于《管理世界》2015年第8期。

［3］郭永泉：《中国自由贸易港建设和自由贸易试验区深化改革的策略研究》，载于《国际贸易》2018年第3期。

［4］江若尘、陆煊：《中国（上海）自由贸易试验区的制度创新及其评估——基于全球比较的视角》，载于《外国经济与管理》2014年第10期。

［5］金泽虎、李青青：《上海自贸区经验对促进长江经济带贸易便利化的启示》，载于《国际贸易》2016年第4期。

［6］李金果：《中国（浙江）自由贸易试验区贸易便利化建设的经验借鉴》，载于《特区经济》2018年第9期。

［7］刘瑞明、赵仁杰：《国家高新区推动了地区经济发展吗？——基于双重差分方法的验证》，载于《管理世界》2015年第8期。

［8］裴长洪：《全球治理视野的新一轮开放尺度：自上海自贸区观察》，载于《改革》2013年第12期。

［9］彭岚、赵文瑜：《中国自由贸易港的演进及发展研究》，载于《区域经济评论》2018年第3期。

［10］盛斌：《天津自贸区：制度创新的综合试验田》，载于《国际贸易》，2015年第1期。

［11］史忠良、沈红兵：《中国总部经济的形成及其发展研究》，载于《中国工业经济》2005年第5期。

［12］谭娜等：《上海自贸区的经济增长效应研究——基于面板数据下的反事实分析方法》，载于《国际贸易问题》2015年第10期。

［13］佟家栋：《中国自由贸易试验区改革深化与自由贸易港建设的探讨》，载于《国际贸易》2018年第4期。

［14］王得新：《自由贸易试验区创新发展的路径研究》，载于《区域经济评论》2018年第6期。

〔15〕王利辉、刘志红：《上海自贸区对地区经济的影响效应研究——基于"反事实"思维视角》，载于《国际贸易问题》2017 年第 2 期。

〔16〕项后军、何康：《自贸区的影响与资本流动——以上海为例的自然实验研究》，载于《国际贸易问题》2016 第 8 期。

〔17〕项后军等：《自贸区设立、贸易发展与资本流动——基于上海自贸区的研究》，载于《金融研究》2016 年第 10 期。

〔18〕叶修群：《自由贸易试验区与经济增长——基于准自然实验的实证研究》，载于《经济评论》2018 年第 4 期。

〔19〕叶修群：《自由贸易园区（FTZ）的区位选择——基于中国省级面板数据的实证研究》，载于《当代经济科学》2016 年第 2 期。

〔20〕殷华、高维和：《自由贸易试验区产生了"制度红利"效应吗？——来自上海自贸区的证据》，载于《财经研究》2017 年第 2 期。

〔21〕竺彩华、李峰：《上海自贸区建设的主要成就与问题分析》，载于《亚太经济》2016 年第 1 期。

〔22〕Donald, S. G., and Lang, K., "Inference with Difference – in – Differences and Other Panel Data", *The Review of Economics and Statistics*, 2007, 89 (2): 221 – 233.

〔23〕Forni, M., and Reichlin, L., "Let's Get Real: A Factor Analytical Approach to Disaggregated Business Cycle Dynamics", *Review of Economic Studies*, 1998, 65 (3): 453 – 473.

〔24〕Hsiao, C., and Wan, S. K., "Is There an Optimal Forecast Combination?", *Journal of Econometrics*, 2014, 178 (2): 294 – 309.

〔25〕Hsiao, C., Steve, Ching, H., Ki, W. S., "A Panel Data Approach for Program Evaluation: Measuring the Benefits of Political and Economic Integration of Hong Kong with Mainland China", *Journal of Applied Econometrics*, 2012, 27 (5): 705 – 740.

〔26〕Ji, M., Li, M., and King, B., "The Impacts of China's New Free – trade Zones on Hong Kong Tourism", *Journal of Destination Marketing & Management*, 2015, 4 (4): 203 – 205.

〔27〕Ouyang, M., and Peng, Y., "The Treatment – Effect Estimation: A Case Study of the 2008 Economic Stimulus Package of China", *Journal of Econometrics*, 2015, 188 (2): 545 – 557.

〔28〕Wan, Z., Zhang, Y., Wang, X., and Chen, J., "Policy and Politics behind Shanghai's Free Trade Zone Program", *Journal of Transport Geography*, 2014, 34 (1): 1 – 6.

〔29〕Yao, D., and Whalley, J., "An Evaluation of the Impact of the China (Shanghai) Pilot Free Trade Zone (SPFTZ)", National Bureau of Economic Research, 2015.

〔30〕Yao, D., and Whalley, J., "The Yuan and Shanghai Pilot Free Trade Zone", *Journal of Economic Integration*, 2015, 30 (4): 591 – 615.

〔31〕Yao, D., and Whalley, J., "The China (Shanghai) Pilot Free Trade Zone: Background, Developments and Preliminary Assessment of Initial Impacts", *The World Economy*, 2016, 39 (1): 2 – 15.

后　记

　　本书是教育部人文社会科学重点研究基地南京大学长江三角洲经济社会发展研究中心重大项目"长江三角洲全面建设小康社会中的开放发展研究"（课题负责人：张二震；项目批准号：16JJD790025）的研究成果。

　　改革开放以来，长三角地区作为我国改革开放的先行地区之一，抓住了新一轮经济全球化带来的战略机遇，不断扩大对外开放，全面融入国际分工体系，经济发展取得了巨大成就，在全面建成小康社会中走在了全国前列。长三角地区已经成为我国科教资源最密集、创新能力最强、产业基础最好、开放程度最高的区域之一。开放带来进步、带来发展，长三角地区经济社会发展的巨大成就充分证明了这一点。

　　2018年11月5日，习近平在首届中国国际进口博览会开幕式上宣布中央支持长江三角洲区域一体化发展并将其上升为国家战略；2019年3月，李克强在政府工作报告中明确提出将长三角一体化发展纳入国家战略，编制实施发展规划纲要。长三角地区经济社会发展进入新时代，对外开放也进入了高质量发展新阶段。系统总结长三角地区全面建设小康社会中开放发展的经验，深入分析当前国际国内环境变化所带来的挑战和机遇，适时调整长三角地区开放发展战略，对于长三角地区建设更高水平的全面小康社会，进而率先实现基本现代化，无疑具有重要的意义。

　　课题研究历时三年。其间，作为阶段性研究成果，课题组成员在《中国社会科学》《管理世界》《世界经济》《中国工业经济》《数量经济技术经济研究》《世界经济研究》《国际贸易问题》《国际贸易》《国际经贸探索》《世界经济与政治论坛》《世界经济文汇》《经济学家》《经济评论》《南开经济研究》《现代经济探讨》等专业学术期刊，以及《江海学刊》《江苏社会科学》《南京大学学报》《南京社会科学》《南开学报》《中共中央党校学报》《江苏行政学院学报》等学术期刊发表了60多篇学术论文，多篇论文被《新华文摘》《人大复印资料》《中国社会科学文摘》等转载。课题组成员还出版了三本专著。其中，戴翔、张二震合著的《要素分工与国际贸易理论新发展》荣获人民出版社优秀学术著作奖（2017年）、安子介国际贸易研究奖（著作类二等奖，2018 年）、江苏省哲学社会科学优秀成果二等奖（2018 年）、刘诗白经济学奖（2018 年）等。课题立项资助的推动，对于课题组成员在学术期刊发表论文、出版专著无疑起了重要推动作用。

课题组的主要成员是：南京大学长江三角洲经济社会发展研究中心学术委员会副主任、南京大学经济学院教授、博士生导师张二震；南京大学商学院副院长、国际经济贸易系教授、博士生导师于津平；南京大学国际经济贸易系主任、教授、博士生导师马野青；南京大学国际经济贸易系副主任、教授、博士生导师谢建国；南京大学长江三角洲经济社会发展研究中心副主任、国际经济贸易系教授、博士生导师黄繁华；南京大学国际经济贸易系教授、博士生导师韩剑；南京大学国际经济贸易系副教授方勇；南京审计大学经济学院教授戴翔；南京财经大学国际经贸学院副院长、教授杨继军；南京财经大学国际经贸学院讲师张晓磊；江苏省社科院世界经济研究所助理研究员张莉。南京大学国际经济贸易系的部分博士生、硕士生参与了课题研究。

在课题研究过程中，我们根据理论和实践发展的新情况，对研究计划和子课题作了适当调整，以期提高研究质量和水平。在课题研究过程中，我们根据理论和实践发展的新情况，对研究计划和子课题作了适当调整，以期提高研究质量和水平。本项目分为十个子课题，共十章。具体写作分工如下：第一章，张二震、戴翔；第二章，杨继军、孙冬、艾玮炜；第三章，张晓磊、方勇；第四章，黄繁华、杨婷婷、纪洁；第五章，戴翔；第六章，杨继军、艾玮炜；第七章，谢建国、黄玉霞、王明涛；第八章，于津平、杨栋旭；第九章，张莉；第十章，韩剑。马野青担任了课题申报工作，参与了子课题研究大纲的拟定，发表了课题研究系列论文。张二震负责全书的统稿修改和定稿。

尽管我们作了不少努力，但由于水平的限制，课题研究还存在很多不完善的地方。欢迎学术界和实际部门的同志批评指正。

张二震

2019 年 5 月

图书在版编目（CIP）数据

长三角地区全面建设小康社会中的开放发展问题研究 /
张二震等著 . —北京：经济科学出版社，2019.9
（长三角区域践行新发展理念丛书）
"十三五"国家重点出版物出版规划项目
ISBN 978 - 7 - 5218 - 0952 - 7

Ⅰ.①长…　Ⅱ.①张…　Ⅲ.①长江三角洲 - 小康建设 -
研究　Ⅳ.①F127.5

中国版本图书馆 CIP 数据核字（2019）第 210974 号

责任编辑：齐伟娜　初少磊
责任校对：杨晓莹
责任印制：李　鹏

长三角地区全面建设小康社会中的开放发展问题研究
张二震　等著
经济科学出版社出版、发行　新华书店经销
社址：北京市海淀区阜成路甲 28 号　邮编：100142
总编部电话：010 - 88191217　发行部电话：010 - 88191540
网址：www.esp.com.cn
电子邮箱：esp@ esp.com.cn
天猫网店：经济科学出版社旗舰店
网址：http://jjkxcbs.tmall.com
北京季蜂印刷有限公司印装
787 × 1092　16 开　21.25 印张　400000 字
2019 年 12 月第 1 版　2019 年 12 月第 1 次印刷
ISBN 978 - 7 - 5218 - 0952 - 7　定价：68.00 元
（图书出现印装问题，本社负责调换。电话：010 - 88191510）
（版权所有　侵权必究　打击盗版　举报热线：010 - 88191661
QQ：2242791300　营销中心电话：010 - 88191537
电子邮箱：dbts@esp.com.cn）